SERIES

alpine space – man & environment: vol. 16

Series Editors: Roland Psenner, Reinhard Lackner, Axel Borsdorf, Hannelore Weck-Hannemann

Band 16

universität innsbruck

innsbruck university press

Lars Keller (Hg.)

Neues sehen – neues Sehen!

Ein geographischer Exkursionsführer über Mensch-Umwelt-Beziehungen im Hochgebirge

Zehn konstruktivistische Exkursionen im Hochgebirgs-Naturpark Zillertaler Alpen für Gruppen und Individualist/innen, die das Hochgebirge selbst erforschen und neu entdecken wollen

Lars Keller
Institut für Geographie, Universität Innsbruck

In Kooperation mit dem Hochgebirgs-Naturpark Zillertaler Alpen

Mit Unterstützung des Instituts für Interdisziplinäre Gebirgsforschung,
Österreichische Akademie der Wissenschaften

Kartenausschnitte aus den Alpenvereinskarten „Zillertaler Alpen-West" und „Zillertaler Alpen-Mitte" mit freundlicher Genehmigung des OeAV und DAV

Gefördert durch den Forschungsschwerpunkt Alpiner Raum – Mensch und Umwelt, die Fakultät für Geo- und Atmosphärenwissenschaften, das Institut für Geographie sowie das Vizerektorat für Forschung der Universität Innsbruck

1. Auflage

Umschlaggestaltung: Carol Kofler
Umschlagbild: Lars Keller
Kapitelcovermotive: Archiv Hochgebirgs-Naturpark Zillertaler Alpen (Kap. 9); Hermann Brugger (Kap.II); Clemens Geitner (Kap. 8); Lars Keller (Kap. IV, V, 1, 2, 3, 4, 6, 7, 10); Paul Sürth (Kap. III, 5)
Layout: Valerie Braun und Tobias Töpfer, Institut für Interdisziplinäre Gebirgsforschung, ÖAW
Lektorat: Julia Baumgartner, Institut für Interdisziplinäre Gebirgsforschung, ÖAW
www.uibk.ac.at/iup
www.uibk.ac.at/alpinerraum/publications/
ISBN 978-3-902936-76-9

Inhaltsverzeichnis

I Dank

Dank an diejenigen Studierenden des Instituts für Geographie, die maßgeblich zur Entstehung der Grundgedanken für die Exkursionen dieses Bands beigetragen haben: Johannes Bilgeri, Matthias Blank, Thomas Brandt, Alexander Broger, Eva Drexel, Christoph Eberl, Alexander Erhard, Florian Faisstnauer, Christine Feurstein, Mario Fink, Lukas Fritz, Marius Fritz, Theresa Geißler, Laura Huber, Martin Lagger, Sarah Mariacher, Stefanie Mark, Florian Mosbach, Thomas Niederegger, Markus Prantner, David Schlögl, Sabine Sohm, Diego Spanke, Andreas Zangerl.

Dank an alle Weiterdenker/innen unter den Kolleginnen und Kollegen des Instituts für Geographie, allen voran O. Univ.-Prof. Dr. Johann Stötter und Mag. Anna Oberrauch.

Dank an die als fachinhaltliche Reviewer/innen tätigen Wissenschaftler/innen des Instituts für Geographie, speziell an O. Univ.-Prof. Dr. Johann Stötter, Ao. Prof. Dr. Kurt Nicolussi, Assoz. Univ.-Prof. Dr. Clemens Geitner, OR Dr. Josef Aistleitner, Mag. Andrew Moran, Mag. Maximilian Riede und Lukas Fritz. Dank an den als Reviewer tätigen Mitarbeiter des alp-S-Zentrums für Klimawandelanpassung, Dr. Matthias Huttenlau. Dank gilt besonders Mag. Herbert Pichler vom Fachdidaktikzentrum für Geographie und Wirtschaftskunde der Universität Wien, der das fachdidaktische Review für die gesamte Publikation übernommen hat.

Dank an Mag. Dr. Valerie Braun, Julia Baumgartner BSc und Dipl.-Geogr. Dr. Tobias Töpfer vom Institut für Interdisziplinäre Gebirgsforschung der Österreichischen Akademie der Wissenschaften, Innsbruck, für Layout und Lektorat. Dank an Klaus Förster am Institut für Geographie für die Bearbeitung und Erstellung zahlreicher Karten und Abbildungen. Stefanie Mark hat sich der Mühe der Erstellung der Literaturverzeichnisse unterzogen. Alina Kuthe MA, Dipl. Ing. Annemarie Körfgen, Mag. Anna Oberrauch und OR Dr. Josef Aistleitner haben bis zum Schluss intensiv lektoriert.

Dank an den Alpenverein, der uns die Benutzung und Veröffentlichung seiner im Gebirge unabkömmlichen Karten gestattet hat.

Dank an das wunderbare Team der Alpenrosenhütte, Rosmarie, Sandra und Andi, das uns viele Wochen lang ausgehalten und bestens versorgt hat.

Dank an Mag. Matthias Danninger, Dipl.-Geogr. Willi Seifert und Mag. Katharina Weiskopf vom Hochgebirgs-Naturpark Zillertaler Alpen für ihre langjährige Kooperation und Mithilfe bei der Entstehung dieses Exkursionsführers.

For Katy, who loved the mountains and the snow.

FISCHER

II Ein Exkursionsführer der anderen Art

Lars Keller

„Man kann einen Menschen nichts lehren, man kann ihm nur helfen, es in sich selbst zu entdecken."
(Galileo Galilei)

II.1 Impuls

Seit vielen Jahren begleite ich naturbegeisterte Menschen jeden Alters auf Exkursionen im Hochgebirge. Mein besonderes Augenmerk kreist dabei immer wieder um die Frage, wie komplexe Prozesse im Zusammenspiel von Mensch und Umwelt in Hochgebirgsräumen erfahrbar und begreifbar gemacht werden können. Das bloße „Erklären durch den allwissenden Reiseleiter", so interessiert die Teilnehmenden auch gewesen sein mögen, hat sich hier immer wieder als völlig unzureichend erwiesen. Die Bewegung, das gemeinsam Erlebte und „irgendwie auch die Natur" bleiben zwar in Erinnerung, doch die (auf meist nicht einmal selbst gestellte Fragen) gegebenen Antworten werden in der Regel schnell vergessen.

Am Institut für Geographie der Universität Innsbruck leite ich seit zehn Jahren Lehrveranstaltungen und begebe ich mich dabei mit meinen Studierenden jeden Sommer in verschiedenste Tiroler Täler. Dort arbeiten wir gemeinsam an Exkursionskonzepten für Menschen jeden Alters, die neue Blicke auf Mensch-Umwelt-Prozesse und damit auch neues Mensch-Umwelt-Bewusstsein schaffen wollen. Einen regionalen Schwerpunkt bildet der Hochgebirgs-Naturpark Zillertaler Alpen, was sich auch aus der langjährigen guten Kooperation mit den jeweiligen Geschäftsführern, Matthias Danninger (bis 2012) und Willi Seifert sowie der Bildungsbeauftragten des Naturparks, Katharina Weiskopf, erklären lässt. Katharina Weiskopf hat meine Gruppen und mich über mehrere Wochen hinweg auch im Gelände begleitet und so manche bis tief in die Nacht gehende Diskussionsrunde auf der Berliner Hütte und auf der Alpenrosenhütte miterlebt. Die Intensität, mit der die einzelnen Exkursionen vorbereitet, durchgeführt und eben auch nachbesprochen wurden, zeugt von der gemeinsamen Begeisterung aller Beteiligten. Für diese Publikation wurden nun zehn Exkursionskonzepte ausgewählt, neu bearbeitet und dabei mittels zahlreicher Geographinnen und Geographen am Institut für Geographie (vgl. Dank) überprüft und weiterentwickelt. Der Hochgebirgs-Naturpark Zillertaler Alpen bildet das konkrete Anwendungsbeispiel, grundsätzlich sind die Ideen der vorgestellten Exkursionen aber auf andere Hochgebirgsräume übertragbar.

II.2 Methode

Jede der in diesem Band beschriebenen Exkursionen folgt didaktisch-methodischen Ansätzen des moderaten Konstruktivismus. Wesentlich erscheint hierbei die Überzeugung, dass Wissen nicht „einfach so" bzw. „so einfach" von einer Person zur anderen weitergegeben werden kann, sondern letztlich jeder Mensch das eigene Wissen auf ganz individuelle Weise konstruiert. Dies geschieht in einem aktiven und selbstgesteuerten Prozess (vgl. z. B. Mönter & Schlitt 2013), für den die bereits vorhandenen Vorstellungen des/der Lernenden den Ausgangspunkt bilden (Gerstenmair & Mandl 1995; Reinfried 2007; vgl. Abb. 1).

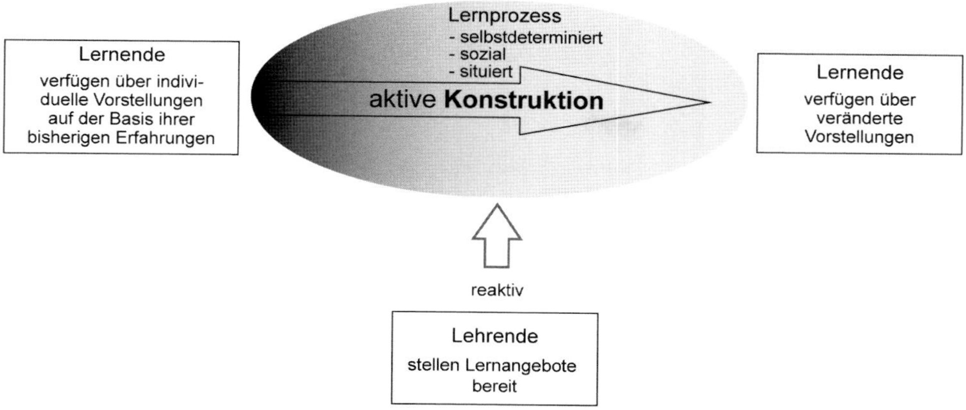

Abb. 1: *Lernen aus konstruktivistischer Sicht (Riemeier 2007, 70, verändert)*

In diesem Sinne stehen die Ansätze des moderaten Konstruktivismus in engem Zusammenhang mit der Conceptual Change-Theorie (vgl. z.B. Posner et al. 1982; Strike & Posner 1992; Duit & Treagust 2003), die mittlerweile auch innerhalb der Fachdidaktiken der Biologie, Chemie, Mathematik oder Geographie ein breites Anwendungsspektrum findet. Das grundlegende Prinzip dieser Theorie besteht darin, die Präkonzepte (auch: subjektive Theorien, subjektive Alltagsvorstellungen, naives Wissen) der Lernenden zu berücksichtigen und sich um eine Annäherung der bestehenden, individuell unterschiedlichen Präkonzepte an anerkanntes Wissen bzw. fachwissenschaftliche begründete Konzepte zu bemühen (vgl. Schnotz 2001; Krüger 2007). Entgegen älteren Annahmen (Posner et al. 1982) geht es in konstruktivistischen Ansätzen jedoch weniger um eine Korrektur oder den Ersatz von Fehlvorstellungen, sondern vielmehr um eine Ergänzung der durchaus nützlichen Alltagsvorstellungen (Kattmann et al. 1997; Reinmann & Mandl 2006; Riemeier 2007). Dabei wird zwischen der kognitiven Sichtweise, die oft als klassische Conceptual-Change Theorie bezeichnet wird, und der situierten Sichtweise unterschieden (vgl. Schuler 2011). In der kognitiven Sichtweise führen die Unzufriedenheit mit einem bestehenden sowie die Verständlichkeit, Plausibilität und Fruchtbarkeit eines neuen Konzepts zu einem Konzeptwandel. Die situierte Sichtweise ergänzt hierzu motivationale und emotionale Faktoren, soziale Kontexte des Lernens sowie den Aspekt authentischer Lernsituationen (vgl. Pintrich et al. 1993; Zembylas 2005). Krüger (2007) verbindet beide Positionen in seinem Modell der Komponenten der Conceptual Change Theorie (vgl. Abb. 2).

Da der Vorgang des Konzeptwechsels unbewusst abläuft und naives Wissen in vielen Lebensbereichen hilfreich ist, wäre es in jedem Falle unrealistisch anzunehmen, dass Lernende ohne Weiteres bereit und in der Lage sind, bestehendes Alltagswissen durch wissenschaftliches Wissen zu ersetzen. Daraus resultiert die Notwendigkeit – auch für Exkursionen – subjektive Präkonzepte zu erkennen und sie als Grundlage dafür zu verwenden, dass neues Wissen von den Teilnehmenden überhaupt in einen sinnvollen Gesamtzusammenhang gebracht werden kann (Reinmann & Mandl 2006).

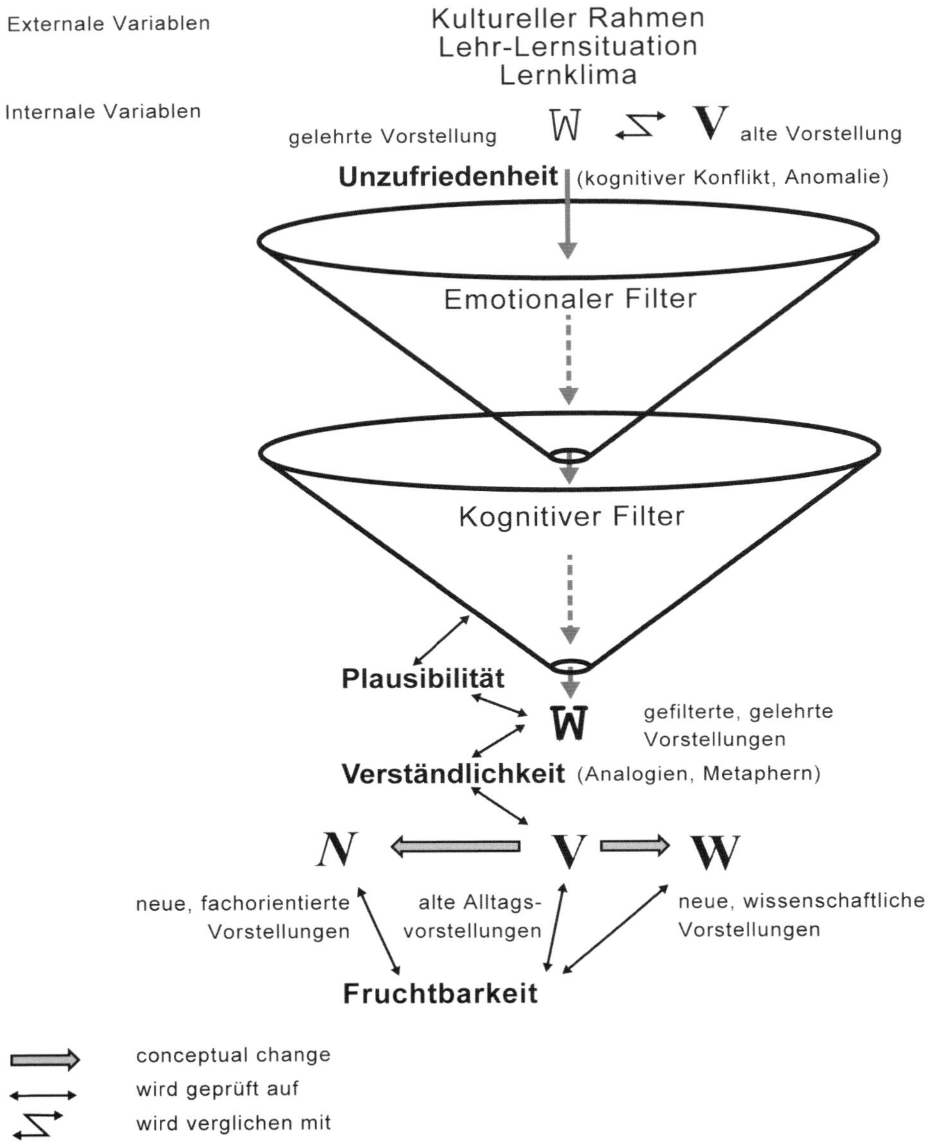

Abb. 2: *Komponenten der Conceptual Change Theorie (Quelle: Krüger 2007, 85)*
(Dieses Modell wird in Abbildung 115 in Kapitel 7 beispielhaft anhand des Themas „Wasserkraft = grüner Strom?" veranschaulicht.)

Die Gruppenleiter/innen verwenden die Präkonzepte der Exkursionsteilnehmenden als Basis für die Exkursionsplanung und -durchführung und unterstützen die Lernenden vor Ort vor allem methodisch und organisatorisch. Sie stellen wohl durchdachte, kreative und authentische Lernumgebungen zur Verfügung und achten auf möglichst gefahrlose Gestaltung der von den Teilnehmenden selbst durchgeführten Forschungsprozesse. Von ihrer traditionellen „Reiseleiter/innenrolle", in der sie vorwiegend führend und erklärend agierten, müssen sich die Gruppenleiter/innen jedoch verabschieden. Die Teilnehmenden übernehmen umgekehrt die entdeckende, selbstständig erforschende, sprich eine in hohem Maße aktive Rolle.

Entsprechend diesem theoretischen Hintergrund bemühen sich alle in diesem Band präsentierten Exkursionsbeispiele um die Schaffung und Gestaltung von Lernumgebungen, die es den Teilnehmenden über jeweils mehreren Phasen selbstständiger Erkenntnisgewinnung hinweg ermöglichen, ihre Präkonzepte in der jeweiligen Thematik kritisch zu reflektieren und über forschend-entdeckende Lernprozesse sukzessive um neue Perspektiven zu erweitern (vgl. Keller & Oberrauch 2014). Jede/r Gruppenleiter/in muss allerdings selbstverantwortlich und individuell das Maß an konstruktivistischer Freiheit des jeweiligen Forschungsprozesses festlegen, etwa nach Alter, Reife, Bergtauglichkeit und didaktischer Vorerfahrung der beteiligten Exkursionsteilnehmenden oder nach der Komplexität des Themas, aber auch etwaige Gruppendynamiken und speziell auch das Thema Sicherheit müssen bedacht werden. So wäre es natürlich fahrlässig, einer gebirgsunerfahrenen Gruppe einen Satz Messinstrumente zur Verfügung zu stellen und sie damit ohne jede Planung ins Gelände zu schicken, um beispielsweise Belege für das Schmelzen der Gletscher zu finden. Aus rein didaktischer Sicht würde dies ein hohes Maß an Konstruktivismus bedeuten und wäre eventuell durchaus eine Erfahrung wert. Aus Sicherheitsgründen schließt sich eine derartige Herangehensweise aber selbstverständlich aus. In diesem Sinne ist es auch zu verstehen, dass viele Exkursionen und Einzelaufgaben der nachfolgenden Kapitel den Teilnehmenden für ihre Lernprozesse ein hohes Maß an Freiheit verschaffen, umgekehrt aber andere Exkursionsteile wieder enger – und damit „kontrollierter" – dem Ziel entgegen führen (z. B. im ersten Exkursionsteil in Kap. 2). Noch einmal: Letztlich ist jede/r Gruppenleiter/in selbst für ihre/seine Exkursionsgruppe/n verantwortlich, was die Sicherheit, aber auch das Maß an konstruktivistischer Freiheit beim Lernen betrifft.

Es bleibt zu erwähnen, dass jedes einzelne Exkursionskapitel eine Methodenanalyse mit Details zur fachdidaktischen bzw. fachwissenschaftlichen Methodik der jeweils vorgestellten Exkursion aufweist. Hier werden weitere Informationen zur konstruktivistischen Exkursionsdidaktik vermittelt, beispielsweise zum Forschenden Lernen (Kap. 1), zum Projektbasierten und Problembasierten Lernen (Kap. 2), zur Spurensuche im Gelände (Kap. 4) oder zum Offenen Lernen in Stationenbetrieben (Kap. 7). Auch die grundlegenden Theorien des Moderaten Konstruktivismus (z. B. Kap. 6) und des Conceptual Change (Kap. 7) werden anhand konkreter Anwendungsfälle weiter vertieft. Methodische Ansätze können jedoch ebenso aus dem Fach selbst heraus entwickelt werden und verfolgen dann beispielsweise Ideen und Theorien aus der Biologie, z. B. zur Theorie der sogenannten „Plant Blindness" moderner Gesellschaften (Kap. 3), oder aus der Geographie, z. B. zu verschiedenen Raumtheorien (Kap. 8). Es erscheint dabei wesentlich, dass gerade auch diese Methodenkapitel wissenschaftlich vielseitig begründet und belegt werden. Gibt es doch „*nichts Praktischeres als eine gute Theorie*" (Kurt Lewin)!

II.3 Ziel

Wir hoffen sehr darauf, unsere eigene Faszination an der Mensch-Umwelt-Forschung im Hochgebirge, die sowohl das Forschungszentrum „Globaler Wandel – regionale Nachhaltigkeit" am Institut für Geographie als auch die Forschungsplattform „Alpiner Raum – Mensch und Umwelt" der Universität Innsbruck prägt, mithilfe der vorliegenden Publikation mit möglichst vielen Menschen teilen zu können. Letzten Endes bedeutet die Beschäftigung mit grundlegenden Prozessen im Mensch-Umwelt-System immer zugleich auch einen Beitrag zur Bildung für Nachhaltige Entwicklung. Es gilt daran zu erinnern, dass diese „*(…) allen Menschen Bildungschancen eröffnen [möchte], die es ihnen ermöglichen, sich Wissen und Werte anzueignen sowie Verhaltensweisen und Lebensstile zu erlernen, die für eine lebenswerte Zukunft und eine positive Veränderung der Gesellschaft erforderlich sind.*" (Unesco 2005, 6, übersetzt).

In diesem Sinne wünschen wir allen unseren Leserinnen und Lesern gelungene Exkursionen im Hochgebirge und eine stets sichere Rückkehr mit neuen Blicken auf die Thematik Mensch-Umwelt (vgl. Abb. 3).

Herzlich
Lars Keller, im Namen all derer, die an der Entstehung dieses „Exkursionsführers der anderen Art" beteiligt waren

Abb. 3: *Gelungene Exkursionen im Hochgebirge versprechen neue Blicke auf die Thematik Mensch und Umwelt – auch wenn's mal regnet! (Foto: Lars Keller 2013)*

II.4 Literaturverzeichnis

Duit, R. & D.F. Treagust 2003. Conceptual change - A powerful framework for improving science teaching and learning. In: International Journal of Science Education 25 (6): 671–688.

Gerstenmaier J. & H. Mandl (1995). Wissenserwerb unter konstruktivistischer Perspektive. In: Zeitschrift für Pädagogik 41 (6): 867–888.

Kattmann, U., R. Duit, H. Gropengiesser & M. Komorek 1997. Das Modell der Didaktischen Rekonstruktion. Ein Rahmen für naturwissenschaftsdidaktische Forschung und Entwicklung. In: Zeitschrift für Didaktik der Naturwissenschaften 3 (3): 3–18.

Keller, L. & A. Oberrauch 2014. Can innovative learning settings support Education for Sustainable Development? – Teenagers perform research on quality of life. In: Schmeinck, D. & J. Lidstone (eds.), Standards and Research in Geography Education – Current Trends and International Issues: 79–90. Berlin.

Krüger, D. 2007. Die Conceptual Change-Theorie. In: Krüger, D. & H. Vogt (Hrsg.), Theorien in der biologiedidaktischen Forschung: 81–92. Berlin.

Mönter, L. O. & M. Schlitt 2013. Konstruktivismus. In: Böhn, D. & G. Obermaier (Hrsg.), Didaktik der Geographie: Begriffe: 161–162. Braunschweig: Oldenbourg.

Pintrich, P.R., R.W. Marx, & R.A. Boyle 1993. Beyond cold conceptual change: The role of motivational beliefs and classroom contextual factors in the process of conceptual change. In: Review of Educational Research 63(2): 167–199.

Posner, G.J., K.A. Strike, P.W. Hewson & W.A. Gertzog 1982. Accommodation of a scientific conception: Toward a theory of conceptual change. In: Science Education 66(2): 211–227.

Reinfried, S. 2007. Alltagsvorstellungen und Lernen im Fach Geographie: Zur Bedeutung der konstruktivistischen Lehr-Lern-Theorie am Beispiel des Conceptual Change. In: Geographie und Schule 29(168): 19–28.

Reinmann, G. & H. Mandl 2006. Unterrichten und Lernumgebungen gestalten. In: Krapp, A. & B. Weidenmann (Hrsg.), Pädagogische Psychologie. Ein Lehrbuch. Weinheim.

Riemeier, T. 2007. Moderater Konstruktivismus. In: Krüger, D. & H. Vogt (Hrsg.), Theorien in der biologiedidaktischen Forschung: 69–79. Berlin.

Schnotz, W. 2006. Conceptual Change. In: Rost, D. (Hrsg.), Handwörterbuch Pädagogische Psychologie: 77–82. Berlin.

Schuler, S. 2011. Alltagstheorien zu den Ursachen und Folgen des globalen Klimawandels. Erhebung und Analyse von Schülervorstellungen aus geographiedidaktischer Perspektive. In: Bochumer Geographische Arbeiten 78: Bochum: Dissertation.

Strike, K.A. & G.J. Posner 1992. A revisionist theory of conceptual change. In: Duschl, R. & R. Hamilton (eds.), Philosophy of science, cognitive psychology and educational theory and practise. 147–176. New York.

Unesco 2005. International Implementation Scheme for the UN-Decade of Education for Sustainable Development. http://unesdoc.unesco.org/images/0014/001486/148654e.pdf (Abgerufen am 08/05/2014).

Zembylas, M. 2005. Three perspectives on linking the cognitive and the emotional in science learning: Conceptual change, socio-constructivism and poststructuralism. In: Studies in Science Education 41: 91–116.

III Der Hochgebirgs-Naturpark Zillertaler Alpen

Katharina Weiskopf & Willi Seifert

III.1 Die Entwicklung eines Schutzgebiets

Wie viele Alpenregionen war auch das hintere Zillertal durch geplante Straßen- und Seilbahnerschließungen gefährdet. Letzte Bereiche einer ursprünglichen Hochgebirgslandschaft drohten verloren zu gehen. Nach mehrjährigen Anstrengungen und Vorarbeiten unter Regie des Österreichischen Alpenvereins mit seiner Fachabteilung Raumplanung-Naturschutz und seiner Sektion im Zillertal wurde im Jahr 1991 auf einer Fläche von 379 km² das Ruhegebiet Zillertaler Hauptkamm durch die Tiroler Landesregierung verordnet. Die inzwischen fünf Naturpark-Gemeinden mit flächenmäßigem Anteil am Schutzgebiet sind Brandberg, Finkenberg, Mayrhofen und Tux sowie die Fraktion Ginzling. Im Jahr 2001 wurde dem Schutzgebiet das Prädikat „Hochgebirgs-Naturpark Zillertaler Alpen" verliehen. Der Naturpark ist heute eine wichtige Ausgleichs- und Ruhezone im touristisch hoch erschlossenen Zillertal. Ruhe bedeutet aber nicht Stillstand. Vielmehr möchte der Naturpark die Zukunft der Region nachhaltig mitgestalten.

Gemeinsam mit den angrenzenden Schutzgebieten, dem Naturpark Rieserferner Ahrn (Südtirol), dem Nationalpark Hohe Tauern (Kärnten, Salzburg, Tirol), dem Naturschutzgebiet Valsertal (Tirol) sowie Landschaftsschutzgebiet Innerpfitsch (Südtirol), gehört der Naturpark mit mehr als 2 600 km² zum größten Schutzgebietsverbund der Alpen (Mertz & Krainer 2004). In diesem länder- und grenzüberschreitenden Gebiet haben Natur- und Kulturlandschaft Vorrang vor jeglichen harten Erschließungen und Eingriffen in die sensible Gebirgslandschaft. Doch die Schutzgebiete existieren nicht nur auf der Karte und dem Papier nebeneinander, durch verschiedene Kooperationen der Schutzgebiete wird das Verantwortungsgefühl für das gemeinsame Natur- und Kulturerbe gefördert.

Die Alpenkonvention ist ein internationales Vertragswerk, das die acht Alpenstaaten (Deutschland, Frankreich, Italien, Liechtenstein, Monaco, Österreich, Schweiz, Slowenien) zum einen miteinander verbindet, zum anderen aber auch jedes einzelne Land an die Inhalte der Konvention und deren Einhaltung bindet. Sie zielt auf die nachhaltige Entwicklung des Alpenraums und den Schutz der Interessen der ansässigen Bevölkerung ab und schließt die ökologische, soziale, wirtschaftliche und kulturelle Dimension ein. Um dieses Ziel zu verwirklichen, wurden eine Rahmenkonvention und acht Durchführungs-Protokolle erarbeitet, die sich mit den Themen Raumplanung, Landwirtschaft, Wald, Natur und Landschaft, Energie, Boden, Tourismus und Verkehr befassen. Die Alpenkonvention ist ein wichtiges Instrument zur nachhaltigen Entwicklung im Alpenraum. Auch im und für den Hochgebirgs-Naturpark besitzt sie einen großen Stellenwert und wird bei einigen Umsetzungsprojekten der Konvention erlebbar und sichtbar. Dazu zählen vor allem die Via Alpina, die OeAV-Initiative „Bergsteigerdörfer" (Bergsteigerdorf Ginzling) und die Mitgliedschaft der Naturparkregion im Gemeindenetzwerk „Allianz in den Alpen".

Der Hochgebirgs-Naturpark Zillertaler Alpen wird seit dem Jahr 1992 betreut. Die Einrichtung einer eigenen Betreuung war damals ein Novum in Tirol, viele Schutzgebiete kopierten in der Folge das Pilotprojekt im hinteren Zillertal. Bereits wenige Monate nach dessen Verordnung hatte man somit begonnen, das Ruhegebiet durch eine persönliche Betreuung, Projekte und Öffentlichkeitsarbeit in den Köpfen vor allem der einheimischen Bevölkerung zu verankern. Das Schutzgebiet sollte nicht nur auf dem Papier existieren, sondern durch Menschen gelebt und durch Projekte in den Aufgabenbereichen Naturschutz, Regionalentwicklung, Erholung & Tourismus, Umweltbildung und Forschung mit konkreten Inhalten gefüllt werden. Dieser Weg wird bis heute konsequent verfolgt. Es ging und geht um keine Ablieferung kurzfristiger Erfolgszahlen, sondern um eine langfristige Etablierung dieses Großschutzgebiets in „seiner" Region. Nur eine breite Wertschätzung des Naturpark-Gedankens kann einen langfristigen Erfolg dieses Projekts ermöglichen.

Inzwischen gibt es zahlreiche Schwerpunkte und Projekte, die der Naturpark zusammen mit vielen Partnerinnen/Partnern bearbeitet und umsetzt. Ein paar dieser Initiativen sollen beispielhaft angeführt werden: Neben der Betreuung war die Eröffnung des Naturparkhauses im Bergsteigerdorf Ginzling (2008) ein großer Schritt in der Naturpark-Entwicklung. Mit dieser Einrichtung hat der Hochgebirgs-Naturpark nun eine eigene Anlaufstelle und sichtbare Verankerung bekommen. Das Naturparkhaus ist ein multifunktionales Gebäude, es beherbergt neben der Verwaltung des Naturparks und der Ortsvorstehung von Ginzling eine interaktive Dauerausstellung, eine Gästeinformation und eine Alpinbibliothek. Pro Jahr strömen rund 15 000–20 000 Besucher/innen ins Naturparkhaus. Es ist zu einem wichtigen Ziel für Gäste, Einheimische und insbesondere auch Schulen geworden.

Die Volkschule Brandberg wurde im Jahr 2009 zur ersten Naturparkschule Westösterreichs prämiert. Inzwischen gibt es drei Schulen in der Region (VS Brandberg, VS Tux, NMS Tux), die mit diesem Prädikat Naturparkschule ausgezeichnet wurden und eng mit dem Naturpark zusammenarbeiten. Die Naturparkbetreuung ist stolz auf diese Kooperationen und die Verankerung der Naturparkidee im regionalen Schulbereich.

Im Bereich Umweltbildung bietet der Naturpark allen interessierten Schulen Module zum thematischen Natur(park)erlebnis an. Die Palette reicht von Unterrichtseinheiten in der Schule bis hin zu mehrtägigen Exkursionen in die Seitentäler des Hochgebirgs-Naturparks. Von Mai bis Oktober können die Besucher/innen auf rund 200 geführten Themenwanderungen die Besonderheiten und schönsten Plätze des Schutzgebiets kennenlernen. Das Sommerprogramm wird von bestens ausgebildeten Naturführer/innen abgewickelt und bietet verschiedenste Erlebnisse: Lamatrekking, Sonnenaufgangstouren, Kräuterwanderungen, Hochgebirgs-Exkursionen, Almführungen und viele spannende Kinderprogramme. Im Zemmgrund finden Führungen zum Thema Geologie und Gletscher sowie den Anfängen des Alpinismus statt. Seit 2013 sind zusätzlich Ranger/innen im Naturpark unterwegs. Sie informieren die Besucher/innen über die Besonderheiten des Schutzgebiets, achten auf die Sauberkeit entlang der Wanderwege und sind für den Naturschutz aktiv.

Neben der zentralen Ausstellung „Gletscher.Welten" im Naturparkhaus betreibt der Naturpark mit Partnerinnen/Partnern aus der Region weitere Ausstellungen, wie die „Kulturlandschafts.Welten" in Brandberg, die „Steinbock.Welten" im Zillergrund oder die Wanderausstellung „Pfitscher Joch grenzenlos" auf der Lavitzalm im Zamsergrund. Im Jahr 2001 fand das erste offizielle Bergwaldprojekt des Oesterreichischen Alpenvereines in Ginzling statt. Seitdem setzt der Naturpark jedes Jahr verschiedene Freiwilligenprojekte zum Schutz des Bergwaldes bzw. zur Erhaltung der Almen um. Der große Andrang bestätigt das Interesse der Gesellschaft am ehrenamtlichen Einsatz für die Natur.

III.2 Der Naturraum des Naturparks und Zemmgrunds

Der Hochgebirgs-Naturpark Zillertaler Alpen erstreckt sich von 1 000 m im Bergsteigerdorf Ginzling bis 3 509 m am Hochfeiler über alle Höhenstufen einer Gebirgslandschaft und reicht von der Reichenspitzgruppe im Osten bis zum Olperer im Westen und von Mayrhofen im Norden bis zum Pfitscher- und Ahrntal im Süden. Der Naturpark ist geprägt von Tälern und Almen, tief eingeschnittenen Schluchten, einer besonderen Geologie, Gletschern und imposanten 3 000ern. Alles eng verflochten mit dem menschlichen Leben und Wirtschaften. Die beeindruckende Kulturlandschaft wird nach wie vor mit großer Mühe gepflegt und prägt das alpine Landschaftsbild maßgeblich.

III.2.1 Geologie, Tektonik, Morphologie, Gletscher

In den Zillertaler Alpen ist der Greiner Schiefer die älteste Gesteinsgruppe (Ritschel & Heller 1998). Dieses Gestein ist 400–700 Mio. Jahre alt. In den Greiner Schiefer drangen vor 300 Mio. Jahren kilometerdick Granit- und Dioritmassen ein und verdrängten den Schiefer. Im Zug der alpinen Gebirgsbildung gelangten die Gesteine in die Tiefe und wurden dort zu Gneis umgewandelt (Mertz & Krainer 2004). Dabei kam es in den Ostalpen im Bereich des sog. Tauernfensters zu den größten Vertikalbewegungen seit dem Beginn der Gebirgsbildung. „Tauernfenster" ist die geologische Bezeichnung einer Region, die sich über rund 160 km vom Brenner im Westen bis hin zum Katschberg im Osten erstreckt und eine Nord-Süd-Ausdehnung von ca. 30 km aufweist. Die Gesteine der Zillertaler Alpen wurden infolge der Subduktionsbewegung durch die Kollision eines afrikanischen Kontinentalsplitters mit der eurasiatischen Platte besonders tief abgesenkt (bis zu 20 km, Temperaturen bis zu 500° Celsius). Dabei wurden sie umgeformt, aufgefaltet und angehoben. Bis heute sind diese tektonischen Kräfte tätig, die Aufschiebung der Gebirge und ihre Erosion halten sich aber in etwa die Waage. Im Bereich des Tauernfensters wurde die oberste geologische Schicht abgetragen und ältere Schichten liegen heute wie in einem Fenster aufgeschlossen an der Oberfläche. Bekannt ist das Tauernfenster durch seinen Kristallreichtum, wie z. B. Granat (vgl. Abb. 4), Bergkristall und Amethyst. Im Bereich der Berliner Hütte findet man noch viele Zeugen der ehemaligen Granatgewinnung am Rossrugg zwischen Horn- und Waxeggkees. In den 1850er und 1860er Jahren waren hier 12–16 „Granater" beschäftigt (laut Ungerank 1997 bis zu 40), die vor allem aus Mayrhofen und den benachbarten Südtiroler Tälern kamen (Heuberger 2012). Die Zillertaler Granate wurden überwiegend nach Böhmen verkauft, wo die Granatschleifereien der Österreichisch-Ungarischen Monarchie lagen.

„*Gletscher prägen das Landschaftsbild der Alpen und sind auch wichtige Faktoren im Wasserkreislauf der Alpen (Schneefall – vorübergehende Speicherung im Eis – Schmelzen – Abfluss durch Bäche und Flüsse)*" (Hofer 2009, 114). Sowohl die Geologie als auch die Tektonik beeinflussten die glaziale Überprägung des Zemmgrunds. Während des Hochwürms betrug die Mächtigkeit der Eismassen im Bereich der Berliner Hütte etwa 800 bis 900 m und nur die höchsten Gipfel und Grate ragten als Nunatakker aus dem Eisstromnetz heraus (Van Husen 1987). Durch die Glazialerosion wurden die Trogtäler mit ihren Talschlüssen und Firnbecken, die Kare und Gletscherschliffe geschaffen. Der Obere Zemmgrund (im Bereich der Alpenrosenhütte, 1 878 m,

Abb. 4: *Zillertaler Granat (Quelle: Archiv Hochgebirgs-Naturpark Zillertaler Alpen)*

und Berliner Hütte, 2044 m) wurde erst vor ca. 11500 Jahren mit dem Abschmelzen der Eismassen nach dem Ende der letzten spätglazialen Klimadepression eisfrei. In vielen „Etappen“ haben die Vorstöße und Rückzüge der Gletscher im Wechsel von Kalt- und Warmzeiten die Landschaft des Hochgebirgs-Naturparks geformt. Besonders eindrucksvoll kann man das im Zemmgrund rund um die Berliner Hütte beobachten. Die deutlich ausgeprägten Gletschermoränen zeugen von den Vorstößen der umliegenden Gletscher. Dem Egesenstadium zugeordnete Moränenreste findet man z.B. auf der orographisch linken Talseite oberhalb der Waxeggalm (Heuberger 2004) und im Waldbereich der Talstufe von Grawand.

Die Berliner Hütte war bis Mitte des 20. Jahrhunderts das Zentrum der Österreichischen Gletscherforschung. Als Standort mehrerer bedeutender „Gletscherkurse“ fanden sich die Granden der Wissenschaft zur Forschung und zum Austausch im „Hotel Berlin“ ein. Der letzte nacheiszeitliche Gletscherhöchststand um das Jahr 1850 wird etwa durch die Seiten- und Endmoränen des Horn- und Waxeggkees eindrucksvoll belegt. Seit dem Beginn der jährlichen Gletschermessungen durch den OeAV ab dem Jahr 1891 zeigen die Aufzeichnungen einen deutlichen Gletscherrückgang. Allein im Berichtsjahr 2011/12 schmolzen Waxeggkees und Hornkees um 52 m bzw. 43 m zurück (Fischer 2012). Im Hochgebirgs-Naturpark gibt es aktuell knapp 80 Gletscher (vgl. auch Abb. 5) mit einer Fläche von ca. 35 km². Der größte davon ist der Schwarzensteinkees im Zemmgrund mit rund 5 km².

III.2.2 Klima, Hydrologie

Das Zillertal liegt in der gemäßigten Zone und die zentrale Lage in den Alpen schafft eine relative Kontinentalität (Bätzing 2005). Das Klima wird hier insbesondere von den lokalen Verhältnissen bzw. der Höhenlage beeinflusst. Der Zillertaler Hauptkamm gehört dem atlantischen zentralalpinen Klimatyp an. Dabei herrscht in den Sommermonaten von Juni bis August ein ausgeprägtes Niederschlagsmaximum vor. Beim Überströmen der Gebirgsketten (Hauptwindrichtung Nordwest, häufig auch Föhn aus Süden und Südwest) wird ein Großteil der Niederschläge abgegeben. Starkniederschläge, die z.B. bis zu 80 mm/h betragen, lösen häufig Muren und Hochwasser aus. Im Zemmgrund ist, wie es schon anhand ihres Namens zu vermuten ist, die „Schwemmalm“ besonders stark von Hochwasserereignissen betroffen. Zum Schutz der Alm wurden Dämme errichtet.

Das hydrologische Einzugsgebiet „Oberer Zemmbach“ umfasst 31,3 km² (Rienöszl & Anahl 1975) und ist durch ein dicht entwickeltes Gewässernetz mit ausgeprägtem Oberflächen-

Abb. 5: *Die imposanten Hängegletscher des Hochferners, Aufnahme vom Schlegeis (Quelle: Archiv Hochgebirgs-Naturpark Zillertaler Alpen)*

abfluss gekennzeichnet. Drei der sechs größten Gletscher der Zillertaler Alpen – Schwarzenstein-, Horn- und Waxeggkees – liegen im Oberen Zemmgrund. Auf der Waxeggalm wird das Wasser des Zemmbaches zur Stromgewinnung über ein Rohr in den Schlegeisspeicher geleitet.

III.2.3 Boden, Vegetation, Almen

Die Böden (vgl. Tab. 1) werden im Untersuchungsgebiet im Wesentlichen durch das anstehende kristalline Gestein bestimmt (Pindur & Luzian 2007). Die Greinerserie lässt zwar relativ nährstoffreiche Böden erwarten, wegen der limitierenden Faktoren im Hochgebirge, der Temperatur und kurzen Vegetationszeit sind sie jedoch nur geringmächtig entwickelt. Zudem wirken sich die starken Hangneigungen, die Expositionsunterschiede und die daraus folgende Klima- und Vegetationsdifferenzierung sowohl kleinräumig als auch höhenstufenmäßig auf die Bodenbildung deutlich aus.

In den mittleren und höheren Teilen der Waldstufe sind auf silikatischen Gesteinen im allgemeinen Podsole zu finden, die Fichten und Zirbelkiefern tragen (Mayer 1974). In Mulden kommen Gleye und Moore vor. Die verstärkte Ansammlung von leicht zersetzbarer organischer Substanz im Waldgrenzbereich und in den Zwergstrauchheiden führt durch Vermischung mit dem reichlich vorhandenen silikatischen Feinmaterial, zur Bildung von alpinen Rankern. Zech (1977) zeigt in seiner bodenkundlichen Untersuchung der Wallsysteme im Gletschervorfeld des Hornkees die Entwicklungsstadien von Böden im Hochgebirge vom Rohboden über Ranker zu Braunerde und Podsol auf. Die Untersuchung ergab im Wesentlichen eine optimale Bodenprofil-Abfolge.

Im Exkursionsgebiet liegt der Übergang von der montanen Stufe, mit der Leitgesellschaft „Fichtenwald“, zur subalpinen Stufe in der Steilstufe von Grawand. Der Waldgrenzbereich ist Teil der hochsubalpinen Stufe. Die alpine Stufe, die oberhalb der Waldgrenze liegt und sich bis zur Schneegrenze erstreckt, schließt an die subalpine Stufe an. Es handelt sich dabei um von Natur aus waldfreie Standorte mit Zwergstrauchgesellschaften, alpinen Rasen und Schutt. Die typischen Lärchen-Zirbenwälder, die im Pfitscher- und Ahrntal vorkommen, sind im Zemmgrund nicht vorhanden.

Ein prägendes Element der Naturparkregion sind die Almen. Almwirtschaft als landwirtschaftliche Wirtschaftsform breitet sich seit der Bronzezeit um 4 000 v. Chr. im Alpenraum als System der Sommer-Fernweidewirtschaft aus. Die Almbauern und Almbäuerinnen tragen zur Pflege und Offenhaltung der Landschaft bei und erhalten damit das charakteristische alpine Landschaftsbild. Das Exkursionsgebiet umfasst fünf Almen, die sich entlang des Wanderweges von Breitlahner bis zur Berliner Hütte erstrecken. Im Jahr 2013 wurden die Almflächen im Auftrag des Hochgebirgs-Naturparks Zillertaler Alpen kartiert und die Almbewirtschaftenden befragt (Kuehs & Stifter 2013). Die Weideflächen der Tallage sind meist intensiv genutzt, während die Steilflächen und Hochlagen extensiv bewirtschaftet werden.

Auf 1 310 m im Vorderen Zemmgrund liegt die Klausenalm. Sie hat eine Gesamtfläche von 80 ha. Die Hälfte der Almfläche wird noch landwirtschaftlich genutzt. Früher wurde die Milch der 21 Melkkühe auf der Alm zu Käse verarbeitet. Mittlerweile fehlen jedoch das Personal und die Zeit für die Milchverarbeitung. 12 Galtlinge und 12 Schafe (2014) beweiden die Steilhänge, direkt beim Stallgebäude werden 5 Schweine gehalten. Nach der Klausenalm folgt die Schwemmalm (1 350 m) mit 500 ha Gesamtfläche. Hier werden noch 23 ha landwirtschaftlich genutzt. Die Alm wird mit 16 Melkkühen und 12 Galtlingen (2014) bestoßen. Neben geschützten Arten wie dem Fingerhut und dem Türkenbund ist vor allem der bachbegleitende Grauerlenauwald eine Besonderheit. Die nächste Alm ist die Grawandalm (1 730 m),

Tab. 1: Höhenstufen der Böden in den Silikatalpen (Veit 2002, verändert)

Höhenstufe	Silikatalpen
Nival	Rohböden (Frostschutt)
Subnival	Rohböden (Frostschutt) inselhafte alpine Ranker Braunerden
Alpin	alpine Ranker Regosole Alpine Pseudogleye alpine Pararendzinen und Podsole mit Glugstaubkomponenten
Subalpin	Humus- und Eisenpodsole Braunpodsole (gekappte Podsole) Braunerden
Montan	Braunerden podsolige Braunerden Podsole

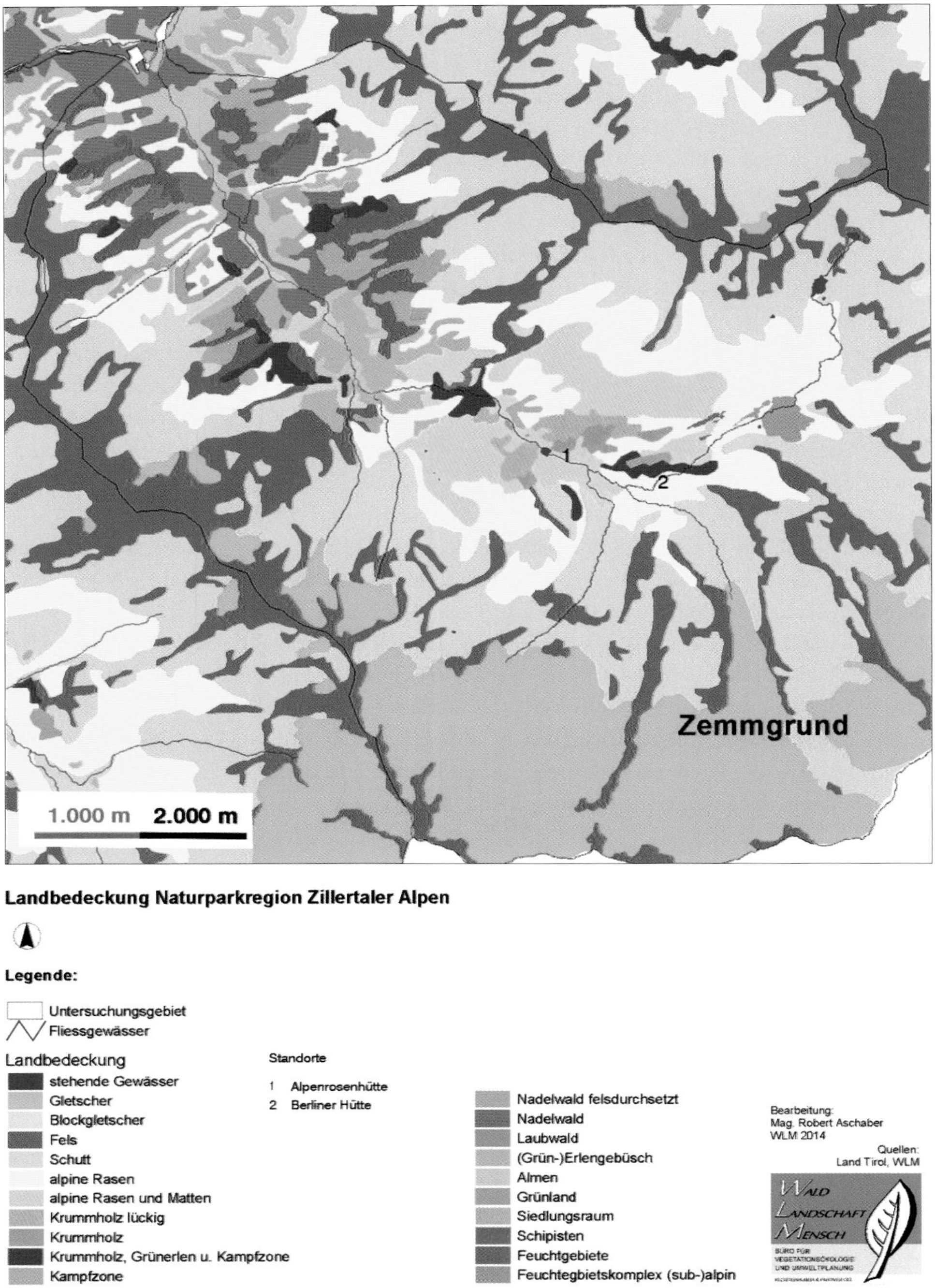
Zemmgrund
1
2
1.000 m
2.000 m
Landbedeckung Naturparkregion Zillertaler Alpen
Legende:
Untersuchungsgebiet
Fliessgewässer
Landbedeckung
stehende Gewässer
Gletscher
Blockgletscher
Fels
Schutt
alpine Rasen
alpine Rasen und Matten
Krummholz lückig
Krummholz
Krummholz, Grünerlen u. Kampfzone
Kampfzone
Standorte
1 Alpenrosenhütte
2 Berliner Hütte
Nadelwald felsdurchsetzt
Nadelwald
Laubwald
(Grün-)Erlengebüsch
Almen
Grünland
Siedlungsraum
Schipisten
Feuchtgebiete
Feuchtegbietskomplex (sub-)alpin
Bearbeitung:
Mag. Robert Aschaber
WLM 2014
Quellen:
Land Tirol, WLM
WALD
LANDSCHAFT
MENSCH
BÜRO FÜR
VEGETATIONSÖKOLOGIE
UND UMWELTPLANUNG

Abb. 6: *Die Landbedeckung im Zemmgrund (Aschaber 2014)*

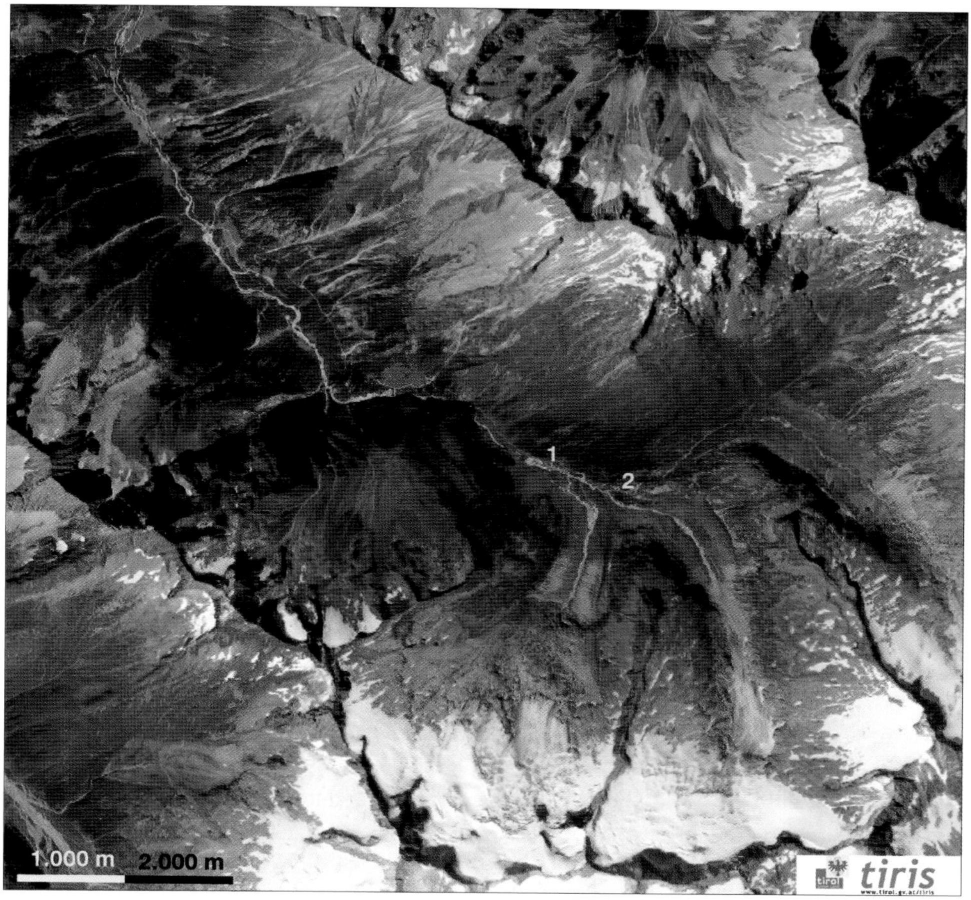

Abb. 7: *Orthofoto für den in Abb. 6 dargestellten Ausschnitt des Zemmgrunds (TIRIS 2015)*

die als Hochleger intensiv genutzt wird. Die Weideflächen von 8 ha werden im Hochsommer mit 35 Melkkühen und einigen Galtlingen (2014) bestoßen. Auf der westlichen Seite der Alm befindet sich die Zemmbachschlucht und auf der östlichen Seite Felswände mit Zirbenwäldern. Die nächste Alm ist die Waxeggalm (1 880 m) im oberen Zemmgrund, sie beginnt nach der Zemmbachschlucht. Die Gesamtfläche der Waxeggalm umfasst 258 ha, wobei 122 ha als Weidefläche eingestuft werden. Sie wird derzeit mit 47 Galtlingen und 147 Schafen (2014) bestoßen. Die Waxeggalm liegt direkt im Gletschervorfeld. Die Endbereiche der Moränen werden von Galtlingen beweidet. Hier findet man spezialisierte Arten wie Moschus-Schafgarbe, Rispen-Steinbrech und viele Zwergsträucher, unter anderen die seltene Seiden-Weide. Die Schafe halten sich bevorzugt auf den alpinen Rasen oberhalb der mit Latschen und Grünerlen bewachsenen Seitenhänge des Zemmgrunds auf. Die Schwarzensteinalm (2 040 m) erstreckt sich von der Berliner Hütte bis hinauf zu den Karen zwischen Großem Mörchner und Ochsner. Die Weidefläche beträgt über 600 ha und ist großteils nur für Schafe geeignet. Früher wurden bis zu 1 000 Schafe aufgetrieben, heute sind es noch 400 Schafe, 10 Galtlinge und 16 Pferde (2014).

Eine Besonderheit stellen kleinflächige Feuchtbiotope mit Kleinseggen, Wollgras und Torfmoos dar. Im Schwarzensteinmoor wurden oberflächennah Zirbenstämme entdeckt. Mit Hilfe der Dendrochronologie (Analyse der Jahrringe) wurde ihr Alter auf bis zu 9 000 Jahren bestimmt (Pindur 2000). Die Untersuchungen zeigten, dass das Klima damals wärmer war und daher die Baumgrenze dementsprechend höher lag. Durch Lawinenereignisse wurden die Zirbenstämme ins Moor transportiert und dort als Klimazeugen erhalten.

Eine gute Übersicht über die Landbedeckung der gesamten Naturparkregion Zillertaler Alpen liefert die durch das Büro WLM durchgeführte „Raumstudie" (Aschaber 2014). Abbildung 6 veranschaulicht die Landbedeckung für den Zemmgrund, darin sind auch die Feuchtgebietskomplexe im Bereich des Schwarzensteinmoores sehr gut zu erkennen. Abbildung 7 zeigt den entsprechenden Ausschnitt auf einem Orthofoto, die Standorte Alpenrosenhütte und Berliner Hütte sind jeweils in den Abbildungen markiert.

III.2.4 Alpinismus und Kulturlandschaft

Neben der Alm-/Forstwirtschaft, der Jagd und dem Bergbau entdeckten vor etwa 150 Jahren der Alpinismus und der Alpintourismus das Gebiet des heutigen Naturparks und prägen ihn bis heute mit zahlreichen Schutzhütten, Höhenwegen und Gipfelanstiegen. Zentrum des Alpintourismus damals wie heute ist das Bergsteigerdorf Ginzling. Den Grundstein für die alpine Infrastruktur legten verschiedene Sektionen des Deutschen Alpenvereins. 1879 wurde mit der heute denkmalgeschützten Berliner Hütte die erste Alpenvereinshütte im Zillertal eröffnet. Neben der DAV-Sektion Berlin betreiben heute die Sektionen Greiz, Kassel, Neumarkt i.d. Oberpfalz, Otterfing, Plauen und Würzburg Schutzhütten im Hochgebirgs-Naturpark. Die DAV-Sektion Aschaffenburg und die OeAV-Sektion Zillertal betreuen in ihren Arbeitsgebieten Wege und Steige. Der äußerst beliebte „Berliner Höhenweg" von der Gamshütte bis zur Edelhütte quert das Exkursionsgebiet im Oberen Zemmgrund vom Schönbichler Horn über die Berliner Hütte bis zur Mörchnerscharte.

Weite Teile der ursprünglichen alpinen Naturlandschaft sind vom Menschen nach dem Rückzug der Eismassen geprägt und durch die landwirtschaftliche Nutzung kultiviert worden. Besonders durch den hochmittelalterlichen Siedlungsausbau um 1 000 n. Chr. wurden weite Bereiche der Alpen durch die Errichtung von Höfen besiedelt. Durch den seit 1950 einsetzenden landwirtschaftlichen Strukturwandel erfolgte im gesamten Alpenraum eine tiefgreifende Änderung der Landbewirtschaftung. Die Aufgabe des Ackerbaus und das Auflassen zahlreicher Betriebe kennzeichnen diese Entwicklung, die durch die erschwerten Arbeitsbedingungen im Gebirge verstärkt wird. In der Naturparkregion gibt es ausschließlich Heumilch produzierende Bäuerinnen und Bauern. Sie verzichten in einer ursprünglichen Form der Landwirtschaft vollkommen auf Silofutter und Gentechnik. Die Heuwirtschaft wirkt sich zudem positiv auf die Natur aus, denn das Mähen und Weiden fördert die Artenvielfalt.

III.3 Literaturverzeichnis

Aschaber, R. 2014. Endbericht zur Raumstudie Hochgebirgs-Naturpark Zillertaler Alpen. Innsbruck, Ginzling (unveröff.).

Bätzing, W. 2005. Die Alpen, Geschichte und Zukunft einer europäischen Kulturlandschaft. München: C.H. Beck.

Birkenhauer, J. 1980. Die Alpen. Paderborn,München, Wien, Zürich.

Fischer, A. 2012. Gletscherbericht 2011/12. In: Bergauf 67 (2): 30–36.

Haas, J. N., C.W. Walde & V. Wild 2007. Holozäne Schneelawinen und prähistorische Almwirtschaft und ihr Einfluss auf die subalpine Flora und Vegetation der Schwarzensteinalm im Zemmgrund (Zillertal, Tirol, Österreich). http://botany.uibk.ac.at/downloads/haas_et_a_%202007.pdf (Abrufdatum: 19/08/2014).

Hensler, E. 1953. Die Landwirtschaft im Zillertal mit besonderer Berücksichtigung der Almwirtschaft. Innsbruck.

Heuberger, H. 2012. Gletscherweg Berliner Hütte Zillertaler Alpen. Innsbruck: Österreichischer Alpenverein.

Hofer, R. 2009. Die Alpen, Einblicke in die Natur. (alpine space – Man Environment 9). Innsbruck.

Kuehs, Ch. & S. Stifter 2013. Almen im Hochgebirgs-Naturpark Zillertaler Alpen. Beschreibung der im Rahmen der Biotop-Kartierung im Sommer 2013 erhobenen Almen (unveröff.): 34–38.

Lammerer, B. 1986. Das Autochton im westlichen Tauernfenster. Jahrbuch der Geologischen Bundesanstalt 129: 51–67. Wien.

Mayer, H. 1974. Wälder des Ostalpenraumes. Standort, Aufbau und waldbauliche Bedeutung der wichtigsten Waldgesellschaften in den Ostalpen samt Vorland. Ökologie der Wälder und Landschaften 3, Stuttgart.

Mertz, P. & K. Kranien 2004. Natur- und Kulturlandschaft von ihrer schönsten Seiten, Verband der Naturparke, Graz.

OeAV-Sektion Zillertal 2008. Sonderinfo „Entwicklung des Hochgebirgs-Naturparks Zillertaler Alpen bis zur Entstehung des Naturparkhauses." Ginzling, Mayrhofen, Innsbruck.

Pindur, P. 2000. Dendrochronologische Untersuchungen im Oberen Zemmgrund, Zillertaler Alpen. Diplomarbeit.

Pindur, P. & R. Luzian 2007. Der „Obere Zemmgrund" – Ein geographischer Einblick. http://hw.oeaw.ac.at/0xc1aa500e_0x001b7776.pdf (Abrufdatum: 19/08/2014).

Rienöszl, K. & P. Ganahl 1975. Die Nutzung der Wasserkräfte im Zillertal und seinen Seitentälern. In: Land Tirol (Hrsg.), Hochwasser-und Lawinenschutz in Tirol: 359–380. Innsbruck.

Ritschel, R. & H. Heller 1998. Zillertaler Alpen. Berlin.

Semmel, A. 1993. Grundzüge der Bodengeographie. Studienbücher der Geographie. 3. Auflage. Berlin, Stuttgart.

Steger, G. 2010. Alpingeschichte kurz und bündig. Ginzling im Zillertal, Österreichischer Alpenverein.

Steger, G. 2011. Der Alpenverein im Zillertaler Naturpark. OeAV-Dokumente 7. Mayrhofen, Innsbruck: Österreichischer Alpenverein.

Ungerank, W. 1997. 250 Jahre Zillertaler Granat. In: extraLapis 12: 12–17.

Van Husen, D. 1987. Die Ostalpen in den Eiszeiten. Populärwissenschaftliche Veröffentlichungen der Geologischen Bundesanstalt, Wien.

Veit, H. 2002. Die Alpen, Geoökologie und Landschaftsentwicklung. Ravensburg: Ulmer.

Zech, W. & B.M. Wilke 1977. Vorläufige Ergebnisse einer Bodenchronosequenzstudie im Zillertal. Mitteilungen der Deutschen Bodenkundlichen Gesellschaft 25: 571–586.

IV Eine Frage des Blicks – Neues sehen im Gebirge durch neues Sehen von Gebirge als Mensch-Umwelt-System

Johann Stötter

IV.1 Gebirge – sensible Mensch-Umwelt-Systeme

Aufgrund ihrer speziellen, sehr komplexen topographischen Situation sind Gebirgsräume durch einen kleinräumigen Wechsel von ökologischen Nischen und menschlichen Lebensräumen geprägt. Aus diesen Rahmenbedingungen resultiert ein hoher Grad an Spezialisierung, sowohl in natürlichen Subsystemen, wie z. B. Pflanzengesellschaften, als auch in gesellschaftlichen, kulturellen Erscheinungsformen. So zählen Gebirge zu den Regionen im System Erde, die zum einen durch eine extrem hohe Biodiversität, zum anderen durch eine stark differenzierte kulturelle und sprachliche Diversität charakterisiert werden (UN 1997: *Special UN-General Assembly Evaluation of Agenda 21*). Aus diesem hohen Spezialisierungsgrad bei gleichzeitig räumlich sehr kleinen ökologischen und kulturellen Nischen ergibt sich eine hohe Anfälligkeit gegenüber sich verändernden Rahmenbedingungen, sind doch Räume mit vergleichbaren Standortfaktoren nur äußerst begrenzt oder überhaupt nicht verfügbar. So ist es nicht verwunderlich, dass Becker & Bugmann (2001) Gebirge als Räume bezeichnen, die unverhältnismäßig stark durch die Prozesse des Globalen Klimawandels betroffen sind.

Wenn, wie am Beispiel des bisherigen Klimawandels in den Alpen sichtbar wird, das von außen auf den Gebirgsraum wirkende Treibersignal auch noch überdurchschnittlich ist (siehe Abb. 8), dann erhöht sich die Vulnerabilität weiter (Stötter & Monreal 2010). Im Vergleich zu den umgebenden Gebirgsvorländern und zum globalen Mittel ist die Temperaturzunahme, die in den Alpen seit Mitte des 19. Jahrhunderts bzw. seit Beginn des 20. Jahrhunderts zu beobachten ist, zumindest um den Faktor 2 höher (siehe z. B. Böhm 2009). Die gilt vor allem für den Zeitraum seit der Mitte des 20. Jahrhunderts und nochmals verstärkt für den Zeitraum seit den 1980er Jahren (Marzeion 2012). Im Vergleich zur globalen Temperaturzunahme von immer noch unter 1K kann in den Alpen eine Erwärmung von etwa 2K im gleichen Zeitraum beobachtet werden.

Der hohe Grad der Spezialisierung von Gesellschaften in Gebirgsräumen basiert auf einer über lange Zeiträume optimierten Anpassung an die Rahmenbedingungen oder Ökosystemleistungen des Natursystems. Mensch und Natur bzw. Mensch und natürliche Umwelt sind hier in ganz besonderer Weise zusammengewachsen. Allein diese Tatsache würde schon als Begründung herhalten, das Gebirge als Beispiel eines Mensch-Umwelt-Systems zu betrachten. Aus heutiger Sicht gibt es aber weitere Gründe, das System Erde nicht mehr als ein reines Natursystem, sondern als ein Mensch-Umwelt-System zu verstehen, bei dessen Formung dem Menschen eine zentrale Rolle zukommt.

IV.2 Mensch-Umwelt-System Erde – ein entwicklungsgeschichtlicher Zugang

Im Zuge der neolithischen Revolution führte der Mensch Ackerbau und Viehzucht ein und wurde sesshaft. Dadurch griff der Mensch kleinräumig, als lokal und regional wirkender Akteur immer stärker in die Natursysteme ein und trug zu ihrer Veränderung bei. Im System Erde war damit zur Konstante der natürlichen Prozesse des Wandels eine zusätzliche Komponente anthropogen bedingten Wandels gekommen. Damit wird im System Erde der Beginn eines neuen Zeitabschnitts definiert, in dem es zu einer Koexistenz von Mensch-Umwelt-Systemen neben noch reinen Natursystemen kommt. In diesem Zeitraum nahm

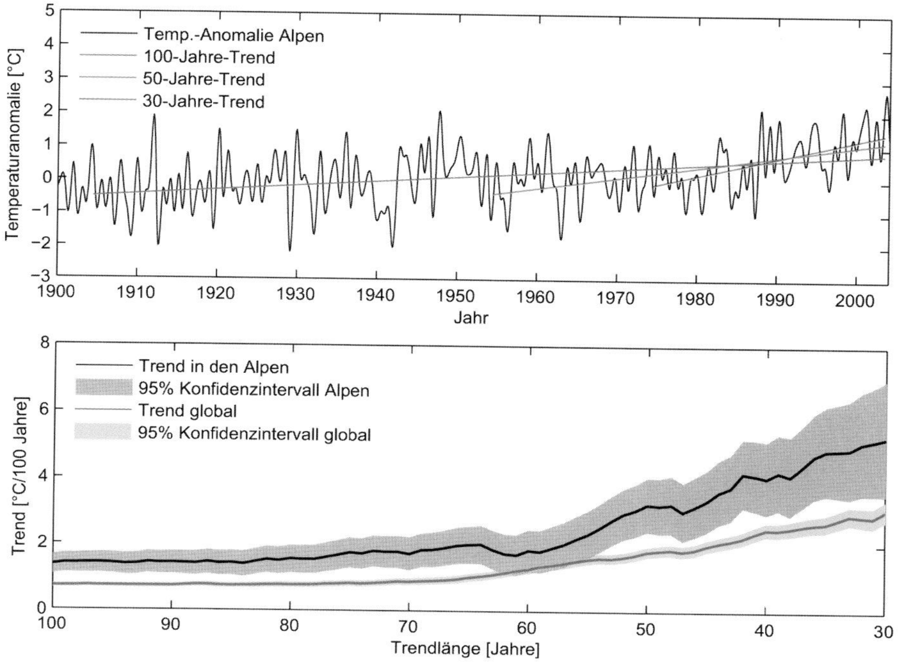

Abb. 8: *Temperaturentwicklung in den Alpen seit Beginn des 20. Jahrhunderts mit 100-, 50- sowie 30-jährigem Trend (oben) und Vergleich mit dem globalen Trend in Abhängigkeit von der Trendlänge (unten) (nach Marzeion 2012)*

die Bedeutung der Mensch-Umwelt-Systeme langsam, aber stetig zu (Ehlers 2008). Da die Aktionen des Menschen räumlich äußerst begrenzt waren, ist der kausale Zusammenhang zwischen Impuls oder Ursache/Verursacher und Reaktion des Systems in der Regel deutlich erkennbar.

Der Beginn der Industrialisierung markiert in dieser Entwicklung eine scharfe Zäsur. Durch die Inwertsetzung fossiler Energierohstoffe standen dem Menschen sprunghaft neue Gestaltungsmöglichkeiten zur Verfügung, die dazu führten, dass die Umgestaltung des Systems Erde inzwischen so weit voran geschritten ist, dass es mit wenigen Ausnahmen kaum noch Systeme gibt, die von menschlichen Aktivitäten nicht beeinflusst sind. Auch wenn die Handlungen des Menschen weiterhin lokal und regional erfolgen, so haben doch die Auswirkungen globale Dimension angenommen und sind ihrerseits zu global wirksamen Treibern geworden. Diese Entwicklung und die Tatsache, dass die Prozesse immer schneller und schneller ablaufen, hat Crutzen und Stoermer (2000) dazu veranlasst, den Begriff „Anthropozän“ vorzuschlagen, dessen Anerkennung als neue geologische Epoche inzwischen intensiv diskutiert wird, in der die Menschheit zum wichtigsten Gestalter des globalen Prozessgeschehens geworden ist (Zalasiewicz et al. 2011). Im Zeitalter des Anthropozäns haben viele Prozesse sowohl im gesellschaftlichen als auch im Natursystem eine exponentielle Dynamik angenommen, was auch im Begriff „die große Beschleunigung“ zum Ausdruck kommt (siehe z. B. Steffen et al. 2007). Seit

Mitte des 20. Jahrhunderts sind diese Entwicklungen in eine exponentielle Phase getreten, für die es im Holozän keine Analogien gibt.

In allen Maßstabsebenen muss aus diesen Gründen das System Erde heute als Mensch-Umwelt-System betrachtet werden. In allen Betrachtungsskalen sind diese Mensch-Umwelt-Systeme als offene Systeme zu verstehen, die mit ihrer Umgebung durch einen immer schnelleren Austausch von Materie, Energie und Information kommunizieren (Stötter et al. 2014).

IV.3 Mensch-Umwelt-System Erde – ein wissenschaftstheoretischer Zugang

Das Verhältnis zwischen Mensch und Natur, zwischen Kultur und Natur ist seit dem Altertum eine zentrale Frage philosophischer Diskussionen.

Bei den griechischen Naturphilosophen, bei Platon sowie den Stoikern und Neuplatonikern umfasst der Naturbegriff den Prozess des Werdens, die Beschaffenheit und das Wesen von Dingen bzw. steht Natur für das Sein im Ganzen oder den Kosmos. Dieses Prinzip des von den Vorsokratikern vertretenen Naturalismus wirkt bis in das Selbstverständnis der Naturwissenschaften in der Moderne hinein. Unter dem Dachbegriff der Natur fanden Betrachtungen über das Wesen der Materie (siehe z. B. Thales, Anaximenes, Empedokles oder Demokrit) statt. Gleichzeitig bildete die Natur im Sinne des Kosmos-Prinzips aber auch den Rahmen für ganzheitliche Betrachtungen (siehe z. B. Parmenides, Anaxagoras oder Aristoteles, die jeweils Betrachtungen „über die Natur“ verfassten).

In nicht naturalistischen Auffassungen wird der Natur bzw. dem Natürlichen das Nichtnatürliche gegenüber gestellt. Bereits in der Antike gibt es Ansätze, die der Natur den Menschen bzw. Menschenwerk (speziell Gesetze oder Satzungen im Sinne des altgriechischen Wortes *„nomos“*) entgegensetzten. Konkreter wird Plinius der Ältere, der zwar noch nicht das Wort „Kultur“ als einen Begriff verwendet, aber zwischen *terrenus* (zum Erdreich gehörend) und *facticius* (künstlich Hergestelltes) unterscheidet. In der Spätantike wird dieser Diskurs auch von Kirchenlehrern aufgegriffen bzw. erweitert. Augustinus von Hippo unterscheidet zwischen einer materialen und einer formalen Definition der Natur, wobei durch die Differenzierung von *substantia* (Substanz) und *essentia* (Wesen) der Weg für den Dualismus zwischen Natürlichem und Übernatürlichem geebnet wird, der mittelalterliche Ausführungen der Theologen prägt.

In der Neuzeit wurde die Diskussion vordergründig wieder von rein theologischen Betrachtungen weggelenkt. Dabei standen Ansätze im Vordergrund, die den dichotomen Charakter dieser Beziehung zum Inhalt hatten. So unterschied zum Beispiel Descartes (1641) zwischen *res extensa* (dem materiellen Wesen des Körpers) und *res cogitans* (dem denkenden Wesen des Geistes). Die Überbrückung dieses Gegensatzes, den sog. *concursus dei* sieht Descartes durch mathematische Prinzipien gegeben.

Für Kant (1790) sind Mensch und Kultur ein Endzweck der Natur, wobei die Bestimmung des Menschen als kulturschaffendes Wesen sich im Verhältnis zur Natur vollzieht. Dies drückt sich im moralischen Leitsatz des kategorischen Imperativs (*„Handle nur nach derjenigen Maxime, durch die du zugleich wollen kannst, dass sie ein allgemeines Gesetz werde.“*) aus, der von Kant der Kultur zugewiesen wird und damit den Menschen von der Natur trennt. In gewisser Weise stellt Kant in seinen erkenntnistheoretischen Überlegungen den Dualismus zwischen Dingen (Materie) an sich, die durch Raum und Zeit geprägt sind, und den sog. regulativen Ideen (Geist) in Frage, da der Mensch Dinge aufgrund seiner eigenen persönlichen Erkenntnisfähigkeit erkennt, ohne aber zu wissen, ob diese Erkenntnis tatsächlich eine reale Entsprechung hat.

Im 20. Jahrhundert wird diese Trennung zwischen Natur und Kultur neuerlich hinterfragt. Einerseits geht die Wiederentdeckung des Zusammendenkens von Natur und Kultur auf theoretische Überlegungen zurück (z. B. „hybride Netzwerke" im Sinn der *Actor Network Theory* von Latour, 1998; *„Zusammenhang zwischen Sinn und Materie"* nach Zierhofer, 2002; aber auch *„Drei-Welten-Theorie"* von Popper 1973). Andererseits liegt dieser Bewegung die sehr pragmatische Erkenntnis zugrunde, dass alle globalen *Grand Challenges* nur integrativ verstanden werden können und alle zielorientierten Lösungen nur so entwickelt werden können. Die Notwendigkeit holistischen Denkens wird auch dadurch unterstrichen, dass die konzeptionelle Entkopplung von Mensch und Natur zumindest teilweise einem nicht nachhaltigen Ressourcenverbrauch und der rücksichtslosen Ausbeutung der Natur zu Grunde liegt. Es kann folglich argumentiert werden, dass die Mensch-Umwelt-Dichotomie im Denken einen wesentlichen Beitrag dazu leistete, den Siegeszug des Menschen als Hauptakteur des Wandels voranzutreiben, da er sich der komplexen Systemzusammenhänge nicht bewusst war.

Wenn man das ganzheitliche Verständnis der Erde als untrennbares Mensch-Umwelt-System als Voraussetzung für die Lösung globaler Probleme sieht, ist es angebracht, auch nicht-eurozentrische Betrachtungsweisen des Zusammenhangs zwischen Menschen und Natur zu berücksichtigen (Stötter et al. 2014). Sowohl im Hinduismus, Buddhismus als auch Daoismus sind Prinzipien des ganzheitlichen Nicht-getrennt-seins und ein auf Harmonie anstatt auf Konfrontation basierter Umgang mit dem Wandel tief verwurzelt. Peripher haben entsprechende philosophische Strömungen seit Beginn der erneuten systemischen Betrachtung von Mensch und Natur in den 1970er Jahren immer wieder Beachtung gefunden (z. B. *„small is beautiful"*, Schumacher 1973). Prinzipielle Erkenntnisse von außerhalb des abendländisch geprägten Denkens werden in Zukunft durchaus an Bedeutung gewinnen und so wesentlich zu konzeptionellen Lösungsansätzen beitragen, die global Akzeptanz finden können.

Das Streben nach einer Wissenschaft, die das hybride Mensch-Umwelt-Verhältnis als zentrales Erkenntnisobjekt behandelt, hat in den letzten Jahren zu intensiven Diskussionen geführt. Das sich gegenseitige Bedingen der menschlichen und natürlichen Subsysteme bzw. deren Einfluss auf das Gesamtsystem stellt die Grundannahme neuer wissenschaftlicher Ansätze dar, wie *„Coupled Human-Environment Systems"* (CHES) (Berkes et al. 2003) oder *„Social Ecological Systems"* (SES) (Turner 2010). Eine wesentliche Auseinandersetzung mit dieser Fragestellung erfolgt dabei innerhalb der Geographie (Weichhart 2005), in der die integrative Betrachtung von natur- und gesellschaftswissenschaftlicher Seite seit dem 19. Jahrhundert verankert ist und wo heute auf der Basis einer stark theoriegeleiteten Diskussion nach neuen Schnittfeldern gesucht wird (z. B. Weichhart 2003; Wardenga & Weichhart 2007).

IV.4 Mensch-Umwelt-System Erde – ein forschungspolitischer Zugang

Die Verbreitung der ersten, die gesamte Erde abbildenden Satellitenbilder in den 1960er Jahren löste einen starken Impuls aus, den Planeten Erde als ein System zu betrachten. Basierend auf den konzeptionellen Überlegungen zu Systemtheorie (von Bertalanffy 1950) und Kybernetik (Wiener 1950) wurden mehr oder weniger zeitgleich erste globale Betrachtungen zum System Erde und seinen Wachstumsgrenzen angestrengt (z. B. Meadows et al. 1972; Barney 1982). Angeregt durch Organisationen wie ICSU (*International Council for Science*) und UNESCO (*United Nations Educational, Scientific and Cultural Organization*) wurden daraufhin erste wissenschaftliche Programme (1980: *World Climate Research Programm*, 1987: *International Geosphere-Biosphere Programme* 1991: *International Programme on Biodiversity*) sowie Organisationen (1988: *Intergovernmental Panel on Climate Change* – IPCC) initiiert, die auf eine umfassende Betrachtung des Systems Erde abzielten. Diese Ansätze basierten auf dem grundlegenden Verständnis der Erde als ein Natursystem, in dem der Mensch, wenn überhaupt, nur eine periphere oder passive Rolle als Betroffener spielte.

Erst durch die Erkenntnis, das im System Erde globale Treiberprozesse wesentlich durch menschliche Aktivitäten gesteuert werden, wie z. B. beim Globalen Klimawandel oder durch die Globalisierung, kam es langsam zu einem Umdenkprozess, bei globalen Forschungsinitiativen den Menschen als gestaltenden Akteur mit zu berücksichtigen (z. B. 1996: *International Human Dimension Programme on Global Environmental Change*). Durch die *Amsterdam Declaration* in der Gründung der „*Earth System Science Partnership*" im Jahr 2001 kommt dieser Paradigmenwandel in der Gestaltung von globalen Forschungsprogrammen dann voll zum Ausdruck. Inzwischen sind weitere entsprechende Initiativen gefolgt, wie z. B. das *United Nations International Year of Planet Earth* (2007 bis 2009), in dessen Rahmen auch gesellschaftliche Themenfelder, wie z. B. Gesundheit oder Megacities, adressiert wurden (Woodfork & de Mulder 2011).

Die zunehmende Wahrnehmung der Bedeutung einer holistischen Betrachtung wird durch die im Jahr 2011 vom ICSU (*International Council for Science*) ins Leben gerufene neue Initiative „*Future Earth: New global platform for sustainability research*" unterstrichen. Innerhalb eines 10-Jahres-Programms soll dieses Forschungsprogramm Antworten auf Herausforderungen der Folgeerscheinungen des globalen Umweltwandels geben, um darauf basierend die Transformation der Gesellschaft in Richtung einer nachhaltigen Entwicklung zu ermöglichen.

Seit geraumer Zeit wird das verstärkte Bewusstsein für die Problematik globaler Zusammenhänge und für die notwendige Suche nach Lösungsansätzen auch in der politischen Sphäre sichtbar. Deutlich erkennbar wird dies in der Arbeit verschiedener „Weltkommissionen" sowie im „Marathon" der Weltkonferenzen der letzten Jahrzehnte (z. B. 1992: *United Nations Conference on Environment and Development*, Rio de Janeiro; 2000: *Millennium Summit*, New York; 2002: *World Summit on Sustainable Development* (Rio+10), Johannesburg; 2012: *United Nations Conference on Sustainable Development* (Rio+20), Rio de Janeiro).

IV.5 Ansätze zur Kopplung zwischen Mensch und Umwelt

In Wissenschaft, Politik und Öffentlichkeit hat das Interesse an den globalen Herausforderungen in ökologischen, sozioökonomischen und politischen Zusammenhängen innerhalb des letzten Jahrzehnts stark zugenommen, zum Teil auch aus der Erkenntnis heraus, dass es sich hierbei um existentielle, für das Überleben der globalen Gesellschaft wichtige Fragen handelt (Ehlers 2005, 2008). Die Komplexität globaler Veränderungen, die von den

Prozessen im Naturhaushalt (z. B. Klimaveränderungen, Ressourcenverbrauch) über die wirtschaftlichen, sozialen und kulturellen Folgen der Globalisierung (z. B. „Triadisierung" der Weltwirtschaft, Verschärfung der immer größeren Unterschiede zwischen Globalisierungsgewinnerinnen/Globalisierungsgewinnern und -verliererinnen/-verlierern, Konfliktzunahme) bis hin zu den sich verändernden politischen Rahmenbedingungen reichen (z. B. Auflösung der „Blockwelten", Neoliberalismus, Veränderung politischer Akteurskonstellationen), erfordern neue, ganzheitliche Sichtweisen. Dies gilt sowohl bei der wissenschaftlichen Analyse der Hintergründe, Prozessabläufe und Folgewirkungen als auch bei der Suche nach langfristig wirksamen Lösungsansätzen sowie für einen entsprechend notwendigen Wertewandel (Kates et al. 2001; Gallopín 2006; Becker & Jahn 2006; WBGU 2007).

Auch wenn innerhalb der Geographie derzeit ein intensiver Diskurs zur integrativen „Dritten Säule" stattfindet, d. h. zur Integrativen Geographie, die zwischen der Human- und Physiogeographie angeordnet ist (siehe z. B. Weichhart 2005), kommen doch wesentliche Ansätze, die an der Schnittstelle zwischen Mensch und Umwelt aktuell diskutiert und auf ihre Praxistauglichkeit hinterfragt werden, von außen. Exemplarisch sollen hier Überlegungen aus den Bereichen der Risikoforschung, Humanökologie sowie *Sustainability Science* vorgestellt werden.

IV.6 Risikoforschung

Risikokonzepte verbinden intrinsische Aspekte gesellschaftlicher und natürlicher Systeme miteinander und besitzen deshalb ein hohes Maß an Integrationspotential (Bohle & Glade 2008; Veulliet et al. 2009).

Die Wurzeln der Risikobetrachtung finden sich im Mittelalter im Mittelmeerraum, als Kaufleute die Begriffe *"risco"* bzw. *"risico"* zur Charakterisierung der mit dem Seehandel verbundenen Gefahren, aber auch der damit verbundenen Chancen verwendeten (Banse 1996). Seit den 1950er Jahren lässt sich eine intensive Thematisierung von Risiko in unterschiedlichen Kontexten von verschiedenen wissenschaftlichen Disziplinen erkennen (siehe Überblick bei Fuchs et al. 2004). Dabei sind allen Anwendungen zwei Aspekte gemein: die Zukunftsorientierung und die Unsicherheit. Heute können drei Hauptzugänge in der Risikoforschung unterschieden werden (Dikau & Weichselgartner 2005; Müller-Mahn 2007; Renn et al. 2007).

Natur- oder ingenieurwissenschaftliche Risikoansätze zielten ursprünglich auf die Analyse und Bewertung von Naturgefahrenprozessen ab, wobei der Frequenz-Magnituden-Beziehung eine zentrale Bedeutung zukommt, sind inzwischen aber durch umfassendere, integrative Risikomanagementstrategien abgelöst (Ammann 2001; Stötter et al. 2002; Kienholz 2003). Wirtschaftswissenschaftliche bzw. durch das Versicherungswesen vorangetriebene Ansätze fokussieren vor allem auf die Risikobewertung und -monetarisierung (Leiter & Pruckner 2008; Luechinger & Raschky 2009; Prettenthaler et al. 2012; Raschky & Weck-Hannemann 2007).

Bei der sozialwissenschaftlichen Auseinandersetzung mit Risiko kreisen die Ansätze um die Bereiche der Risikowahrnehmung, -akzeptanz, -kommunikation und -governance, wobei neben formal-normativen Zugängen psychologisch-kognitive sowie kulturell-soziologische Zugänge zu unterscheiden sind (Kuhlmann 1981; Fermers & Jungermann 1992; Berg et al. 1994; Renn et al. 2007).

Bei Forschungen zum Klimawandel kann Risiko als Ausdruck für die unsichere, offene Zukunft gesehen werden. Da dieses sowohl positive als auch negative Optionen für die Zukunft beinhaltet (Schneider et al. 2007, UNEP 2007), muss der vorwiegend negativ konnotierte Risikobegriff durch ein neutrales Verständnis ersetzt werden, das Risiko sowohl für Chancen, die es in Wert zu setzen gilt (im Sinne von *good risk*), als auch im klassischen Sinne für negative Folgen anwendet, die es im Sinne von *bad risk* zu vermeiden gilt (Stötter & Coy 2008).

IV.7 Humanökologie – Soziale Ökologien

Basierend auf den Arbeiten der Chicagoer Schule der Sozialökologie (Moore 1920; Barrows 1923), die eine sozialwissenschaftliche Neuinterpretation des Ökologiekonzepts durchführte, entstand in den 1920er Jahren das Konzept der Humanökologie. Diese neuartige wissenschaftliche Beschäftigung mit den Wirkungszusammenhängen und Interaktionen zwischen Gesellschaft, Mensch und Umwelt löste einen Impuls zur Ökologisierung in vielen gesellschaftswissenschaftlichen Disziplinen aus (Weichhart 1995; siehe Überblick bei Singh et al. 2013).

Die wachsende Wahrnehmung globaler Umweltprobleme (siehe z. B. Schwab 1958 oder Carson 1962) führte in den 1960er und 1970er Jahren zu Etablierung der Humanökologie im Sinne eines disziplinübergreifenden Arbeitsgebiets (Young 1974). Dies geschah in dem Bewusstsein, dass diese Umweltprobleme gesellschaftliche Probleme waren, die nur durch die über Fachgrenzen hinausgehende Erforschung von Mensch-Umwelt-Interaktionen lösbar sind. In Folge kam es zur Gründung interdisziplinärer Organisationen, die quasi quer zu den traditionellen Fachdisziplinen ausgerichtet waren (z. B. 1969: *Commonwealth Human Ecology Council*; 1978: *International Organization for Human Ecology*; 1981: *Society for Human Ecology*).

Ein aktuelles theoretisches Konzept zur Überwindung der Dichotomie zwischen Natur und Gesellschaft wurde durch das Modell der Sozialen Ökologie von Fischer-Kowalski et al. (1997) entwickelt (siehe auch Fischer-Kowalski & Weisz 1999). Im Zuge der Kolonisierung der materiellen Welt werden dabei Artefakte gebildet und über den als gesellschaftlicher Metabolismus bezeichneten Energie- und Materieaustausch physisch-materielle Verbindungen zwischen der sinn- und kulturgeprägten Gesellschaft und Ökosystemen hergestellt. Speziell dieser Ansatz wird innerhalb der Geographie zur Zeit intensiv hinsichtlich seiner Tragfähigkeit als „Dritte Säule“ diskutiert.

Ähnliche Aufmerksamkeit findet auch ein zweites sozialökologisches Konzept, das vom Institut für sozial-ökologische Forschung in Frankfurt entwickelt wurde (Becker & Jahn 2000, 2006), in dem die Soziale Ökologie als *„Wissenschaft von den gesellschaftlichen Naturverhältnissen“* verstanden wird. Dieser Ansatz richtet sich sehr pragmatisch auf die durch die Politisierung der Natur in den 1980er Jahren sichtbar gewordene Problematik ständig wechselnder Konstellationen zwischen Gesellschaft und Umwelt in einer globalisierten Welt. Bei der Suche nach adäquaten Antworten zu den krisenhaften Beziehungen zwischen Gesellschaft und Natur kommt bei diesem Konzept der Sozialen Ökologie der Transdisziplinarität eine zentrale Bedeutung zu.

IV.8 Sustainability Science

Wie bei den Konzepten zur Sozialen Ökologie steht auch beim Ansatz der *Sustainability Science* (Kates et al. 2001) der Zusammenhang zwischen menschlich-gesellschaftlichem Handeln und der natürlichen Umwelt im Mittelpunkt. Die *Sustainability Science* fokussiert auf das Wirkungsgefüge, bei dem Gesellschaft und Natur als „gekoppelte Systeme“ sich gegenseitig determinieren. Das Verständnis dieser nicht linearen, komplexen und selbst organisierten Systeme und die darauf aufbauende Ableitung von Lösungsvorschlägen für komplexe gesellschaftliche Probleme werden als zentrale Forschungsaufgabe für das 21. Jahrhundert gesehen (WBGU 2007).

Im Sinne einer „neuen Wissenschaft“ kann die *Sustainability Science* nach Gallopín (2002) folgendermaßen beschrieben werden: Sie ist sozial-ökologisch (sie konzentriert sich auf Natur-Gesellschafts-Interaktionen), integrativ (sie verbindet Natur- und Sozialwissenschaften sowie Wissenschaft und Praxis), grundlegend (sie untersucht Skalenprobleme, nicht-lineare Prozesse und Komplexität) sowie regional und ortsgebunden (sie forscht dort, wo komplexe Übergänge von Menschen und Ökosystemen auftreten).

IV.9 Schlussbetrachtung – Was heißt das für den Exkursionsführer „Neues sehen – neues Sehen“?

Wer mit einem neuen Sehen die Welt betrachtet, wird Neues darin sehen. Die Betrachtung der Welt generell und des Hochgebirges speziell durch den Verständnis- und Wahrnehmungsfilter eines Mensch-Umwelt-Konzepts produziert unzweifelhaft eine neue Weltsicht und ein neues Weltverständnis. Dabei kommt es nicht darauf an, welchem theoretischen Konzept man folgt, sondern vielmehr auf den damit verbundenen Paradigmenwechsel, weg von der traditionellen mono- oder multidisziplinären hin zur holistischen, interdisziplinären Betrachtung.

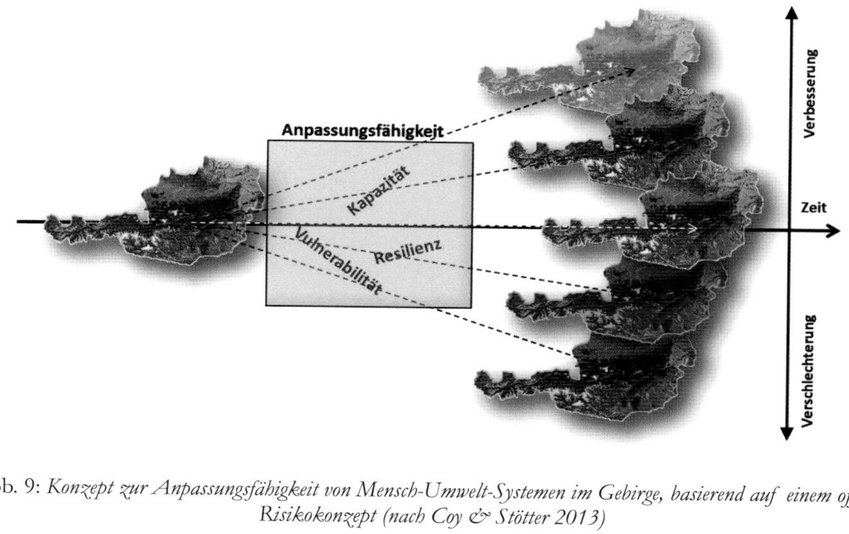

Abb. 9: *Konzept zur Anpassungsfähigkeit von Mensch-Umwelt-Systemen im Gebirge, basierend auf einem offenen Risikokonzept (nach Coy & Stötter 2013)*

Die disziplinäre Auseinandersetzung mit Fragen, die im 21. Jahrhundert gestellt werden (müssen), kann sehr tief in die Materie eintauchen und extrem detaillierte Antworten liefern, sie wird aber den komplexen Systemzusammenhängen niemals gerecht werden. Es wäre allerdings vorschnell und falsch, dies als Aufruf zur Abwendung von disziplinärer Forschung zu verstehen. Es ist vielmehr ein Appell, neben der disziplinären auch die interdisziplinäre, an den Rändern der klassischen, im Überschneidungsbereich mit anderen Disziplinen angesiedelte Betrachtungsweise mitzudenken. Nur so können Antworten generiert werden, die den vielfältigen Interaktionen zwischen Impuls und Reaktion, zwischen globaler und regionaler/lokaler Ebene, zwischen Mensch und Umwelt entsprechen.

In allen Mensch-Umwelt-Systemen geht es letztendlich darum zu erkennen und zu verstehen, wie die Verbindung zwischen einem beeinflussenden Prozess und dem exponierten System funktioniert bzw. wie sensitiv dieses gegenüber der Einwirkung ist. Unter der Grundannahme, dass solche Impulse sowohl als positiv, wie auch als negativ bewertete Folgereaktionen auslösen können, ist die Betrachtung der Kopplung von zentraler Bedeutung. Hierbei spielen die Konzepte der Vulnerabilität (Chambers 1989; Hollenstein et al. 2002; Thieken et al. 2005), Resilienz (Holling 1973; Walker et al. 2004; Bohle 2007) und Kapazität (Gallopín 2006) die entscheidende Rolle, steuern sie doch letztendlich die Anpassungsfähigkeit des Mensch-Umwelt-Systems (siehe Abb. 9).

Im Hinblick auf die *Grand Challenges* des 21. Jahrhunderts und die von allen und jedem geforderten Antworten ist es extrem wichtig, sich der (System)zusammenhänge bewusst zu werden. Der Hochgebirgsraum erleichtert dieses neue Sehen.

IV.10 Literaturverzeichnis

Ammann, W. 2001. Integrales Risikomanagement – der gemeinsame Weg in die Zukunft. In: Bündnerwald 5: 14–17.

Banse, G. 1996. Herkunft und Anspruch der Risikoforschung. In: Banse, G. (Hrsg.), Risikoforschung: Zwischen Disziplinarität und Interdisziplinarität: Von der Illusion der Sicherheit zum Umgang mit Unsicherheit: 15–72. Berlin.

Barney, G.O. 1982. The Global 2000 Report to the President: Entering the Twenty-First Century. http://www.geraldbarney.com/Global_2000_Report/G2000-Eng-7Locks/G2000_Vol_One_7Locks.pdf (Access date: 18/08/2014).

Barrows, H.H. 1923. Geography as human ecology. In: Annals of the Association of American Geographers 13: 1–14.

Becker, A. & H. Bugmann 2001. Global Change and mountain regions: The Mountain Research Initiative. GTOS: IGBP Report 49.

Becker, E. & T. Jahn 2000. Sozial-ökologische Transformationen. Theoretische und methodische Probleme transdisziplinärer Nachhaltigkeitsforschung. In: Brand, K.W. (Hrsg.), Nachhaltige Entwicklung und Transdisziplinarität: 67–84. Berlin.

Becker, E. & T. Jahn 2006. Soziale Ökologie: Grundzüge einer Wissenschaft von den gesellschaftlichen Naturverhältnissen. Frankfurt a. M.; New York.

Berg, M., G. Erdmann, M. Hofmann, M. Jaggy, M. Scheringer & H. Seiler 1994. Was ist ein Schaden? Zur normativen Dimension des Schadensbegriffs in der Risikowissenschaft. Zürich.

Berkes, F., J. Colding & C. Folke 2003. Navigating social-ecological systems: Building Resilience for Complexity and Change. Cambridge, New York, Melbourne, Madrid, Cape Town,Singapore, Sao Paulo.

Bohle, H.-G. 2007. Geographies of Violence and Vulnerability an Actor-Oriented Analysis of the Civil War in Sri Lanka. In: Erdkunde 61: 129–146.
Bohle, H.-G.& T. Glade 2008. Vulnerabilitätskonzepte in Sozial- und Naturwissenschaften. In: Felgentreff, C. & T. Glade (Hrsg.), Naturrisiken und Sozialkatastrophen: 99–119. Berlin, Heidelberg.
Carson, R. 1962. Silent Spring. Boston.
Chambers, R. 1989. Editorial Introduction: Vulnerability, Coping and Policy. In: IDS Bulletin 37: 33–40.
Coy, M. & J. Stötter 2013. Die Herausforderungen des Globalen Wandels. In: Borsdorf, A. (Hrsg.), Forschen im Gebirge (IGF-Forschungsberichte 5):73–94. Innsbruck.
Crutzen, P.J. & E.F. Stoermer 2000: The "Anthropocene". Global Change Newsletter. The International Geosphere–Biosphere Programme (IGBP): A Study of Global Change of the International Council for Science (ICSU) 41: 17–18.
Descartes, R. 1641: Meditationes de Prima Philosophia. Paris.
Dikau, R. & J. Weichselgartner 2005: Der unruhige Planet: Der Mensch und die Naturgewalten. Darmstadt.
Ehlers, E. 2005. Mensch-Umwelt-Beziehungen als geographisches Paradigma. In: Schenk, W. & K. Schliepahake (Hrsg.), Allgemeine Anthropogeographie. Stuttgart: Klett-Perthes, Gotha.
Ehlers, E. 2008. Das Anthropozän: Die Erde im Zeitalter des Menschen. Darmstadt.
Fermers, S. & H. Jungermann 1992. Risikoindikatoren (I): Eine Systematisierung und Diskussion von Risikomaßen. In: Zeitschrift für Umweltpolitik und Umweltrecht 15: 59–84.
Fischer-Kowalski, M., H. Haberl, W. Hüttler, H. Payer, H. Schandl, V. Winiwarter, H. Zangerl-Weiß, T. Macho, M. Nicolini & R.P. Sieferle 1997. Gesellschaftlicher Stoffwechsel und Kolonisierung von Natur – Ein Versuch in Sozialer Ökologie. Amsterdam.
Fischer-Kowalski, M. & H. Weisz 1999. Society as hybrid between material and symbolic realms: Toward a theoretical framework of society-nature interaction. Advances in Human Ecology 8: 215–252.
Fuchs, S., M. Bründl & J. Stötter 2004. Development of avalanche risk between 1950 and 2000 in the Municipality of Davos, Switzerland. In: Natural Hazards Earth System Sciences 4: 263–275.
Gallopín, G.C. 2002. Epistemological issues in sustainability science. Presentation at: Science and Technology for a Transition Toward Sustainability – A Symposium at the Annual Meeting of the American Association for the Advancement of Science (AAAS).
Gallopín, G.C. 2006. Linkages between vulnerability, resilience, and adaptive capacity. Global Environmental Change, Resilience, Vulnerability, and Adaptation: A Cross-Cutting Theme of the International Human Dimensions Programme on Global Environmental Change Resilience, Vulnerability, and Adaptation: A Cross-Cutting Theme of the International Human Dimensions Programme on Global Environmental Change 16: 293–303.
Hollenstein, K., O. Bieri & J. Stückelberger 2002. Modellierung der Vulnerabilität von Schadenobjekten gegenüber Naturgefahrenprozessen (Vulnerability modeling of objects with regards to natural hazards). In: Veyret, Y., G. Garry, N. Meschinet de Richemont & A. Colin (eds.), Colloque Arche de La Défense, 22–24.
Holling, C.S. 1973. Resilience and stability of ecological systems. Annual review of ecology and systematics 4: 1–23.
Kant, I. 1790. Kritik der Urteilskraft. Berlin.
Kates, R.W., W.C. Clark, R. Corell, J.M. Hall, C.C. Jaeger, I. Lowe, J.J. McCarthy, H.J. Schellnhuber, B. Bolin, B., N.M. Dickson, S. Faucheux, G.C. Gallopin, A. Grübler, B. Huntley, J. Jäger, N.S. Jodha, R.E. Kasperson, A. Mabogunje, P. Matson, H. Mooney, B., Moore, T. O'Riordan & U. Svedin 2001. Sustainability. In: Science 292: 641–642.
Kienholz, H. 2003. Early Warning Systems related to Mountain Hazards. In: Zschau, J.& A.N. Küppers (eds.), Early Warning Systems for Natural Disaster Reduction: 555–564. Berlin.
Kuhlmann, A. 1981. Einführung in die Sicherheitswissenschaft. Wiesbaden: Vieweg und Sohn.
Latour, B. 1998. Wir sind nie modern gewesen - Versuch einer symmetrischen Anthropologie. Frankfurt am Main: Suhrkamp.

Leiter, A.M. & G.J. Pruckner 2008. Proportionality of Willingness to Pay to Small Changes in Risk: The Impact of Attitudinal Factors in Scope Tests. In: Environmental and Resource Economics 42: 169–186.

Luechinger, S. & P.A. Raschky 2009. Valuing flood disasters using the life satisfaction approach. In: Journal of Public Economics 93: 620–633.

Marzeion, B. 2012. Klimawandel in den Alpen: Warum steigen die Temperaturen dort so stark? In: Jahrbuch des Vereins zum Schutz der Bergwelt 76/77, 125–130.

Meadows, D.H., Randers, J., Meadows, D.L. & W.W. Behrens 1972. The Limits to Growth. New York: Universe Books.

Moore, B. 1920. The scope of ecology. Ecology 1: 3–5.

Müller-Mahn, D. 2007. Perspektiven der geographischen Risikoforschung. In: Geographische Rundschau 59: 4–11.

Popper, K.R. 1973. Objektive Erkenntnis. Ein evolutionärer Entwurf. Hamburg: Hoffmann und Campe.

Prettenthaler, F., H. Albrecher, J. Köberl & D. Kortschak (2012): Risk and Insurability of Storm Damages to Residential Buildings in Austria. In: The Geneva Papers on Risk and Insurance – Issues and Practice 37: 340–364.

Raschky, P.A. & H. Weck-Hannemann 2007. Charity hazard – A real hazard to natural disaster insurance? Environmental Hazards 7: 321–329.

Renn, O., Schweizer, P.-J., Dreyer, M. & A. Klinke 2007. Risiko: Über den gesellschaftlichen Umgang mit Unsicherheit. München.

Schneider, S.H., S. Semenov, A. Patwardhan, I. Burton, C.H.D. Magadza, M. Oppenheimer, A.B. Pittock, A. Rahman, J. Smith, A. Suarez & F. Yamin 2007. Assessing key vulnerabilities and the risk from climate change. In: Parry, M.L., O.F. Canziani, J.P. Palutikoff, P.J. van der Linden & C.E. Hanson (eds.), Climate Change 2007: Impacts, Adaptation and Vulnerability. Contribution of Working Group II to the Fourth Assessment Report of the Intergovernmental Panel on Climate Change: 779–810. Cambridge.

Schumacher, E.F. 1973. Small is Beautiful: A Study of Economics as if People Mattered Blond and Briggs. London.

Schwab, G. 1958. Der Tanz mit dem Teufel: Ein abenteuerliches Interview. Hannover.

Singh, S.J., H. Haberl, M. Chertow, M. Mirtl & M. Schmid 2013. Long term socio-ecological research studies in society-nature interactions across spatial and temporal scales. New York.

Steffen, W., P.J. Crutzen & J.R. McNeill 2007. The Anthropocene: Are Humans Now Overwhelming the Great Forces of Nature? In: Ambio 36: 614–621.

Stötter, J. Formayer, H., Prettenthaler, F., Coy, M., Monreal, M. & Tappeiner, U. 2014. Kapitel 1: Zur Kopplung zwischen Treiber- und Reaktionssystemen sowie zur Bewertung von Folgen des Klimawandels. In: Stötter, J. & M. Coy 2008 Forschungsschwerpunkt, Globaler Wandel – regionale Nachhaltigkeit, Innsbrucker Jahresbericht 2003–2007. Innsbruck.

Stötter, J., G. Meißl, M. Rinderer, M. Keiler & S. Fuchs 2002. Galtür – Eine Gemeinde im Zeichen des Lawinenereignisses von 1999. In: Steinicke, E. (Hrsg.), Geographischer Exkursionsführer. Europaregion Tirol – Südtirol – Trentino, Spezialexkursionen Im Bundesland Tirol (Innsbrucker Geographische Studien 33/2): 167–184. Innsbruck.

Stötter, J. & M. Monreal 2010. Mountains at Risk. In: Borsdorf, A., G. Grabherr, K. Heinrich, B. Scott & J. Stötter (eds.), Challenges for Mountain Regions – Tackling Complexity. Wien: 86–93.

Thieken, A.H., M. Müller, H. Kreibich & B. Merz 2005. Flood damage and influencing factors: New insights from the August 2002 flood in Germany. In: Water resources research 41: 1–16.

Turner, B.L. 2010. Vulnerability and resilience: Coalescing or paralleling approaches for sustainability science? In: Global Environmental Change 20: 570–576.

UN 1997. Special UN-General Assembly Evaluation of Agenda 21. New York.

UNEP 2007. Global Environment Outlook 4: Environment for Development. http://www.unep.org/geo/geo4/report/geo-4_report_full_en.pdf (Access date: 13/08/2014).

Veulliet, E., J. Stötter & H. Weck-Hannemann 2009. Sustainable Natural Hazard Management in Alpine Environments. Heidelberg, Dordrecht, London, New York.

von Bertalanffy, L. 1976. General System Theory. New York: George Braziller.

Walker, B., C.S. Holling, S.R. Carpenter & A. Kinzig 2004. Resilience, adaptability and transformability in social–ecological systems. ftp://131.252.97.79/Transfer/WetlandsES/Articles/walker_04_socio-ecology_resilience.pdf (Access date: 13/08/2014).

Wardenga, U. & P. Weichhart 2006. Sozialökologische Interaktionsmodelle und Systemtheorien – Ansätze einer theoretischen Begründung integrativer Projekte in der Geographie? In: Mitteilungen der Österreichischen Geographischen Gesellschaft. Auf dem Weg zur „Dritten Säule" (No. 148. Jahrgang). Wien.

WBGU Wissenschaftlicher Beirat der Bundesregierung Globale Umweltveränderungen (Germany) 2007. Welt im Wandel Sicherheitsrisiko Klimawandel. Berlin, Heidelberg.

Weichhart, P. 1995. Humanökologie und Geographie. In: Österreich in Geschichte und Literatur (mit Geographie) 39: 39–55.

Weichhart, P. 2003. Physische Geographie und Humangeographie – eine schwierige Beziehung: Skeptische Anmerkungen zu einer Grundfrage der Geographie und zum Münchner Projekt einer „Integrativen Umweltwissenschaft". In: Heinritz, G. (Hrsg.), Integrative Ansätze in der Geographie-Vorbild oder Trugbild? Münchner Symposium zur Zukunft der Geographie, 28. April 2003. Eine Dokumentation. Presented at the Münchner Symposium zur Zukunft der Geographie, München: L.I.S. Verlag.

Weichhart, P. 2005. Auf der Suche nach der „Dritten Säule ". Gibt es Wege von der Rhetorik zur Pragmatik. In: Müller-Mahn, D. & U. Wardenga (Hrsg.), Möglichkeiten und Grenzen integrativer Forschungsansätze in Physischer Geographie und Humangeographie: 109–136. Leibnitz.

Wiener, N. 1950. The Human Uses of Human Beings: Cybernetics and Society. Boston.

Woodfork, L. & E. de Mulder 2011. International Year of the Planet Earth: Summary Report to the United Nations. http://yearofplanetearth.org/content/downloads/PE-SummaryReport.pdf (Access date: 13/08/2014).

Young, G.L. 1974. Human Ecology as an Interdisciplinary Concept: A Critical Inquiry. In: A. MacFadyen (ed.), Advances in Ecological Research: 1–105.

Zalasiewicz, J., M. Williams, A. Haywood & M. Ellis 2011. The Anthropocene: A new epoch of geological time? Philosophical Transactions of the Royal Society: Mathematical, Physical and Engineering Sciences 369: 835–841.

Zierhofer, W. 2002. Gesellschaft: Transformation eines Problems. Wahrnehmungsgeographische Studien. Oldenburg.

V Sicher unterwegs im Hochgebirge – Alpine Gefahren, Ausrüstung und wichtige Kontakte

Katharina Weiskopf & Lars Keller

V.1 Alpine Gefahren

Unser Exkursionsgebiet erstreckt sich zwischen dem Ort Ginzling auf ca. 1 000 m Seehöhe bis hinauf zur Gletscherzunge des Hornkees auf ca. 2 250 m (Stand 2014). Häufig bewegen sich die Exkursionsgruppen rund um die Alpenrosenhütte (1 878 m) und die Berliner Hütte (2 044 m), die Schutz bieten und wunderbare Ausgangspunkte für Exkursionen bilden (vgl. Abb. 10 und 11). Grundsätzlich wurde das Thema Sicherheit bei der Auswahl der Exkursionsräume bedacht und wir gehen davon aus, dass – genügend Umsicht vorausgesetzt – jede der in diesem Band vorgestellten Exkursionen relativ gefahrlos umgesetzt werden kann, auch wenn die Vielzahl von Gefahren- und Sicherheitshinweisen in jedem einzelnen Kapitel manchmal das Gegenteil vermitteln mag. Auf jeden Fall sollten sich die Gruppenleiter/innen und alle Teilnehmenden der in diesem Band vorgestellten Exkursionen im Klaren darüber sein, dass sie sich im Hochgebirge befinden und sich entsprechend vorsichtig verhalten müssen.

Es wird vorweggeschickt, dass weder die Autorinnen und Autoren noch der Hochgebirgs-Naturpark Zillertaler Alpen Verantwortung für die Sicherheit der Teilnehmenden auf den in diesem Band veröffentlichten Exkursionen übernehmen. Die einzelnen Exkursionen sind mit verschiedensten Gruppen durchgeführt und dokumentiert worden. Die Informationen werden mit größtmöglicher Sorgfalt zur Verfügung gestellt, wobei Ungenauigkeiten und Irrtümer nicht ausgeschlossen werden können. Jede Exkursion im Hochgebirge ist stets aufs Neue und sehr sorgfältig vorzubereiten. Im alpinen Gelände ist grundsätzlich Aufmerksamkeit und Vorsicht geboten. Durch vorausschauendes Verhalten können viele Gefahren rechtzeitig erkannt und Unfälle abgewendet werden. Jedoch ändern sich die Bedingungen im Hochgebirge von Jahr zu Jahr (z. B. Gletscherzungen, Flussläufe) und auch tagsüber sehr schnell (z. B. Wetter, Wasserstand in Flüssen), so dass alle, die sich zukünftig auf Exkursion begeben, selbst die Verantwortung für ihr Tun übernehmen müssen. Im Zweifelsfall wird die Buchung einer Bergführerin/eines Bergführers oder einer Naturparkrangerin/eines Naturparkrangers für die Begleitung empfohlen.

Nachfolgend einige Tipps (keine vollständige Liste!), um im Exkursionsgebiet möglichst sicher unterwegs zu sein.

V.1.1 Wetter im Hochgebirge

Besondere Beachtung verdient der Wetterbericht, da Wetterstürze, Regen, Schnee, Wind und Kälte das Unfallrisiko im Hochgebirge erhöhen. Schon vor der Exkursion sollten die Wetterprognosen im Auge behalten werden. Wetterinformationen für Tirol findet man z. B. auf der Homepage der ZAMG (www.zamg.ac.at/cms/de/aktuell). Informationen über die aktuellen Verhältnisse im Exkursionsgebiet (Schneefall, aktuelles Wetter etc.) geben auch die Hüttenwirtinnen und Hüttenwirte, die Expertinnen und Experten für das lokale Wetter sind.

Während der Exkursion im Hochgebirge muss das Wetter laufend beobachtet werden, v. a. Temperatur, Bewölkung, Niederschlag (Schneegrenze, Niederschlagsmengen etc.), Nebel, Gewitter und Wind. Im Nebel kann man sehr rasch die Orientierung verlieren. Bei Starkregen oder auch sommerlicher Hitze kann der Pegel des Gletscherbachs schnell stark ansteigen. Oft wird auch der Temperatursturz, der mit einem Wetterumschwung einhergeht, unterschätzt.

Abb. 10: *Die Alpenrosenhütte (1 878 m) wird sehr familiär und gastfreundlich geführt. 1–4-Bett-Zimmer und Lager bieten max. 90 Bergsteiger/innen Platz. Als Ausgangsort für die meisten der im vorliegenden Band beschriebenen Exkursionen liegt sie direkt am Oberen Zemmbach und nahe des Almgeländes der Waxeggalm sowie des Gletschervorfelds des Waxeggkees. Das im Wesentlichen südlich der Hütte (Bildvordergrund, Foto e) gelegene Exkursionsgelände ist als relativ sicher zu bezeichnen. Gegen Steinschlag (und manchmal Lawinengefahr) empfiehlt es sich, Abstand von den steileren Hängen des Schönbichler Horns zu halten. Der Zemmbach kann an warmen Tagen stark anschwellen und bildet ein gewisses Gefahrenpotenzial. Das Queren der Bäche empfiehlt sich nur auf den Brücken.*
(Fotos: Lars Keller 2013 a–d, Anfang Juni 2012 e)

Abb. 11: *Die denkmalgeschützte Berliner Hütte (2044m) strahlt noch heute einen im Hochgebirge ungewohnten großbürgerlichen Charme aus. Als größte Hütte der Zillertaler Alpen bietet sie ca. 180 Personen Platz. Von der Terrasse blickt man auf das Gletschervorfeld des Hornkees, ein relativ sicheres Exkursionsgelände. Gegen Steinschlag- und Lawinengefahr empfiehlt sich grundsätzlich ein Aufenthalt eher zur Talmitte hin. Das untere Foto (e) aus den kühlen Tagen Anfang Juni 2013 zeigt einige oberflächliche Schneerutsche auf den seitlichen Flanken, die aber nicht den Talgrund erreichten. Der hintere, enge Teil des Tals ist bei Lawinengefahr zu meiden.*
(Fotos: Lars Keller 2011 a–d, und 2013 e)

Hier ist es wichtig, dass alle Teilnehmenden grundsätzlich (!) warme Bekleidung im Tagesrucksack mitnehmen. Besonders gefährlich sind im Hochgebirge Gewitter, die zumeist am Nachmittag bzw. auch in Verbindung mit Kaltfronten auftreten. Die UV-Strahlung ist im Hochgebirge groß, auch bei Bewölkung. Es ist daher sinnvoll, sich immer mit starker Sonnencreme (mind. LSF 30), Sonnenbrille (mit Gläsern für das Hochgebirge!), Sonnenhut etc. zu schützen. Bei Schlechtwetter sollte die Exkursionsplanung überdacht und entsprechend angepasst werden.

V.1.2 Bekleidung, Schuhe

Für alle Exkursionen ist Ausrüstung für alpines Gelände unabdingbar. Dazu gehören u. a.: feste Bergschuhe, warme Kleidung (Winterkleidung auch im Sommer!), Regen- und Sonnenschutz (vgl. Ausrüstungsliste auf S. 50).

V.1.3 Richtiges Tempo und Pausieren, Essen und Trinken

Beim „richtigen Tempo" sollte niemand in der Gruppe außer Atem kommen. Durch Höhe und Höhenunterschiede wird der Körper im Hochgebirge wesentlich stärker belastet als bei sportlicher Betätigung in der Ebene. Pausen zwischen Exkursionsstationen verringern die Belastung und schaffen Raum für Naturerlebnisse. Manche, aber nicht alle Exkursionsvorschläge enthalten explizite Pausenangaben, die Gruppenleiter/innen müssen jedoch individuell und flexibel die Entscheidung für den „richtigen Moment" und die „richtige Zahl" von Pausen treffen. Mindestens 1 Liter Getränk pro Person und eine kleine Jause sind bei jeder Exkursion abseits der Hütten mitzunehmen.

V.1.4 Gelände, Forschungsstandorte und Fotografieren im Gelände

Beim Aufstieg aus dem Tal über den Wanderweg Nr. 523 stellt die Schlucht zwischen der Grawandalm und der Alpenrosenhütte die größte Gefahr dar. Der Forstweg ist breit, aber schluchtseitig nicht gesichert. Hier ist es wichtig, die Teilnehmenden auf die Gefahrenquelle aufmerksam zu machen. Wir empfehlen, die Teilnehmenden auf der bergseitigen Wegseite zu führen. Der Weg zum Hornkees führt direkt nach der Berliner Hütte kurz über eine etwas steilere Geländestufe. Hier sollten die Teilnehmenden ausreichend Abstand halten. Bitte generell darauf achten, dass keine Forschungsstandorte gewählt werden, an denen die Teilnehmenden gefährdet sein könnten (z. B. Nähe zu steilen Felswänden vermeiden). Vorsicht beim Fotografieren! Aus Erfahrung wissen wir, dass die Teilnehmenden beim Fotografieren abgelenkt sind und Gefahrenquellen, wie die Nähe zur Schlucht oder zum Gletscherbach, nicht mehr wahrnehmen.

V.1.5 Rutschgefahr bei Nässe

Bei Nässe besteht im Allgemeinen auf Steinen und grasigem Untergrund Rutschgefahr. Forschungsstandorte entlang von Bächen bieten hier ebenso ein gewisses Gefahrenpotenzial. Im

Besonderen können die Gneisplatten in der Nähe der Berliner Hütte rutschig sein (vgl. Abb. 57 in Kap. 4). Die Teilnehmenden sollen hier besonders aufmerksam wandern und gemeinsam mit den Begleitenden die Gneisplatten queren.

V.1.6 Gefahren am Zemmbach

Der Zemmbach ist ein Gletscherbach mit einem großen Einzugsgebiet. Im Laufe eines Sommertages steigt der Abfluss durch das Schmelzwasser an. Bei starkem Niederschlag kann sich der Wasserstand ebenfalls rasch erhöhen. Sollte der Abfluss sehr hoch sein, raten wir davon ab, Beobachtungen und Messungen in der Nähe des Ufers des Zemmbachs durchzuführen bzw. empfehlen, auf kleinere Bäche auszuweichen. Beim Messen von Pegelständen etc. sollte eine Begleitperson den Teilnehmenden zur Seite stehen. Auch beim Queren der Stege und Brücke sollten die Teilnehmenden Abstand halten und eine Begleitperson dabei sein. Die Strömung des Zemmbachs ist an manchen Stellen stark, es besteht die Gefahr des Ertrinkens. Im Bereich unterhalb des Wehrs muss im Uferbereich mit Schwallwasser gerechnet werden. Zutritt ist hier nur nach konkreter Nachfrage beim Stromunternehmen „Verbund“ erlaubt!

V.1.7 Steinschlag und Lawinengefahr

Zum Schutz gegen Steinschlag (und manchmal Lawinengefahr) empfiehlt es sich grundsätzlich, Abstand zu steileren Hängen zu halten. Speziell auf dem Wanderweg zum Hornkees besteht Lawinen- und Steinschlaggefahr von den Seitenhängen und in der Nähe der heutigen Gletscherzunge (vgl. Abb. 11e). Hier sollte man sich in der Mitte des Tals aufhalten bzw. bei zu großer Gefahr nicht bis zur Gletscherzunge gehen. Im Vorfeld jeder Exkursion (v. a. im Frühsommer) muss die Lawinengefahr mit den Hüttenwirtinnen und Hüttenwirten abgeklärt werden (siehe Kontakte Seite 51).

V.1.8 Gletscher

Gletscherzungen und die damit in Verbindung stehenden Gefahren verändern sich ständig. In den letzten Jahren ist z. B. am Hornkees jährlich jeweils ein Rückschmelzen um mehrere Zehnermeter zu beobachten gewesen. Hier müssen die Betreuenden vor Ort selbst die aktuelle Gefahrensituation am Gletscherende einschätzen, wie z. B. Steinschlag, Herabstürzen von Eis oder Ähnliches. Das Gletschertor darf nicht betreten werden, der Gletscher selbst darf nur in Begleitung einer Bergführerin/eines Bergführers und mit Seilsicherung begangen werden (vgl. Abb. 12).

V.1.9 Zahl der Begleitpersonen

Die „richtige“ Zahl der Begleitpersonen ist bei organisierten Exkursionen mit Gruppen schwer festzulegen. In der Regel sind im Hochgebirge mehrere Begleitpersonen hinsichtlich Organisation und Sicherheit von Vorteil.

Abb. 12: *Stopp! Wer Gletscher betreten will, benötigt eine/n Bergführer/in! Nur er/sie entscheidet, ob und wo der Gletscher begehbar ist oder ob man z. B. einen Blick ins Gletschertor des Hornkees (Kapitelcoverbild) werfen darf. Das Foto zeigt die Exkursionsgruppe auf dem Hornkees auf ca. 2 500 m Höhe. Im Bildhintergrund ist ganz klein die Berliner Hütte zu erkennen. (Foto: Lars Keller 2011)*

V.1.10 Topographische Karte

Unser Exkursionsgebiet liegt am Blattschnitt zwischen den beiden Alpenvereins-Karten „35/1 Zillertaler Alpen, West" (für alle Exkursionen zwischen Alpengasthof Breitlahner über Alpenrosenhütte bis zur Berliner Hütte, inklusive dem Gletschervorfeld des Waxeggkees) und „35/2 Zillertaler Alpen, Mitte" (für alle Exkursionen rund um Alpenrosenhütte und Berliner Hütte, inklusive beider Gletschervorfelder des Waxeggkees und Hornkees). Beide Karten gehören zur Grundausstattung jeder Begleitperson sowie jeder/jedes Exkursionsteilnehmenden. Sie werden deshalb in der Materialübersicht der einzelnen Kapitel nur dann explizit angeführt, wenn direkte Arbeitsaufträge damit verbunden sind. Sind weitere Ausflüge auch im östlichen Teil der Zillertaler Alpen geplant, steht eine dritte AV-Karte „35/3 Zillertaler Alpen, Ost" zur Verfügung. Zur einfacheren Vorbereitung empfohlen ist die DVD „Alpenvereinskarten Digital. Sämtliche Alpenvereinskarten der Ostalpen auf DVD". Mit der freundlichen Genehmigung des Deutschen und Österreichischen Alpenvereins werden in diesem Exkursionsführer Ausschnitte aus den genannten Karten abgedruckt. Dies ersetzt jedoch nicht die echte Karte im Gelände.

V.1.11 Notruf, Bergrettung und mangelhafte Netzabdeckung

Generell sollte in Notfällen ein Notruf möglichst frühzeitig, klar verständlich und an eine möglichst nahe gelegene Stelle abgesetzt werden (vgl. Notrufnummern unten). Es wird jedoch darauf hingewiesen, dass die Netzabdeckung im Gebirge nach wie vor keineswegs flächendeckend vorhanden ist, z. B. besteht auf unseren beschriebenen Exkursionen nur teilweise Netzempfang.

V.1.12 „Sicher unterwegs" bedeutet zugleich auch „umweltbewusst unterwegs"

Die Exkursion ins „Ruhegebiet Zillertaler Hauptkamm" soll den Teilnehmenden die Natur näher bringen. Daher ist es wichtig, auf An- und Abreise sowie auch während der Exkursion umweltbewusst unterwegs zu sein. Hier einige Tipps:

- Öffentliche Verkehrsmittel benutzen (siehe Kontakte S. 51),
- den Abfall wieder selbst mit ins Tal nehmen,
- an die Wegmarkierungen halten (ausgenommen Forschungsgebiete),
- unnötigen Lärm vermeiden – Tiere könnten gestört werden,
- keine Steine lostreten etc.

V.2 Ausrüstung (nicht vollständig!)

V.2.1 Tagesausrüstung

- Tagesrucksack mit Rucksackregenhülle
- Kartenmaterial: AV-Karte 35/1 Zillertal West, AV Karte 35/2 Zillertal Mitte
- Erste Hilfe Set (vgl. Tipps unter www.bergrettung.at), Rettungsdecke (Alu), falls vorhanden Biwaksack
- Handy (wichtige Kontaktdaten speichern, wie z. B. Bergrettung Österreich 140, Euro-Notruf 112, Schutzhütten, Telefonnummern der Begleitpersonen und Exkursionsteilnehmenden etc.)
- Taschenlampe (auch für den Notfall)
- Fotoapparat
- Feste Bergschuhe (Stützfunktion für den Fuß, Schutz vor Nässe und Schnee, Geröll, sicherer Halt)
- Trinkflasche (mindestens 1 Liter) + Jause
- Regenjacke mit Kapuze, Regenhose, wind- und wasserabweisendes Material
- Warme Kleidung bzw. richtige Wanderkleidung (atmungsaktiv, wasserdicht, windabweisend, wärmend): Warme Jacke, warme Hose, Fleecepulli, Skirolli, Funktionsunterhemden (im Tagesrucksack immer auch Wechselwäsche dabei), Bergsocken, Handschuhe, Mütze etc. (die Unterkünfte liegen auf 1 878 m bzw. 2 044 m, die meisten Exkursionen zwischen 1 800 m bis maximal 2 250 m, mit Bergführer/in evtl. höher, entsprechend niedrig können die Temperaturen sein)
- Sitzunterlage

- Verpflegung für ersten Tag (für die weiteren Tage kann in den Unterkünften eine Jause bestellt werden)
- Sonnenschutz: Kappe/Hut/Tuch, Sonnenbrille (Schutzfaktor 3 oder 4, eine rein modische Sonnenbrille hilft gar nichts, kann sogar das Gegenteil bewirken! „Sonnenbrand“ auf den Augen, Schneeblindheit und Linsentrübungen sind unbedingt zu vermeiden), Sonnencreme (mind. Lichtschutzfaktor 30) etc.
- E-card/Krankenversicherungskarte/Mitgliedskarte Alpenverein etc.

V.2.2 Ausrüstung für Abende und Übernachtung

- (Hütten)Schlafsack (oder Bettwäsche, warme Decken sind auf den Hütten vorhanden)
- Pyjama
- Toilettenartikel (Zahnbürste, Zahnpasta, Shampoo, Seife) und kleines Handtuch
- Hausschuhe
- Ersatzschuhe und Ersatzwäsche zum Wechseln
- Evtl. Spiele

V.2.3 Materialien für die jeweilige Exkursion

- Siehe Materiallisten der einzelnen Kapitel
- Darüber hinausgehende Materialien, z. B. Exkursionsliteratur etc.

Nach Absprache mit den Hüttenwirtinnen und Hüttenwirten können Materialien und die Ausrüstung für die Übernachtung z. B. mit dem Traktor (Alpenrosenhütte) oder der Materialseilbahn (Berliner Hütte) transportiert werden.

V.3 Wichtige Kontakte

Hochgebirgs-Naturpark Zillertaler Alpen
Naturparkhaus Nr. 239, 6295 Ginzling
Tel.: +43(0)5286-5218-1
info@naturpark-zillertal.at, www.naturpark-zillertal.at

Ortsvorstehung Ginzling
Naturparkhaus Nr. 239, 6295 Ginzling
Tel.: +43(0)5286-5218-5
ortsvorstehung@ginzling.net, www.ginzling-dornauberg.at/

Öffentliche Verkehrsmittel allgemein
Fahrpläne Zug und Bus bis Breitlahner: Österreichische Bundesbahn (www.oebb.at) oder unter Verkehrsverbund Tirol (www.vvt.at) – Spezialtarife für Gruppen: Tel.: +43(0)51717

Zillertalbahn
Zug Jenbach – Mayrhofen: Zillertaler Verkehrsbetriebe AG, Austraße 1,
6200 Jenbach, Spezialtarife für Gruppen: Tel.: +43(0)5244-6060
office@zillertalbahn.at, www.zillertalbahn.at

Alpengasthof Breitlahner 1257 m
Gasthof am Eingang zum Zemmgrund, Schlafplätze: Lager 14, Zimmer 36,
Dornauberg Nr. 80, 6295 Ginzling
Tel.: +43(0)5286-5212
breitlahner@aon.at, www.breitlahner-zillertal.at

Alpenrosenhütte 1875 m
Privathütte, Tel.: +43(0)5286-5222 oder +43(0)664-9177850
www.alpenrose-zillertal.com

Berliner Hütte 2044 m
DAV-Sektion Berlin, Tel. +43(0)664-9136434 oder +43(0)676-7051473
berlinerhuette@aon.at, www.berlinerhuette.at

Gasthof Alt-Ginzling
Familie Kröll, Nr. 240, 6295 Ginzling
Tel.: 43(0)5286-5201
gastof@altginzling.at, www.altginzling.at

Bergrettung Ginzling
Christian Eder
Bergführer und Obmann Ortsstelle Bergrettung Ginzling
Tel.: +43(0)676-7150660
www.bergrettung-ginzling.com

Alpin-Notruf
Euro-Notruf 112
Bergrettung Österreich 140

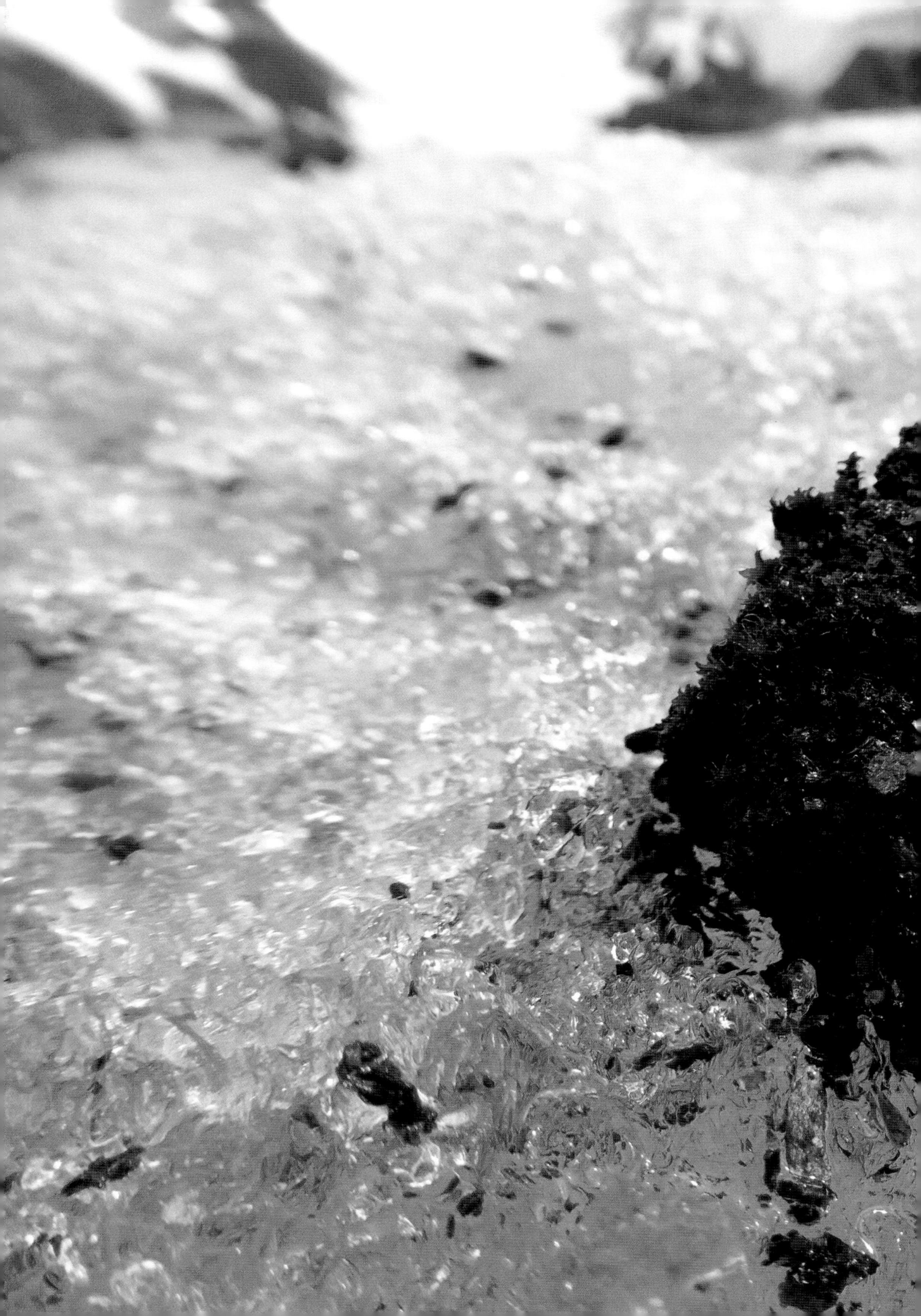

1 „Der Rucksack der Natur“ Anpassung im Hochgebirge

Lars Keller, Eva Drexel & Theresa Geißler

Steckbrief

Orte	Alpenrosenhütte, Untersuchungsgebiet nahe der Alpenrosenhütte, Bereiche nahe des Zemmbachs, Gletschervorfeld des Waxeggkees (siehe Übersichtskarte in Abb. 13)
Alter	14+
Dauer gesamt	6–7 h
Wegstrecke gesamt	Max. ca. 3,5 km ↑ / max. ca. 3,5 km ↓
Höhenmeter gesamt	Max. ca. 350 Hm ↑ / max. ca. 350 Hm ↓
Gefahren	Vgl. Kapitel V „Sicher unterwegs im Hochgebirge – alpine Gefahren und Ausrüstung", v. a. „Gefahren am Zemmbach"

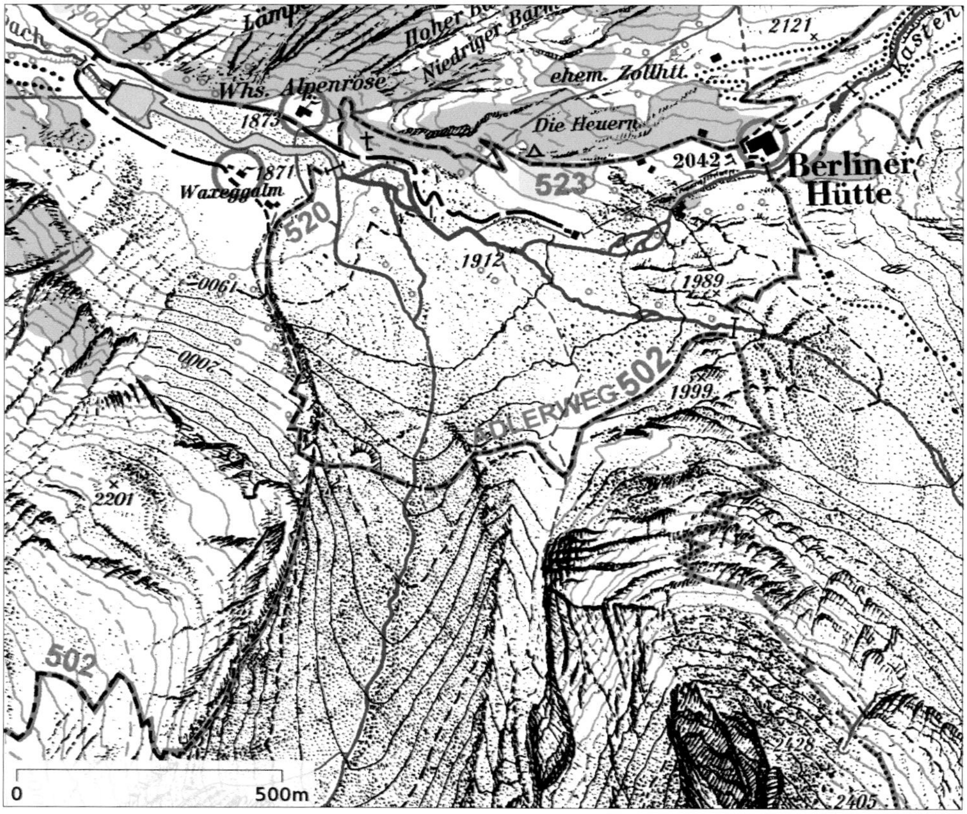

Abb. 13: *Übersichtskarte (Ausschnitt aus der Alpenvereinskarte 35/1 Zillertaler Alpen, Mitte/ mit freundlicher Genehmigung des OeAV und DAV). Wichtig: Diese Karte zeigt den Exkursionsraum in einem größeren Kartenausschnitt. Die eingetragenen Wege entsprechen nicht denen der Exkursion. Diese verläuft hauptsächlich im freien Gelände und daher (mit Ausnahme der Querung der Bäche) oft weglos!*

1.1 Zusammenfassung

Die Exkursion „Der Rucksack der Natur“ bietet den Teilnehmenden die Möglichkeit, den von Extremen geprägten Lebensraum Hochgebirge selbstständig und mit allen Sinnen zu entdecken. Auf den ersten Blick mag das Hochgebirge als teilweise unbelebt oder sogar lebensfeindlich wahrgenommen werden. Bei genauerem Erforschen werden die Teilnehmenden jedoch eine Vielzahl an Pflanzen- und Tierarten entdecken, die sich an die speziellen Lebensbedingungen erfolgreich angepasst haben. Aufbauend auf den Prinzipien des „Forschenden Lernens“ entwickeln und überprüfen die Teilnehmenden eigene Hypothesen, sie beobachten, messen und dokumentieren den Extremstandort Hochgebirge. Der große Handlungsfreiraum erlaubt den Neo-Forschenden, eigenen Fragestellungen nachzugehen und ihre unmittelbare Umgebung für sich zu erschließen. Im Laufe dieser Exkursion wird der Blick der Teilnehmenden für Details geschärft, wissenschaftliches Arbeiten und vernetztes Denken werden gefördert.

1.2 Inhaltsanalyse

Der Extremstandort Hochgebirge (vgl. Abb. 14) wirkt sich in vielerlei Hinsicht auf Flora und Fauna sowie auch auf den Menschen aus. Lange und strenge Winter, kurze und kühle Sommer, Wind und Sturm, Wetterstürze, häufige Frostvorkommen sogar im Sommer, starke Strahlungs-, Temperatur- und Niederschlagsschwankungen im Tages- und Jahresverlauf, verkürzte Vegetationszeiten, starke Expositionsabhängigkeit sowie reduzierte Verfügbarkeit von Nährstoffen sind nur einige prägende Faktoren (Haeberli & Maisch 2007; Schlorhaufer 2010; Stöcklin 2009).

Im Hochgebirge ist der Anteil der kurzwelligen Strahlung an der einfallenden Solarstrahlung deutlich erhöht, genauer gesagt nimmt diese um ca. 15 % pro 1 000 Höhenmeter zu (Bundesamt für Strahlenschutz 2013). Gerade im Winterhalbjahr wird diese kurzwellige Strahlung aufgrund der hohen Albedo von Eis- und Schneeflächen in alle Richtungen reflektiert. Beim Menschen kann kurzwellige Strahlung bei längerer Ausgesetztheit einen Sonnenbrand auf den Hautflächen bewirken und außerdem zu Binde- und Hornhautentzündungen führen. Bei Pflanzen kann es zu Schädigungen der Blätter und zur Denaturierung des Zelleiweißes kommen (Bundesamt für Strahlenschutz 2013). Die Temperatur nimmt in der Regel mit steigender Höhe ab. Allerdings kommt es auch zu Ausnahmesituationen, sogenannten Inversionswetterlagen, bei denen eine stabile Sperrschicht den vertikalen Luftaustausch verhindert. Es bildet sich ein Kaltluftsee, über dem relativ wärmere Luft liegt, was folglich wärmere Temperaturen in der Höhe und kühlere in tieferen Lagen mit sich bringt (Lauer & Bendix 2006; Schönwiese 2013). Niederschläge im Gebirge sind unter anderem infolge orographischer und topographischer Effekte deutlich komplexer als im Flachland. Durch das Überströmen eines Gebirges oder Gebirgskamms werden Luftpakete zur Hebung und somit zur Abkühlung gezwungen. In diesen Staulagen kommt es zu vermehrtem Niederschlag, der gerade in hohen Lagen in Form von Schnee und Eis gespeichert wird (Schönwiese 2008).

Durch das Zusammenwirken diverser Klimaelemente und Klimafaktoren entsteht ein komplexes Mikroklima, das verschiedene Ausprägungen zeigt. Extreme klimatische Gegensätze

Abb. 14: *Leben am Extremstandort – das Gletschervorfeld des Waxeggkees im Hochgebirgs-Naturpark Zillertaler Alpen (Foto: Lars Keller, Juni 2013)*

wirken auf kleinem Raum, fordern ein hohes Maß an Anpassung und sind ausschlaggebend für eine hohe Vielfalt von Tieren und Pflanzen. Allein über 13000 Pflanzenarten und Pflanzenunterarten sind in den Alpen heimisch (Ständiges Sekretariat der Alpenkonvention 2009), 400 Arten sind endemisch, kommen also nur hier vor (Schlorhaufer 2010), davon allein 167 in Österreich (Niklfeld et al. 2008). In den Alpen leben 30000 Tierarten, darunter ca. 200 Nistvögel-, ca. 80 Säugetier- und 21 Amphibienarten. Bei den großen Huftieren sind Gams und Steinbock bekannte Arten, bei den Raubvögeln sind es Steinadler, Bartgeier und Gänsegeier (vgl. Alparc o. J.).

Pflanzen können im Gegensatz zu Tieren nicht „ausweichen", müssen sich also permanent an die jeweiligen Extrembedingungen anpassen oder sie sterben ab (vgl. dazu Mayr & Neuner 2009). Durch die erhöhte UV-Strahlung kommt es zu einer sehr starken Erwärmung der bodennahen Schicht und des pflanzlichen Gewebes, deren Energie die Pflanzen nach Möglichkeit für sich nutzen. Die hohen Windgeschwindigkeiten bewirken eine erhöhte (Evapo)Transpiration, die zu Wasserdefiziten führen kann. Der Boden gefriert häufig und kann infolgedessen kein Wasser aufnehmen, im Winter kann es zu Frosttrocknis kommen. Auf die verkürzte Vegetationszeit reagieren Pflanzen beispielsweise mit beschleunigtem Austreiben oder geringen Wuchshöhen. Teilweise bilden sich dichte Wuchszentren heraus, in denen sich mehrere Pflanzenarten ansiedeln. Ein intensiv ausgebildetes Feinwurzelsystem sorgt für begünstigte Nährstoffaufnahme und Halt. Einige Gruppen von Wuchsformen erweisen sich als besonders hochgebirgstauglich: Rosettenstauden, Polsterpflanzen, Spaliersträucher (vgl. Abb. 22) sowie die Horst bildenden Süß- und Sauergräser. Rosettenstauden haben flach an den Boden gedrückte, schraubig angeordnete Blätter, mit denen sie viel Licht einfangen und

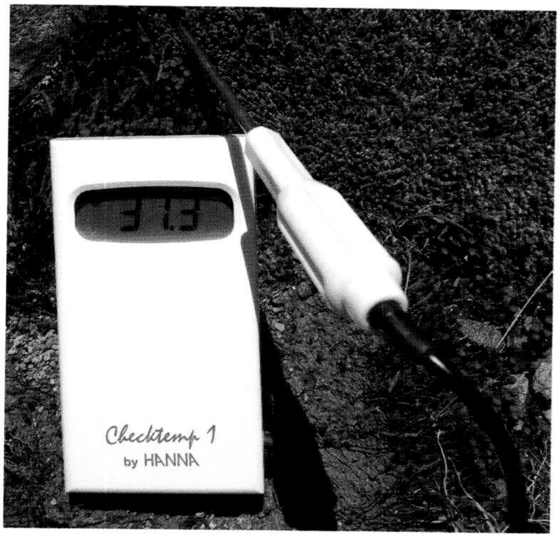

Abb. 15: *In diesem Fallbeispiel werden in einer Polsterpflanze an einem sommerlichen Julitag gegen 14:00 Uhr auf ca. 2 400 m Seehöhe Temperaturen von über 30 °C gemessen. Die Lufttemperatur beträgt dabei nur ca. 15 °C (Foto: Katharina Weiskopf 2013)*

zudem die Bodenabstrahlung gut ausnutzen (z. B. Primeln, Steinbrech). Die Polsterpflanzen und Spaliersträucher (z. B. Gämsheide, Mannsschild, Spalierweiden) sind insofern bemerkenswert, als hier ein eigenes Mikroklima entsteht. Kleine Oberflächen und guter Bodenkontakt bieten dem Wind wenig(er) Angriffsfläche, im Bestand entsteht ein *„fast subtropisches Mikroklima“* (Blassnig & Kautzky 2005; vgl. Abb. 15). Horstbildende Gräser sind z. B. Horst-Segge, Krumm-Segge oder Schwingel. In den dichten Horsten bleiben die abgestorbenen Pflanzenteile erhalten und sorgen für Humus. *„Störungen der Vegetationsdecke wirken lange nach. Ein Krumm-Seggenrasen auf 2 500 m Höhe benötigt beispielsweise 1 000 Jahre, um nur einen Meter weiterzuwachsen!“* (Blassnig & Kautzky 2005). Ein weiteres Beispiel für funktionierende Anpassungsstrategien

Interessante Überlebensstrategien der Alpenpflanzen
(alle Zitate aus: Blassnig & Kautzky 2005)

- *„Investition in den Untergrund: Oberirdische Teile von Gebirgspflanzen sind meist klein, dafür sind die Wurzelsysteme bis zu fünfmal größer als bei verwandten Arten im Tal.“*
- *„Sinnvolle Partnerwahl: Die meisten Gebirgspflanzen kooperieren mit Wurzelpilzen, die ihnen eine bessere Aufnahmefähigkeit von Nährstoffen garantieren.“*
- *„Selbst ist die Pflanze: Wegen des Bestäubermangels in großer Höhe haben viele Arten Mechanismen zur Selbstbestäubung entwickelt.“*
- *„Blütenpracht als Schein: Da Samen bei vielen Gebirgspflanzen nur selten ausreifen können, verzichtet so manche Sippe ganz auf Samenbildung und vermehrt sich über Ausläufer, Brutknospen oder Tochtertriebe (Alpen-Rispengras, Hauswurz, Kriechender Nelkenwurz).“*
- *„Dick ist schick: Manche typische Felsbewohner können in ihren fleischigen Blättern Wasser speichern und somit dem austrocknenden Wind und der starken Strahlung trotzen. Sie machen es den Wüstenpflanzen gleich (Fetthennen, Steinbrech, Hauswurz).“*
- *„Blau ist schlau: Dunkle Farbtöne absorbieren starke Strahlung und bieten Schutz. Ein kräftiges Blau ist aber auch für viele Bestäuberinsekten unwiderstehlich (Enzian, vgl. Abb. 16).“*
- *„Was gegen Kälte gut ist, hilft auch gegen Wärme: Ein dichtes Haarkleid bietet vielen Pflanzen einen sicheren Kälte- und Verdunstungsschutz.“*

Abb. 16: *„Blau ist schlau" – Frühlingsenzian unweit der Alpenrosenhütte. Im Hochgebirge wählen zahlreiche Blumen die Farbe Blau, um zur Bestäubung besonders auch für Falter attraktiv zu sein (Foto: Lars Keller 2013)*

Abb. 17: *Ein Murmeltier schaut vorsichtig aus seinem Bau (Foto: Lars Keller 2014)*

Interessante Überlebensstrategien der Alpentiere im Winter
(alle Zitate aus: Bachmann 2009)

- *„Rothirsch: In besonders kalten Nächten macht der Rothirsch einen „kleinen Winterschlaf": Während er versteckt im Wald liegt, kühlen seine äußeren Körperteile bis auf 15 Grad ab. Es wird vermutet, dass auch Steinbock und Gämse auf diese Weise Energie sparen können."*
- *„Schneehuhn: Das Schneehuhn lässt sich bei schlechtem Wetter einschneien, da der Schnee gut vor dem kalten Wind schützt. Wie der Schneehase ist die Art hervorragend an den Winter angepasst. Seine Nahrung, Pflanzenteile aller Art, findet der genügsame Vogel an windverwehten Stellen und zwischen den Felsen."*
- *„Steinbock: Der Überlebenstrick des Steinbocks: extreme Genügsamkeit und ein dickes Fell. Damit schafft er es, auch die kalten Monate in den höchsten Höhenlagen zu verbringen."*
- *„Fuchs: Der Fuchs kommt in beinahe allen Lebensräumen vor und schreckt auch im Winter nicht davor ab, im Hochgebirge Mäuse zu fangen oder nach Aas zu suchen. Tagsüber schläft er meist in seinem Bau im Wald. Dank seiner sehr feinen Sinne kann er Mäuse auch unter der Schneedecke lokalisieren."*
- *„Murmeltier (vgl. Abb. 17): Während des Winterschlafs verliert das Murmeltier etwa einen Drittel seines Gewichts. Seine Körpertemperatur kann sich dabei bis etwa auf 4 Grad senken. Das Herz schlägt nur noch drei bis vier Mal pro Minute."*
- *„Alpenspitzmaus: Die Alpenspitzmaus muss auch im Winter täglich zahlreiche Insekten und andere kleine Tiere fangen, um zu überleben. Sie lebt zwischen Boden und Schneedecke sowie zwischen den Felsen. In sehr schlechten Zeiten fällt sie zeitweise in eine Kältestarre. Auch ist sie in der Lage, alle ihre Organe stark zu verkleinern."*

im Hochgebirge sind Flechten (vgl. ein Foto von Landkartenflechten: Kapitel 4, Abb. 59). Aufgrund ihrer Resistenz gegenüber lebensfeindlichen Bedingungen haben sie hier ihren festen Platz gefunden (Obermayer 1997).

Auch die Tierwelt wird von den oben genannten Faktoren im Hochgebirge bestimmt. Die Quantität und die Zeiten der Nahrungsaufnahme variieren sehr stark, z. B. aufgrund der Jahreszeit oder der Witterung. Was die Futterwahl angeht, ist beispielsweise der Steinbock wenig anspruchsvoll. Er ernährt sich hauptsächlich von Gräsern, Kräutern und niedrigen Holzgewächsen. Weitere typische Anpassungsstrategien der Fauna beziehen sich auf den Körperbau: Um sich sicher im steilen Relief bewegen zu können, sind beim Steinbock die Bein- und Rückenmuskulatur speziell ausgeprägt (vgl. Tierpark Goldau 2008). Bei Tieren im Hochgebirge ist das Fell dicker, fester und besitzt eine der Umgebung angepasste Farbe, z. B. ist es beim Schneehasen im Winter weiß. Diese wechseln sogar drei Mal im Jahr ihr Fell. Ihre Extremitäten (Beine und Ohren) sind kürzer als bei vergleichbaren Hasen in niedrigeren Lagen, um Wind und Kälte möglichst wenig Angriffsfläche zu bieten. Bei Gämsen hat sich wegen des erhöhten Schneevorkommens im Hochgebirge eine Haut zwischen den Zehen gebildet, um das Einsinken zu verhindern. Auch die Gewohnheiten der Tiere unterscheiden sich von denen in wärmeren Gebieten. Viele Tiere halten etwa während der kalten Jahreszeit Winterschlaf.

Im Übrigen reagieren auch die Menschen in Hochgebirgslagen auf Wind, Kälte und Sonne mit eigenen „Anpassungsstrategien": Sie tragen dickere Bekleidung und Kopfbedeckung, trinken warmen Tee und schützen sich vor der Sonne durch Brille und Creme etc.

1.3 Methodische Analyse

„Jeder Denker bringt einen Teil der scheinbar fest gefügten Welt in Gefahr und niemand kann voraussagen, was an dessen Stelle treten wird.“ (John Dewey 1925)

Die vorliegende Exkursion orientiert sich methodisch primär an der Theorie des „Forschenden Lernens“. Synonym werden hierfür auch Begriffe wie „Entdeckendes Lernen“ oder „Exploratives Lernen“ (Meyer 2008, 124), in der englischsprachigen Literatur *Inquiry-based Learning* verwendet. Forschendes Lernen wird generell als fachunspezifisch beschrieben und besitzt somit disziplinübergreifenden Charakter (Schneider & Wildt 2009). Im engeren Sinne wird die Theorie aber speziell als eine Methode des „Offenen Lernens“ (vgl. Kap. 7.3) der Naturwissenschaften (bzw. dem, was in der anglophonen Wissenschaft als „Science“ bezeichnet wird) verstanden: “*Inquiry-based learning is a more student-centered way of learning and teaching, in which students learn to inquire and are introduced to (...) scientific ways of inquiry. In such a setting, (...) teachers are facilitators of (...) learning processes. Inquiry-based learning is connected to an enlarged set of goals beyond learning (...) scientific content, including students learning how scientists work and equipping students with strategies for further learning.*” (Maaß & Artigue 2013). Forschendes Lernen zeichnet sich also vor allem dadurch aus, dass Lernende den Forschungsprozess aktiv und selbstständig gestalten, angefangen von der Entwicklung der Fragen und Hypothesen über die Wahl der Methoden, der Ausführung bis hin zur Prüfung und Präsentation des Projekts (Huber 2010).

Zutiefst sind in der Theorie des Forschenden Lernens auch die Gedanken des US-amerikanischen Philosophen und Pädagogen John Dewey verankert. Diese werden häufig auf die Idee des *Learning by Doing* reduziert, was jedoch Deweys wesentlich umfassenderem Ansatz nicht genügt. Zutreffender erscheint die Formulierung Deweys, jeder Gedanke müsse handelnd überprüft werden, damit dieser in Wissen übergehen könne (Mayhew & Edwards 2009). In Deweys Versuchsschule in Chicago bewegten sich die Lernenden experimentierend in einer Lernwelt aus verschiedensten Materialien zwischen Werkstätten, Bibliothek und Schulgarten. Wie häufig auch für die Theorien des moderaten Konstruktivismus betont, traten die Lehrenden dort nicht in der klassischen Lehrer/innenrolle auf (allwissend, bevormundend etc.), sondern als tatsächliche Mitarbeiter/innen in den verschiedenen Projekten. 1904 erhielt Dewey die Professur für Philosophie an der Columbia University in New York, seine Werke sollten zu den bedeutungsvollsten Schriften der amerikanischen Bildungsdiskussion des 20. Jahrhunderts werden (vgl. Suhr 2005).

In der Literatur lässt sich für das Forschende Lernen eine typische Abfolge von Arbeitsschritten finden: Der erste Schritt beschreibt das Beobachten eines Phänomens, das implizit ein Problem enthält, das der/die Betrachter/in selbst entdecken muss. Nachdem das Problem formuliert wurde, werden Hypothesen aufgestellt. Im nächsten Schritt werden diese Hypothesen mithilfe von adäquaten Arbeitsmethoden und Strategien überprüft. Während des gesamten Forschungsprozesses ist die gewissenhafte Dokumentation der Ergebnisse ausschlaggebend. Anschließend werden die Forschungsergebnisse ausgewertet, bewertet und kritisch reflektiert, bevor sie in einer abschließenden Präsentation dargestellt und diskutiert werden können (Messner 2012; Schneider & Wildt 2009). Das Entwickeln neuer Forschungsfragen ist dabei eine willkommene Begleiterscheinung.

Die soeben vorgestellte Abstufung lässt sich für reifere Lernende (etwa Studierende an Universitäten) weiter präzisieren und in ihren Ansprüchen heben. So schlägt etwa die Arbeitsstelle für Hochschuldidaktik der Universität Zürich (o. J.) folgende Etappen für das Forschende Lernen vor:

- Fragestellung entwickeln
- Forschungsstand sichten
- Präzise Problemstellung erarbeiten
- Forschungsplan entwerfen, Methoden prüfen
- Untersuchung durchführen und auswerten
- Erkenntnisse einordnen, bewerten, reflektieren
- Ergebnisse darstellen, erklären, publizieren

Schneider & Wildt (2009) beschreiben darüber hinaus eine Korrelation zwischen Kompetenzentwicklung und Forschendem Lernen. Diese Entwicklung lässt sich in folgende vier Kompetenzstufen unterteilen:

- Stufe 1: Naive Einstellung
- Stufe 2: Im Fokus eigenen Handelns
- Stufe 3: Mit der Absicht der Verbesserung der konkreten Praxis
- Stufe 4: Praxisforschung theoretisch begründet durchführen und reflektieren

Es lässt sich ableiten, dass mit zunehmender Kompetenzstufe die Subjektivität abnimmt und daher wissenschaftliches Arbeiten möglich wird. Zudem schlüpfen die Lernenden von der rein ausführenden in eine kognitiv komplexere Rolle.

Um erfolgreiches forschendes Lernen zu gewährleisten, müssen Begleitpersonen, Lernende und Lernumgebung gut aufeinander abgestimmt sein. Nur so werden „*Neugierde, Freude am Wissenwollen und der Wunsch, den Dingen auf den Grund zu gehen*" (Messner 2012, 338f.) gefördert und somit der Wissenserwerb begünstigt. Die Aufgabe der Begleitpersonen besteht darin, diese intrinsische Motivation durch Hilfestellungen, konstruktives Feedback und sinnvolle Rahmenbedingungen zu stärken, ohne dabei jemals die Selbstständigkeit der Lernenden einzuschränken. Dies ist auch unter dem „*Prinzip der minimalen Hilfe*" bekannt (vgl. z. B. Aebli 2011). Kazura & Tuttle (2010) fügen hinzu, dass relevante und für die Lernenden interessante Aufgabenstellungen eine Atmosphäre voller Kreativität und Autonomie begünstigen.

Meyer (2008) formuliert zwei grundsätzliche Formen: das Offene Forschende Lernen und das Gelenkte Forschende Lernen. Bei Ersterem tasten sich die Lernenden an ein völlig neues Gebiet heran, ohne dabei auf irgendwelche vorgegebene Lösungsverfahren zurückzugreifen. Bei Zweitem wird die Problemkomplexität reduziert, indem mögliche Herangehensweisen und/oder Hilfestellungen aufgezeigt werden. Meyer stellt das Gelenkte Forschende Lernen als effektivere Variante für jüngere und schwächere Lernende dar (Meyer 2008), für ältere und stärkere Lernende gilt demnach das Gegenteil. Darüber hinaus geht aus der Lernpyramide nach Bales hervor, dass die Effektivität von Lernmethoden davon abhängt, wie handlungsorientiert und aktiv die Partizipation der Lernenden ist. Der geringste Lernerfolg wird durch rein rezeptive Methoden erzielt, wohingegen „selbst Machen" und „anderen Erklären" den größten Erfolg versprechen (Bales, nach Wildt 2007). Dies geht auch aus denkpsychologischen Prinzipien hervor, die besagen, dass „*Wissen, das wir selbst aufgebaut, aktiv konstruiert, [...] selbst aufgeschrieben und dokumentiert haben, einprägsamer ist und zu unserem geistigen Besitz werden kann*" (Messner 2012, 344).

Forschendes Lernen – relevant vom Kindergarten über die Schul- und Hochschulbildung (vgl. Walkington et al. 2011; Wildt 2004) bis hin zum Lifelong Learning – beschreibt ein vielfältiges Konzept. In einem zielgerichteten Prozess setzen die Lernenden neue Strategien ein, um selbst entdeckte Probleme und Fragen zu lösen bzw. zu beantworten und damit auch ihr individuelles Wissen zu erweitern. Ziel (auch der vorliegenden Exkursion) ist es, eine Einführung in wissenschaftsorientiertes Lernen zu bieten, was das eigenständige Forschen und die individuelle Gestaltung des Forschungsprozesses beinhaltet.

1.4 Hinweise zur Durchführung

1.4.1 Allgemeines

Auch wenn das Forschende Lernen in dieser Exkursion durchaus gelenkt wird (z. B. durch das „Vorgeben des Problems"), entsteht für die Teilnehmenden doch immer wieder großer Handlungsfreiraum. So kommen (wünschenswerterweise) Ideen, Fragen und Problemstellungen auf, die nicht ad hoc in vollem Umfang beantwortet werden können. Begleitpersonen sollen sich hiervon nicht schrecken lassen, sondern dies vielmehr als Beweis dafür sehen, dass das Forschende Lernen tatsächlich gelingt. Dies gilt im Übrigen für sämtliche Exkursionen des vorliegenden Bandes bzw. für konstruktivistisch orientiertes Lernen im Allgemeinen.

1.4.2 Vorbereitung der Teilnehmenden

Hilfreich ist eine inhaltliche Vorbereitung im Bereich der Grundlagen der Klimatologie (z. B. Temperatur, Niederschlag, Strahlung), die den Teilnehmenden ein tieferes Verständnis dieser Parameter vor Ort ermöglicht.

1.4.3 Vorbereitung der Begleitperson/en

Um sich inhaltlich vorzubereiten, können über die Publikationen im Literaturverzeichnis hinaus auch das Internet (z. B. www.wandernundwundern.ch, www.tirolmultimedial.at) und Apps für das Handy hilfreich sein, z. B. NaturLotse, NaturePilot und viele mehr (Alpenblumen, Alpentiere etc.).

1.4.4 Material

- Arbeitsblätter, Infoblätter etc. der verschiedenen Stationen (siehe Stationen); es ist zu empfehlen, die Arbeitsblätter wasserabweisend zu laminieren.
- Stifte (mehrere/Person)
- Schreibblöcke (1/Paar)
- Plakate (1/Paar)
- Marker (mehrere)
- Post-Its (ausreichend für alle)

- Klebstreifen (1)
- Fotoapparate (1/Paar)
- Kabel für den Download der Fotos (für jede Kamera)
- Infrarotthermometer (1/Paar, evtl. abwechseln zwischen den Paaren)
- Evtl. weitere Messinstrumente (mehrere)
- Laptop/Tablet (min. 1)
- Diverse Präsentationsmaterialien, abhängig von Präsentationsmethode, z.B. weitere Plakate, Marker, bunte Papiere etc. (ausreichend für alle);
- Evtl. Beamer (1)
- Evtl. für den Abend: „literarisches Buffet" zum Thema „Anpassung der Natur im Hochgebirge"

1.4.5 Zeitplan

Station	Zeit
Station 1: Hypothesen bilden	Ca. 30 Min.
Station 2: Eindenken ins Thema	Ca. 30 Min.
Station 3: Beobachten mit allen Sinnen	Ca. 30 Min.
Station 4: Suche nach Erklärungen	Ca. 90 Min.
Station 5: Hypothesen verifizieren/falsifizieren	Ca. 90 Min.
Station 6: Präsentation, Vorbereitung und Durchführung	Ca. 60 Min. Vorbereitungszeit, dann ca. 10 Min./Kleingruppe
Gesamt	**Ca. 6–7 h**

Station 1: Hypothesen bilden	
Ort	Alpenrosenhütte
Dauer	Ca. 30 Min.
Wegstrecke	–
Höhenmeter	–
Sozialform	Partnerarbeit
Material	Stifte (mehrere/Person) Marker (mehrere) Plakate (1/Paar)
Gefahren	Keine

Exakte Angaben für die Teilnehmenden

Stellt gemeinsam mit einer Partnerin/einem Partner Überlegungen zu Anpassungsstrategien der Natur im Lebensraum Hochgebirge an (Oder einfacher: Wie passen sich Pflanzen und Tiere an, um bei den spezifischen Bedingungen im Hochgebirge leben und überleben zu können?). Formuliert Eure Vermutungen als schriftliche Hypothesen auf einem großen Plakat.

Besonders wichtig ist dabei, dass alle Hypothesen aufgeschrieben werden dürfen, so eigenartig sie im ersten Moment vielleicht klingen mögen.

Hinweise für die Begleitperson/en

Die Begleitpersonen achten bei der gemeinsamen Gestaltung des Plakats auf die Vermeidung von allzu vielen Überschneidungen und Wiederholungen, lassen aber ansonsten alle Freiheiten.

Die Hypothesen sollten sicher verwahrt werden, um sie in Station 5 „Fotorallye“ schnell wieder griffbereit zu haben.

Erwartungshorizont

Mögliche Hypothesen der Teilnehmenden:
- Weil der Wind so stark weht, sind die Bäume krumm.
- Unter der Schneedecke leben Pflanzen, weil es wärmer ist als an der Oberfläche.
- Es gibt kaum Tiere, weil sie wenig zum Fressen finden.
- Blumen wachsen dicht aneinander, damit sie sich gegenseitig wärmen können.
- Die Tiere im Hochgebirge sind besonders groß, weil sie weniger Konkurrenz haben.
- Pflanzen wachsen niedrig, um sich vor dem Wind zu schützen.

Station 2: Eindenken ins Thema

Ort	Alpenrosenhütte
Dauer	Ca. 30 Min.
Wegstrecke	–
Höhenmeter	–
Sozialform	Einzelarbeit, Kleingruppenarbeit
Material	Arbeitsblatt Station 2, unter Kap. Arbeitsmaterialien (1/Person) Post-Its (ausreichend für alle) Klebstreifen (1)
Gefahren	Keine

Exakte Angaben für die Teilnehmenden: vgl. Arbeitsblatt Station 2

Du verbringst die nächsten drei Tage auf einer Hütte im Hochgebirge (2000 m Seehöhe). Packe für diese Exkursion Deinen persönlichen Rucksack (Arbeitsblatt Station 2).

Im Anschluss daran: Packt gemeinsam mit drei anderen Teilnehmenden einen gemeinsamen Rucksack, der alles Wichtige beinhaltet, aber dennoch nicht zu schwer ist.

Hinweise für die Begleitperson/en

Der thematische Einstieg erfolgt in Aufgabe 1 über das „Packen eines persönlichen Rucksackes“ für eine Exkursion ins Hochgebirge in Einzelarbeit. Die Teilnehmenden haben vor Antritt der Exkursion ihren eigenen Rucksack bereits gepackt und können somit eine Verbindung zum eigenen Tun herstellen. Ziel dieses Einstiegs ist es, die Anpassung des Menschen im Hochgebirge implizit zu thematisieren. Es ist den Teilnehmenden selbst überlassen, ob sie die zu packenden Gegenstände graphisch darstellen oder schriftlich in den Rucksack eintragen. Hierfür haben sie maximal 10 Minuten Zeit.

Arbeitsauftrag 2 dauert höchstens 15 Minuten. Anschließend werden alle A3-Plakate aufgelegt bzw. an die Wand gepinnt. Somit haben die Teilnehmenden die Möglichkeit, die Ergebnisse der anderen Gruppen mit den eigenen zu vergleichen. Sollte eine Gruppe der Meinung sein, dass ein wichtiger Gegenstand in einem anderen Rucksack fehlt, darf er mit Hilfe eines Post-Its ergänzt werden. Begleitpersonen bringen nur dann selbst Ergänzungen ein, wenn wirklich Wesentliches vergessen wurde.

Erwartungshorizont

Dieser Erwartungshorizont bietet nur eine von vielen denkbaren Lösungen:

Jause, Trinkflasche, Thermosflasche, Sonnenbrille, Sonnencreme, Lippenschutz, Sonnenhut, Stirnband, Mütze, Handschuhe, Bergschuhe, Wechselgewand, Regenschutz, Windschutz, Biwak-Sack, Karte, GPS, Handy, Taschenmesser, Erste Hilfe Paket, Stirnlampe, Taschenlampe, Zahnbürste, Zahncreme, Wanderstöcke, Socken, Pullover, … (variabel erweiterbar). Abbildung 18 zeigt ein mögliches Ergebnis für den Gruppenrucksack.

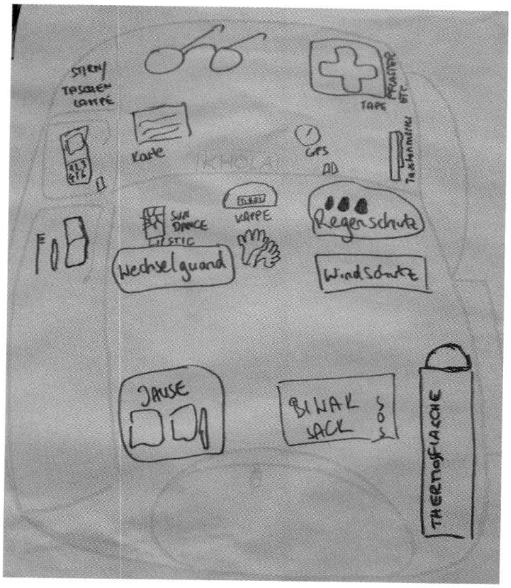

Abb. 18: *Gepackter Rucksack*
(Foto: Theresa Geißler 2013)

Station 3: Beobachten mit allen Sinnen

Ort	Untersuchungsgebiet in der Nähe der Alpenrosenhütte
Dauer	Ca. 30 Min.
Wegstrecke	Max. ca. 1 km ↑/max. ca. 1 km ↓
Höhenmeter	Max. ca. 100 Hm ↑/max. ca. 100 Hm ↓
Sozialform	Partnerarbeit
Material	Arbeitsblatt Station 3, unter Kap. Arbeitsmaterialien (1/Paar) Schreibblöcke (1/Paar) Stifte (mehrere/Person)
Gefahren	Vgl. Kapitel V.1.6 „Gefahren am Zemmbach"

Exakte Angaben für die Teilnehmenden: vgl. Arbeitsblatt Station 3

Untersucht gemeinsam mit Eurer Partnerin/Eurem Partner unser Exkursionsgebiet. Welche (natürliche) Unterschiede zwischen dem Lebensraum Hochgebirge und der Umgebung bei Euch zu Hause könnt Ihr dabei feststellen? Setzt dabei all Eure Sinne ein. Notiert Eure Beobachtungen möglichst genau in Eure Schreibblöcke. In 30 Minuten treffen wir uns wieder hier in der Alpenrosenhütte.

Hinweise für die Begleitperson/en

Die Beobachtung ist die erste von drei Stationen, bei denen die Teilnehmenden das Gelände in Partnerarbeit selbstständig erkunden. Die Arbeitsaufträge dafür erhalten sie kurz und prägnant auf Kärtchen, die sie auch im Gelände immer bei sich tragen.

Bevor die Teilnehmenden ausschwärmen, müssen sie von den Begleitpersonen auf die Grenzen des Exkursionsgebiets und vor allem auf die Gefahren aufmerksam gemacht werden.

Erwartungshorizont

In Abbildung 19 sind mögliche Beobachtungen aufgelistet.

Abb. 19: *Vergleich Lebensraum Hochgebirge – Lebensraum Tal (Die Teilnehmenden dieser Exkursion waren allesamt im Inntal zu Hause.) (Foto: Theresa Geißler 2013)*

Station 4: Suche nach Erklärungen

Ort	Untersuchungsgebiet in der Nähe der Alpenrosenhütte
Dauer	Ca. 90 Min.
Wegstrecke	Max. ca. 1 km ↑/max. ca. 1 km ↓
Höhenmeter	Max. ca. 100 Hm ↑/max. ca. 100 Hm ↓
Sozialform	Partnerarbeit
Material	Arbeitsblatt Station 4, unter Kap. Arbeitsmaterialien (1/Paar) Schreibblöcke (1/Paar) Stifte (mehrere/Person) Infrarotthermometer (1/Paar, evtl. abwechseln zwischen den Paaren)
Gefahren	Vgl. Kapitel V.1.6 „Gefahren am Zemmbach"

Exakte Angaben für die Teilnehmenden: vgl. Arbeitsblatt Station 4

Untersucht den Lebensraum Hochgebirge erneut. Geht dabei auf Eure vorherigen Beobachtungen genauer ein und führt Messungen dazu durch. Notiert Eure Beobachtungen möglichst genau in Eure Schreibblöcke.

Nachstehend findet Ihr einige Anregungen, die zusätzlich zu Euren eigenen Ideen durchgeführt werden sollen:

- Messt die Temperatur an verschiedenen Orten (Tipp: z. B. rund um Latschen).
- Stellt die Wärmeverteilung (gefühlte/gemessene Oberflächentemperaturen) in Eurer Umgebung kreativ dar.
- Findet Hinweise für die Wasserverfügbarkeit und notiert mögliche Ursachen.

Hinweise für die Begleitperson/en

- Die Kleingruppen bekommen Arbeitsblatt und Infrarotthermometer ausgehändigt.
- Die Arbeitsaufträge lassen den Teilnehmenden Raum, auch eigene Ideen einfließen zu lassen.
- Nun begeben sich die Kleingruppen ein weiteres Mal ins Gelände. Ihre Beobachtungen werden durch Messungen ergänzt und dadurch möglicherweise untermauert.
- Anhand der Schritte Beobachtung, Beschreibung und Messung wird wissenschaftliches Arbeiten geschult.

Erwartungshorizont

Durch die Auseinandersetzung mit den Themen Temperatur, Wärme und Wasserverfügbarkeit kann der Blick für die Lebensbedingungen im Hochgebirge geschärft werden.

Station 5: Hypothesen verifizieren/falsifizieren

Ort	Alpenrosenhütte
Dauer	Ca. 90 Min.
Wegstrecke	Max. ca. 1,5 km ↑/max. ca. 1,5 km ↓
Höhenmeter	Max. ca. 150 Hm ↑/max. ca. 150 Hm ↓
Sozialform	Partnerarbeit
Material	Arbeitsblatt Station 5, unter Kap. Arbeitsmaterialien (1/Paar) Hypothesensammlung/Poster der Teilnehmenden aus Station 1 (1/Paar) Schreibblöcke (1/Paar), Stifte (mehrere/Person) Fotoapparate (1/Paar) Infrarotthermometer und evtl. weitere Messinstrumente (mehrere)
Gefahren	Vgl. Kapitel V.1.6 „Gefahren am Zemmbach"

Exakte Angaben für die Teilnehmenden: vgl. Arbeitsblatt Station 5

Fotorallye: Lest noch einmal Eure gemeinsam mit Eurer Partnerin/Eurem Partner formulierten Hypothesen aus Station 1 durch und wählt davon zwei bis fünf aus, die Euch besonders interessieren. Geht dann wieder ins Gelände und überprüft jede einzelne dieser ausgewählten Hypothesen. Fotografiert dazu verschiedene Anpassungsstrategien von Pflanzen und Tieren, macht Euch Notizen und kommt mit interessanten Ergebnissen zurück.

Hinweise für die Begleitperson/en

Nachdem sich die Teilnehmenden einen Einblick in den Lebensraum Hochgebirge verschafft haben, entscheiden sie sich nun für die Überprüfung von zwei bis fünf Hypothesen, die es im

Gelände zu verifizieren oder zu falsifizieren gilt – zumindest suchen sie nach entsprechenden Hinweisen. Dabei fließen die Beobachtungen und Messergebnisse der vorherigen Stationen mit ein. Es können hier evtl. weitere Messinstrumente zur Verfügung gestellt werden, je nach Interesse und Möglichkeit. Generell ist darauf zu achten, dass der Bezug zu den Hypothesen auch tatsächlich gegeben ist. Vermutlich lassen sich nicht alle Hypothesen in der vorgegebenen Zeit und mit den zur Verfügung stehenden Mitteln verifizieren beziehungsweise falsifizieren. Das ist kein Problem, sollte aber abschließend besprochen werden.

Erwartungshorizont

Fotos wie in den Abbildungen 20 bis 22 könnten bei dieser Fotorallye entstehen. Natürlich müssen die Teilnehmenden eher auf Basis von Vermutungen arbeiten und können diese dann zu einem späteren Zeitpunkt anhand der Bestimmungsbücher/-apps etc. überprüfen.

Mögliche Hypothesen der Teilnehmenden:
- Temperatur zwischen den Latschen ist deutlich höher als die Umgebungstemperatur.
- Auf Steinen wachsende Pflanzen haben mehr Wurzeln an der Oberfläche.
- Etc.

Abb. 20: *Pyramiden-Günsel: Die Hochblätter bilden Schutzdächer für die Blüten, die Behaarung schützt die Blüte gegen kleine Insekten sowie die Pflanze gegen Kälte und Verdunstung (Foto: Lars Keller, Juni 2014)*

Abb. 21: *Die Schneedecke nimmt eine isolierende Funktion ein und ermöglicht das Überleben der Vegetation. Sobald die Schneedecke apere Stellen bekommt, beginnt das erneute Wachstum der Alpenpflanzen, hier des Huflattich im Gletschervorfeld des Hornkees, der noch dazu den Bedingungen mitten im eiskalten Wasser trotzt (Foto: Lars Keller, Juni 2013)*

Abb. 22: *Die stumpfblättrige Weide schmiegt sich als sommergrüner Spalierstrauch gerne an Felsen an, die sich bei Sonne stark erwärmen können (Foto: Clemens Geitner, Juli 2011)*

Station 6: Präsentation, Vorbereitung und Durchführung

Ort	Alpenrosenhütte
Dauer	Ca. 60 Min. Vorbereitungszeit, dann 10 Min./Kleingruppe
Wegstrecke	–
Höhenmeter	–
Sozialform	Partnerarbeit
Material	Diverse Präsentationsmaterialien, abhängig von Präsentationsmethode Plakate Marker Bunte Papiere etc. (ausreichend für alle) Laptop/Tablet (min. 1) Kabel für den Download der Fotos Evtl. Beamer (1)
Gefahren	Keine

Exakte Angaben für die Teilnehmenden

Ihr habt nun mit Eurer Partnerin/Eurem Partner 60 Minuten Zeit, Eure Ergebnisse zur Anpassung von Flora und Fauna im Hochgebirge möglichst anschaulich (auch mithilfe Eurer Fotos) zu präsentieren. Bitte legt besonderen Wert auf die genaue Verifizierung oder Falsifizierung der von Euch im Gelände überprüften Hypothesen. Eure Präsentationen sollten jeweils ca. 10 Minuten dauern.

Hinweise für die Begleitperson/en

- Für die Vorbereitung der Präsentationen sollte den Teilnehmenden ausreichend Zeit zur Verfügung gestellt werden.
- Das Hauptaugenmerk liegt auf den bearbeiteten Hypothesen, die in der Fotorallye ausführlich dokumentiert worden sind.
- Für die Präsentationen wird mindestens ein Laptop oder Tablet benötigt, um die Fotos aus Station 5 zu zeigen bzw. zuvor zu bearbeiten.

Erwartungshorizont

Die Kleingruppen präsentieren im Speziellen die verschiedenen Lösungswege zur Verifizierung bzw. Falsifizierung der Hypothesen anhand von Beobachtungen, Messungen, Notizen und Fotos. Die Wahl der Präsentationsmethode ist dabei ihnen selbst überlassen, z. B. Power Point Präsentation, Poster etc.

Es versteht sich von selbst, dass am Ende Fragen im Raum bestehen bleiben werden, diese sollten nicht verloren gehen und später (vermutlich zu Hause) bearbeitet werden. Auch ein abschließender Blick auf den in Station 2 erstellten Rucksack lohnt sich.

Am Abend dieses Tages empfiehlt sich die Auslage eines „literarischen Buffets" zum Thema „Anpassung der Natur im Hochgebirge", an dem sich die Teilnehmenden freiwillig bedienen können (Bücher über Alpenblumen etc.).

1.5 Arbeitsmaterialien

Arbeitsblatt Station 2

Du verbringst die nächsten drei Tage auf einer Hütte im Hochgebirge (2 000 m Seehöhe). Packe für diese Exkursion Deinen persönlichen Rucksack.

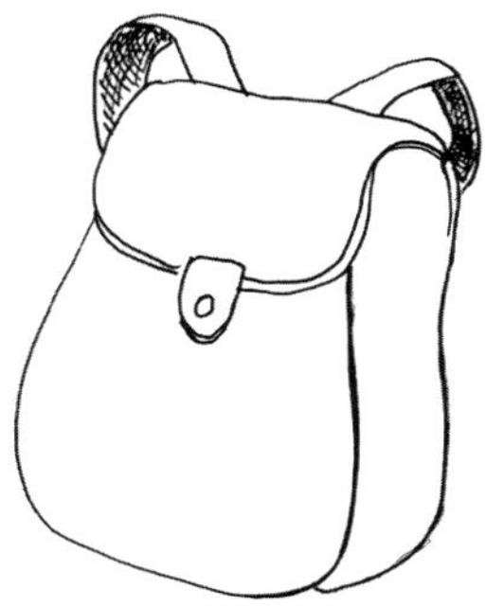

Abb. 23: *Rucksack (Lars Keller 2015)*

Arbeitsblatt Station 3

Untersucht gemeinsam mit Eurer Partnerin/Eurem Partner unser Exkursionsgebiet. Welche (natürliche) Unterschiede zwischen dem Lebensraum Hochgebirge und der Umgebung bei Euch zu Hause könnt Ihr feststellen? Setzt dabei all Eure Sinne ein. Notiert Eure Beobachtungen möglichst genau in Eure Schreibblöcke. In 30 Minuten treffen wir uns wieder hier in der Alpenrosenhütte.

Arbeitsblatt Station 4

Untersucht den Lebensraum Hochgebirge mit Eurer Partnerin/Eurem Partner erneut. Geht dabei auf Eure vorherigen Beobachtungen genauer ein und führt Messungen dazu durch. Notiert Eure Beobachtungen möglichst genau in Eure Schreibblöcke.
Nachstehend findet Ihr einige Anregungen, die zusätzlich zu Euren eigenen Ideen durchgeführt werden sollen:

- Messt die Temperatur an verschiedenen Orten (Tipp: z. B. rund um Latschen).
- Stellt die Wärmeverteilung (gefühlte/gemessene Oberflächentemperaturen) in Eurer Umgebung kreativ dar.
- Findet Hinweise für die Wasserverfügbarkeit und notiert mögliche Ursachen.

Arbeitsblatt Station 5

Fotorallye: Lest noch einmal Eure gemeinsam formulierten Hypothesen aus Station 1 durch und wählt davon zwei bis fünf aus, die Euch besonders interessieren. Geht dann wieder ins Gelände und überprüft jede einzelne dieser ausgewählten Hypothesen. Fotografiert dazu verschiedene Anpassungsstrategien von Pflanzen und Tieren, macht Euch Notizen und kommt mit interessanten Ergebnissen zurück.

1.6 Literaturverzeichnis

Aebli, H. 2011. Zwölf Grundformen des Lehrens: eine allgemeine Didaktik auf psychologischer Grundlage. 14. Auflage. Stuttgart.

Alparc o. J. Eine faszinierende Fauna. http://de.alparc.org/die-alpen/eine-faszinierende-fauna (Abrufdatum: 24/04/2014).

Arbeitsstelle für Hochschuldidaktik der Universität Zürich o. J. Forschendes Lernen. In: Hochschuldidaktik von A-Z. http://www.afh.uzh.ch/hochschuldidaktikaz/A-Z_Forschendes_Lernen.pdf (Abrufdatum: 22/04/2014).

Bachmann, S. 2009. Überlebensstrategien: Tiere in der Todeszone. http://www.beobachter.ch/natur/flora-fauna/rubriken/lebensraeume/artikel/ueberlebensstrategien_tiere-in-der-todeszone/# (Abrufdatum: 12/08/2014).

Bundesamt für Strahlenschutz 2013. Grundlagen zur UV Strahlung. http://www.bfs.de/de/uv/uv2/uv_strahlung.html (Abrufdatum: 18/08/2014).

Dewey, J. 1925. Experience and Nature. La Salle: Open Court. Chicago.

Friedman, D.B., T.B. Crews, J.M. Caicedo, J.C. Besley, J. Weinberg & M.L. Freeman 2009. An exploration into inquiry-based learning by a multidisciplinary group of higher education faculty. In: Higher Education 59 (6): 765–783.

Godet, J.D. 2006. Alpenpflanzen nach Farben bestimmen. Stuttgart.

Haeberli, W. & M. Maisch 2007. Klimawandel im Hochgebirge. In: Endlicher, W. & F.W. Gerstenfarbe (Hrsg.), Der Klimawandel: Einblicke, Rückblicke und Ausblicke: 98–107. DGfG Potsdam.

Hoppe, A. 2012. Blumen der Alpen: Über 500 Arten und 500 Fotos. Stuttgart.

Huber, L. 2010. Forschendes Lernen ist nötig! Wie ist es möglich? Vortrag an der TU Braunschweig am 13.01.2010. Kompetenzzentrum Hochschuldidaktik Niedersachsen. http://134.169.92.196/tu-braunschweig/download/Vortrag_Huber.pdf (Abrufdatum: 17/07/2014).

Kazura, K. & H. Tuttle 2010. Research Based Learning Approach: Students Perspective of Skills Obtained. In: Journal of Instructional Psychology 37 (3): 210–215.

Lauer, W. & J. Bendix 2006. Klimatologie. 2. Auflage. Braunschweig.

Maaß, K. & M. Artigue 2013. Implementation of inquiry-based learning in day-to-day teaching: a synthesis. In: ZDM - The International Journal on Mathematics Education 45: 779–795.

Mayhew, K.C. & A.C. Edwards 2009. The Dewey School: The Laboratory School of the University of Chicago 1896–1903. New Brunswick.

Mayr, S. & G. Neuner 2009. Pflanzen im Wechselbad der Temperaturen. In: Hofer, R. (Hrsg.), Die Alpen. Einblicke in die Natur (alpine space – man and environment: vol. 9). Innsbruck.

Messner, R. 2012. Forschendes Lernen als Element praktischer Begleit-Lernkultur. In: Blum, W., R.B. Ferri & K. Maaß (Hrsg.), Mathematikunterricht im Kontext von Realität, Kultur und Begleiterprofessionalität (Festschrift für Gabriele Kaiser): 334–346. Wiesbaden: Springer.

Meyer, C. 2008. Vielfältige Unterrichtsmethoden sachgerecht anwenden. In: Haubrich, H. (Hrsg.), Geographie unterrichten lernen: Die neue Didaktik der Geographie konkret: 107–172. München, Oldenbourg.

Niklfeld, H., L. Schratt-Ehrendorfer & T. Englisch 2008. Muster der Artenvielfalt der Farn- und Blütenpflanzen in Österreich. In: Sauberer, N., D. Moser & G. Grabherr (Hrsg.), Biodiversität in Österreich. Räumliche Muster und Indikatoren der Arten- und Lebensraumvielfalt: 87–102. Wien, Haupt Verlag.

Obermayer, W. 1997. Flechten der Hochgebirge. In: Schöller, H. (Hrsg.), Flechten: Geschichte, Biologie, Systematik, Ökologie, Naturschutz und kulturelle Bedeutung. Begleitheft Ausstellung Flechten Kunstwerke der Natur: 119–127. Frankfurt am Main, Kramer.

Schlorhaufer, D. 2010, Alpine Garden Mt. Patscherkofel. http://botany.uibk.ac.at/bot-garden/alpen/index_en.html (Abrufdatum: 14/04/2014).

Schneider, R. & J. Wildt 2009. Forschendes Lernen in Praxisstudien – Wechsel eines Leitmotivs. In: Roters, B., R. Schneider, B. Koch-Priewe, J. Thiele & J. Wildt. (Hrsg.), Forschendes Lernen im Lehramtsstudium: 8–36. Bad Heilbrunn, Klinkhardt.

Schönwiese, C.D. 2013. Klimatologie. Stuttgart.

Ständiges Sekretariat der Alpenkonvention 2009. Die Alpen: Acht Staaten – ein Gebiet. http://www.alpconv.org/en/publications/alpine/Documents/AlpenkonventionsBuch.pdf?AspxAutoDetectCookieSupport=1 (Abrufdatum: 24/04/2014).

Stöcklin, J. 2009. Evolution bei Alpenpflanzen: Anpassungen an das Leben in großer Höhe. In: Biologie in unserer Zeit 39 (3): 186–194.

Suhr, M. 2005. John Dewey – Zur Einführung. Hamburg.

Tierpark Goldau 2008. Tiere zwischen Fels und Eis. Hintergrundinformationen. http://www.tierpark.ch/tierparkschule/documents/InformationenLebensraumundTierarten.pdf (Abrufdatum: 01/04/2014).

Tirol Multimedial o.J. Lebensbedingungen im Hochgebirge – Anpassungen der alpinen Pflanzenwelt. http://www.tirolmultimedial.at/tmm/themen/0308v.html (Abrufdatum: 26/02/2015).

Walkington, H., A.L. Griffin, L. Keys-Mathews, S.K. Metoyer, W.E. Miller, R. Baker & D. France 2011. Embedding Research-Based Learning Early in the Undergraduate Geography Curriculum. In: Journal of Geography in Higher Education 35: 315–330.

Wildt, J. 2004. The Shift From Teaching To Learning – Thesen zum Wandel der Lernkultur in modularisierten Studienstrukturen. In: Ehlert, H. & U. Welbers (Hrsg.), Qualitätssicherung und Studienreform: 168–178. Düsseldorf, Grupello.

2 „Getreideanbau auf 2000 m Seehöhe!?“ Bodenuntersuchungen im Hochgebirge

Lars Keller, Clemens Geitner,
Matthias Blank & Thomas Niederegger

Steckbrief

Orte	Alpenrosenhütte, in der direkten Umgebung der Alpenrosenhütte, Gletschervorfeld des Waxeggkees (siehe Übersichtskarte in Abb. 24)
Alter	17+
Dauer gesamt	Am besten auf 2 Tage verteilt: Tag 1: ca. 4 h Tag 2: ca. 6 h
Wegstrecke gesamt	Max. ca. 1,5 km ↑ / max. ca. 1,5 km ↓
Höhenmeter gesamt	Max. ca. 200 Hm ↑ / max. ca. 200 Hm ↓
Gefahren	Vgl. Kapitel V „Sicher unterwegs im Hochgebirge – alpine Gefahren und Ausrüstung", v. a. „Gefahren am Zemmbach" und „Steinschlag und Lawinengefahr" Arbeiten mit Salzsäure: Augen und Schleimhäute besonders schützen, Handschuhe und Schutzbrille verwenden, bei unbeabsichtigter Berührung gründlich mit Wasser abwaschen/ausspülen Verwendung eines Taschenmessers

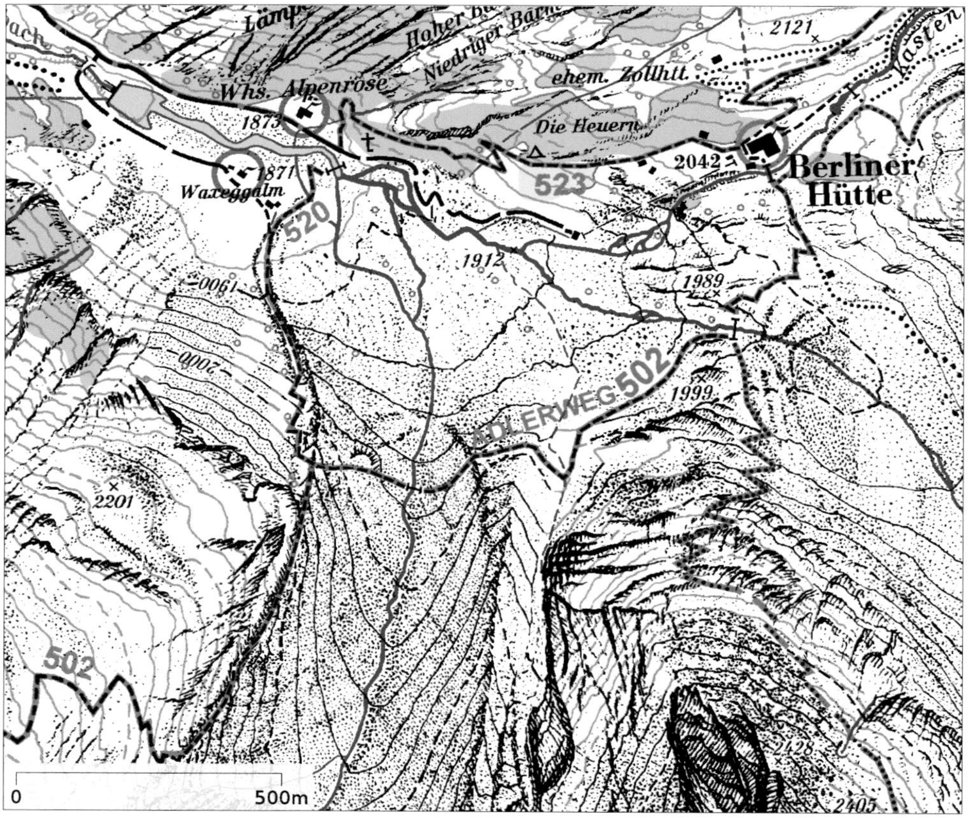

Abb. 24: *Übersichtskarte (Ausschnitt aus der Alpenvereinskarte 35/1 Zillertaler Alpen, Mitte/mit freundlicher Genehmigung des OeAV und DAV). Wichtig: Diese Karte zeigt den Exkursionsraum in einem größeren Kartenausschnitt. Die eingetragenen Wege entsprechen nicht denen der Exkursion. Diese verläuft hauptsächlich im freien Gelände und daher (mit Ausnahme der Querung der Bäche) oft weglos.*

2.1 Zusammenfassung

Den Anstoß zur vorliegenden Exkursion geben Wirtin und Wirt der Alpenrosenhütte (1 878 m Seehöhe), die wissen wollen, ob im Zuge des Klimawandels zukünftig einmal der Anbau von Roggen, Gerste, Weizen, Kartoffel etc. im Umfeld der Hütte möglich sein wird. Sie überlegen sich unter anderem, ob die Güte der Böden und der unterschiedlichen Standorte hierfür überhaupt geeignet wären. Zur Klärung beauftragen sie die Exkursionsteilnehmenden, Gutachten zu erstellen. In einem Stationenbetrieb lernen die Teilnehmenden zunächst wesentliche Methoden zur Untersuchung von Bodeneigenschaften kennen. Schließlich geht es an die eigentliche Aufgabe, die Erstellung von Gutachten, für die das Gelände rund um die Alpenrosenhütte und im unteren Gletschervorfeld des Waxeggkees die wesentliche Informationsquelle bildet. Als Endprodukt der Exkursion präsentieren die Teilnehmenden der Hüttenwirtin und dem Hüttenwirt die Ergebnisse ihrer wissenschaftlichen Untersuchungen, geben Empfehlungen zu den bestmöglichen potentiellen Standorten für einen zukünftigen Anbau von Kulturpflanzen ab und schlagen darüber hinaus Maßnahmen zur Verbesserung der Bodenqualität vor.

2.2 Inhaltsanalyse

Inhaltlich stellt sich für die hier beschriebene Exkursion zunächst die Frage, ob die zugrunde liegende Idee – Anbau von Nutzpflanzen im Hochgebirge – überhaupt sinnvoll ist. Dazu lohnt es sich, einen kurzen Blick auf die Thematik „Höhengrenzen in den Alpen“ zu werfen. Unter „Höhengrenze“ versteht man aus biologischer Sicht die Obergrenze der Verbreitung einer bestimmten Pflanzen- oder Tierart oder etwa eines bestimmten Vegetationstyps. Diese Grenzen werden – unter den Bedingungen der Konkurrenz zwischen den Arten – vorwiegend über Klimafaktoren determiniert, wobei lokale Sonderbedingungen wie auch anthropogene Eingriffe zusätzlich einen starken Einfluss haben können (Sauermost & Freudig 1999). So wird auch die „Anbaugrenze“ als Grenze der Verbreitung von Kulturpflanzen maßgeblich von den Wärmeverhältnissen in der Vegetationszeit festgelegt. Niederschlag, Boden und Kulturmaßnahmen spielen ebenfalls eine, wenngleich eher sekundäre Rolle.

Bätzing (1997) beschreibt die Lage der naturräumlichen Höhengrenzen in den inneren Bereichen der Alpen als generell höher als am Alpenrand (teils 200–300 m Unterschied) und deshalb diese Regionen als günstiger für die traditionelle Nutzung. Die Zillertaler Alpen bilden hier ein regionales Beispiel (vgl. z. B. Waldvegetationsprofil durch die mittleren Ostalpen nach Mayer 1974; vgl. Abb. 44 in Kap. 3). „*Der Ort St. Véran, 2 042 m (Cottische Alpen), ist die höchstgelegene politische Gemeinde der Alpen, die Äcker reichten hier früher bis in eine Höhe von 2 200 m.*“ (Bätzing 1997, 122). Einzelne, heute weit verbreitete Nutzpflanzen stammen sogar aus hohen Gebirgslagen, wie etwa die Kartoffel aus den Anden (Pro Specie Rara 2010). Getreide (Hafer, Roggen und Gerste) wurde einst bis in die höchst möglichen Lagen der Alpen angebaut; so wird es beispielsweise von den südlich des Monte Rosa angesiedelten Walsern berichtet (z. B. Walservereinigung 2007; Couic & Roux 2011). Gerade die Walser sind für ihr Geschick bekannt geworden, höhere, einsame und unzugängliche Lagen zu besiedeln und dort mit entsprechenden Sorten

Abb. 25: *Wer mit offenen Augen durch die Landschaft geht, findet hier und da noch ein paar alte Sorten – im Bild eine übermanns-/ überfrausgroße alte Roggensorte, entdeckt nahe der Piller Landstraße zwischen Pitztal und Oberinntal, Tirol, auf ca. 1 400 m Seehöhe (Foto: Lars Keller 2014)*

erfolgreich Landwirtschaft zu betreiben. Aus heutiger Sicht mag ihre ressourcenschonende Lebens- und Wirtschaftsweise sogar dem modernen Leitbild der Nachhaltigkeit entsprechen und könnte auch den Hüttenbetreibenden als Vorbild dienen (vgl. Bucher 2007). Im Übrigen ist in vielen Gegenden bis heute Saatgut dieser alten Sorten erhalten geblieben (vgl. Abb. 25/zum Erhalt der alten Sorten in Nordtirol, Südtirol und Graubünden vgl. Schilperoord & Heistinger 2007), und es wird neuerdings wieder damit experimentiert (so z. B. im Rahmen des grenzüberschreitenden EU-Roggen-Projekts „CereAlp" des Landes Tirol mit dem Land Südtirol).

Nun erstreckt sich das Untersuchungsgebiet der Exkursion von der Alpenrosenhütte auf 1 878 m Seehöhe bis auf ca. 2 050 m (vgl. Abb. 26). In diesem subalpinen Bereich bilden Lärchen-Zirbenwald und teils Zwergstrauch-Heiden die prägenden Vegetationstypen (vgl. Kap. 3). Unter den derzeitigen klimatischen Bedingungen ist die Suche nach geeigneten Anbaumöglichkeiten für Nutzpflanzen in dieser Höhenlage wohl wenig vielversprechend. Es kann darüber hinaus auch keinesfalls von einer lokalklimatischen Gunstlage gesprochen werden, da der kühlende Einfluss der noch immer relativ großen Gletscherflächen ausgeprägt ist, und es sich außerdem nur in geringem Umfang um südexponierte Hänge handelt etc. In welchem Ausmaß eine zukünftige Klimaerwärmung auftreten müsste, um Anbau zu ermöglichen, bleibt hypothetisch, sie könnte aber mit Fortschreiten des 21. Jahrhunderts so stark ausfallen, dass die Frage an Relevanz gewinnt. Bereits heute wirkt sich der Klimawandel in Gebirgen deutlich stärker aus als in den niedrig gelegenen Regionen. So ist für den Zeitraum von 1900 bis 2000 weltweit eine Temperaturerhöhung von 0,7 °C nachgewiesen (ZAMG 2014), für die Alpen beträgt diese Zunahme 2 °C

Abb. 26: *Blick auf das Untersuchungsgebiet in der näheren Umgebung der Alpenrosenhütte (1 878 m, links im Bild): Welche Qualität haben die Böden heute? Können hier in der Zukunft Roggen, Kartoffeln und sonstige Nutzpflanzen angebaut werden? (Foto: Lars Keller 2012)*

(Auer et al. 2007). Von Seiten der Böden kommt es in Bezug auf eine landwirtschaftliche oder gärtnerische Nutzung auf die Mächtigkeit des Verwitterungsbereiches und den Humusgehalt an. Diesbezüglich präsentieren sich die Böden im Exkursionsgebiet an einigen Stellen schon heute recht gut entwickelt, etwa dort, wo seit längerem Zwergsträucher wachsen (vgl. Abb. 27). Diese gewährleisten eine stabile Situation für die Bodenentwicklung und ausreichend Streu für den Humusaufbau. Demgegenüber gibt es Bereiche, z. B. im Gletschervorfeld, wo gar keine Böden entwickelt bzw. wo diese noch sehr steinreich und initial sind (vgl. Abb. 28). In gewissem Sinne stellt die Exkursion also auch eine Suche nach den reifsten Böden (und damit den stabilsten Standorten) dar, und es werden mitunter Zusammenhänge mit der Landschaftsdynamik bewusst. Böden bilden sich eben nur an Stellen aus, die geomorphologisch seit längerer Zeit zur Ruhe gekommen sind (über die Besonderheiten der Böden in den Alpen vgl. z. B. Veit 2002; Geitner 2007). Nachfolgend wird für die Exkursion relevantes pedologisches Grundwissen dargestellt.

Die „Pedosphäre“ (Gesamtheit der Böden) ist der oberste Bereich der Erdoberfläche, in dem sich Lithosphäre, Hydrosphäre, Atmosphäre und Biosphäre durchdringen. Durch physikalische Verwitterung des Ausgangsgesteins entstehen kleinere Bruchstücke, die durch chemische Verwitterungsprozesse auch in ihrer Zusammensetzung verändert werden. Neben den Klimafaktoren sind die im und auf dem Boden lebenden Pflanzen, Tiere und Mikroorganismen am Prozess der Bodenbildung beteiligt (Rowell 2013). Die Wechselwirkungen zwischen organogenen Einflüssen und physikalischen bzw. chemischen Prozessen bestimmen mit fortlaufender Zeit die Zusammensetzung des Bodens (Strahler & Strahler 2009).

Der Boden ist eine Mischung aus anorganischem und organischem Material mit unterschiedlichen Anteilen von Wasser und Luft (Rowell 2013). Das anorganische Material stammt vom Ausgangsgestein, das durch physikalische und chemische Verwitterung in Form mineralischer Partikel vorliegt. Die organische Bodensubstanz bezieht sich auf das gesamte lebende und tote (Humus) organische Material des Bodens. Minerale und Humus sind im Boden in bestimmter Weise angeordnet und bilden damit das spezifische Bodengefüge. Dieses bedingt auch die Größe und Anordnung der Hohlräume (Poren), die mit Bodenlösung oder Bodenluft gefüllt sind (Scheffer & Schachtschabel 2010). Das Bodenwasser mit den darin gelösten Komponenten ist Träger vieler chemischer Reaktionen. Bodenwasser und Bodenluft sind zeitlich variable Gegenspieler, d. h. wasserfreie Poren sind mit Luft erfüllt. Diese ist durch atmosphärische sowie durch biologische und chemische Prozesse entstandene Gase geprägt (Strahler & Strahler 2009). Der Zustand ursprünglicher, veränderter oder neu gebildeter Bodenminerale bestimmt, zusammen mit der organischen Bodensubstanz, die chemischen und physikalischen Eigenschaften der Böden (Rowell 2013).

Böden sind gewöhnlich in „Horizonte" (d. h. weitgehend oberflächenparallele Einheiten, vgl. Abb. 27 und 31) gegliedert, die sich in ihrer physikalischen, chemischen und biologischen Zusammensetzung unterscheiden. Die vorwiegend organischen Horizonte liegen über den vorwiegend mineralischen Horizonten. Die organische Auflage besteht aus der mehr oder weniger zersetzten Streu, d. h. aus den toten Überresten von Pflanzen und Tieren. Die organische Substanz im Boden ist i. d. R. durch Mikroorganismen und Bodentiere weit mehr zersetzt. Die Gesamtheit des toten organischen Materials wird als Humus bezeichnet. Die mineralischen Horizonte bestehen vorwiegend aus anorganischen Mineralbestandteilen, die mehr oder weniger verwittert und mit neu gebildeten Mineralen angereichert sind (z. B. Tonminerale und Eisenoxide). Die Bodenhorizonte entwickeln sich im Laufe der Zeit. Dabei sind die Klimaelemente Temperatur und Niederschlag, aber auch die Vegetation, das Bodenwasser, Bodenorganismen und auch das Relief und Ausgangsgestein ganz wesentlich mit beteiligt. Das bedeutet, dass das „Lesen" im Boden die gesamte Landschaft erschließen kann. Der Prozess zur Entwicklung eines ersten deutlich ausgeprägten Bodenhorizontes (i. d. R. beginnt es mit der Bildung eines humosen Oberbodens) aus einem lockeren Ausgangsmaterial vollzieht sich – je nach Klima- und Landschaftstyp – in etwa einem Zeitraum von einem halben bis zwei Jahrhunderten, im Gebirge kann es auch noch langsamer gehen. Durch fortschreitende Humusbildung einerseits und Verwitterung des Gesteins andererseits wird der Boden immer mächtiger. Wenn ein oberster humoser Mineralbodenhorizont gut ausgeprägt ist, spricht man von einem A-C-Boden. Auf kalkarmen bis kalkfreien Gesteinen nennt man diesen „Ranker", auf kalk- oder gipsreichen Gesteinen „Rendzina". Ab der nivalen Stufe findet kaum mehr Bodenbildung statt, so dass auch keine Bodenhorizonte mehr zu finden sind. Ein theoretischer Gleichgewichtszustand zwischen dem Boden und seiner Umwelt wird unter gleichbleibenden Bedingungen erst in Jahrtausenden erreicht (Strahler & Strahler 2009).

Die „Bodenart" oder auch „Textur" bezeichnet die Körnung der Mineralpartikel. Es wird dabei Sand (Korngröße 2–0,063 mm), Schluff (Korngröße 0,063–0,002 mm) und Ton (Korngröße < 0,002 mm) unterschieden (Strahler & Strahler 2009). Als Lehm wird eine vierte Bodenart bezeichnet, die sich aus etwa gleichen Anteilen von Sand, Schluff und Ton zusammensetzt. Lehmböden sind für die Bodenbearbeitung und den Nutzpflanzenanbau am besten

Abb. 27: *An manchen Stellen im Exkursionsgebiet – wie im Bereich oberhalb der Alpenrosenhütte unter einem dichten Zwergstrauchbestand – erreicht der Boden schon heute eine bemerkenswerte Mächtigkeit (hier ca. 60 cm) mit deutlicher Profildifferenzierung in mehrere Horizonte. Man erkennt (von oben nach unten) dunkle, von Humus geprägte und braune, von Verwitterung gekennzeichnete Horizonte. Unten rechts kommt die Färbung des nur wenig veränderten Ausgangsgesteines durch. Es darf nicht vergessen werden, dass die Standorte zumindest um die Hütte im Holozän vermutlich seit mindestens 11 000 Jahren eisfrei sind, lange Zeit unter Wald lagen und daher eigentlich gut entwickelt sein müssten. (Foto: Katharina Weiskopf 2013)*

Abb. 28: *An vielen Stellen im Exkursionsgebiet ist der Boden nur geringmächtig ausgebildet (hier ein ca. 15 cm mächtiger Ranker), die Humusauflage (der obere schwärzliche Horizont zwischen Zentimeter 9 und 15) ist dagegen (infolge des langsamen Abbaus der Streu) oft verhältnismäßig mächtig ausgeprägt, unterhalb von Zentimeter 9 ist speziell auf der linken Seite im Bild eine gewisse Verbraunung zu erkennen, die auf chemischer Verwitterung beruht. (Foto: Lars Keller 2014)*

geeignet (Rowell 2013), weil die Einseitigkeiten von Sand, Schluff und Ton ausgeglichen werden. Lehmböden können einerseits ausreichend entwässern, andererseits besitzen sie eine günstige Speicherkapazität. Reiner Sand kann am wenigsten Wasser speichern, Ton hingegen kann sehr viel Wasser speichern, hält einen Teil des Wassers aber so fest, dass es den Pflanzen nicht zur Verfügung steht (Strahler & Strahler 2009).

Zwischen den festen Bodenteilchen befinden sich Hohlräume (Poren), die – zu wechselnden Anteilen – Luft und Wasser enthalten. Die räumliche Anordnung von festen Bodenbestandteilen und den Poren wird als Bodengefüge oder Bodenstruktur bezeichnet. Informationen über das Bodengefüge sind bedeutend, da das Bodengefüge, u. a. die Infiltrationskapazität (Rate des Wassereintritts), in einen Boden beeinflusst und die Erosionsanfälligkeit und Kultivierbarkeit des Bodens mit bestimmt (Rowell 2013).

Neben der Festigkeit und der Zusammensetzung der Gesteine und Minerale steuern im Wesentlichen Niederschlag und Temperatur das Ausmaß der Verwitterung und die Auswaschung bestimmter Komponenten aus dem Boden. Dies wirkt sich entscheidend auf die chemischen Bodeneigenschaften und die Zusammensetzung der Bodenlösung aus. Die Ionen der Bodenlösung können in zwei Gruppen eingeteilt werden: Die basischen Kationen (u. a. Calcium, Magnesium, Kalium), die zugleich wichtige Pflanzennährstoffe sind und die in alkalischen Böden überwiegen. Die andere Gruppe besteht aus säurebildenden Kationen. Dazu gehören Aluminium-, Hydroxylaluminium- und Wasserstoffionen (Strahler & Strahler 2009). Wegen der überwiegend negativen elektrischen Ladung der Tonminerale und Humuskomponenten können an ihrer Oberfläche Kationen reversibel gebunden und gegen den Sickerwasserstrom gehalten werden, die somit den Pflanzen mittelfristig als Nährstoffe zur Verfügung stehen (Rowell 2013).

Die „Acidität" kennzeichnet die Konzentration gelöster Wasserstoffionen in der Bodenlösung, sie wird als pH-Wert angegeben. In sauren Lösungen ist der pH-Wert kleiner als 6, neutrale Lösungen haben einen pH-Wert um 7 und alkalische Lösungen einen pH-Wert größer als 8. Mit zunehmender Versauerung sind mehrere Veränderungen der Bodeneigenschaften verknüpft. So nimmt die Menge an austauschbaren Ca^{2+} und Mg^{2+} Ionen ab, und die Menge an austauschbaren Al^{3+} Ionen nimmt zu. Mit sinkendem pH-Wert ist auch die Aktivität vieler Bodenorganismen eingeschränkt, ebenso die Verfügbarkeit von Pflanzennährstoffen. Zudem kann es zur Anreicherung bzw. Mobilisierung toxisch wirkender Elemente kommen. Für einen pH größer als 7 müssen Böden i. d. R. Calcit, Dolomit oder Natriumcarbonat enthalten. Alkalische Bedingungen im Boden können Pflanzenschädigungen, wie z. B. Chlorosen an Blättern, bewirken und beeinträchtigen den Eisen- und Manganstoffwechsel (Rowell 2013). Für die landwirtschaftliche Nutzung ist der pH-Wert entscheidend, da sehr viele Nutzpflanzen neutrale Böden bevorzugen. Auf landwirtschaftlichen Böden – insbesondere aus sauer verwitternden Gesteinen – wird daher traditionell häufig fein zermahlener Kalk oder Mergel ausgestreut (Strahler & Strahler 2009).

2.3 Methodische Analyse

„Projektbasiertes Lernen" (engl.: *Project-based Learning*) und „Problembasiertes Lernen" (engl.: *Problem-based Learning*) sind zwei Ansätze des konstruktivistisch orientierten Lernens, die in vielen Punkten übereinstimmen bzw. sich zumindest gegenseitig bestens ergänzen. Sie bilden den theoretischen Unterbau der vorliegend beschriebenen Exkursion.

Als wesentliche vier Merkmale des „Projektbasiertes Lernens", das derzeit gerade in den Vereinigten Staaten neuen Aufschwung zu erfahren scheint (vgl. zahlreiche Literaturangaben und Links auf der Homepage des Buck Institute for Education: http://bie.org 2014), nennen Brown & Abell (2013, 33):

- *a driving question that engages students [NB: learners] in investigating an authentic problem* – Über das gegebene Setting zu Beginn wird den Teilnehmenden dieser Exkursion eine motivierende Frage-/Problemstellung vermittelt, und der Drang des Forschenden soll geweckt werden, der Hüttenwirtin und dem Hüttenwirt mit ihren Anliegen zur Seite zu stehen. Anfangs von der Lösung des Problems/Erstellung eines Gutachtens zumindest stark gefordert, erlernen die Teilnehmenden zunächst Grundfertigkeiten und Methoden, um einfache Bodenanalysen anstellen zu können. Im zweiten Teil der Exkursion müssen sie die neu erworbenen Kenntnisse und Methoden im Gelände anwenden und darüber hinaus eigenständige Denkleistungen einbringen, um ein qualitativ hochwertiges Gutachten zu erstellen und dieses auch kommunikativ zu vermitteln. Im Grunde erleben die Teilnehmenden über die treibende Forschungsfrage zwei unterschiedliche, aber jeweils sehr berechtigte Aspekte von Wissenschaft:
    - Sie erfahren das Thema „Boden" als Integration der Geofaktoren und damit als Indikator für Prozesse in der Landschaft, sprich das Lesen des Bodens wird zum Lesen der Landschaft (Erkenntnis für die Erkenntnis – wissenschaftliche Neugierde)
    - Sie erfahren das Thema „Boden" als Gegenstand für die Anwendung, Nutzung und Inwertsetzung, z.B. in Form landwirtschaftlicher oder gartenbaulicher Nutzung (Erkenntnis für die Anwendung, Nutzung)
- *collaborative learning around the problem* – Alle Aufgaben dieser Exkursion werden ausnahmslos in Teamarbeit erledigt. Im zweiten Teil entscheidet sich speziell, welche Kleingruppen sozial am besten und inhaltlich-methodisch am effektivsten zusammenarbeiten, sowohl was die Planung und Durchführung der Untersuchungen im Gelände als schließlich auch die anschauliche Aufbereitung und Präsentation der Untersuchungsergebnisse betrifft. Nur über gute Kooperation lassen sich hier qualitativ hochwertige Ergebnisse erreichen, zumal (laut Vorschlag) sowohl die Zeiten im Gelände als auch für die Vorbereitungen der Präsentationen nicht übertrieben lang sind;
- *technology appropriate to the problem* – Projektbasiertes Lernen umfasst heute häufig Online Technologien und alle Arten von Neuen Medien (vgl. Ravitz & Blazevski 2014). Im Falle der hier vorgestellten Exkursion bezieht sich dieser Punkt jedoch vielmehr auf die zur Verfügung gestellten Mess- und Untersuchungsinstrumente, mit denen die Bodenanalysen überhaupt erst möglich werden, z.B. Salzsäure und destilliertes Wasser, pH-Teststreifen, Taschenmesser, Bodenproben, Farbtafeln, Diagramm zur Abschätzung des Skelettgehalts etc. Welche weiteren Technologien zur Sammlung, Analyse und Präsentation der Untersuchungsergebnisse zum Einsatz kommen, hängt stark von Engagement und Möglichkeiten der Begleitpersonen bzw. der Exkursionsteilnehmenden ab. Hier sind vom Laptop über Beamer, Flipcharts, Posterpapier und sonstige Moderationsmaterialien sämtliche Varianten denkbar, wobei der Reiz manchmal durchaus im Einfachen liegen kann, gerade auch, weil zur Vorbereitung der Präsentation nur relativ wenig Zeit eingeplant ist (doch ist dies natürlich variabel);
- *products (…) that represent what students [NB: learners] have learnt* – Im ersten Teil der Exkursion erarbeiten sich die Teilnehmenden ihre Arbeitsergebnisse noch in relativ stark

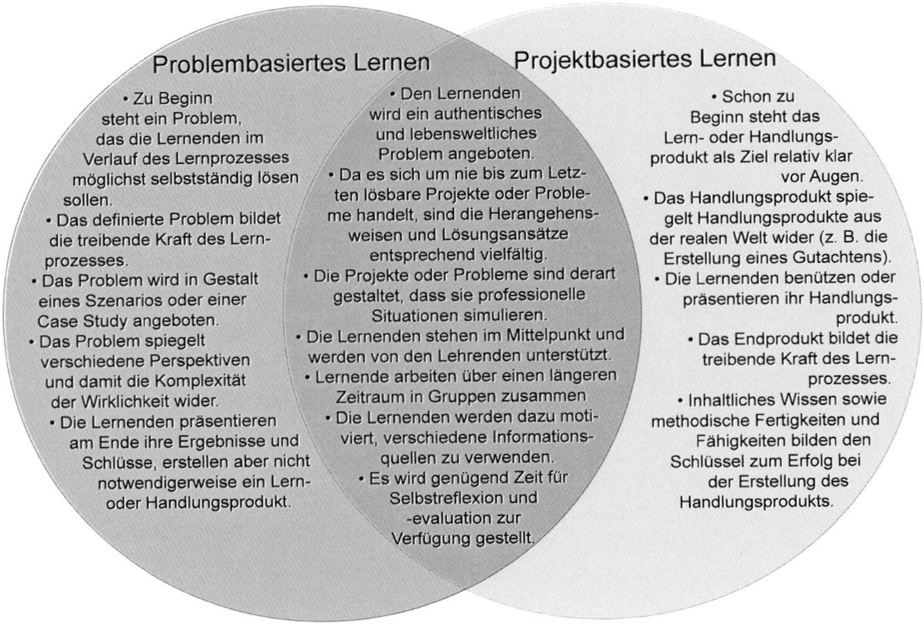
Problembasiertes Lernen
Projektbasiertes Lernen
• Zu Beginn steht ein Problem, das die Lernenden im Verlauf des Lernprozesses möglichst selbstständig lösen sollen.
• Das definierte Problem bildet die treibende Kraft des Lernprozesses.
• Das Problem wird in Gestalt eines Szenarios oder einer Case Study angeboten.
• Das Problem spiegelt verschiedene Perspektiven und damit die Komplexität der Wirklichkeit wider.
• Die Lernenden präsentieren am Ende ihre Ergebnisse und Schlüsse, erstellen aber nicht notwendigerweise ein Lern- oder Handlungsprodukt.
• Den Lernenden wird ein authentisches und lebensweltliches Problem angeboten.
• Da es sich um nie bis zum Letzten lösbare Projekte oder Probleme handelt, sind die Herangehensweisen und Lösungsansätze entsprechend vielfältig.
• Die Projekte oder Probleme sind derart gestaltet, dass sie professionelle Situationen simulieren.
• Die Lernenden stehen im Mittelpunkt und werden von den Lehrenden unterstützt.
• Lernende arbeiten über einen längeren Zeitraum in Gruppen zusammen
• Die Lernenden werden dazu motiviert, verschiedene Informationsquellen zu verwenden.
• Es wird genügend Zeit für Selbstreflexion und -evaluation zur Verfügung gestellt.
• Schon zu Beginn steht das Lern- oder Handlungsprodukt als Ziel relativ klar vor Augen.
• Das Handlungsprodukt spiegelt Handlungsprodukte aus der realen Welt wider (z. B. die Erstellung eines Gutachtens).
• Die Lernenden benützen oder präsentieren ihr Handlungsprodukt.
• Das Endprodukt bildet die treibende Kraft des Lernprozesses.
• Inhaltliches Wissen sowie methodische Fertigkeiten und Fähigkeiten bilden den Schlüssel zum Erfolg bei der Erstellung des Handlungsprodukts.

Abb. 29: *Versuch einer Darstellung des Problembasierten und Projektbasierten Lernens und deren Überschneidungsbereich*

angeleiteter Form, gleichwohl auch hier bei jeder Station Aufgaben angeboten werden, die das eigene Reflektieren fördern sollen. Spätestens im zweiten Teil öffnen sich jedoch eigenen Denkleistungen und eigener Kreativität im Gelände und bei der Präsentation der Untersuchungsergebnisse die Tore weit, das „Lernprodukt Gutachten" steht im Zentrum. Mit hoher Sicherheit werden über die unterschiedlichen Qualitäten dieser Gutachten auch die unterschiedlichen Lernleistungen der Teilnehmenden sichtbar, was beispielsweise in einem Wettbewerb zwischen den Gruppen der Begutachtenden oder bei der Übernahme von Teilergebnissen einzelner Gruppen in ein Gesamtgutachten Sichtbarkeit erfährt. Wenn die Präsentation der Gutachten ohne größeren technischen Aufwand betrieben wird, könnte eventuell über einen Videomitschnitt (z. B. per Handykamera) das Festhalten des Lernprodukts dessen spätere Reflexion und kritische Diskussion unterstützen.

Sehr ähnlich ist die Liste der Merkmale im „Problembasierten Lernen", das ursprünglich in der Vermittlung medizinischen Wissens eine wichtige Rolle spielte, mittlerweile aber in vielen Disziplinen Anwendung findet (vgl. zum Problembasierten Lernen z. B. Schwartz et al. 2007; Weber 2007; Zumbach et al. 2007; Mair et al. 2012; Erpenbeck & Sauter 2013). Eine gewisse Nähe und Überschneidung zum „Projektbasierten Lernen" wurde ja bereits angesprochen, sie soll mittels Abbildung 29 veranschaulicht werden. Betont werden sollten an dieser Stelle die wesentlichen gemeinsamen Merkmale beider Ansätze: die Schaffung eines authentischen und lebensweltlich relevanten Problems, die Multiperspektivität dieses Problems und folglich von dessen Lösungsansätzen, die Zentrierung auf die Lernprozesse der Exkursionsteilnehmenden und deren Unterstützung durch die Begleitpersonen sowie die Erfahrung der Kooperation im Team. Interessanterweise (und hoffentlich auch verständlicherweise) finden sich viele dieser angeführten und auch der anderen aus der Abbildung 29 ersichtlichen Charakteristika ebenso in den anderen in diesem Band angesprochenen moderat konstruktivistischen Methodenansätzen auf die eine oder andere Weise wieder.

Ergänzt sei, dass sowohl während des Stationenbetriebs im ersten Teil (zur Methode des Stationenbetriebs vgl. Kapitel 7) als auch im zweiten Teil der Exkursion handlungsorientierte Aufgaben im Vordergrund stehen, die vielfältige und individuelle Lernprozesse anregen sollen (vgl. Budke 2009). So arbeiten die Teilnehmenden praktisch an und mit der Materie Boden, führen verschiedene vorgegebene Experimente durch, entwickeln selbst Versuche, erforschen das Hochgebirge nach geeigneten Standorten für den potentiellen Anbau von Kulturpflanzen u. v. m. Bei den einzelnen Aufgaben lernen sie „mit all ihren Sinnen“: Sie erforschen und entdecken Boden durch Beobachten, Tasten, Riechen und sogar Hören. Dies geschieht ganz im Sinne Alexander von Humboldts, von dem uns das abschließende Zitat überliefert ist: „*Die Natur muss gefühlt werden*“.

2.4 Hinweise zur Durchführung

2.4.1 Allgemeines

Für die Betreuung der Teilnehmenden sollten je nach Gruppengröße zwei oder mehr Betreuungspersonen anwesend sein.

Eine Aufteilung dieser Exkursion auf zwei Teile und Tage ist ideal:

- Tag 1: Einleitung und Ausbildung zu Bodenexpertinnen/Bodenexperten
- Tag 2: Untersuchungen im Gelände, Erstellung des Gutachtens, Präsentation der Ergebnisse

2.4.2 Vorbereitung der Teilnehmenden

Für diese Exkursion wäre es von Vorteil (wenngleich nicht zwingend erforderlich), wenn die Teilnehmenden gewisse bodenkundliche Grundkenntnisse mitbrächten.

2.4.3 Vorbereitung der Begleitperson/en

Über die Informationen der Inhaltsanalyse hinaus, sollten die Begleitpersonen grundlegende Kompetenzen in der Bodenkunde besitzen: Aufbau und Eigenschaften von Böden, Kenntnisse über die Bodenbildung und die beteiligten Prozesse etc.

Zusätzlich zu den im Literaturverzeichnis genannten Quellen empfiehlt sich das zwar etwas in die Jahre gekommene, aber als Nachschlagewerk bislang unverzichtbare Werk: Hintermaier-Erhard & Zech (1997): Wörterbuch der Bodenkunde. Stuttgart (Enke Verlag).

Für die Stationen 1 und 2 sollte eine Profilgrube vorbereitet werden. Im Anschluss an die Durchführung muss diese unbedingt wieder zugeschüttet werden, um ein evtl. Hineinfallen zu verhindern. Da sich die Vegetation im Hochgebirge nur sehr langsam regeneriert, sollte man bei der Anlage des Profils zunächst sorgfältig die Vegetation mit dem Oberboden in Soden ausstechen und seitlich lagern, um diese am Ende wieder sauber einbringen zu können!

2.4.4 Material

- (Klapp-)Spaten (1/Kleingruppe)
- Taschenmesser (1/Kleingruppe)
- Meterstab (1/Kleingruppe)
- Munsell-Farbtafel (1/Kleingruppe)
- Schreibblöcke (mehrere)
- Stifte (mehrere)
- Buntstifte, u. a. in unterschiedlichen Braun- und Grautönen (mehrere)
- Fotoapparate (min. 1/Kleingruppe)
- Höhenmesser (falls vorhanden 1/Kleingruppe)
- Reißfeste Gefrierbeutel (mehrere/Kleingruppe)
- Topographische Karte des Untersuchungsgebiets (1/Kleingruppe)
- Proben landwirtschaftlicher Böden von zuhause (verschiedene und ausreichend für alle Kleingruppen)
- Sprühflasche mit Wasser (ausreichend für alle Kleingruppen)
- Becher (mehrere)
- pH-Streifen (ausreichend für alle Kleingruppen)
- 10%ige Salzsäure (HCl) (ausreichend für alle Kleingruppen)
- Destilliertes Wasser (ausreichend für alle Kleingruppen)
- Gummihandschuhe (ausreichend für alle Kleingruppen)
- Schutzbrille (min. 1, besser mehrere)
- Spritzflasche mit Wasser zur Augenspülung im Notfall (1)
- Evtl. Laptop (1 oder mehrere)
- Evtl. Beamer (1)
- Diverse Präsentationsmaterialien: Flipchart-Papier, Posterpapier, dicke Stifte etc. (ausreichend für alle Kleingruppen)
- Arbeitsblätter der Stationen 2A–2F, unter Kap. Arbeitsmaterialien (jeweils mehrere/Kleingruppe); es ist zu empfehlen, die Arbeitsblätter wasserabweisend zu laminieren.

2.4.5 Zeitplan

Station	Zeit
Tag 1	
Station 1: Einleitung	**Ca. 15 Min.**
Station 2: Stationenbetrieb: Ausbildung zu Bodenexpertinnen/Bodenexperten	**Ca. 180 Min.**
Station 2 A: Bodenhorizonte/Bodenprofil	Ca. 30 Min.
Station 2 B: Skelettanteil und Bodendichte	Ca. 30 Min.
Station 2 C: Bodenart	Ca. 30 Min.
Station 2 D: Abschätzung des Humusgehalts über Bodenfarbe	Ca. 30 Min.
Station 2 E: Boden pH-Wert	Ca. 30 Min.
Station 2 F: Grundlagen des Anbaus verschiedener Kulturpflanzen	Ca. 30 Min.
Station 3: Fragerunde/Diskussion der Ergebnisse	Ca. 30–60 Min.
Gesamt Tag 1	**Ca. 4 h**
Tag 2	
Station 4: Standortuntersuchungen im Gelände	**Ca. 3 h**
Planung	Ca. 30 Min.
Durchführung	Ca. 150 Min.
Station 5: Gutachten	**Ca. 3 h**
Erstellung/Vorbereitung der Präsentationen	Ca. 120 Min.
Präsentation	Ca. 15 Min./Gruppe
Gesamt Tag 2	**Ca. 6 h**
Gesamtzeit	**Ca. 10 h**

Station 1: Einleitung

Ort	Alpenrosenhütte
Dauer	Ca. 15 Min.
Wegstrecke	–
Höhenmeter	–
Sozialform	Einleitung durch die Hüttenwirtin und den Hüttenwirt
Material	–
Gefahren	Keine

Exakte Angaben für die Teilnehmenden: –

Hinweise für die Begleitperson/en

Um das Interesse der Teilnehmenden zu wecken, sollten die Hüttenwirtin und/oder der Hüttenwirt die Einleitung übernehmen. Das Szenario wird dabei ungefähr folgendermaßen gezeichnet: Schon jetzt ist die Hütteninfrastruktur als sehr gut zu bezeichnen. Die Hütte verfügt über eine eigene Quelle für die Versorgung mit Frischwasser und sogar ein kleines Wasserkraftwerk für die Stromversorgung (vgl. Abb. 116 in Kap. 7). Nun denken die Hüttenwirtin und der Hüttenwirt immer mehr über die Zukunft der Alpenrosenhütte nach. Die möglichen Folgen der prognostizierten weltweiten Klimaerwärmung bereiten ihnen dabei Sorgen: Werden die Naturgefahren im Hochgebirge zunehmen? Steht die Hütte dann noch auf sicherem Grund? Werden genügend Gäste kommen, wenn die Gletscher immer weiter schmelzen? etc. Umgekehrt, so denken sie, bietet der Klimawandel ja vielleicht auch Chancen und Vorteile. Wenn es denn je warm genug dafür würde, kann man hier oben vielleicht einmal bestimmte Getreidesorten, Gemüse, Beeren, Kräuter etc. anbauen. Schon früher wurden auf bis zu 2000 m Seehöhe und teilweise darüber hinaus Kartoffeln, Weizen, Roggen und Gerste angebaut, speziell von den Walsern (vgl. Inhaltsanalyse). Zugegeben, das war in südlicheren, wärmeren Regionen der Alpen und oft in klimatischen Gunstlagen, etwa auf südexponierten Hängen. Dennoch, wenn durch die Klimaerwärmung die sommerlichen Temperaturen einmal hoch genug würden, wäre ja vielleicht auch hier ein Anbau bestimmter landwirtschaftlicher Produkte möglich. Hüttenwirtin und Hüttenwirt überlegen deshalb, ob sie zukünftig die Anlage von Feldern am Talboden oder vielleicht Ackerterrassen am Hang, alles möglichst in Hüttennähe, in Betracht ziehen sollen. Um die Böden auf ihre Qualität zu untersuchen und folglich einmal möglichst hohe Erträge zu erzielen, haben sie sich entschlossen, Expertinnen und Experten auf ihre Hütte einzuladen, die Teilnehmenden dieser Exkursion! Diese Expertinnen und Experten sollen die Böden der Umgebung untersuchen und die bestmöglichen Orte für den Anbau erkunden. Die Ergebnisse ihrer Untersuchung sollen sie abschließend der Hüttenwirtin und dem Hüttenwirt in einem Gutachten möglichst anschaulich präsentieren.

Erwartungshorizont

Wichtig ist hier eine möglichst gelungene Motivierung der Teilnehmenden der Exkursion.

Station 2: Ausbildung zu Bodenexpertinnen/Bodenexperten

Um die Untersuchungen durchführen und das Gutachten erstellen zu können, müssen die Teilnehmenden erst eine Ausbildungsphase durchlaufen. Die Ausbildung erfolgt in Form eines Stationsbetriebs. An fünf verschiedenen Stationen 2A bis 2F (Arbeitsblätter unter Kap. Arbeitsmaterialien) bei der Hütte und im Gelände lernen die Teilnehmenden verschiedene bodenkundliche Methoden kennen. Die Aufgaben sind jeweils durch einen praktischen und einen theoretischen Teil gekennzeichnet. Wenn nur wenige Kleingruppen teilnehmen, empfiehlt sich ein Beginn mit Station 2A oder 2C und dann eine weitere Bearbeitung in alphabetischer Ordnung. Es ist jedoch prinzipiell auch eine willkürliche Reihung der Stationen möglich.

Station 2A: Bodenhorizonte

Ort	Bei der Profilgrube in der Nähe der Alpenrosenhütte
Dauer	Ca. 30 Min.
Wegstrecke	–
Höhenmeter	–
Sozialform	Kleingruppenarbeit
Material	Arbeitsblatt Station 2A, unter Kap. Arbeitsmaterialien (1 oder mehrere/Kleingruppe) (Klapp-)Spaten (möglicherweise ist ein Spaten in der Alpenrosenhütte verfügbar) Meterstab (1) Buntstifte, u.a. in unterschiedlichen Braun- und Grautönen (mehrere)
Gefahren	Keine

Exakte Angaben für die Teilnehmenden: vgl. Arbeitsblatt Station 2A

Eure Aufgaben:
1. Fertigt eine farbige Skizze des Bodenprofils an. Achtet dabei auf die Horizontgrenzen und auffällige Steine. Messt die Mächtigkeit der einzelnen Horizonte mit dem Meterstab und tragt sie in die Skizze ein.
2. Beschreibt die Merkmale der einzelnen Horizonte in eigenen Worten so genau wie möglich. Beachtet dabei auch Besonderheiten wie Steine, auffällige Wurzeln, Risse, Wühlgänge usw.

Hinweise für die Begleitperson/en

Die einzelnen Stationen weisen immer wieder auch Aufgaben auf, die den Teilnehmenden mehr Spielraum zur Reflexion und Hypothesenbildung geben sollen (hier Aufgabe 2, in Station 2B Aufgabe 3 etc.). Die Begleitpersonen sollten hier bemüht sein, die Lösung dieser Aufgaben nicht vorweg zu nehmen, sondern die Teilnehmenden vielmehr zu eigenen Überlegungen und Hypothesen zu motivieren. Am Ende des Stationenbetriebs wird jedoch Gelegenheit zur gemeinsamen Diskussion der Ergebnisse und zum Stellen von offenen Fragen gegeben. Die Teilnehmenden sollten sich ihre Fragen bis dahin unbedingt schriftlich notieren.

Die Profilgrube kann vor Beginn von einer Begleitperson ausgehoben worden sein oder von den Teilnehmenden (der ersten aktiven Gruppe) selbst ausgehoben werden. Schon beim Ausheben lernt man den Boden sehr gut kennen (z.B. Steine, Dichte, Humus, Feuchte usw.). Zudem kann man Sorgfalt bei der Anlage einer solchen Grube erlernen: Wo darf man hintreten, wo nicht? Wie erhält man die Vegetation und die Soden? Wie präpariert man ein Profil so, dass man die Horizontunterschiede kennenlernt? usw.

Zu Aufgabe 2: Sollten Teilnehmende hier Probleme haben, könnte eine Begleitperson beratend zur Seite stehen: Farbe, Steingehalt, Durchwurzelung etc.

Erwartungshorizont

Je nach Bodenprofil sind unterschiedliche Lösungen möglich, jedoch ist für Hochgebirgsböden eher ein geringer entwickeltes A-C-Profil zu erwarten (teilweise mit zumindest angedeutetem B-Horizont und oft mit mächtiger organischer Auflage, besonders unter Zwergsträuchern (vgl. Abb. 27).

Station 2 B: Skelettanteil und Bodendichte

Ort	Bei der Profilgrube in der Nähe der Alpenrosenhütte
Dauer	Ca. 30 Min.
Wegstrecke	–
Höhenmeter	–
Sozialform	Kleingruppenarbeit
Material	Arbeitsblatt Station 2 B, unter Kap. Arbeitsmaterialien (1 oder mehrere/Kleingruppe) Taschenmesser (min. 1, besser mehrere) Schreibblöcke (min. 1, besser mehrere) Stifte (mehrere)
Gefahren	Verwendung eines Taschenmessers

Exakte Angaben für die Teilnehmenden: vgl. Arbeitsblatt Station 2 B

Eure Aufgaben:

1. Führt den Versuch zur Bestimmung der Bodendichte durch.
2. Schätzt den Skelettanteil optisch an der Profilwand mit Hilfe der Grafik (Abb. 33).
3. Erläutert schriftlich die Bedeutung der Bodendichte und des Skelettanteils für die a) Kultivierbarkeit und b) Erosionsanfälligkeit des Bodens. Argumentiert dabei mit Euren Versuchsergebnissen.

Hinweise für die Begleitperson/en

Siehe Station 2 A.

Zu Aufgabe 3: Lockere Böden können besser kultiviert werden als dichte Böden. Böden mit hohem Skelettanteil/Grobbodenanteil erschweren die Bearbeitung. In sehr dichten Böden kann Wasser nur schwer eindringen und fließt oberflächlich ab. Dies erhöht die Erosionsanfälligkeit des Bodens. Lockere Böden können mehr Wasser aufnehmen, sind aber gegenüber Winderosion anfälliger.

Station 2 C: Bodenart

Ort	Vor der Alpenrosenhütte
Dauer	Ca. 30 Min.
Wegstrecke	–
Höhenmeter	–
Sozialform	Kleingruppenarbeit
Material	Arbeitsblatt Station 2 C, unter Kap. Arbeitsmaterialien (1 oder mehrere/Kleingruppe) Proben landwirtschaftlicher Böden von zuhause (verschiedene und ausreichend für alle Kleingruppen) Schreibblöcke (min. 1, besser mehrere) Stifte (mehrere)
Gefahren	Keine

Exakte Angaben für die Teilnehmenden: vgl. Arbeitsblatt Station 2 C

Eure Aufgaben:
1. Bestimmt die Bodenart der zwei Bodenproben, indem Ihr Euch die Anleitung der Fingerprobe zu Hilfe nehmt.
2. Findet heraus, wie sich die Bodenart auf den Wasserhaushalt auswirkt. Überlegt Euch dazu ein Experiment mit verschiedenen Bodenarten, führt es durch und dokumentiert es genau.
3. Beurteilt, welchen Einfluss die Bodenart auf das Wurzelwachstum hat und schreibt Eure Überlegungen auf.

Hinweise für die Begleitperson/en

Verschiedene Proben landwirtschaftlicher Böden sollten von zuhause mitgebracht werden, um unterschiedliche Bodenarten vergleichen zu können. An dieser Stelle bitte noch keine Bodenprobe aus der Umgebung der Alpenrosenhütte verwenden! Mit den Bechern kann die Wasserspeicherung getestet werden. Aufgaben 2 und 3 lassen den Teilnehmenden mehr Freiraum zum Experimentieren und Überlegen, deshalb auf keinen Fall fertige Lösungen verraten oder gar vorgeben.

Erwartungshorizont

Zu Aufgabe 1: Lösungen je nach Bodenprobe.

Zu Aufgabe 2: Ein Trichter (z. B. Becher mit Loch) wird mit verschiedenen Bodenarten aufgefüllt. Anschließend wird Wasser hinein gegossen und die Durchtrittsgeschwindigkeit beobachtet: Reiner Sand hält am wenigsten Wasser und erreicht sehr schnell seine volle Speicherkapazität (d. h. die Menge, die der Boden gegenüber der Schwerkraft halten kann). Ton kann sehr viel Wasser aufnehmen, tut dies aber nur langsam und gibt es auch nur sehr langsam wieder ab. Schluff nimmt eine Mittelstellung ein. Entscheidend für den Wasserhaushalt ist daher die Korngrößenzusammensetzung des Bodens.

Zu Aufgabe 3: Über die Wurzeln können die Pflanzen Wasser und Nährstoffe aufnehmen, die sich gerade in den Porenräumen in der Bodenlösung befinden. Vor allem Tonminerale werden von feinen Wurzeln gesucht. In eher feinkörnigen, lehmigen Böden finden sich daher viele Wurzeln. In skelettreichen Böden steht den Wurzeln deutlich weniger Raum zur Verfügung, sie müssen sich auf die Zwischenräume beschränken und finden dort zudem wenig Wasser, was den Standort stark einschränkt.

Station 2 D: Abschätzung des Humusgehalts durch die Bodenfarbe

Ort	Vor der Alpenrosenhütte
Dauer	Ca. 30 Min.
Wegstrecke	–
Höhenmeter	–
Sozialform	Kleingruppenarbeit
Material	Arbeitsblatt Station 2 D, unter Kap. Arbeitsmaterialien (1 oder mehrere/Kleingruppe) Proben landwirtschaftlicher Böden von zuhause (verschiedene und ausreichend für alle Kleingruppen) Munsell-Farbtafel (1) Sprühflasche mit Wasser (ausreichend für alle Kleingruppen) Schreibblöcke (min. 1, besser mehrere) Stifte (mehrere)
Gefahren	Keine

Exakte Angaben für die Teilnehmenden: vgl. Arbeitsblatt Station 2 D

Eure Aufgaben:

1. Bespritzt Eure trockene Bodenprobe zunächst mit Wasser, bis sie feucht ist und eine einheitliche (dunklere) Farbe hat. Bestimmt mit der Munsell-Farbtafel (Abb. 36) und den Tabellen 4 und 5 den Humusgehalt Eurer Bodenprobe.
   Ergebnis: _______% Humus
2. Stellt die Humusform der Probe fest (Rohhumus, Moder, Mull).
3. Erklärt die Bedeutung des Humusgehalts des Mineralbodens (A-Horizont) für die natürliche Vegetation (bzw. für etwaige Anbauprodukte). Haltet Eure Aussagen schriftlich fest.

Hinweise für die Begleitperson/en

Verschiedene Proben landwirtschaftlicher Böden sollten von zuhause mitgebracht werden, um verschiedene Böden vergleichen zu können. An dieser Stelle bitte noch keine Bodenprobe aus der Umgebung der Alpenrosenhütte verwenden! Aufgabe 3 lässt den Teilnehmenden wieder mehr Freiraum zum Überlegen, deshalb auf keinen Fall fertige Lösungen verraten oder gar vorgeben.

Erwartungshorizont

Zu Aufgaben 1 und 2: Lösungen je nach Bodenprobe (vgl. Abb. 30).

Abb. 30: *Ermittlung der Bodenfarbe (Foto: Matthias Blank 2013)*

Zu Aufgabe 3: Der Humusgehalt des Bodens ist entscheidend für die Fruchtbarkeit. Im Humus befinden sich für die Pflanzen wichtige Nährstoffe. (Die Humusform lässt sich aus einer isolierten Probe nicht ableiten, sondern ergibt sich aus dem Bodenprofil. Dies kann später im Gelände diskutiert werden.) Zudem ist entscheidend, in welcher Form der Humus vorliegt. Mull ist am fruchtbarsten, da die Pflanzenreste stärker zersetzt, in den Mineralboden eingearbeitet und somit leichter zugänglich sind als bei den anderen Humusformen (Moder und Rohhumus), bei denen ein großer Teil des Humus als organische Auflage auf dem Boden aufliegt und sich nicht mit dem Mineralboden mischt.

Station 2 E: Boden pH-Wert

Ort	Vor der Alpenrosenhütte
Dauer	Ca. 30 Min.
Wegstrecke	–
Höhenmeter	–
Sozialform	Kleingruppenarbeit
Material	Arbeitsblatt Station 2 E, unter Kap. Arbeitsmaterialien (1 oder mehrere/Kleingruppe) Proben landwirtschaftlicher Böden von zuhause (verschiedene und ausreichend für alle Kleingruppen)

	Becher (mehrere) pH-Streifen (ausreichend für alle Kleingruppen) 10%ige Salzsäure (HCl) (ausreichend für alle Kleingruppen) Destilliertes Wasser (ausreichend für alle Kleingruppen) Gummihandschuhe (ausreichend für alle Kleingruppen) Schutzbrille (min. 1, besser mehrere) Spritzflasche mit Wasser zur Augenspülung im Notfall (1) Schreibblöcke (min. 1, besser mehrere) Stifte (mehrere)
Gefahren	Arbeiten mit Salzsäure: Augen und Schleimhäute besonders schützen, Handschuhe und Schutzbrille verwenden, bei unbeabsichtigter Berührung gründlich mit Wasser abwaschen/ausspülen

Exakte Angaben für die Teilnehmenden: vgl. Arbeitsblatt Station 2E

Eure Aufgaben:

1. Ermittelt Kalkgehalt und pH-Wert der beiden Proben und vergleicht sie miteinander.
   Probe 1: pH-Wert = _______ Kalkgehalt = _______
   Probe 2: pH-Wert = _______ Kalkgehalt = _______
2. Überlegt Euch, wie der Kalkgehalt im Boden zustande kommt.
3. Die Nährstoffverfügbarkeit ist für Pflanzen sehr wichtig und steht in engem Zusammenhang mit dem pH-Wert. Erläutert schriftlich die Bedeutung des pH-Wertes für die landwirtschaftliche Nutzung des Bodens. Verwendet in Eurer Argumentation die Tabellen 6, 7 und 8. Könnt Ihr dabei Zusammenhänge mit den Pflanzen am Standort feststellen?

Hinweis für die Begleitperson/en

Vorsicht im Umgang mit der Salzsäure. Schutzbrillen und -handschuhe sind unbedingt zu tragen!

Erwartungshorizont

Zu Aufgabe 2: Der Kalkgehalt des Bodens ist abhängig vom Ausgangsgestein, auf dem sich der Boden gebildet hat. Wenn Kalk oder Dolomit vorhanden sind, weiß man, dass der pH-Wert etwa um 7 schwankt. In der Landwirtschaft wird Kalk oft künstlich zugeführt, da ein neutraler Boden die günstigsten Nährstoffvoraussetzungen aufweist.

Zu Aufgabe 3: Die verschiedenen Pflanzenarten bevorzugen unterschiedliche pH-Werte. Daher kann man auch an der Vegetation mit etwas Übung den Säurezustand des Bodens ablesen; man findet z. B. ausgeprägte Säurezeiger wie Heidelbeere, Preiselbeere und Rostrote Alpenrose. In der Landwirtschaft wird, je nachdem, welche Pflanzen angebaut werden, ein bestimmter pH-Wert angestrebt. Der Großteil der Nutzpflanzen gedeiht auf einem Boden mit einem pH-Wert zwischen 5 und 7 am besten.

Station 2F: Grundlagen des Anbaus verschiedener Kulturpflanzen

Ort	Z. B. vor der Alpenrosenhütte (bei schlechtem Wetter in der Hütte)
Dauer	Ca. 30 Min.
Wegstrecke	–
Höhenmeter	–
Sozialform	Kleingruppenarbeit
Material	Arbeitsblatt Station 2F, unter Kap. Arbeitsmaterialien (mehrere/Kleingruppe) Schreibblöcke (mehrere) Stifte (mehrere)
Gefahren	Keine

Exakte Angaben für die Teilnehmenden: vgl. Arbeitsblatt Station 2F

Teilt Euch die Arbeit in Eurer Kleingruppe klug auf, denn Ihr habt nur 30 Minuten Zeit und werdet die Informationen später dringend benötigen!

Nachfolgend findet Ihr Informationen über den Anbau verschiedener Kulturpflanzen: Roggen, Weizen, Kartoffel, Himbeere. Notiert so viele wesentliche Punkte wie möglich, um für die im zweiten Teil der Exkursion stattfindende Arbeit im Gelände bzw. die Erstellung Eurer Gutachten gerüstet zu sein.

Selbstverständlich könnt Ihr später die Hüttenwirtin und/oder den Hüttenwirt auch zum Anbau weiterer Produkte raten (andere Getreide, Beeren, diverse Gemüsesorten etc.). Denkt hier möglichst breit und überlegt Euch auch möglichst viele Kulturpflanzen für den geplanten Anbau, bedenkt aber, dass selbst bei einer deutlichen Klimaerwärmung die klimatischen Bedingungen im Hochgebirge stets unberechenbarer bleiben werden als in Tallagen und die angebauten Pflanzen deshalb von Natur aus eine gewisse Härte (speziell Kälteresistenz) aufweisen und trotz einer kurzen Vegetationszeit zur Reife gelangen müssen.

Hinweise für die Begleitperson/en

Die Teilnehmenden benötigen die wesentlichen Informationen aus den Arbeitsblättern (unter Kap. Arbeitsmaterialien) für ihre späteren Arbeiten im Gelände und die Erstellung ihrer jeweiligen Gutachten. Es ist darauf zu achten, dass sie sich schriftliche Notizen dazu machen, sonst können sie die weiteren Arbeiten nicht zufriedenstellend durchführen.

Selbstverständlich können Gruppenleitende die Informationen zu den Kulturpflanzen – ganz nach den Ansprüchen und Möglichkeiten ihrer Gruppen – ergänzen, reduzieren, anpassen etc.

Die Angaben in den Arbeitsblättern beziehen sich auf „normale" Sorten (es gibt bzw. gab eine sehr große Sortenvielfalt in Europa, z. B. mehrere Tausend Kartoffelsorten). In Gebirgen gab es früher entsprechend Sorten, die an nährstoffarme Standorte und raues Klima angepasst waren. Eine mögliche Wiederbelebung dieses „Kulturguts" könnte sehr nachhaltig und angesichts des Klimawandels eventuell eine große Hilfe sein.

Erwartungshorizont

Die Teilnehmenden sollten die wesentlichen Informationen aus den Arbeitsblättern entnehmen, also etwa die für den Anbau der verschiedenen Kulturpflanzen nötigen pH-Werte, ihre Temperaturansprüche, Frostresistenzen, Ansprüche an Nährstoff- und Wasserversorgung, mögliche Düngungszugaben etc. Wichtig erscheint darüber hinaus, dass die Teilnehmenden auch ihr eigenes Wissen einbringen und Ratschläge auch zum Anbau weiterer Produkte zusammenstellen (andere Getreide, Beeren, diverse Gemüsesorten), obwohl dazu keinerlei Informationen mitgeliefert werden.

Station 3: Fragerunde/Diskussion der Ergebnisse

Ort	Z. B. vor der Alpenrosenhütte (bei schlechtem Wetter in der Hütte)
Dauer	Ca. 30–60 Min.
Wegstrecke	–
Höhenmeter	–
Sozialform	Frage- und Diskussionsrunde im Plenum
Material	Notizen der Teilnehmenden mit Ergebnissen (und Fragen) aus Stationen 2 A–2 F
Gefahren	Keine

Exakte Angaben für die Teilnehmenden

Ihr erhaltet nun Zeit, um am Ende Eurer Ausbildung zu Bodenexpertinnen/Bodenexperten sämtliche Punkte und Fragen zu diskutieren, die Ihr Euch während der Arbeit an den Stationen 2 A–2 F notiert habt.

Hinweise für die Begleitperson/en

Es geht in dieser Abschlussstation des Stationenbetriebs bzw. von Teil eins dieser Exkursion in erster Linie um einen Austausch der Ergebnisse unter den Teilnehmenden, auf keinen Fall um das (ausschließliche) Stellen von Fragen an die und das Erwarten „einzig richtiger" Antworten von den Begleitpersonen.

Bitte am Ende des Stationenbetriebs nicht das Zuschütten der Profilgruben vergessen. Da sich die Vegetation im Hochgebirge nur sehr langsam regeneriert, sollte man bei der Anlage des Profils zunächst sorgfältig die Vegetation mit dem Oberboden in Soden ausstechen und seitlich lagern, um diese am Ende wieder sauber einbringen zu können!

Erwartungshorizont

Je nach Problemen und Fragen der Teilnehmenden völlig unterschiedlich.

Station 4: Standortuntersuchungen im Gelände

Ort	Zuerst in der Alpenrosenhütte (1 878 m), dann von dort über das Gletschervorfeld des Waxeggkees bis auf ca. 2 050 m, in deutlicher Entfernung zu den Bächen sowie zu jeder Art steilem Gelände (Abstand auch zur steilen Geländestufe im hinteren Gletschervorfeld des Waxeggkees/siehe Karte)
Dauer	Planung: ca. 30 Min. Durchführung: ca. 150 Min.
Wegstrecke	Max. ca. 1,5 km ↑/max. ca. 1,5 km ↓
Höhenmeter	Max. ca. 200 Hm ↑/max. ca. 200 Hm ↓
Sozialform	Kleingruppenarbeit
Material	Arbeitsblatt Station 4, unter Kap. Arbeitsmaterialien (mehrere/Kleingruppe) (Klapp-)Spaten (1/Kleingruppe) Taschenmesser (1/Kleingruppe) Meterstab (1/Kleingruppe) Munsell-Farbtafel (1/Kleingruppe) Schreibblöcke (mehrere) Stifte (mehrere) Fotoapparate (min. 1/Kleingruppe) Höhenmesser (falls vorhanden 1/Kleingruppe) Reißfeste Gefrierbeutel (mehrere/Kleingruppe) Topographische Karte des Untersuchungsgebiets (1/Kleingruppe) An der Hütte bei einer Begleitperson bleiben: Becher (mehrere), pH-Streifen (ausreichend für alle Kleingruppen), 10%ige Salzsäure (HCl) (ausreichend für alle Kleingruppen), destilliertes Wasser (ausreichend für alle Kleingruppen), Gummihandschuhe (ausreichend für alle Kleingruppen), Schutzbrille (min. 1, besser mehrere), Spritzflasche mit Wasser zur Augenspülung im Notfall (1)
Gefahren	Vgl. Kapitel V „Sicher unterwegs im Hochgebirge – alpine Gefahren und Ausrüstung", v. a. „Gefahren am Zemmbach" und „Steinschlag und Lawinengefahr" Arbeiten mit Salzsäure: Augen und Schleimhäute besonders schützen, Handschuhe und Schutzbrille verwenden, bei unbeabsichtigter Berührung gründlich mit Wasser abwaschen/ausspülen.

Exakte Angaben für die Teilnehmenden: vgl. Arbeitsblatt Station 4

Nach Eurer Ausbildung zu Bodenexpertinnen/Bodenexperten beginnt nun in Kleingruppen die Erstellung eines wissenschaftlichen Gutachtens für die Hüttenwirtin und den Hüttenwirt. Ihr erinnert Euch: Die beiden überlegen, ob sie zukünftig die Anlage von Feldern am Almboden oder vielleicht auf Terrassen am Hang, alles möglichst in Hüttennähe, in Betracht ziehen sollen, um einmal Roggen, Weizen, Kartoffeln, Beeren etc. anzubauen. Nun sollt Ihr die Umgebung untersuchen und die bestmöglichen Standorte für den Anbau verschiedener Kulturpflanzen erkunden. Die Ergebnisse sollt Ihr heute Abend der Hüttenwirtin und dem Hüttenwirt in einem wissenschaftlichen Gutachten möglichst anschaulich präsentieren.

In Schritt 1 plant Ihr nun zunächst etwa 30 Minuten lang in der Alpenrosenhütte Eure Geländeuntersuchungen. In Schritt 2 begebt Ihr Euch dann tatsächlich für zirka zweieinhalb Stunden – pro Gruppe mit einer Begleitperson – ins Gelände.
Bedenkt folgende Punkte:

1. Ab jetzt wird das Gelände rund um die Alpenrosenhütte bis hinauf zu den leicht begehbaren Teilen des Gletschervorfelds des Waxeggkees zu Eurer wesentlichen Informationsquelle. Jede Kleingruppe sucht sich zunächst einen bestimmten Standort als Untersuchungsgebiet aus und trägt diesen in die eigene topographische Karte und in die Eurer Begleitpersonen ein (inkl. Name der Gruppenleiterin/des Gruppenleiters). Überlegt Euch Euren Untersuchungsstandort gut und achtet darauf, dass er sich nicht mit dem anderer Gruppen überschneidet. Haltet aus Sicherheitsgründen bei Eurer Standortwahl große Abstände zu den Bächen und allen Steilstufen im Gelände ein. Geht nicht höher hinauf als 2 050 m Höhe!
2. Denkt außerdem über die exakte Vorgehensweise im Gelände nach. Wer soll welche Aufgaben erledigen, welche Untersuchungen anstellen? Zwei Stunden vergehen (noch dazu mit Hin- und Rückweg) sehr schnell. Untersucht also die Böden Eures Standorts und findet die bestmöglichen Orte für den zukünftigen Anbau von Nutzpflanzen wie Roggen, Weizen, Kartoffeln, Gemüse, Beeren etc. Nehmt dazu Untersuchungen vor, wie Ihr sie in Eurer Ausbildung zur Bodenexpertin/zum Bodenexperten gelernt habt.
3. Bitte führt Euch außerdem vor Augen, dass es über die Durchführung der zuvor erlernten Untersuchungsmethoden von Böden hinaus im Gelände noch viele weitere Beobachtungen und Überlegungen anzustellen gilt. Ein Beispiel: Wenn Ihr in Eurem Gutachten etwa den Bau von Terrassen am Hang vorschlagt, um den Standort besser bearbeiten zu können, genau dieser Hang aber lawinengefährdet ist, wird Euer Vorschlag von der Hüttenwirtin und dem Hüttenwirt sicher nicht angenommen. Denkt nach, wenn Ihr vor Ort seid, was Euren Standort vielleicht als besonders positiv auszeichnet, aber auch, wo dessen Nachteile liegen könnten. Zieht Euer Wissen über Böden, Klima, Naturgefahren, Anbau verschiedener Kulturpflanzen und viele Punkte mehr in Betracht.
4. Nehmt alle Materialien ins Gelände mit, die Ihr für Eure Untersuchungen benötigt. Untersuchungen mit Salzsäure dürfen nicht im Gelände angestellt werden, sondern können später an der Alpenrosenhütte nachgeholt werden. Bringt also später entsprechende Bodenproben in beschrifteten Gefrierbeuteln mit zurück zur Hütte.
5. Dokumentiert Eure gesamte Arbeit und alle Ergebnisse mit Fotoapparat (mitnehmen!), händischen Skizzen und Aufzeichnungen etc. Denkt immer daran, dass Ihr mit Euren Untersuchungen ein möglichst professionelles Gutachten erstellen und die Ergebnisse heute Abend auch der Hüttenwirtin und dem Hüttenwirt präsentieren sollt!

Hinweise für die Begleitperson/en

Mit dieser Station beginnt der konstruktivistisch geprägte Teil dieser Exkursion. Es ist daher wichtig, die Planung der Untersuchungen – die Wahl der Anbauprodukte, die Festlegung des

Standorts, die Aufteilung der Arbeiten in der Gruppe, die Wahl der Untersuchungsmethoden etc. – den Teilnehmenden möglichst autonom zu überlassen, maximal beratend tätig zu werden.

Entscheidend ist es außerdem, klar zu stellen, dass es sich beim Erstellen des Gutachtens auf keinen Fall nur um eine erneute Anwendung der im ersten Exkursionsteil erlernten Fertigkeiten handelt, sondern die Aufgabe nun weit darüber hinausgeht. Jede Menge Nachdenken und divergentes Denken im und über das Gelände werden über die Qualität der jeweiligen Gutachten entscheiden.

Zur einfacheren Vorbereitung sollte das Arbeitsblatt zur Station an alle Teilnehmenden ausgeteilt werden.

Die Arbeit kann auf Wunsch der Teilnehmenden ab hier in neu zusammengestellten Kleingruppen organisiert werden. Die Arbeitsgruppen sollten unterschiedliche Standorte als Untersuchungsgebiete auswählen, das Eintragen in die topographische Karte vermeidet hier Überschneidungen.
Auch bei dieser Station auf ein Zuschaufeln der Profilgruben am Ende achten.

Erwartungshorizont

Hier sind selbstverständlich – auch je nach gewähltem Standort – vielfältigste und verschiedenste Lösungen im Gelände möglich (vgl. auch Erwartungshorizont zu Station 5), nachfolgend werden nur einige wenige Punkte aufgegriffen:

Schon heute präsentieren sich die Böden im Exkursionsgebiet an einigen Stellen gut entwickelt und humos, etwa dort, wo schon seit längerem Zwergsträucher bzw. Wälder wachsen (z. B. sind einige Standorte in der Nähe der Alpenrosenhütte vermutlich seit mindestens 11 000 Jahren gletscherfrei und waren lange waldbedeckt). Demgegenüber gibt es Bereiche, z. B. im Gletschervorfeld, wo die Bodenbildung erst seit maximal 150 Jahren vor sich geht und deshalb teils noch gar keine Böden anzutreffen sind bzw. wo diese noch sehr steinreich und extrem humusarm sind. In gewissem Sinne stellt die Exkursion also auch eine Suche nach den reifsten Böden dar, und es werden mitunter Zusammenhänge mit der Landschaftsdynamik bewusst, bilden sich Böden doch nur an Stellen aus, die geomorphologisch seit längerer Zeit zur Ruhe gekommen sind.

Die Betrachtung der derzeit vorherrschenden natürlichen Vegetation kann wichtige Hinweise geben hinsichtlich Standortstabilität und Streueintrag als Grundlage für den Humusaufbau.

Die Teilnehmenden können und sollen in den Vorschlägen der anzubauenden Kulturpflanzen über die Informationen von Station 2 E (Roggen, Weizen, Kartoffel, Himbeere) weit hinausgehen. Sicher stehen in jeder Gruppe gewisse Kenntnisse etwa zum Gemüseanbau zur Verfügung, so dass es zu selbstständigen Vorschlägen kommen kann (z. B. Anlage von Treibhäusern in Hüttennähe zum Anbau von Salat etc.).

Station 5: Gutachten

Ort	Alpenrosenhütte
Dauer	Vorbereitung der Präsentationen: ca. 120 Min. Präsentationen: ca. 15 Min./Gruppe
Wegstrecke	–
Höhenmeter	–
Sozialform	Vorbereitung: Arbeit in und zwischen den Kleingruppen Durchführung: Präsentation der Kleingruppen im Plenum
Material	Untersuchungsergebnisse der Teilnehmenden Evtl. Laptop (1 oder mehrere) Evtl. Beamer (1) Diverse Präsentationsmaterialien: Flipchart-Papier, Posterpapier, dicke Stifte etc. (ausreichend für alle Kleingruppen)
Gefahren	Keine

Exakte Angaben für die Teilnehmenden

Ab jetzt arbeitet Ihr in Euren Kleingruppen an der Präsentation eines Gutachtens, das Ihr nach dem Abendessen der Hüttenwirtin und dem Hüttenwirt vorstellen werdet. Verwendet all Euer Wissen und Eure Ergebnisse aus dem Gelände, um die beiden und auch die anderen Gruppen von Eurem Standort zu überzeugen!

Hinweis für die Begleitperson/en

Es sind hier jede Menge Alternativen für die Erstellung der Gutachten denkbar: Die einzelnen Gruppen könnten sich etwa auch zusammensetzen und ihre Ergebnisse miteinander vergleichen. Das Endergebnis ihrer Diskussion soll eine eindeutige Empfehlung für die Hüttenwirtin und den Hüttenwirt sein. Dazu gehören eine Beschreibung des gewählten Standorts/der gewählten Standorte, eine Einschätzung der Qualität des Bodens/der Böden, Ratschläge zur Pflanzung und Düngung diverser Anbauprodukte etc. Die Präsentation wird schließlich der Hüttenwirtin und dem Hüttenwirt der Alpenrosenhütte vorgestellt. Alternativ können alle Gruppen ihre Ergebnisse einzeln vorstellen und die Hüttenwirtin und der Hüttenwirt entscheidet darüber, welche Gruppe sie am meisten überzeugt hat (evtl. Preisverleihung).

Erwartungshorizont

Die Präsentationen werden zu unterschiedlichsten Ergebnissen führen, zumal ja auch verschiedenste Standorte untersucht wurden. Nachfolgend eine – auf gar keinen Fall als „vollständig" zu erachtende – Liste möglicher Ideen jenseits der ebenfalls für die Gutachten wichtigen Bodenuntersuchungen:

- Gewächshäuser für Gemüse etc.
- Klimatische Gunstlagen nutzen → südexponierte Hänge – hier auch eher nicht terrassieren, um die einfallende Sonnenstrahlung/Wärmeenergie möglichst effizient zu nutzen.
- Bereiche nahe des Gletscherbachs meiden, gegen zukünftig evtl. stärkere Niederschläge (liegt im Bereich der Hypothese) gewisse flussnahe Bereiche gegen Erosion schützen und Felder evtl. etwas höher legen.
- Besonders robuste Anbaupflanzen wählen, da auch zukünftig sommerliche Kälteeinbrüche zu befürchten sein werden.
- Anbaupflanzen wählen, die bereits heute im Exkursionsgebiet gedeihen, etwa bestimmte Beerentypen.
- Auf Frostresistenz der Kulturpflanzen achten.
- Mit Viehwirtschaft kombinieren → Dünger.
- Speichern von Wasser für Trockenphasen (evtl. auch Lawinenschmelzwasser mit einbeziehen).
- Kalk und andere Hilfsmittel verwenden, um Bodenqualität für den Anbau zu verbessern.
- Evtl. Böden aus tieferen Lagen herbeischaffen (Forststraße bis zur Alpenrose/Bodenorganismen wären dann aber nicht an die Höhe angepasst).
- In ehemaligen Walsergebieten bzw. in der Literatur nachforschen, um sich weiteren Rat zu holen.
- Qualitätssteigerung des Bodens über Durchmischung organischer Auflage mit dem Mineralboden.
- Etc.

Am Ende sollten auch die ökologischen Folgen der vorgeschlagenen Eingriffe diskutiert und kritisch hinterfragt werden.

2.5 Arbeitsmaterialien

Arbeitsblatt Station 2 A: Bodenhorizonte

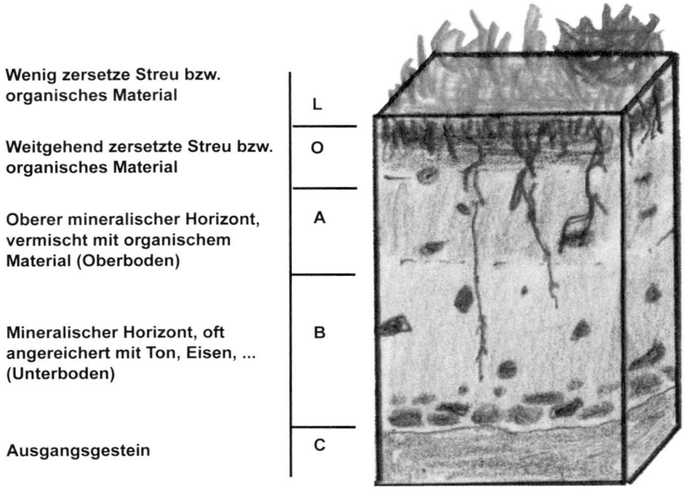

Abb. 31: *Bodenhorizonte (Grafik: Lars Keller 2015)*

Böden sind gewöhnlich in „Horizonte" (d. h. weitgehend oberflächenparallele Einheiten) gegliedert (vgl. Abb. 31). Diese Horizonte unterscheiden sich in ihrer physikalischen bzw. chemischen Zusammensetzung und in ihrem organischen Gehalt. Die vorwiegend organischen Horizonte (= organische Auflage) liegen über den vorwiegend mineralischen Horizonten und bestehen aus Streuresten der Vegetation. Die in den Mineralboden eingemischte organische Substanz ist intensiver zersetzt. Die Gesamtheit der toten, durch Mikroorganismen und Bodentiere mehr oder weniger zersetzten, organischen Substanz (auf und in dem Boden) wird als Humus bezeichnet. Die mineralischen Horizonte bestehen vorwiegend aus anorganischen Mineralbestandteilen, die mehr oder weniger verwittert und mit neu gebildeten Mineralen durchsetzt sind (z. B. Tonminerale, Eisenoxide). Die gesamte vertikale Abfolge der Bodenhorizonte wird als Bodenprofil bezeichnet. Die einzelnen Horizonte werden mit Buchstaben gekennzeichnet. Bestimmte Horizontabfolgen sind charakteristisch für verschiedene Bodentypen.

Folgende Merkmale wären als typisch für die Beschreibung der Horizonte zu bezeichnen: Farbe, Humusgehalt, Steingehalt, Anteil an Feinmaterial, Verwitterungsspuren (z. B. Rostflecken), Durchwurzelung etc.

Aufgaben

1. Fertigt eine farbige Skizze des Bodenprofils an. Achtet dabei auf die Horizontgrenzen und auffällige Steine. Messt die Mächtigkeit der einzelnen Horizonte mit dem Meterstab und tragt sie in die Skizze ein.
2. Beschreibt die Merkmale der einzelnen Horizonte in eigenen Worten so genau wie möglich. Beachtet dabei auch Besonderheiten wie Steine, auffällige Wurzeln, Risse, Wühlgänge usw.

Arbeitsblatt Station 2 B: Skelettanteil und Bodendichte

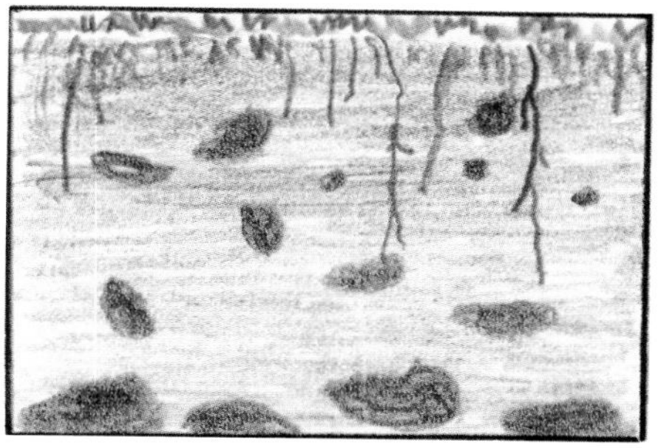

Abb. 32: *Bodenprofil mit Skelettanteil (Grafik: Lars Keller 2015)*

Die Bodendichte kennzeichnet die Lagerung der Bodenteilchen der Feinerde. Eine geringe Dichte zeigt eine lockere Packung der Bodenteilchen an, bei der ein großer Teil des Bodenvolumens aus größeren, wasser- und luftgefüllten Poren besteht. Bei einer höheren Dichte hingegen ist die Packung dichter und die Poren weniger und meist kleiner. Wenn der Boden einen hohen Skelettanteil aufweist, muss man darauf achten, die Dichte an der Feinerde zwischen (!) den Steinen herauszufinden.

Ein weiterer Faktor, der die Bodenqualität beeinflusst, ist der Skelettanteil des Bodens (vgl. Abb. 32). Zum Skelettanteil gehören Bodenpartikel mit einem Korngrößendurchmesser größer als 2 mm (z. B. Kies, Steine, Blöcke). Diese groben Gesteinsanteile nehmen im Boden Platz weg für die Feinerde und damit für die Wasser- und Nährstoffversorgung. Oft nimmt der Skelettanteil regelhaft mit der Profiltiefe und damit mit der Nähe zum Ausgangsgestein zu.

Versuch zur Bodendichte

Um genaue Werte der Bodendichte zu erhalten, müssen Versuche im Labor durchgeführt werden. Im Freiland kann man jedoch mit einem einfachen Test die Bodendichte abschätzen.

Dazu versucht man, ein Taschenmesser in die Wand einer vorher gegrabenen Profilgrube zu drücken. Achtung: Man muss dabei dem Grobboden (Partikel > 2 mm) möglichst „ausweichen", sonst erhält man falsche Werte! Wenn das Taschenmesser mit nur wenig Kraft in den Boden zu drücken ist, testet man zusätzlich, wie leicht sich eine entnommene Bodenprobe in der Hand zerdrücken lässt. Zur Absicherung empfehlen sich für alle Horizonte mehrere Tests.

Tab. 2: *Messerprobe zur Bestimmung der Bodendichte (Quelle: Gernandt 2007, verändert)*

Messerprobe	Bodendichte
Messer nur mit Gewalt in den Boden zu treiben	sehr dicht
Messer nur schwer 1–2 cm in den Boden zu drücken	dicht
Messer mit wenig Kraft in den Boden zu drücken	mäßig dicht
Boden zerfällt bereits bei leichtem Drücken	locker

Aufgaben

1. Führt den Versuch zur Bestimmung der Bodendichte durch.
2. Schätzt den Skelettanteil optisch an der Profilwand mit Hilfe der Grafik (Abb. 33).
3. Erläutert schriftlich die Bedeutung der Bodendichte und des Skelettanteils für die a) Kultivierbarkeit und b) Erosionsanfälligkeit des Bodens. Argumentiert dabei mit Euren Versuchsergebnissen.

Arbeitsblatt Station 2 B: Skelettanteil und Bodendichte

Flächenanteil in %	Bezeichnung	Stufe	Vergleichsmuster zur Abschätzung von Flächenanteilen an der Profilwand
< 1	sehr gering	f1	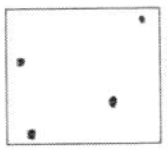 1 %
1 bis < 2	gering	f2	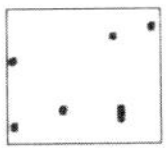 2 %
2 bis < 5	mittel	f3	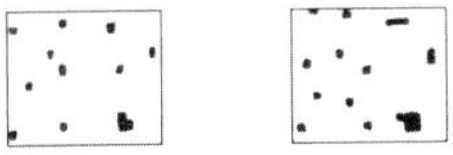 3 % 5 %
5 bis <10	hoch	f4	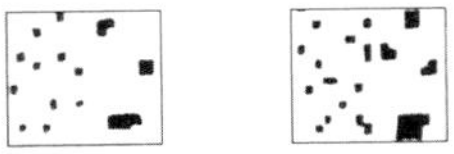 7 % 10 %
10 bis < 30	sehr hoch	f5	 15 % 20 % 25 %
30 bis ≤ 50	äußerst hoch	f6	 30 % 40 % 50 %

Abb. 33: *Grafik zur Abschätzung des Skelettgehalts (Quelle: Ad-hoc-AG Boden 2009, 21)*

Arbeitsblatt Station 2 C: Bodenart

Die mineralischen Partikel im Boden können verschiedene Größen aufweisen. Man spricht dabei von „Korngrößen". Je nach Korngröße handelt es sich beim Grobboden (> 2 mm) um Blöcke/Steine, Kies/Grus. Der Feinboden besteht aus Sand, Schluff und/oder Ton, wobei in dieser Reihenfolge die Korngröße abnimmt (siehe Tab. 3). Die Bodenart des Feinbodens setzt sich aus unterschiedlichen Anteilen von Sand, Schluff und Ton zusammen, kann aber auch nur aus einer dieser Fraktionen bestehen. Durch das Kneten und Ausrollen von etwas feuchtem Boden zwischen Daumen und Zeigefinger kann eine erste Einschätzung der Bodenart vorgenommen werden.

Tab. 3: *Korngrößenklassen des Grobbodens (> 2 mm) und des Feinbodens (< 2 mm)*

Kornklasse		**Korngröße**
Steine und Blöcke	größer als Hühnereier	> 63 mm
Kies (rund), Grus (eckig)	kleiner als Hühnerei, größer als Streichholzkopf	63–2 mm
Sand	Streichholzkopf bis grobes Mehl	2–0,063 mm
Schluff	feines Mehl	0,063–0,002 mm
Ton	mit bloßem Auge nicht erkennbar	< 0,002 mm

Aufgaben

1. Bestimmt die Bodenart der zwei Bodenproben, indem Ihr Euch die Anleitung der Fingerprobe zu Hilfe nehmt.
2. Findet heraus, wie sich die Bodenart auf den Wasserhaushalt auswirkt. Überlegt Euch dazu ein Experiment mit verschiedenen Bodenarten, führt es durch und dokumentiert es genau.
3. Beurteilt, welchen Einfluss die Bodenart auf das Wurzelwachstum hat und schreibt Eure Überlegungen auf.

Arbeitsblatt Station 2 C: Bodenart

Anleitung zur Bestimmung der Bodenart durch die Fingerprobe nach Rowell (2013, verändert)

1. Nimm eine Bodenprobe in die Hand, versuche den Grobboden (Partikel > 2 mm) so gut es geht auszusortieren und nässe die Bodenprobe gut an.

2. Rolle die Probe zwischen den Handtellern zu einer bleistiftdicken Wurst aus (vgl. Abb. 34).
   a. Nicht ausrollbar, zerfällt: Gruppe der Sande — weiter zu 3
   b. Gut ausrollbar: Gruppe der Lehme oder Tone — weiter zu 5

3. Prüfe die Bindigkeit zwischen Daumen und Zeigefinger. D. h. es wird geprüft, ob die Probe beim Öffnen der Finger (nach dem Zusammendrücken der Probe) etwas zusammenhält (klebt) oder nicht.
   a. Probe ist nicht bindig: — weiter zu 4
   b. Probe ist bindig: **stark lehmiger Sand**

4. Zerreibe die Probe auf der Handfläche
   a. In den Handlinien ist kein toniges Material: **Sand**
   b. In den Handlinien ist toniges Material: **schwach lehmiger Sand**

5. Versuche die Probe zu einer Wurst mit halber Bleistiftdicke auszurollen
   a. Nicht weiter ausrollbar: **stark sandiger Lehm**
   b. Weiter ausrollbar: — weiter zu 6

6. Quetsche die Probe zwischen Daumen und Zeigefinger nahe Deines Ohres
   a. Starkes Knirschen: **sandiger Lehm**
   b. Kein oder nur schwaches Knirschen — weiter zu 7

7. Beurteile die Gleitfläche bei der Quetschprobe
   a. Stumpfe Gleitfläche: **Lehm**
   b. Glänzende Gleitfläche: — weiter zu 8

8. Nimm ein Stück der Probe zwischen die Zähne
   a. Es knirscht: **toniger Lehm**
   b. Es wirkt butterartig: **Ton**

Es empfiehlt sich, diesen Prüfdurchgang mehrfach mit Bodenproben aus einem Horizont zu durchlaufen und die einzelnen Entscheidungsschritte in der Gruppe miteinander abzustimmen, um möglichst verlässliche Ergebnisse zu erzielen.

Abb. 34: *Der Ausrollversuch der „Fingerprobe" zur Bestimmung der Bodenart (Foto: Katharina Weiskopf 2013)*

Arbeitsblatt Station 2 D: Abschätzung des Humusgehalts durch die Bodenfarbe

Abgestorbene Pflanzen (oder Teile davon) und Tiere werden im Boden zersetzt. An der Zersetzung sind verschiedene Lebewesen beteiligt. Die gesamte tote organische Substanz im Boden in ihren unterschiedlichsten Umsetzungsstadien (von den Blattresten bis zu den amorphen dunklen Huminstoffen) wird als Humus bezeichnet. Humus bildet einen wesentlichen Bestandteil des Oberbodens und ist damit elementare Nahrungsgrundlage für die Pflanzen, die vorwiegend im Oberboden wurzeln. In Bezug auf die Humusform (Struktur und Anordnung der organischen Substanz im Boden) unterscheidet man zwischen Rohhumus, Moder und Mull.

Abb. 35: *Der humose Oberboden ist eher dunkel, oft krümelig und enthält abgestorbene und zersetzte organische Substanz (Foto: Lars Keller 2014)*

Der „Rohhumus" ist die ungünstigste Humusform. Bei ihr ist die Streu am wenigsten zersetzt und die organische Auflage am mächtigsten. Den Rohhumus erkennt man an dieser mächtigen Auflage und den noch deutlich erkennbaren Pflanzenteilen, vor allem die ligninhaltigen Stoffe (z. B. Holz) werden nur schlecht zersetzt. Mull ist die günstigste Humusform, bei ihr ist aufgrund der hohen biologischen Aktivität die organische Substanz in den Mineralboden eingearbeitet. „Moder" nimmt sowohl von den Merkmalen als auch in Bezug auf die Nährstoffverfügbarkeit eine Zwischenstellung ein.

Bestimmung
Je nach Humusgehalt unterscheidet sich die Farbe des Bodens. Bodenfarben können mit Hilfe der sogenannten Munsell-Farbtafel genau bestimmt werden. Dabei sind neben dem Farbton die Helligkeit und die Sättigung (Farbintensität) entscheidend.

Erst bestimmst Du die Bodenfarbe mit der Munsell-Farbtafel. Du musst zudem wissen, um welche Bodenart (siehe Station 2 C) es sich handelt. Anschließend kannst Du mit Hilfe der Tabellen auf der nächsten Seite den Humusgehalt Deiner Probe abschätzen.

Aufgaben

1. Bespritzt Eure trockene Bodenprobe zunächst mit Wasser, bis sie feucht ist und eine einheitliche (dunklere) Farbe hat. Bestimmt mit der Munsell-Farbtafel (Abb. 36) und den Tabellen 4 und 5 den Humusgehalt Eurer Bodenprobe.

   Ergebnis: __________ % Humus
2. Erklärt die Bedeutung des Humusgehalts des Mineralbodens (A-Horizont) für die natürliche Vegetation (bzw. für etwaige Anbauprodukte). Haltet Eure Aussagen schriftlich fest.

Arbeitsblatt Station 2D: Abschätzung des Humusgehalts durch die Bodenfarbe

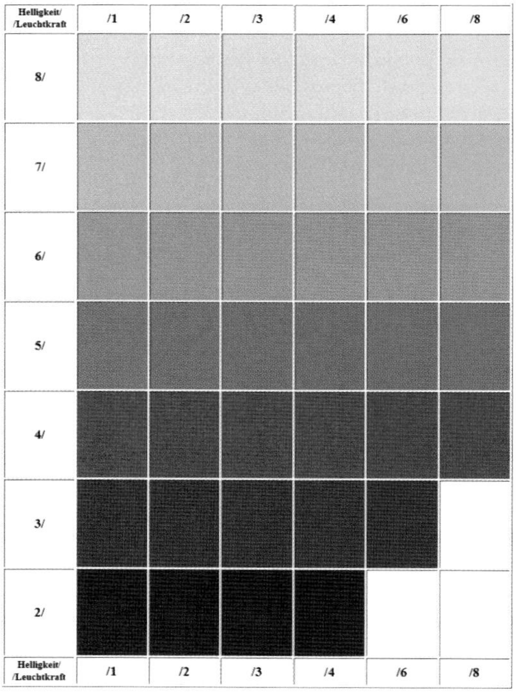

Abb. 36: *Munsell'sche Farbwerte für Böden: 5Y mit Feldern nach Helligkeit/Leuchtkraft (Quelle: http://www.satgeo.de, mit freundlicher Genehmigung durch Robert Roseeu, Abgerufen am: 02/02/2015, verändert)*

Wichtig

Da die Farbwahrnehmung und Benennung von Farben stark subjektiv ist und außerdem Farben durch Druck und Kopie verändert werden können, existieren standardisierte Farbtafeln für die Bodenansprache, z. B. die *Munsell Soil-Color Charts*. Diese sind im Original langfristig farbecht und daher meist teuer. Mittlerweile lassen sich allerdings Farbtafeln beispielsweise auch aufs Handy laden etc. Die abgedruckte Farbtafel dient zur Veranschaulichung, zur Bodenbestimmung sollte aber eine Original-Farbtafel verwendet werden!

Anmerkungen zur Verwendung der Farbtafeln

- Bezeichnung z. B. für Farbe im linken oberen Feld: 5Y 8/1
- Die Farbbestimmung ist an feuchtem (nicht nassem) Boden durchzuführen.

Sollte die Verwendung von originalen Farbtafeln nicht realisierbar sein, wäre als Ausweglösung Tabelle 4 bei der Bestimmung hilfreich.

Arbeitsblatt Station 2 D: Abschätzung des Humusgehalts durch die Bodenfarbe

Tab. 4: *Farbansprache ohne Farbtafeln (Quelle: Ad-hoc-AG Boden 2005, 110)*

Kurz	Bezeichnung	Kurz	Zusätze VOR Farbangabe
bl	blau	h	hell
bn	braun	hh	sehr hell
ge	gelb	d	dunkel
gn	grün	dd	sehr dunkel
ro	rot	le	leuchtend
gr	grau	fa	fahl
sw	schwarz	sm	schmutzig
we	weiß		
Kurz	**Bezeichnung**	**Kurz**	**Zusätze HINTER Farbangabe**
vi	violett	li	-lich, -stichig
or	orange		
ol	oliv		
tk	türkis		
oc	ocker		

Anmerkungen zur Verwendung der Farbtabelle

- möglich sind Zusammensetzungen von bis zu drei Farben, z. B. roligrbn = rötlich graubraun
- die letztgenannte Farbe gilt als Hauptfarbe

Abschätzung des Humusgehalts

Tab. 5: *Abschätzung des Humusgehalts durch Bodenfarbwert und Unterscheidung der Bodenart des (feuchten) Feinbodens (vereinfachte Darstellung durch Clemens Geitner 2015)*

Wert nach Munsell-Farbtafel	Humusgehalt in Stufen (Zustand des Bodens: feucht, aber nicht nass)	
	Der Feinboden ist sandig: Das fühlt sich zwischen den Fingern ein wenig wie Sandpapier an.	Der Feinboden ist schluffig oder tonig: Schluff fühlt sich mehlig an und bleibt zwischen den Fingerrillen hängen, Ton klebt.
8	h0	h0
7	h0	h0
6	h0	h0
5	h1	h1
4	h1	h1 bis h2
3	h2 bis h3	h3 bis h4
2	h4 bis h7	h5 bis h7

Arbeitsblatt Station 2 D: Abschätzung des Humusgehalts durch die Bodenfarbe

Legende:

Humusgehaltstabelle (organische Substanz)

Kurzzeichen	Bezeichnung	Anteil
h0	humusfrei	0 %
h1	sehr schwach humos	< 1 %
h2	schwach humos	1–2 %
h3	mittel humos	2–4 %
h4	stark humos	4–8 %
h5	sehr stark humos	8–15 %
h6	extrem humos	15–30 %
h7	organisch, Torf	> 30 %

Arbeitsblatt Station 2 E: Boden pH-Wert

Niederschlag und Temperatur steuern das Ausmaß der Verwitterung. Die physikalischen und chemischen Eigenschaften des Bodens ergeben sich aus dem Ausgangssubstrat und der Verwitterungsintensität bzw. -dauer. Durch die chemische Verwitterung werden unterschiedliche Ionen freigesetzt und in die Bodenlösung aufgenommen; auf diese Weise können sie auch als Nährstoffe von der Pflanze aufgenommen werden. Die Ionenzusammensetzung der Bodenlösung bestimmt, wie sauer oder basisch diese ist, d. h. welchen pH-Wert sie hat. In der Regel versauern die Böden durch die Verwitterung und Auswaschung mit zunehmendem Alter. Der pH-Wert gibt die Konzentration der Wasserstoffionen an. In sauren Lösungen befinden sich viele Wasserstoffionen, der pH-Wert ist entsprechend klein, nämlich kleiner als 6. Neutrale Lösungen haben einen pH-Wert um 7 und alkalische Lösungen einen pH-Wert größer als 8. Solange Kalk im Boden ist, kann der pH-Wert kaum unter 6 sinken.

Bestimmung des pH-Werts
Für die pH-Wert Messung können pH-Streifen (Farbindikatoren) verwendet werden. Gib dazu Bodenmaterial in einen Becher und erzeuge mit destilliertem Wasser eine Bodenlösung (gut rühren und ein wenig einwirken bzw. absetzen lassen). Tauche nach gewisser Zeit (vgl. Anleitung der Teststreifen!) nun den pH-Streifen in das Gemisch und überprüfe die Verfärbung. Diese entspricht einem bestimmten pH-Wert, der entsprechend abgelesen werden kann.

Nachweis des Kalkgehalts ($CaCO_3$)
Die $CaCO_3$-Bestimmung basiert auf der Reaktion des Kalkes oder Dolomits im Bodenmaterial mit verdünnter Salzsäure (10 %ige HCl). Dazu wird die Salzsäure vorsichtig auf eine Bodenprobe gegeben (Gummihandschuhe und Schutzbrille tragen!). Die Salzsäure (HCl) reagiert mit dem $CaCO_3$ und es entstehen dabei u. a. H_2O (Wasser) und CO_2 (Kohlendioxid). Das CO_2 entweicht, wodurch Gasbläschen im Wasser gebildet werden, d. h. das Ganze schäumt bzw. braust auf. Je nach Stärke dieser Reaktion kann der Kalkgehalt abgeschätzt werden (siehe Tab. 6).

Vorsicht: Wenn keine Reaktion stattfinden sollte, bleibt die Salzsäure weiterhin aktiv und damit für Haut und Schleimhäute gefährlich!

Arbeitsblatt Station 2 E: Boden pH-Wert

Aufgaben

1. Ermittelt Kalkgehalt und pH-Wert der beiden Proben und vergleicht sie miteinander.

   Probe 1: pH-Wert = _______ Kalkgehalt = _______

   Probe 2: pH-Wert = _______ Kalkgehalt = _______

2. Überlegt Euch, wie der Kalkgehalt im Boden zustande kommt.
3. Die Nährstoffverfügbarkeit ist für Pflanzen sehr wichtig und steht in engem Zusammenhang mit dem pH-Wert. Erläutert schriftlich die Bedeutung des pH-Wertes für die landwirtschaftliche Nutzung des Bodens. Verwendet in Eurer Argumentation die Tabellen 6, 7 und 8. Könnt Ihr dabei Zusammenhänge mit den Pflanzen am Standort feststellen?

Tab. 6: *Kalkgehalt anhand der Kohlendioxidentwicklung (Quelle: Gernandt 2007, verändert)*

Kohlendioxidentwicklung	Ungefährer Kalkgehalt [%]
Keine sichtbare und auch am Ohr keine hörbare Reaktion	0
Reaktion sehr schwach, nicht sichtbar, aber am Ohr hörbar	< 0,5
Schwache, kaum sichtbare Reaktion	0,5 bis < 2
Schwache, nicht anhaltende, jedoch deutlich sichtbare Bläschenbildung	2 bis < 4 %
Deutliche, nicht anhaltende Bläschenbildung	4 bis < 7 %
Starkes, aber nicht anhaltendes Aufschäumen	7 bis < 10 %
Starkes, anhaltendes Aufschäumen	≥ 10 %

Tab. 7: *pH-Wert Skala (Quelle: Mortimer 2007, verändert)*

pH-Wert	Bewertung
< 5.0	stark sauer
5,0 bis < 6,0	mittel sauer
6,0 bis < 6,5	schwach sauer
6,5 bis < 7,0	sehr schwach sauer
7,0	neutral
> 7,0 bis < 7,5	sehr schwach alkalisch
7,5 bis < 8,0	schwach alkalisch
8,0 bis < 9,0	mittel alkalisch
≥ 9,0	stark alkalisch

Arbeitsblatt Station 2 E: Boden pH-Wert

Tab. 8: *pH-Bereiche ausgewählter Pflanzenarten (Quelle: Landolt et al. 2010; Bundesamt für Naturschutz 2013, verändert)*

Pflanzenbezeichnung	pH-Wert
Gurke	5,5–7,0
Petersilie	5,5–6,5
Kartoffel	5,0–7,0
Erdbeere	6,5–7,5
Himbeere	5,5–6,5
Brombeere	4,5–6,0
Heidelbeere, Preiselbeere	4,5–6,5
Ahorn, Buche, Linde	6,0–7,5
Waldmeister	4,0–6,0
Tanne	4,5–6,5
Rostrote Alpenrose	3,5–4,5

Arbeitsblatt Station 2 F: Grundlagen des Anbaus verschiedener Kulturpflanzen

Teilt Euch die Arbeit in Eurer Kleingruppe klug auf, denn Ihr habt nur 30 Minuten Zeit und werdet die Informationen später dringend benötigen!

Nachfolgend findet Ihr Informationen über den Anbau verschiedener Kulturpflanzen: Roggen, Gerste, Weizen, Kartoffel, Himbeere. Notiert so viele wesentliche Punkte wie möglich, um für die im zweiten Teil der Exkursion stattfindende Arbeit im Gelände bzw. die Erstellung Eurer Gutachten gerüstet zu sein.

Selbstverständlich könnt Ihr später der Hüttenwirtin und dem Hüttenwirt auch zum Anbau weiterer Produkte raten (andere Getreide, Beeren, diverse Gemüsesorten etc.). Denkt hier möglichst breit und überlegt Euch auch möglichst viele Kulturpflanzen für den geplanten Anbau, bedenkt aber, dass selbst bei einer deutlichen Klimaerwärmung die klimatischen Bedingungen im Hochgebirge stets unberechenbarer bleiben werden als in Tallagen und die angebauten Pflanzen deshalb von Natur aus eine gewisse Härte (speziell Kälteresistenz) aufweisen und trotz einer kurzen Vegetationszeit zur Reife gelangen müssen.

Roggen

Abb. 37: *Roggen (Foto: Lars Keller 2014)*

Pflanzenbauliche Basisinformationen

„Roggen stellt geringe Ansprüche an Standort und Klima und gehört zu den unempfindlichsten und robustesten Getreidearten. Er hat den geringsten Anspruch an die Keimtemperatur des Kornes (1–2 °C), und bereits bei 1–3 °C beginnt beim Roggen das Wachstum. Damit ist der Roggen in der Lage, das Wachstum auch in milden Phasen des Winters fortzusetzen oder sich sehr schnell nach Winterende zu regenerieren. Von besonderer Bedeutung ist die Frostresistenz (übersteht Kahlfröste bis –25 °C), in der er von keiner anderen Getreideart übertroffen wird.

Roggen kann auf allen Bodenarten angebaut werden. Seine Ansprüche an die Kalkversorgung sowie an den Nährstoff- und Kulturzustand sind gering. Roggen ist insbesondere auf leichten und sandigen Böden die überlegene Kultur. Die Anspruchslosigkeit des Roggens, insbesondere der geringe Wasserbedarf in der Hauptvegetationszeit lässt auf diesen Böden keine Alternativen erkennen. Die Gründe für die geringen Bodenansprüche liegen u. a. in der hohen Leistungsfähigkeit des Wurzelsystems, in der frühen phänologischen Pflanzenentwicklung sowie in der langen Kornfüllungsphase. Das Wurzelwerk ist stark verzweigt und das frühzeitige Durchlaufen der Bestockungsphase versetzt den Roggen in die Lage, die Winterfeuchtigkeit gut zu nutzen und Trockenphasen zu überstehen."

Quelle: http://www.proplanta.de/Roggen/Pflanzenbauliche-Basisinformationen-Roggen_Pflanze1162466137.html (Abrufdatum: 25/05/2014)

Arbeitsblatt Station 2 F: Grundlagen des Anbaus verschiedener Kulturpflanzen

Zusätzliche Anmerkung

Bei einem Boden-pH-Wert von ca. 7,5 kann Roggen Nährstoffe besonders gut aufnehmen. Der Humusgehalt des Bodens sollte einen Wert von > 2 % aufweisen, um möglichst hohe Erträge zu erhalten (Landolt et al. 2010; Bundesamt für Naturschutz 2013).

Düngung

„Das Ziel einer angepassten Düngung im Roggenanbau ist eine ausgeglichene Ernährung im Hinblick auf ein zügiges Wachstum und eine gute Qualität unter gleichzeitiger Schonung der Umwelt. Mit Hilfe einer regelmäßig wiederholten Bodenuntersuchung und einer davon abgeleiteten Korrektur der Düngernorm kann ein über- oder unterversorgter Boden wieder in ein Nährstoffgleichgewicht gebracht werden. Roggen hat aufgrund des gut ausgebildeten Wurzelsystems zwar das beste Nährstoffaneignungsvermögen aller Getreidearten, da er aber zumeist auf Standorten angebaut wird, die schwach mit Nährstoffen versorgt sind, muss die Nährstoffversorgung durch gezielte Düngungsmaßnahmen sichergestellt werden.

Der Stickstoff fördert das vegetative Wachstum und beeinflusst gleichzeitig die Ausbildung der qualitativen Merkmale (TKM, Kornzahl/Ähre). Die Bemessung der N-Düngung [Anm.: N = Stickstoff] beim Roggen ist besonders problematisch, da er auf ein zu hohes N-Angebot sehr empfindlich reagiert, und zwar mit Lagererscheinungen und Auswuchs. Um die Höhe der mineralischen N-Düngung kalkulieren zu können, muss das N-Nachlieferungspotenzial des Bodens berücksichtigt werden. (…)

Zur Ermittlung des Düngebedarfs und der Bemessung der Phosphor-, Kalium- und Magnesium-Düngung sowie der Spurennährstoffe sollte eine Bodenuntersuchung erfolgen. Die Düngung wird normalerweise im Rahmen der Fruchtfolge durchgeführt. Ziel ist die Erreichung einer „genügenden" Nährstoffversorgung. In manchen, zumeist bodenbedingten Fällen, muss die Düngung auch Spurennährstoffe zuführen. In der Praxis wird Roggen oft auf humosen Sandböden (…) angebaut. Eine Blattkupferdüngung auf diesen Standorten führt zu deutlichen Ertragsvorteilen. Manganmangel tritt regelmäßig auf überkalkten, lockeren Sandböden auf (…). Für die Befruchtungssicherheit ist weiterhin die Borversorgung zur Blüte zu beachten. (…)"

Quelle: http://www.proplanta.de/Roggen/Duengung-Pflanzenbauliche-Basisinformationen-Roggen_Pflanze1162550836.html (Abrufdatum: 25/05/2014)

Arbeitsblatt Station 2 F: Grundlagen des Anbaus verschiedener Kulturpflanzen

Gerste

Abb. 38: *Gerstenfelder auf über 3 500 m Seehöhe, Dho Tarap, Nepal (Foto: Andreas Mayr, 2009)*

Pflanzenbauliche Basisinformationen

„Die Sommergerste stellt keine sehr hohen Ansprüche an die Bonität des Bodens und kommt mit vergleichsweise wenig Pflegeaufwand (Düngung und Pflanzenschutz) aus. (...) Beachtlich ist auch die Tatsache, dass es die Sommergerste schafft, innerhalb von 100–120 Tagen Vegetationszeit unter guten Witterungsbedingungen hohe Kornerträge zu liefern. Die Einkörnungsphase von der Blüte bis zur Vollreife des Kornes beträgt je nach Witterungsverlauf nur 6–8 Wochen. Extreme Witterungsverhältnisse, wie etwa die lang andauernde Trockenheit im Jahr 2012 im Osten Österreichs, beeinträchtigen deshalb die Sommergerste besonders stark und führen zu schlechten Erträgen bei mäßiger Kornausbildung und oft hohem Eiweißgehalt. (...)"

Quelle: http://www.lagerhaus.at/anbau-von-sommergerste+2500+1864668 (Abrufdatum: 06/03/2015)

Düngung

„Das Ziel einer angepassten Düngung ist eine ausgeglichene Ernährung der Gerste im Hinblick auf ein zügiges Wachstum und eine gute Qualität bei gleichzeitiger Schonung der Umwelt. Von entscheidender Bedeutung ist die Handhabung der Stickstoffdüngung im Gerstenanbau.

(...) Mit Rücksicht auf die Standfestigkeit der Gerste und den Schutz des Grundwassers vor Nitrateintrag ist eine Überdüngung ebenso zu vermeiden wie zu niedrige Gaben, die Ertrag kosten und durch geringe Rohproteingehalte die Vermarktungsqualität gefährden. (...)

Zur Ermittlung des Düngebedarfs und der Bemessung der Phosphor-, Kalium- und Magnesium-Düngung sowie der Spurennährstoffe sollte eine Bodenuntersuchung erfolgen. Die Düngung wird normalerweise im Rahmen der Fruchtfolge durchgeführt. Ziel ist die Erreichung einer „genügenden" Nährstoffversorgung. In manchen, zumeist bodenbedingten Fällen, muss die Düngung auch Spurennährstoffe zuführen. Dies gilt insbesondere für die Versorgung der Gerste mit Mangan und Kupfer. (...)

Die Verwendung organischer Dünger ist möglich, jedoch in ihrer Eignung als gering einzuschätzen."

Quelle: http://www.proplanta.de/Gerste/Duengung-Pflanzenbauliche-Basisinformationen-Gerste_Pflanze1143962052.html (Abrufdatum: 25/05/2014)

Arbeitsblatt Station 2 F: Grundlagen des Anbaus verschiedener Kulturpflanzen

Weizen

Abb. 39: *Weizenfeld im Waldviertel, Österreich (Foto: Maria Haffner 2014)*

Pflanzenbauliche Basisinformationen

„Der Saat-Weizen ist in Deutschland die einzige in großem Umfang angebaute Weizenart. Er gedeiht am besten auf sommerwarmen, mäßig trockenen, basen- und nährstoffreichen, tiefgründigen Lehm- und Lößböden. Leichte Böden mit häufigen Trockenheitsperioden im Frühsommer sind weniger geeignet. Angebaut wird der Saat-Weizen von der Ebene bis zur mittleren Gebirgslage; im Jura bis 900 m, in den Alpen stellenweise bis 1 500 m. Im Gegensatz zum Roggen ist der Wärmebedarf des Saat-Weizens viel höher. Auch seine Frosthärte ist verglichen mit Roggen deutlich geringer, jedoch wiederum erheblich besser als die der Wintergerste.

Die Minimumtemperatur zur Keimung beträgt 3–4 °C. Während der Sommerweizen 120–145 Tage zur Reife benötigt, sind es beim Winterweizen 280–350 Tage."

Quelle: http://www.proplanta.de/Weizen/Pflanzenbauliche-Basisinformationen-Weizen_Pflanze1141626220.html (Abrufdatum: 25/05/2014)

Düngung

„Das Ziel einer angepassten Düngung ist eine ausgeglichene Ernährung des Weizens im Hinblick auf ein zügiges Wachstum und eine gute Qualität bei gleichzeitiger Schonung der Umwelt. Von entscheidender Bedeutung ist die Handhabung der Stickstoffdüngung im Weizenanbau.

(...) Ziel ist die Ausnutzung des Ertragspotenzials von Sorte und Standort unter Berücksichtigung des Bodenvorrates an Stickstoff. Mit Rücksicht auf die Standfestigkeit des Weizens und den Schutz des Grundwassers vor Nitrateintrag ist eine Überdüngung ebenso zu vermeiden wie zu niedrige Gaben, die Ertrag kosten und durch geringe Rohproteingehalte die Vermarktungsqualität gefährden. (...)

Zur Ermittlung des Düngebedarfs und der Bemessung der Phosphor-, Kalium- und Magnesium-Düngung sowie der Spurennährstoffe sollte eine Bodenuntersuchung erfolgen. Die Düngung wird normalerweise im Rahmen der Fruchtfolge durchgeführt. Ziel ist die Erreichung einer „genügenden" Nährstoffversorgung. In manchen, zumeist bodenbedingten Fällen, muss die Düngung auch Spurennährstoffe zuführen. Dies gilt insbesondere für die Versorgung des Weizens mit Mangan und Kupfer.

Die Verwendung organischer Dünger [Anm.: z. B. Gülle, Jauche, Mist, Stroh, Gründüngung] ist möglich, jedoch in ihrer Eignung als gering einzuschätzen. Grund dafür ist die unberechenbare Mineralisierung der organischen Masse im Boden, die dann insbesondere bei der N-Versorgung [Anm.: N = Stickstoff] der Getreidebestände Probleme bereiten kann. (...)"

Quelle: http://www.proplanta.de/Weizen/Duengung-Pflanzenbauliche-Basisinformationen-Weizen_Pflanze1141626962.html (Abrufdatum: 25/05/2014)

Arbeitsblatt Station 2 F: Grundlagen des Anbaus verschiedener Kulturpflanzen

Bodenverdichtung

„Eine Bodenverdichtung zeigt sich daran, dass das Auflaufen der Pflanzen ungleichmäßig ist. Diese bleiben klein und sind gelblich, darüber hinaus wachsen sie nicht zu vollwertigen Pflanzen heran. Das Wurzelsystem ist schwach entwickelt und weist Faulstellen durch Pilzinfektion auf. Staunässe ist ein akutes Zeichen einer Bodenverdichtung.

Welche Kräfte bewirken eine Bodenverdichtung?

- *Auf dem Boden entsteht hoher Kontaktflächendruck, der große Spurtiefen bzw. Spurquerschnittsflächen verursacht und besonders die Struktur des Oberbodens (Ackerkrume) schädigt und stark verdichtet.*
- *Je mehr die Radlasten ansteigen, umso stärker erhöht sich der Bodendruck in die Tiefe, d.h. neben der Ackerkrume kann auch der Unterboden geschädigt und verdichtet werden.*
- *Wiederholtes Befahren bei gleichen Radlasten hat eine zunehmende Tiefenwirkung im Spurbereich, d.h. immer tiefer liegende Bodenschichten werden schadverdichtet. (...)"*

Quelle: http://www.proplanta.de/Weizen/Bodenverdichtung-Weizen_Pflanze1161349734.html (Abrufdatum: 25/05/2014)

Kartoffel

Abb. 40: *Kartoffel (Foto: Lars Keller 2014)*

Pflanzenbauliche Basisinformationen

„Die Grenzen des Anbaues von Kartoffeln sind durch die Frost- und Hitzeempfindlichkeit gegeben (das Kraut stirbt bei −1,5 °C, und ab 32 °C wird das Knollenwachstum eingestellt). Allerdings ist die Kartoffel dank ihrer Sortenvarianz in der Vegetationsdauer sehr anpassungsfähig. Ein optimales Knollenwachstum findet bei 15–20 °C statt.

Die Wasserversorgung ist sowohl für hohe Erträge als auch für eine gute Qualität der bestimmende Faktor im Kartoffelanbau. Den höchsten Wasserbedarf hat die Kartoffel in der Zeit vom Auflaufen bis zur Blüte. Trockenperioden vor der Blüte vermindern den Ertrag und vergrößern den Anteil an Untergrößen. Tritt die Trockenheit erst nach der Blüte auf, entstehen keine Ertragseinbußen mehr. Ertragsschwankungen zwischen den Jahren sind meist auf eine unterschiedliche Wasserversorgung zurückzuführen.

Die Kartoffel ist relativ anspruchslos und wächst auf fast allen Böden. Am besten gedeiht sie auf humosen, lockeren Böden, die leicht erwärmbar sind (lehmiger Sand bis zum sandigen Lehm). Staunässe, schwere Böden sowie steinige Böden scheiden wegen ihrer festen Struktur und der Gefahr der Knollenverletzung aus."

Quelle: http://www.proplanta.de/Kartoffel/Pflanzenbauliche-Basisinformationen-Kartoffel_Pflanze1152623593.html (Abrufdatum: 25/05/2014)

Arbeitsblatt Station 2 F: Grundlagen des Anbaus verschiedener Kulturpflanzen

Düngung

„Die äußere und innere Qualität der Kartoffel wird wesentlich durch die Stickstoffversorgung gewährleistet. Die Kartoffel nimmt bis zur Blüte etwa 90 % des Stickstoffbedarfes auf. Zur Blüte steht auch die Anzahl der Knollen fest. Anschließend erfolgt eine Stickstoffverlagerung von der oberirdischen in die unterirdische vegetative Masse. (…) Die Stickstoffdüngung sollte möglichst in einer Gabe zum Pflanzen verabreicht werden. Geteilte Stickstoffgaben sind kritisch zu beurteilen. Spätere N-Gaben führen zu (…) Qualitätseinbußen. Einseitig hohe Stickstoffgaben wiederum führen leicht zu Braun- und Hohlherzigkeit. Der Geschmack leidet und die Anfälligkeit für die Kraut- und Knollenfäule steigt. Daneben wird die Abreife verzögert, was zu erhöhten Zuckergehalten und schlechter Schalenfestigkeit führt. Eine gute Phosphorversorgung fördert den Knollenansatz, sichert den Stärkeaufbau und verbessert die Lagerfähigkeit der Knollen. Bei Phosphormangel kommt es zu Entwicklungshemmungen oder -stillstand der Pflanze. Die Phosphorversorgung der Böden kann im Rahmen der Grunddüngung abgesichert werden. Auf schlecht versorgten Böden oder Böden mit Phosphorfixierung ist eine Frühjahrsdüngung vor dem Legen der Kartoffeln vorteilhaft.

Eine Blattdüngung von Spurennährstoffen kann auf bestimmten Standorten mit geringen Versorgungsgraden bzw. schlechter Verfügbarkeit (z. B. Bodenverdichtungen, extreme pH-Werte) sinnvoll sein. Die Anwendung von Stallmist bewirkt neben der Nährstoffzufuhr eine Bodenlockerung, Verbesserung des Wasserhaushaltes, Aktivierung des Bodenlebens und Verbesserung der Mineraldüngerwirkung.

Besonders auf leichten Böden ist die Kombination von organischer und mineralischer Düngung sinnvoll. Gülleausbringung zu Kartoffeln ist umstritten, obwohl sie bei richtiger Handhabung eine kostengünstige Alternative ist. Problematisch ist, dass die Verfügbarkeit des Gülle-Stickstoffs in Abhängigkeit von Bodenart, Ausbringungstermin und Witterung sehr unterschiedlich ist. Die Freisetzung des Gülle-Stickstoffs zu einem ungünstigen Zeitpunkt führt zu einer Verminderung der Kartoffelqualität. Für alle organischen Dünger gilt, dass sie im Herbst ausgebracht werden sollten, so stehen die Nährstoffe der Kartoffel zu einem Zeitpunkt zur Verfügung, in der sie den höchsten Bedarf hat."

Quelle: http://www.proplanta.de/Kartoffel/Duengung-Pflanzenbauliche-Basisinformationen-Kartoffel_Pflanze1152624176.html (Abrufdatum: 25/05/2014)

Arbeitsblatt Station 2 F: Grundlagen des Anbaus verschiedener Kulturpflanzen

Himbeere

Abb. 41: *Himbeere (Foto: Lars Keller 2014)*

Standortansprüche

„Geeignete Standorte für Himbeeren sind sonnige, windgeschützte Lagen mit ausreichender Bodenfeuchtigkeit. Stark südexponierte, trockene Standorte sowie Frostmulden sind für den Anbau ungeeignet. Die Himbeere weist allgemein gute Winterhärte auf, allerdings gibt es Sortenunterschiede. Die meisten einmaltragenden Sorten können bis ca. 1500 m angebaut werden [Anm.: Die wilde Himbeere gelangt bereits heute in den Alpen auf Höhen um die 2000 m.]. Die optimale Höhenlage für den Anbau remontierender (herbsttragender) Sorten liegt im Bereich um 900 Höhenmeter.

Diese kann in günstigen Lagen auch bis auf 1200 m ausgedehnt werden. Aufgrund der kürzeren Vegetationszeit dieser Grenzlagen ist allerdings mit einer geringeren Ernte zu rechnen. (...)
Die Himbeerpflanze beansprucht gut durchlüftete, durchlässige Böden mit hohem Humusgehalt und gleichmäßiger Wasserversorgung. Schwere, verdichtete und staunasse Böden scheiden für den Anbau aus (...). Der pH-Wert sollte zwischen 5,5 und 6,5 liegen. (...)“

Düngung

„Grundlage der Düngung stellt die Bodenanalyse dar, welche vor dem Anbau und in späterer Folge alle 5 Jahre durchgeführt werden sollte. (...) Für die Düngung von Himbeerkulturen eignet sich gut verrotteter Stallmist bzw. Kompost bestens. Organische Dünger sollten im Herbst ausgebracht werden (bevor der Boden gefriert). (...) Mit organischen Düngern werden beachtliche Mengen an Nährstoffen zugeführt, sodass bei regelmäßigem Einsatz von Stallmist oder Kompost, falls überhaupt, nur noch minimal nachgedüngt werden muss. (...) Grundsätzlich sollen für die Düngung von Himbeeren sauer wirkende Dünger verwendet werden. Da Himbeeren, wie alle Beerenobstarten chlorempfindlich sind, müssen ausschließlich chlorfreie Dünger zum Einsatz kommen. Hohe Einzelgaben an Mineraldüngern vermeiden, da Himbeeren sehr salzempfindlich sind.“

Wasserbedarf und Bewässerung

„Die Himbeere ist als Flachwurzler auf gleichmäßige Bodenfeuchtigkeit angewiesen. Der größte Wasserbedarf besteht zur Zeit der Fruchtbildung. Nach der Ernte sowie im Herbst und Frühjahr muss eher sparsam bewässert werden (bessere Wurzelbildung und Vorbeugung gegen das Wurzelsterben). (...) Für die Wasserversorgung von Himbeeren eignet sich am besten die Tropfberegnung. Die Abdeckung des Bodens mit organischem Mulchmaterial (Stroh, Rinden, Grasschnitt usw.) verbessert den Wasserhaushalt des Bodens und verringert den Unkrautwuchs.“

Quelle: http://www.provinz.bz.it/land-hauswbildung/download/Himbeereanbau_2013.pdf (Abrufdatum: 25/05/2014)

Arbeitsblatt Station 4

Nach Eurer Ausbildung zu Bodenexpertinnen/Bodenexperten beginnt nun in Kleingruppen die Erstellung eines wissenschaftlichen Gutachtens für die Hüttenwirtin und den Hüttenwirt. Ihr erinnert Euch: Die beiden überlegen, ob sie zukünftig die Anlage von Feldern am Almboden oder vielleicht auf Terrassen am Hang, alles möglichst in Hüttennähe, in Betracht ziehen sollen, um einmal Roggen, Weizen, Kartoffeln, Beeren etc. anzubauen. Nun sollt Ihr die Böden der Umgebung untersuchen und die bestmöglichen Orte für den Anbau verschiedener Kulturpflanzen erkunden. Die Ergebnisse Eurer Untersuchung sollt Ihr heute Abend der Hüttenwirtin und dem Hüttenwirt in einem wissenschaftlichen Gutachten möglichst anschaulich präsentieren.

In Schritt 1 plant Ihr nun zunächst etwa 30 Minuten lang in der Alpenrosenhütte Eure Geländeuntersuchungen. In Schritt 2 begebt Ihr Euch dann tatsächlich für zirka zweieinhalb Stunden – pro Gruppe mit einer Begleitperson – ins Gelände.

Bedenkt folgende Punkte:

1. Ab jetzt wird das Gelände rund um die Alpenrosenhütte bis hinauf zu den leicht begehbaren Teilen des Gletschervorfelds des Waxeggkees zu Eurer wesentlichen Informationsquelle. Jede Kleingruppe sucht sich zunächst einen bestimmten Standort als Untersuchungsgebiet aus und trägt diesen in die eigene topographische Karte und in die topographische Karte Eurer Begleitpersonen ein (inkl. Name der Gruppenleiterin/des Gruppenleiters). Überlegt Euch Euren Untersuchungsstandort gut und achtet darauf, dass er sich nicht mit dem anderer Gruppen überschneidet. Haltet aus Sicherheitsgründen bei Eurer Standortwahl große Abstände zu den Bächen und allen Steilstufen im Gelände ein. Geht nicht höher hinauf als 2 050 m Höhe!

2. Denkt außerdem über die exakte Vorgehensweise im Gelände nach. Wer soll welche Aufgaben erledigen, welche Untersuchungen anstellen? Zwei Stunden vergehen (noch dazu mit Hin- und Rückweg) sehr schnell. Untersucht also die Böden Eures Standorts und findet die bestmöglichen Orte für den zukünftigen Anbau von Nutzpflanzen wie Roggen, Weizen, Kartoffeln, Früchte, Gemüse, Beeren etc. Nehmt dazu Untersuchungen vor, wie Ihr sie in Eurer Ausbildung zur Bodenexpertin/zum Bodenexperten gelernt habt.
3. Bitte führt Euch außerdem vor Augen, dass es über die Durchführung der zuvor erlernten Untersuchungsmethoden von Böden hinaus im Gelände noch viele weitere Beobachtungen und Überlegungen anzustellen gilt. Ein Beispiel: Wenn Ihr in Eurem Gutachten etwa den Bau von Terrassen am Hang vorschlagt, um den Standort besser bearbeiten zu können, genau dieser Hang aber lawinengefährdet ist, wird Euer Vorschlag von den Hüttenwirtinnen und Hüttenwirten sicher nicht angenommen. Denkt nach, wenn Ihr vor Ort seid, was Euren Standort vielleicht als besonders positiv auszeichnet, aber auch, wo dessen Nachteile liegen könnten. Zieht Euer Wissen über Böden, Klima, Naturgefahren, Anbau verschiedener Kulturpflanzen und viele Punkte mehr in Betracht.
4. Nehmt alle Materialien ins Gelände mit, die Ihr für Eure Untersuchungen benötigt. Untersuchungen mit Salzsäure dürfen nicht im Gelände angestellt werden, sondern können später an der Alpenrosenhütte nachgeholt werden. Bringt also später entsprechende Bodenproben in beschrifteten Gefrierbeuteln mit zurück zur Hütte.
5. Dokumentiert Eure gesamte Arbeit und alle Ergebnisse mit Fotoapparat (mitnehmen!), händischen Skizzen und Aufzeichnungen etc. Denkt immer daran, dass Ihr mit Euren Untersuchungen ein möglichst professionelles Gutachten erstellen und die Ergebnisse heute Abend auch der Hüttenwirtin und dem Hüttenwirt präsentieren sollt!

2.6 Literaturverzeichnis

Ad-hoc-AG Boden 2005. Bodenkundliche Kartieranleitung. In: Bundesanstalt für Geowissenschaften und Rohstoffe (Hrsg.), Stuttgart.

Ad-hoc-AG Boden 2009. Arbeitshilfe für die Bodenansprache im vor- und nachsorgenden Bodenschutz – Auszug aus der Bodenkundlichen Kartieranleitung KA5. In: Bundesanstalt für Geowissenschaften und Rohstoffe (Hrsg.), Stuttgart.

Auer, I., R. Böhm, A. Jurkovic, W. Lipa, A. Orlik & R. Potzmann 2007. HISTALP – historical instrumental climatological surface time series of the Greater Alpine Region. In: International Journal of Climatology: 17–46.

Bätzing, W. 1997. Kleines Alpenlexikon. Beck'sche Reihe 1205. München.

Brown, P.L. & S.K. Abell 2013. Project-Based Science. In: Hanuscin D.L. & M. Park Rogers (eds.), Perspectives: Research & Tips to Support Science education, K-6.

Bucher, P. 2007. Walser Alps – Leitfaden „Strategien zur Entwicklung in abgelegenen ländlichen Gebieten". Walservereinigung Graubünden (WVG). Chur.

Budke, A. 2009. Kompetenzentwicklung auf geographischen Exkursionen. In: Budke, A. & M. Wienecke (Hrsg.), Exkursion selbst gemacht. Innovative Exkursionsmethoden für den Geographieunterricht. Potsdam.

Bundesamt für Naturschutz 2013. FloraWeb. www.floraweb.de (Abrufdatum: 11/06/2014).

Couic, M.C. & J.M. Roux 2011. Ai Piedi del Monte Rosa, vivere l'Alta Valle del Lys. Verso l'identità del luogo. Grenoble.

Erschbamer, B. & S. Grabner 2001. Die subalpine und alpine Vegetation in Tirol. Exkursionsführer – 50. Jahrestagung der Floristisch-Soziologischen Arbeitsgemeinschaft vom 7. bis 10. Juli 2000 in Innsbruck.

Geitner, C. 2007. Böden in den Alpen – Ausgewählte Aspekte zur Vielfalt und Bedeutung einer wenig beachteten Ressource. In: Borsdorf, A. & G. Grabherr (Hrsg.), Internationale Gebirgsforschung (IGF-Forschungsberichte): 56–67. Innsbruck, Wien.

Gernandt, P. 2007. Diercke Spezial: Bodenkunde in der Geographie. Wien.

Landolt, E., B. Bäumler, A. Erhardt, O. Hegg, F. Klötzli, W. Lämmler, M. Nobis, K. Rudmann-Maurer, F.H. Schweingruber, J.-P. Theurillat, E. Urmi, M. Vust & T. Wohlgemuth 2010. Flora indicativa: Ökologische Zeigerwerte und biologische Kennzeichen zur Flora der Schweiz und der Alpen (Ecological Indicators Values and Biological Attributes of the Flora of Switzerland and the Alps). Editions des Conservatoire et Jardin botaniques de la Ville de Genève. Bern/Stuttgart/Wien.

Mortimer, C.E. & U. Müller 2007. Chemie: Das Basiswissen der Chemie. Stuttgart.

Pro Specie Rara 2010. Pflanzen–Anbauanleitung. http://www.prospecierara.ch/uploads/media/55/anbauanleitungen_klein.pdf (Abrufdatum: 11/06/2014)

Ravitz, J. & J. Blazevski 2014. Assessing the Role of Online Technologies in Project-based Learning. In: Interdisciplinary Journal of Problem-based Learning 8/1: 64–79. http://dx.doi.org/10.7771/1541-5015.1410 (Access date: 26/05/2014).

Rowell, D.L. 2013. Bodenkunde: Untersuchungsmethoden und ihre Anwendungen. Berlin.

Sauermost, R. & D. Freudig 1999. Höhengrenze. http://www.spektrum.de/lexikon/biologie/hoehengrenze/32178 (Abrufdatum: 11/06/2014).

Scheffer, F. & P. Schachtschabel 2010. Lehrbuch der Bodenkunde. Heidelberg, Berlin.

Schilperoord, P. & A. Heistinger 2007. Kulturpflanzen von Südtirol, Nordtirol und Graubünden: Bericht IV Interreg IIIA Literaturstudie alpine Kulturpflanzen. http://www.berggetreide.ch/Archiv/NAP%2003-03%20und%20NAP%2002-231%20Bericht%20IV%20InterregIIIA%20Literaturstudie%20alpine%20Kulturpflanzen%20Vs.%203.0%20070425.pdf (Abrufdatum: 08/08/2014).

Strahler, A.H. & A.N. Strahler 2009. Physische Geographie. Stuttgart.

Veit, H. 2002. Die Alpen – Geoökologie und Landschaftsentwicklung. Stuttgart.

Walservereinigung 2007. Die Walser in Vercelli. http://www.walser-alps.eu/geschichte/die-walser-in-vercelli/ (Abrufdatum: 11/06/2014).

ZAMG 2014. Unser Klima. Was, wann, warum. Fakten und Irrtümer. Wien.

3 „Reise zum Nordpol“ Vegetationsstufen im Hochgebirge

Lars Keller, Christine Feurstein,
Florian Mosbach & Anna Oberrauch

Steckbrief

Orte	Tag 1: Weg vom Parkplatz des Alpengasthauses Breitlahner (1 257m) bis zur Alpenrosenhütte (1 878m) (siehe Übersichtskarte in Abb. 42) Tag 2: Weg von der Alpenrosenhütte (1 878m) bis zur Gletscherzunge des Hornkees (ca. 2 250m) und zurück zur Alpenrosenhütte (1 878m) (siehe Übersichtskarte in Abb. 42)
Alter	16+
Dauer gesamt	Am besten auf 2 Tage verteilt: Tag 1: ca. 7 h Tag 2: ca. 8 h
Wegstrecke gesamt	Tag 1: ca. 8 km ↑ Tag 2: ca. 3 km ↑ / ca. 3 km ↓ (bei Abstieg ins Tal kommen weitere 8 km dazu)
Höhenmeter gesamt	Tag 1: ca. 620 Hm ↑ Tag 2: ca. 400 Hm ↑ / ca. 400 Hm ↓ (bei Abstieg ins Tal kommen weitere 620 Hm dazu)
Gefahren	Vgl. Kapitel V „Sicher unterwegs im Hochgebirge – alpine Gefahren und Ausrüstung", v. a. „Gelände, Forschungsstandorte und Fotografieren im Gelände", „Rutschgefahr bei Nässe" (speziell Gneisplatten), „Gefahren am Zemmbach", „ Steinschlag und Lawinengefahr" und „Gletscher" Verwenden von Messer/Schere

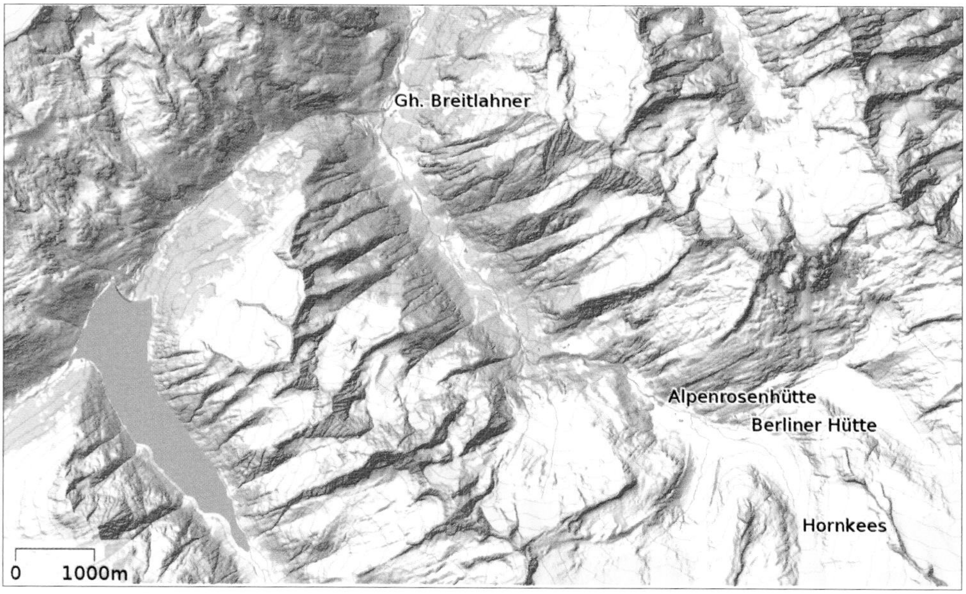

Abb. 42: *Übersichtskarte (Quelle: Amt der Tiroler Landesregierung, Sachgebiet Landesstatistik und TIRIS 2015). Wichtig: Diese Karte zeigt den Exkursionsraum in einem größeren Kartenausschnitt. Die Exkursion verläuft vom Alpengasthof Breitlahner über die Alpenrosenhütte bis zur Berliner Hütte auf den oder nahe der üblichen Wanderwege, anschließend von der Berliner Hütte bis zum Hornkees im freien Gelände und daher meist weglos!*

3.1 Zusammenfassung

Auf dieser inhaltlich wie methodisch anspruchsvollen Exkursion unternehmen die Teilnehmenden eine „Reise durch die Vegetationszonen von den Mittelbreiten bis zum Nordpol", sprich vom Talboden des Vorderen Zemmgrunds bis in die Gletscherregionen der Zillertaler Alpen. Die Grundidee beruht auf der Tatsache, dass sich die Vegetation sowohl mit der geographischen Breite als auch mit der Höhenlage verändert und sich daraus ein Zusammenhang zwischen der Abfolge der Vegetationsstufen von Mittel- bis Nordeuropa und den Höhenstufen in den Alpen postulieren lässt. Als methodische Grundlage dienen Modelle der Landschaftsökologie bzw. Geoökologie. Diese versuchen, Landschaftsökosysteme als hochkomplexe Systeme zu beschreiben, deren geo-, bio- und anthropogene Faktoren in gegenseitiger Wechselwirkung stehen. Die Vegetation als Teil des Biosystems wird in den Mittelpunkt der Betrachtung gestellt, um, davon ausgehend, Beziehungen zu den wechselwirkenden Subsystemen, v. a. der Atmosphäre, aber auch der Reliefsphäre, der Pedosphäre, der Hydrosphäre etc. zu entdecken. Dies wird durch Pflanzenbestimmung und Anlegen eines Herbariums unterstützt. Eine Verbesserung der Wahrnehmungsfähigkeit und Wertschätzung für Biodiversität erscheint vor dem Hintergrund sogenannter „Plant Blindness" in postmodernen Gesellschaften ein lohnendes Ziel.

3.2 Inhaltsanalyse

„*Die globale Organisation der Lebensräume zu überblicken, ist ein jahrhundertealter Antrieb der Naturforschung*" (Beierkuhnlein 2007, 230). Diesem Antrieb folgend, erhalten die Exkursionsteilnehmenden die Möglichkeit, die Abfolge von Klima- und Vegetationszonen zwischen Mittelbreiten und Polaren Breiten zu entdecken, ohne dabei jedoch auf eine weite Reise gehen zu müssen. Der Trick liegt hier in der Tatsache, dass sich Klima und Vegetation nicht nur mit der geographischen Breite verändern, sondern auch mit der Höhenlage (vgl. Abb. 43). Bereits Ende des 18. Jhdts. erkannte Alexander von Humboldt die Parallelen zwischen den Klima- und Vegetationszonen und den vertikal angeordneten Höhenstufen in Gebirgen (Goudie 2008). Die vorliegende Inhaltsanalyse versucht, diesem Konnex in drei Schritten auf den Grund zu gehen. Zunächst werden die wesentlichen Merkmale der für die Exkursion relevanten Klima- und Vegetationszonen dargestellt, es folgt eine Übertragung auf Gebirgsräume und schließlich auf das konkrete Exkursionsgebiet.

Die Zone der Feuchten Mittelbreiten ist von Natur aus durch Waldstandorte charakterisiert. Aufgrund ihres ausgeprägten Jahreszeitenklimas mit längeren Übergangsjahreszeiten, der ausreichend hohen Niederschläge (> 500 mm–1 000 mm Jahressumme) sowie der langen Dauer der Vegetationsperiode (= Monate mit mittleren Temperaturen ≥ 5 °C) dominieren die sommergrünen Wälder sowie Mischwälder aus Laub- und Nadelbäumen (Schultz 2008). Die nordhemisphärischen Mittelbreiten gehören zu den am dichtesten besiedelten und wirtschaftlich stärksten Räumen der Erde, die ursprünglichen Ökosysteme sind deshalb nur kleinflächig erhalten. Die natürlichen Laubwälder mit Rotbuchen und Eichen wurden vom Menschen häufig durch Nadelgehölze in Monokultur mit geringer Biodiversität ersetzt (Wittig 2012; Beierkuhnlein 2007).

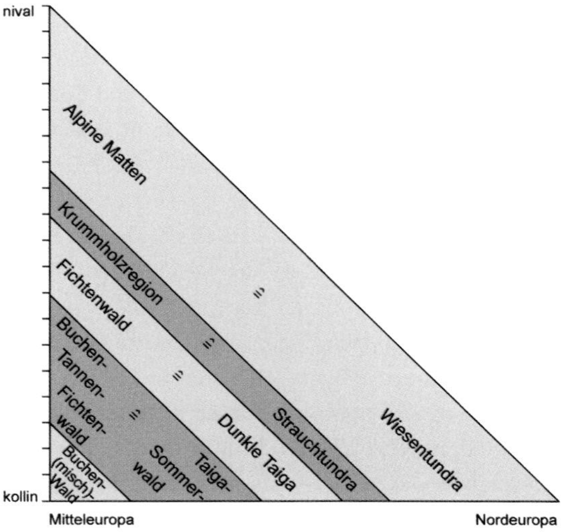

Abb. 43: *Schematische Abfolge der Vegetationsstufen von Mittel- bis Nordeuropa und der Höhenstufen in den Nördlichen Kalkalpen (Wittig 2012)*

Die Boreale Zone findet ihre Ausprägung ausschließlich auf der Nordhalbkugel. Im von Torfmooren durchsetzten Borealen Nadelwald dominieren artenarme, meist immergrüne Nadelhölzer, v. a. Fichte, Tanne, Kiefer und Lärche, in der Strauchschicht kommen Birken, Pappeln, Weiden, Ebereschen und Erlen vor (Schultz 2008). Die Sonne steht ganzjährig niedrig, die Vegetationsperiode beträgt maximal fünf Monate. Die Jahresniederschläge summieren sich auf ca. 250–500 mm, in sechs bis sieben Monaten liegt Schnee, im Inneren der Kontinente kann es bis zu −70 °C abkühlen (Schultz 2008). Im Grenzbereich zwischen Tundra und borealem Nadelwald liegen die Waldtundren, in denen sich bis heute (halb)nomadische Lebensweisen, v. a. mit Rentierhaltung, erhalten haben (Schultz 2008). In dieser Zone liegt die polare Waldgrenze (Grenze des Lebensraums, in dem Bäume geschlossene Bestände bilden) bzw. Baumgrenze (Grenze des Lebensraums von Bäumen).

Aufgrund der verkürzten Vegetationsperiode grenzt nördlich die subpolare/polare Zone an. Hier sind die Sommer kurz und kühl, in neun Monaten liegt Schnee, die Jahresniederschläge addieren sich auf unter 250 mm (Schultz 2008). Von Süden nach Norden werden die (hoch) arktischen Tundren und polaren Wüsten unterschieden. In den Tundren dominieren artenarme Gesellschaften mit Zwergsträuchern und Gräsern (Beierkuhnlein 2007), in den polaren Wüsten Polster- und Rosettenpflanzen, Moose und Flechten.

Alle eben beschriebenen Vegetationszonen und die zugehörigen Grenzen treten in den Alpen korrespondierend als Höhenstufen bzw. Höhengrenzen auf. Warum ist das so? Mit der Höhe nimmt die Lufttemperatur ab (im Mittel um ca. 0,65 °C pro 100 Höhenmeter) und damit sinkt auch die für Lebensreaktionen der Vegetation verfügbare Wärme bzw. Energie. Für die Pflanzen führt dies mit zunehmender Höhe zu immer kürzeren Vegetationsperioden. Abgemildert wird dieser Höhengradient der Energieabnahme durch den erhöhten Anteil des kurzwelligen Strahlungsgewinns an der Gesamtstrahlung. Diese Zunahme beträgt ca. 15 % pro 1 000 Höhenmeter (Bundesamt für Strahlenschutz 2013).

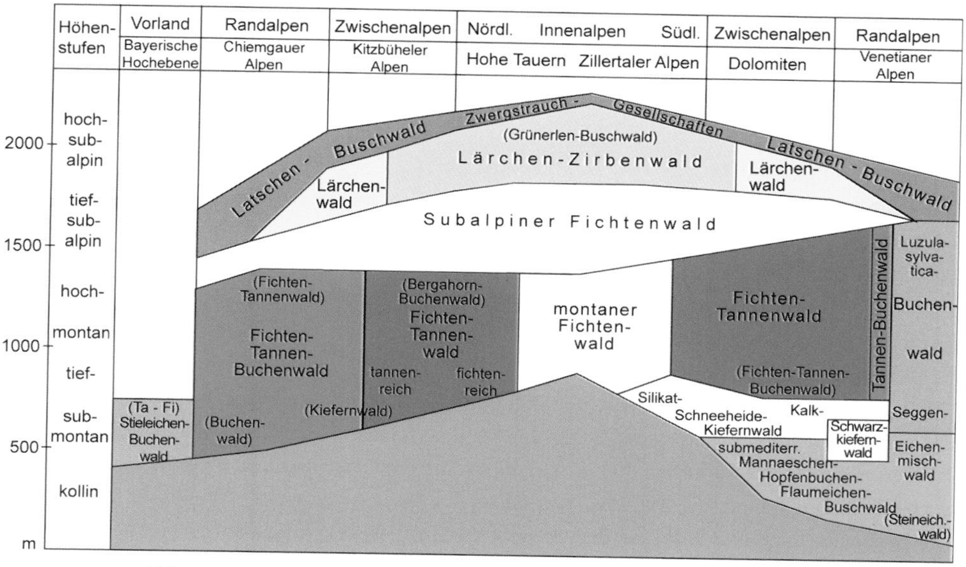

Abb. 44: *Waldvegetationsprofil durch die mittleren Ostalpen (Mayer 1974, verändert)*

Für die Vegetation spielen darüber hinaus kleinräumig wechselnde, häufig topografisch bedingte (Schickhoff 2011) Klimabedingungen eine große Rolle. So kann die direkte Sonneneinstrahlung je nach Hangorientierung und Hangneigung größer oder kleiner sein als auf einer horizontalen Fläche (Ozenda 1988; Endlicher 1991). Expositionsbedingt zeigen vor allem Sonnenhänge (in den Alpen Südhänge) und Schattenhänge (Nordhänge) auffällige Unterschiede in der Vegetationszusammensetzung. Infolge der speziellen Bedingungen haben sich alpine Pflanzen zu wahren Anpassungs- und Überlebenskünstlern entwickelt (vgl. dazu auch Kapitel 1 sowie Mayr & Neuner 2009). So sind die Pflanzen allgemein einfacher und kleiner gebaut, zeigen geringere Wachstumsraten, niedrigere Produktivität und weniger interspezifische Konkurrenz (Goudie 2008). Mit zunehmender Höhe nimmt außerdem die Artenvielfalt ab, wie es auch für die geozonale Abfolge mit zunehmender Breite typisch ist. Die im Gebirge wesentlichen Vegetationsstufen (vgl. z.B. Ozenda 1988; Niklfeld 1993; Kilian et al. 1994), deren genauere Bezeichnungen und Zusammensetzungen in den mittleren Ostalpen (und speziell auch in unserem Exkursionsgebiet) gehen aus Abbildung 44 anschaulich hervor.

Die kolline und montane Höhenstufe entspricht hierbei in etwa der Geozone der Feuchten Mittelbreiten, die subalpine Höhenstufe der borealen Geozone und die alpine und (sub)nivale Höhenstufe (Diese wird in Abbildung 44 nicht mehr dargestellt!) der subpolaren und polaren Geozone. Die in der subalpinen Höhenstufe gelegenen Wald- und Baumgrenzen liegen zwischen 1 500 und 1 800 m (Untergrenze, meist gebildet durch Fichte) und 1 700 bis 2 400 m (Obergrenze, meist gebildet durch Zirbe) (Veit 2002). In den Zillertaler Alpen bilden Zirbe und teilweise Lärche die oberen Wald- und Baumgrenzen. Für beide ist derzeit in Verbindung mit dem Klimawandel ein Ansteigen anzunehmen (vgl. Gottfried et al. 2011; Erschbamer 2009 weist z.B. das Vorkommen einzeln stehender junger Lärchen in den Dolomiten bis zu

450 m über der langjährig dokumentierten Waldgrenze nach). Der Übergangsbereich zwischen geschlossenem Waldbestand und gehölzfreier Zone wird als Krummholzzone bezeichnet (vgl. Böhlmann 2008), dort dominieren Legföhren und Grünerlen sowie Zwergsträucher wie Silberwurz, Krähenbeere und Schneeheide (Kilian et al. 1994). Darüber schließt sich die alpine Zone mit Matten, alpinen Rasen, Staudenfluren und Polsterpflanzen an. Bäume wachsen hier nicht mehr, was auf den Wärmemangel zurückzuführen ist, die Monatsmittel der Temperatur bleiben hier unter 5 °C bzw. erreichen nur kurz im Hochsommer diese für das Baumwachstum entscheidende Marke. Die subnivale und nivale Stufe schließlich folgt oberhalb der Rasengrenze, ist also, abgesehen von Polster- und Rosettenpflanzen (Veit 2002), Flechten und Moosen, weitgehend vegetationsfrei.

Der Hochgebirgs-Naturpark Zillertaler Alpen umfasst 372 km² und erstreckt sich zwischen 1 000 m und 3 509 m (Hochfeiler). Generell nehmen hier die Niederschläge mit der Höhe zu, es herrscht kontinental getöntes Gebirgsinnenklima (Kilian et al. 1994). Die Jahressummen der Niederschläge liegen zwischen 800 mm in abgeschirmten Tallagen und 1250 mm in montanen und subalpinen Lagen, die Maxima werden im Juli/August gemessen (Kilian et al. 1994). In den höchsten Lagen sind die Niederschlagssummen teils wesentlich höher und es ist, je nach Exposition, eine mittlere Schneebedeckung zwischen 150 und 200 Tagen festzustellen (Glattes et al. 1989). Wie bereits angesprochen, wäre die Vegetation in Mitteleuropa ohne anthropogenen Einfluss größtenteils von Wald geprägt (Wittig 2012). Zu Beginn unserer Exkursion, in der montanen Stufe, prägen sommergrüne Wälder und immergrüne Nadelwälder das Bild. Entlang des Zemmbachs kommt eine typische Ufervegetation mit Grün- und Grauerlen vor (vgl. Abb. 45). Der sommergrüne Laubwald geht über in einen Fichtenwald, der sich bis in die tiefen Lagen der subalpinen Stufe hält (vgl. Abb. 46; Erschbamer & Grabner 2001). Dort wird er von Zirbenwald abgelöst (Erschbamer & Grabner 2001). In der Regel findet man im Exkursionsgebiet aber auch immer wieder einzelne Fichten zwischen den Zirbenbeständen. „*Die durchschnittliche Untergrenze der Zirbenverbreitung liegt im Zillertal bei 1 600 m. Auf den Schattenhängen (z. B. südlich von Mayrhofen) und in den Talgründen sinkt sie bis 1 400 m herab. Die Obergrenze des Zirbenvorkommens verläuft zwischen 2 000 und 2 100 m*“ (Schiechtl & Stern 1983), an Sonnenhängen im Exkursionsgebiet auch darüber (vgl. Abb. 47). Oberhalb der Waldgrenze, in der hochsubalpinen/unteren alpinen Stufe, finden sich Zwergstrauchtypen, etwa die Bärentrauben-Heide oder die Alpenrosen-Bärenheide (vgl. Abb. 48). In der oberen alpinen Stufe kommt ein Mosaik aus Krummseggen-Rasen und Schneeböden vor. Diese Rasenfragmente verschwinden mit zunehmender Höhe (vgl. Abb. 49). Ein großer Teil des Hochgebirgs-Naturparks wird von der nivalen Stufe eingenommen. Über 85 Gletscher werden gezählt (Heuberger 2004), Waxeggkees, Hornkees und Schwarzensteinkees sind die drei größten in unserem Exkursionsgebiet. Hier oben finden sich vorwiegend kryptogame (blütenlose) Pflanzen, sogenannte „Geheimblüher“. Dabei handelt es sich vor allem um Pilze, Algen, Moose und Flechten (Erschbamer & Grabner 2001).

Abb. 45: *Mischwald aus hauptsächlich Grauerlen und Fichten entlang des Zemmbachs, Höhenlage ca. 1 300 m (Foto: Christine Feurstein 2013)*

Abb. 46: *Fichtenwald in Richtung Zwiselkopf, Höhenlage ca. 1 500 m bis 1 700 m (Foto: Christine Feurstein 2013)*

Abb. 47: *Zirbenwald im Gebiet der Schwarzensteinalm in Richtung Ochsner (3 107 m), nordöstlich der Alpenrosenhütte in einer Höhenlage von ca. 1 900 m bis 2 150 m (Foto: Christine Feurstein 2013)*

Abb. 48: *Von einzeln stehenden Zirben gebildete Baumgrenze, Wacholder und blühende Rostblättrige Alpenrose nordöstlich der Berliner Hütte auf ca. 2 200 m (Foto: Christine Feurstein 2013)*

Abb. 49: *Einzelne Zwergsträucher, Rasenfragmente und Pioniervegetation im Gletschervorfeld des Hornkees, Höhenlage zwischen ca. 2 000 m und 2 250 m (Foto: Lars Keller 2011)*

3.3 Methodische Analyse

So wie Troll die Vegetation in ihren räumlichen Abhängigkeiten in einer gesamtheitlichen Betrachtung studierte (vgl. Gebhardt et al. 2011), beruht auch die methodische Basis dieser Exkursion auf einem biozentrischen Ansatz der Landschaftsökologie (vgl. Abb. 50). Die Vegetation als Teil des Biosystems wird in den Mittelpunkt der Betrachtung gestellt, um, davon ausgehend, Beziehungen zu den wechselwirkenden Subsystemen, v. a. des Klimas, aber auch des Reliefs, des Bodens, der Hydrosphäre etc. zu entdecken bzw. herzustellen. In der vorliegend beschriebenen Exkursion wird dieser Ansatz durch das Anlegen eines Herbariums unterstützt (vgl. Abb. 54). Charakteristische Pflanzen (v. a. auch Teile von Bäumen) der verschiedenen Höhenstufen werden gesammelt, bestimmt und mit verschiedenen (klimatischen, pedologischen, hydrologischen etc.) Standorteigenschaften in Beziehung gesetzt.

Aus fachdidaktischer Sicht erscheint es vor dem Hintergrund beobachteter „Plant Blindness" (Wandersee & Schussler 2001) in der heutigen Gesellschaft von großer Bedeutung, die Teilnehmenden der Exkursion zur bewussten Auseinandersetzung mit Pflanzen und ihren Besonderheiten anzuregen. Untersuchungen zeigen, dass viele Menschen, speziell in westlichen Ländern, Pflanzen gar nicht oder nur nebenbei wahrnehmen, z. B. als „grünen Hintergrund" oder als „Büsche", „Unkräuter" und „Bäume" (ebenda). Das schon bei Kindern und

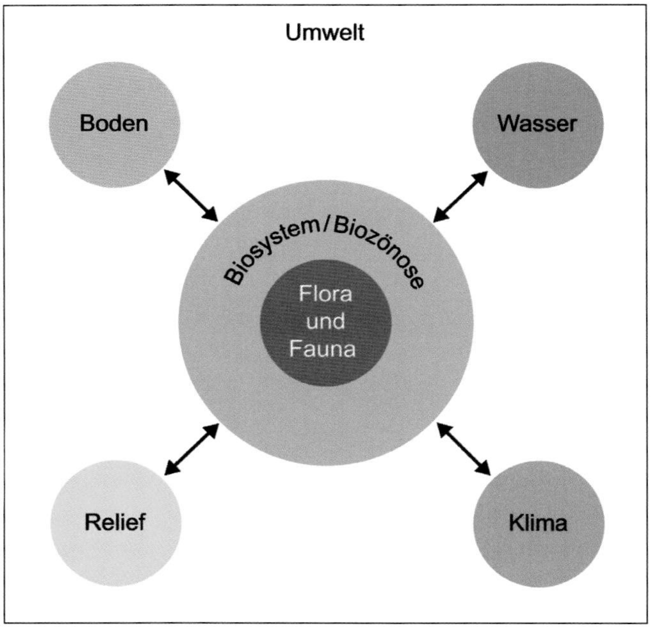

Abb. 50: *Einfache Darstellung von Systemzusammenhängen in einem biozentrischen Modell (Gebhardt et al. 2011, 610, verändert)*

Jugendlichen vielfach nachgewiesene Desinteresse für die Pflanzenkunde (vgl. Löwe 1992; Elster 2007; Holstermann & Bögeholz 2007) geht dabei auch mit einer sehr geringen Kenntnis heimischer Arten einher (Mayer 1995). Um dieser Blindheit zu begegnen und um den Blick für die Artenvielfalt und ökologische Bedeutung der Pflanzenwelt zu öffnen, müssen direkte Kontakte zu Pflanzen ermöglicht und Erfahrungen gefördert werden, die das Interesse und Verständnis gegenüber der Pflanzenwelt fördern (Frisch et al. 2010). Auf dieser Exkursion setzen sich die Teilnehmenden bewusst und intensiv mit der Pflanzenwelt des Hochgebirgs-Naturparks auseinander, sie erkunden die Vegetation vor Ort aktiv-konstruktiv, sie beobachten, sammeln, bestimmen, kartieren etc. (Hemmer & Uphues 2009).

Forschungsergebnisse lassen erwarten, dass die Beschäftigung mit dem realen Naturgegenstand bei der Pflanzenbestimmung eine verbesserte Artenkenntnis und ganz besonders eine höhere Wahrnehmungsfähigkeit und Wertschätzung für pflanzliche Biodiversität und die Natur im Allgemeinen bewirkt (Benkowitz & Köhler 2010). Für weiterführende Diskussionen und Auseinandersetzungen mit dem Thema bietet es sich an, auf Veränderungen einzelner Systemkomponenten und ihre Auswirkungen auf das Gesamtsystem einzugehen, z. B. an der sich verändernden Vegetationszonierung durch den Klimawandel (vgl. Deutsche Gesellschaft für Geographie 2012).

Die Kombination verschiedener methodischer Herangehensweisen soll es ermöglichen, dass die Teilnehmenden ein Bewusstsein für die komplexen Wirkungsgefüge zwischen Bio-, Atmo-, Hydro-, Pedo- und Reliefsphäre erlangen und, daraus folgernd, räumliche Verbreitungsmuster (z. B. Vegetationsstufen im Hochgebirge) erkennen können. Indem die Erkenntnisse über die Abfolge der Vegetation im Hochgebirgs-Naturpark Zillertaler Alpen mit den geozonalen Klima- und Vegetationszonen (von den Mittelbreiten bis zum Nordpol) verknüpft werden, können diese transferiert und Gemeinsamkeiten naturräumlicher Gliederungen unterschiedlicher Dimensionen erfasst werden. Diese Erkenntnisse werden in einer abschließenden Plenumsrunde diskutiert und reflektiert.

3.4 Hinweise zur Durchführung

3.4.1 Allgemeines

Zu beachten ist, dass die Qualität dieser Exkursion stark von Interesse, Motivation und Bereitschaft der Teilnehmenden abhängt, sich für die Beobachtung und Wahrnehmung der Natur Zeit zu nehmen. Die Begleitpersonen sollten die durchaus komplexen Arbeitsaufträge jeweils gut erklären, diese auch schriftlich an die Teilnehmenden verteilen und außerdem bereits zu Beginn auf die Zwischen- und Endpräsentationen hinweisen.

3.4.2 Vorbereitung der Teilnehmenden

Eine spezielle Vorbereitung der Exkursion durch die Teilnehmenden ist nicht erforderlich.

3.4.3 Vorbereitung der Begleitperson/en

Eine Begleitperson sollte in der Vegetationsgeographie, am besten auch in der Botanik oder Biologie, versiert sein, um den vollen Erfolg dieser Exkursion garantieren zu können. In jedem Fall muss sie sich über das Maß der (bereits ausführlichen) Inhaltsanalyse hinaus in die Thematik einlesen und auch die Vegetation im Gelände zumindest so weit bestimmen können, dass Höhenstufen erkannt und herausgearbeitet werden können. Natürlich ist auch die Unterstützung durch eine/n Naturparkranger/in mit entsprechenden Kenntnissen eine gute Option.

Zur Bestimmung vor Ort sollten verschiedene Bestimmungsbücher für alpine Pflanzen, speziell auch für Baumarten dabei sein. Die Pflanzenbestimmung ist im Übrigen ebenso per Handy-App möglich, z. B. mit der „Alpenblumen“-App vom Ulmer Verlag.

3.4.4 Material

- Arbeitsblätter, Infoblätter etc. der verschiedenen Stationen (siehe Stationen); es ist zu empfehlen, die Arbeitsblätter wasserabweisend zu laminieren.
- Stifte (mehrere/Kleingruppe)
- Schreibblöcke (mehrere/Kleingruppe)
- Plakate (ausreichend für alle Kleingruppen)
- Marker (ausreichend für alle Kleingruppen)
- Bestimmungsbücher (min. 1/Kleingruppe)
- Karte (1/Kleingruppe)

- Information über geschützte Pflanzen (Rote Liste etc.) (1/Kleingruppe)
- Diverse Materialien zum Anlegen der Herbarien, Messer, Schere, Zeitungspapier, Zeichenblätter DIN A3, Klebstift bzw. Nadel und Faden (vgl. auch Infoblatt „Anleitung zum Anlegen eines Höhenstufen-Herbariums“) (ausreichend für alle Kleingruppen)
- Evtl. GPS-Gerät (1/Kleingruppe)
- Evtl. Höhenmesser (1/Kleingruppe)
- Kompass (1/Kleingruppe)
- Fotoapparate (min. 1/Kleingruppe)
- Evtl. Laptop (1)
- Evtl. Beamer (1)

3.4.5 Zeitplan

Station	Zeit
Tag 1	
Station 1: Reise nach Spitzbergen	Ca. 30 Min.
Station 2: Höhenstufen der Vegetation	Ca. 240 Min.
Station 3: Präsentation & Hypothesenbildung	Vorbereitung: ca. 90 Min. & Präsentation 10 Min./ Kleingruppe
Gesamt Tag 1	**Ca. 7 h**
Tag 2	
Station 4: Forschungsreise zum Nordpol	Ca. 180 Min. & ca. 120 Min.
Station 5: Abschlusspräsentation	Vorbereitung: ca. 120 Min. & Präsentation 15 Min./ Kleingruppe
Gesamt Tag 2	**Ca. 8 h**
Gesamtzeit	**Ca. 15 h**

Station 1: Reise nach Spitzbergen

Ort	Ein gemütliches Plätzchen in der Nähe des Alpengasthofs Breitlahner (1 257 m)
Dauer	Ca. 30 Min.
Wegstrecke	–
Höhenmeter	–
Sozialform	Partnerarbeit, Kleingruppenarbeit, Gespräch im Plenum
Material	Arbeitsblatt Station 1, unter Kap. Arbeitsmaterialien (1/Kleingruppe) Infoblatt Station 1, unter Kap. Arbeitsmaterialien (1/Kleingruppe)
Gefahren	Keine

Exakte Angaben für die Teilnehmenden: vgl. Arbeitsblatt Station 1

Ihr erhaltet Reisetickets. Überlegt Euch gemeinsam mit Eurer Partnerin/Eurem Partner, wie sich der Blick aus dem Zugfenster und später bei Ankunft am Reiseziel an Bord Eures Kreuzfahrtschiffes darstellt. Geht dabei möglichst ausführlich auf die Veränderungen der Vegetation ein. Da die Tour doch sehr lang ist, wählt drei oder vier über die Reise verteilte Stationen aus, bei denen die Unterschiede stark ausgeprägt sind.

Noch etwas schwieriger: Erklärt die Veränderungen der Vegetation auf Eurer Reiseroute mit der Veränderung der klimatischen Bedingungen.

Arbeitet zuerst zu zweit und tragt anschließend Eure Ergebnisse in kleinen Gruppen zu max. fünf Personen zusammen. In einem anschließenden Plenumsgespräch werden wir Eure Erkenntnisse gemeinsam besprechen.

Hinweise für die Begleitperson/en

Die Teilnehmenden erhalten zunächst nur den ersten Teil der Arbeitsblätter zu Station 1 „Zugticket, Bordkarte für die Schiffsreise".

Bei der gemeinsamen Besprechung am Ende besteht die Möglichkeit, auch die Infoblätter der Station 1 auszuteilen, auf denen Fotos aus verschiedenen Klima- und Vegetationszonen zu sehen sind, um die Diskussion noch einmal voranzubringen. Sollte dies geschehen vgl. die diesbezüglichen Anmerkungen im Erwartungshorizont.

Erwartungshorizont

Einen Erwartungshorizont für Station 1 zu formulieren, ist so gut wie unmöglich, da die erwartete Qualität bzw. das Anspruchsniveau der Antworten vom Vorwissen der Teilnehmenden abhängig ist. Im Grunde handelt es sich um eine mehr oder weniger detaillierte Darstellung der drei Geozonen Feuchte Mittelbreiten, Boreale Zone und Subpolare/Polare Zone (vgl. Inhaltsanalyse).

Anmerkungen zum evtl. Einsatz der Infoblätter Station 1: Bilder der Reise (vgl. Kap. Arbeitsmaterialien): Vorweg: Es handelt sich bei den Bildern um eine Zusammenstellung inhaltlich passender Fotos „entlang" der Zugstrecke, jedoch nicht um authentische, quasi aus dem Zugfenster gemachte Bilder.

Die Zusammenstellung der Bilder erfolgt aus drei Perspektiven:

- Perspektive 1: „Mit dem Zug zuerst immer am Inn entlang und dann vorbei an der Festung Kufstein und mit tollen Blicken auf den Wilden Kaiser" (vgl. Abb. 51)
    - Hier soll beispielhaft die Situation nahe des Ausgangspunkts (und dann in weiten Teilen) der Reise, sprich in den „Feuchten Mittelbreiten", dargestellt werden.
    - Die Feuchten Mittelbreiten sind von Natur aus Waldstandorte, es dominieren die sommergrünen Wälder sowie Mischwälder aus sommergrünen Laubbäumen und immergrünen Nadelbäumen (vgl. Inhaltsanalyse).
    - Auf beiden Abbildungen sind eindeutig Mischwälder zu sehen, die sich im Wilden Kaiser bis auf ca. 1 300 m hinauf ziehen. Das zweite Bild zeigt übrigens die AV-

Hütte „Hinterbärenbad“, die bereits im hinteren Kaisertal auf 829 m Seehöhe liegt (Man könnte dieses Foto also vom Zug aus keinesfalls machen.).
  - Diese Situation auf Abbildung 51a entspricht in etwa der beim Startpunkt der Exkursion am Alpengasthaus Breitlahner (1 257 m).
- Perspektive 2: „Immer näher Richtung nördlicher Polarkreis, schließlich über den Polarkreis und immer weiter Richtung Murmansk“ (vgl. Abb. 52)
  - Hier soll beispielhaft die Situation der Umgebung der Reisestrecke nahe des Polarkreises, sprich in der „Borealen Zone“, dargestellt werden.
  - Abbildung 52a zeigt die Dominanz der artenarmen und meist immergrünen Nadelhölzer, in diesem Fall der Fichte.
  - Auf Abbildung 52b (erneut weiter nördlich) werden die Borealen Nadelwälder mehr und mehr von Torfmooren durchsetzt (Waldtundra), zunehmend mischt sich Birke dazu.
  - Abbildung 52c (erneut weiter nördlich) zeigt die erneute Ausbreitung von Wäldern, jedoch in Nähe der Waldgrenze, so dass die Birke hier dominiert. Es sollte dazu gesagt werden, dass in Nordeuropa die Birke die Waldgrenze bildet, in den Alpen sind es dagegen i .d. R. Nadelbäume, speziell in unserem Exkursionsgebiet die Zirbe.
  - Auf Abbildung 52d werden die Bäume immer kleinwüchsiger, das dominante Element bildet die Tundra, bald ist die subpolare Zone erreicht.
- Perspektive 3: „Ankunft und Landausflug in Spitzbergen“ (vgl. Abb. 53)
  - Schon Murmansk liegt in der subpolaren Zone (Tundra). In den (hoch)arktischen Tundren Spitzbergens bilden sich überwiegend artenarme Gesellschaften aus. Hier dominieren – wie in den hochsubalpinen und alpinen Zonen der Alpen – Zwergsträucher, Gräser, Polster- und Rosettenpflanzen, Moose und Flechten. Weite Teile Spitzbergens sind als polare Eiswüsten zu bezeichnen und ähneln damit stark der nivalen Stufe in unserem Exkursionsgebiet.

Station 2: Höhenstufen der Vegetation

Ort	Vom Parkplatz des Alpengasthauses Breitlahner (1 257 m) zur Alpenrosenhütte (1 878 m)
Dauer	Ca. 240 Min.
Wegstrecke	Ca. 8 km ↑
Höhenmeter	Ca. 620 Hm ↑
Sozialform	Kleingruppenarbeit
Material	Arbeitsblatt Station 2, unter Kap. Arbeitsmaterialien Infoblatt Station 2, unter Kap. Arbeitsmaterialien Stifte (mehrere/Kleingruppe) Schreibblöcke (mehrere/Kleingruppe) Bestimmungsbücher (min. 1/Kleingruppe) Karte (1/Kleingruppe)

	Information über geschützte Pflanzen (Rote Liste etc.) (1/Kleingruppe) Diverse Materialien zum Anlegen der Herbarien, Messer, Schere, Zeitungspapier, Zeichenblätter DIN A3, Klebstift bzw. Nadel und Faden (vgl. auch Infoblatt „Anleitung zum Anlegen eines Höhenstufen-Herbariums") (ausreichend für alle Kleingruppen) Evtl. GPS-Gerät (1/Kleingruppe) Evtl. Höhenmesser (1/Kleingruppe) Kompass (1/Kleingruppe) Fotoapparate (min. 1/Kleingruppe)
Gefahren	Vgl. Kapitel V „Sicher unterwegs im Hochgebirge – alpine Gefahren und Ausrüstung", v. a. „Gelände, Forschungsstandorte und Fotografieren im Gelände", „Rutschgefahr bei Nässe", „Gefahren am Zemmbach" Verwenden von Messer und Schere

Exakte Angaben für die Teilnehmenden: vgl. Arbeitsblatt Station 2

Soeben haben wir uns Gedanken über die Klima- und Vegetationszonen entlang einer Reiseroute von Innsbruck bis Spitzbergen gemacht. Auf unserer heutigen tatsächlichen Tour vom Alpengasthaus Breitlahner zur Alpenrosenhütte (und auch morgen von der Alpenrosenhütte über die Berliner Hütte bis zum Gletscher) wird sich die Vegetation verändern und wir werden verschiedene Klima- und Vegetationszonen, wir nennen sie ab jetzt „Höhenstufen", entdecken und erleben.

Beobachte ab sofort mit Deiner Kleingruppe die Vegetation und versucht, Höhenstufen zu erkennen und zu definieren. Bleibt dazu auf dem Weg zur Alpenrosenhütte immer wieder an von Euch ausgewählten Forschungsstandorten stehen und dokumentiert die Vegetation und deren Wandel im Vergleich zu den vorherigen Standorten mit unterschiedlichen Mitteln: Bestimmt die Bäume und auffällig häufig vorkommende Pflanzen (Bestimmungsbücher sind dabei), macht Fotos, händische Skizzen etc. Überlegt immer wieder, welche Pflanzen am jeweiligen Standort dominieren und sucht nach Erklärungen, warum das so ist (z. B. am Fluss, auf einem Sonnenhang, Höhenlage etc.). Diskutiert, ob sich bereits die Höhenstufe der Vegetation (und damit auch des Klimas) verändert hat oder ob die Veränderung nur von den speziellen Bedingungen vor Ort ausgelöst ist (z. B. Lage am Sonnenhang, Fluss etc.).

Eine weitere Aufgabe Eurer Kleingruppe ist es, Pflanzen(teile) für ein „Höhenstufen-Herbarium" zu sammeln, um später die typische Vegetation der verschiedenen Höhenstufen darstellen zu können. Vergleicht dazu das Infoblatt mit der „Anleitung zum Anlegen eines Herbariums". Sammelt immer auch die Daten für die Beschriftung des Herbariums. Eure Begleitpersonen stellen Euch dazu diverse Hilfsmittel zur Verfügung, z. B. GPS-Geräte oder Höhenmesser zur Bestimmung der Höhenlage, Karte und Kompass zur Bestimmung der Exposition eines Hangs etc.

Am besten ist jede/r in der Kleingruppe für ein bis zwei Tätigkeiten zuständig, also z. B. zum Fotografieren und Sammeln oder zum Skizzieren und Sammeln für das Herbarium etc.

Verteilt nun innerhalb der Kleingruppe Eure Rollen und findet auch gleich einen Forschungsstandort ganz in der Nähe zur ersten Bestimmung der Vegetation und Höhenstufe.

Erst anschließend gehen wir los Richtung Alpenrosenhütte und Ihr legt dann nach einer Weile den nächsten Forschungsstandort fest, an dem gearbeitet wird.

Eure Ergebnisse werden später auf der Alpenrosenhütte aufbereitet und den anderen Kleingruppen präsentiert.
Viel Freude auf dieser Entdeckungsreise!

Hinweise für die Begleitperson/en

Die Arbeitsaufträge sind komplex und bedürfen einer gründlichen Erklärung durch die Begleitpersonen. Außerdem müssen die Aufträge auch schriftlich verteilt werden, damit wichtige Dinge nicht vergessen werden. Sobald es keine Frage mehr gibt, geht es an die Arbeit. Die Forschungsstandorte sollten von den Begleitpersonen einsehbar sein.

Die Kleingruppengröße wird von den Begleitpersonen selbst geregelt, sinnvoll sind vier bis sechs Personen pro Gruppe.

Es ist von Bedeutung, dass die Begleitpersonen darauf achten, dass die Teilnehmenden während des Aufstieges keine ungünstigen Forschungsstandorte wählen. Dabei sollten sowohl die Höhenstufen der Vegetation sowie deren Ausprägung vor Ort berücksichtigt werden (vgl. Inhaltsanalyse), aber auch an den Zusammenhang mit den globalen Geozonen gedacht werden. Außerdem muss auf evtl. Gefahren geachtet werden. Es sollte genügend Zeit für die Beobachtungen, Messungen und Dokumentationen der Teilnehmenden zur Verfügung stehen.

Nicht gesammelt werden dürfen laut Naturschutzgesetzen geschützte oder teilweise geschützte Arten (jedes österreichische Bundesland verfügt über eigene Listen). In Naturschutzgebieten und sensiblen Lebensräumen sollten keine Pflanzen gesammelt werden. Dazu gehören Uferzonen von stehenden Gewässern (Seen, Weiher, Tümpel) und Feuchtgebiete wie Riede und Moore. Besonders in der subalpinen und alpinen Stufe kommen vermehrt geschützte Pflanzenarten vor.

Erwartungshorizont

Vgl. Station 3, dort werden die Ergebnisse dieser Station präsentiert.

Station 3: Präsentation und Hypothesenbildung

Ort	Alpenrosenhütte (1 878 m)
Dauer	Vorbereitung: ca. 90 Min. und Präsentation 10 Min./Kleingruppe
Wegstrecke	–
Höhenmeter	–
Sozialform	Kleingruppenarbeit; Präsentations- und Diskussionsrunde im Plenum
Material	Arbeitsblatt Station 3, unter Kap. Arbeitsmaterialien (min. 1/Kleingruppe) Bisherige Dokumentation der Kleingruppen
Gefahren	Keine

Exakte Angaben für die Teilnehmenden: vgl. Arbeitsblatt Station 3

Erstellt gemeinsam in Eurer Kleingruppe eine 10-minütige (für die anderen Teilnehmenden möglichst motivierende) Präsentation, in der Ihr Euch auf folgende zwei Punkte konzentriert:

1. Stellt Eure bisherigen Ergebnisse aus Station 2 vor, die Ihr auf dem Weg zur Alpenrosenhütte gewonnen habt. Konzentriert Euch dabei auf
   - die vorherrschende Vegetation am Standort (ausführlich/Pflanzen für das Höhenstufen-Herbarium (vgl. Abb. 54) mit einbeziehen),
   - die Veränderung der Vegetation (und des Klimas) mit zunehmender Höhe,
   - und eine mögliche Einteilung der entdeckten Vegetation in verschiedene Höhenstufen.
2. Überlegt Euch mindestens drei Hypothesen (Vermutungen), wie sich die Vegetation (als Ausdruck des vorherrschenden Klimas) morgen auf unserem Weg zum Hornkees weiter entwickeln könnte und notiert diese.

Hinweise für die Begleitperson/en

Für die Hypothesenbildung soll möglichst viel Freiraum geschaffen werden. Hypothesen können verifiziert als auch falsifiziert werden, weshalb allen formulierten Vorschlägen Wertschätzung entgegengebracht werden sollte. Auf keinen Fall dürfen diese Thesen zu diesem Zeitpunkt bereits in irgendeiner Weise bewertet werden. Verifizierung und Falsifizierung sind essentieller Bestandteil der Exkursion des nächsten Tages.

Bei der Nachbesprechung der Präsentationen sollen die bestimmenden Elemente der Vegetation an den Forschungsstationen und die Zusammenhänge der Vegetationsveränderungen in Bezug auf die Höhe besprochen und hervorgehoben werden. Besonders wichtig erscheint es, mit den Teilnehmenden am Ende der Diskussion auf gelungene und weniger gelungene Forschungsansätze einzugehen, um am nächsten Tag die Arbeit effektiver fortzusetzen.

Erwartungshorizont

Die notwendigen Fachinformationen zur Beantwortung der Aufgabe 1 finden sich in der Inhaltsanalyse.

Mögliche Hypothesen in Aufgabe 2 könnten sein:

- „*Die Vegetation verändert sich mit der Höhe ähnlich wie auf meiner Zugreise.*“
- „*Die Bäume werden mit zunehmender Höhe weniger und kleiner, bis nur noch Sträucher vorhanden sind.*“
- „*Ab einer bestimmten Höhe ist gar keine Vegetation mehr da.*“

Station 4: Forschungsreise zum Nordpol

Ort	Weg von der Alpenrosenhütte (1 878 m) bis zur Gletscherzunge des Hornkees (ca. 2 250 m, Stand 2014)
Dauer	Ca. 180 Min. & ca. 120 Min. zurück (inkl. Rast auf der Berliner Hütte, 2 044 m)
Wegstrecke	Ca. 3 km ↑ / ca. 3 km ↓
Höhenmeter	Ca. 400 Hm ↑ / ca. 400 Hm ↓
Sozialform	Kleingruppenarbeit
Material	Arbeitsblatt Station 4, unter Kap. Arbeitsmaterialien (min. 1/Kleingruppe) Forschungsmaterialien wie in Station 2 (evtl. erweitert)
Gefahren	Vgl. Kapitel V „Sicher unterwegs im Hochgebirge – alpine Gefahren und Ausrüstung", v. a. „Gelände, Forschungsstandorte und Fotografieren im Gelände", „Rutschgefahr bei Nässe" (speziell Gneisplatten), „Gefahren am Zemmbach", „ Steinschlag und Lawinengefahr" und „Gletscher"

Exakte Angaben für die Teilnehmenden: vgl. Arbeitsblatt Station 4

Gestern Früh machten wir uns Gedanken über die Klima- und Vegetationszonen entlang einer Reiseroute von Innsbruck bis Spitzbergen. Anschließend erforschten wir auf unserem Weg zur Alpenrosenhütte die Vegetation, die Veränderung der Vegetation und entdeckten verschiedene Höhenstufen.

Heute begeben wir uns über die Berliner Hütte bis zur Gletscherzunge des Hornkees und setzen damit unsere Forschungsreise zum Pol fort. Die Arbeitsaufträge bleiben im Grunde dieselben, lernt aber bitte aus eventuellen Fehlern von gestern und nehmt Eure Forschungsaufgaben ernst. Es stehen wieder verschiedene Messinstrumente zur Verfügung, wählt selbst, welche Ihr verwenden möchtet. Nehmt diese bitte selbstständig mit.

Bleibt auf dem Weg zum Hornkees immer wieder an von Euch ausgewählten Forschungsstandorten stehen und dokumentiert die Vegetation und deren Veränderungen mit unterschiedlichen Mitteln: Bestimmt die Bäume und auffällig häufig vorkommende Pflanzen (Nehmt wieder Bestimmungsbücher mit!), macht Fotos, händische Skizzen etc. Überlegt immer wieder, welche Pflanzen am jeweiligen Forschungsstandort dominieren und sucht nach Erklärungen, warum das so ist (z. B. am Fluss, auf einem Schattenhang, in bestimmten Höhenlagen, in Gletschernähe etc.). Diskutiert, ob sich bereits die Höhenstufe der Vegetation verändert hat oder ob die Veränderung nur von den speziellen Bedingungen vor Ort ausgelöst worden ist.

Denkt erneut daran, Pflanzen(teile) für Euer „Höhenstufen-Herbarium" zu sammeln, in dem Ihr später die typische Vegetation der verschiedenen Höhenstufen darstellen werdet. Sammelt immer auch die Daten für die Beschriftung des Herbariums (vgl. Infoblatt).

Am besten ist jede/r in der Kleingruppe für eine (zwei) neu (!) bestimmte Tätigkeiten zuständig, also z. B. zum Fotografieren und Sammeln oder zum Skizzieren und Sammeln für das Herbarium etc.

Wir gehen demnächst los (zuerst Richtung Berliner Hütte, danach Richtung Hornkees) und Ihr legt dann nach einer Weile den nächsten Forschungsstandort fest, an dem gearbeitet wird.

Eure Ergebnisse werden später auf der Alpenrosenhütte erneut aufbereitet und den anderen Kleingruppen präsentiert.
Viel Freude auf dem letzten Teil Eurer „Entdeckungsreise zum Pol"!

Hinweise für die Begleitperson/en

Siehe Hinweise zur Station 2. Die Teilnehmenden sollten erneut genügend Zeit haben, um der Überprüfung ihrer Hypothesen nachzugehen. Auch langsam Gehende benötigen Zeit für ihre Forschung.
Anschließend Rückkehr zur Alpenrosenhütte; zuvor evtl. Rast auf der Berliner Hütte.

Erwartungshorizont

Die nötigen Fachinformationen zur Beantwortung der Aufgaben finden sich in der Inhaltsanalyse.

Station 5: Abschlusspräsentation

Ort	Alpenrosenhütte
Dauer	Vorbereitung: ca. 120 Min. & Präsentation 15 Min./Kleingruppe
Wegstrecke	–
Höhenmeter	–
Sozialform	Kleingruppenarbeit/Präsentations- und Diskussionsrunde im Plenum
Material	Arbeitsblatt Station 5, unter Kap. Arbeitsmaterialien (min. 1/Kleingruppe) Plakate (ausreichend für alle Kleingruppen) Marker (ausreichend für alle Kleingruppen) Evtl. Laptop (1) Evtl. Beamer (1)
Gefahren	Keine

Exakte Angaben für die Teilnehmenden: vgl. Arbeitsblatt Station 5

Erstellt gemeinsam in Eurer Kleingruppe eine 15-minütige Abschlusspräsentation, in der Ihr Euch auf folgende drei Punkte konzentriert:

- Stellt noch einmal ganz kurz Eure Ergebnisse aus Station 2 (gestern) und ausführlich Eure Ergebnisse aus Station 4 (heute) vor. Konzentriert Euch dabei auf
  - die entdeckte Vegetation (ausführlich/Pflanzen für das Höhenstufen-Herbarium (vgl. Abb. 54) mit einbeziehen),
  - die Veränderung der Vegetation (und des Klimas) mit zunehmender Höhe und
  - eine mögliche Einteilung der entdeckten Vegetation in verschiedene Höhenstufen.

- Geht auf Eure gestern aufgestellten Hypothesen ein, wie sich die Vegetation (als Ausdruck des vorherrschenden Klimas) auf dem Weg zum Hornkees weiter entwickeln wird und begründet, ob diese richtig oder falsch waren.
- Stellt abschließend einen Zusammenhang mit den in Station 1 erarbeiteten Klima- und Vegetationszonen (Feuchte Mittelbreiten/Boreale Zone/Subpolar/Polare Zone) und den von Euch im Gebirge erforschten Höhenstufen her.

Achtet darauf, Eure Abschlusspräsentation möglichst anschaulich und vor allem auch für alle verständlich und motivierend zu gestalten.

Hinweise für die Begleitperson/en

Die Kombination verschiedener methodischer Herangehensweisen soll es ermöglichen, dass die Teilnehmenden ein Bewusstsein für die komplexen Wirkungsgefüge zwischen Bio-, Atmo-, Hydro-, Pedo-, Relief- und Hydrosphäre erlangen und, daraus folgernd, räumliche Verbreitungsmuster (z.B. Vegetationsstufen im Hochgebirge) erkennen können. Indem die einzelnen Erkenntnisse über die Abfolge der Vegetation im Hochgebirgs-Naturpark Zillertaler Alpen mit den geozonalen Klima- und Vegetationszonen (von den Mittelbreiten bis zum Nordpol) verknüpft werden, können Gemeinsamkeiten naturräumlicher Gliederungen unterschiedlicher Dimensionen erfasst werden. Die Erkenntnisse sollten in einer abschließenden Plenumsrunde von den Begleitpersonen und Exkursionsteilnehmenden diskutiert und reflektiert werden.

Erwartungshorizont

Die notwendigen Fachinformationen finden sich in der Inhaltsanalyse. Auch die Abbildungen dort können eine Hilfe zur Veranschaulichung sein.

Die Ergebnisse sollen möglichst anschaulich dargestellt werden (Grafik, Statistik, Tabelle, Skizze etc.).

3.5 Arbeitsmaterialien

Arbeitsblatt Station 1: Eine Reise nach Spitzbergen

Ihr erhaltet Reisetickets. Überlegt Euch gemeinsam mit Eurer Partnerin/Eurem Partner, wie sich der Blick aus dem Zugfenster und später bei Ankunft am Reiseziel an Bord Eures Kreuzfahrtschiffes darstellt. Geht dabei möglichst ausführlich auf die Veränderungen der Vegetation ein. Da die Tour doch sehr lang ist, wählt drei oder vier über die Reise verteilte Stationen aus, bei denen die Unterschiede stark ausgeprägt sind.

Noch etwas schwieriger: Erklärt die Veränderungen der Vegetation auf Eurer Reiseroute mit der Veränderung der klimatischen Bedingungen.

Arbeitet zuerst zu zweit und tragt anschließend Eure Ergebnisse in kleinen Gruppen zu max. fünf Personen zusammen. In einem anschließenden Plenumsgespräch werden wir Eure Erkenntnisse gemeinsam besprechen.

Arbeitsblatt Station 1: Eine Reise nach Spitzbergen

Zugticket, Bordkarte für die Schiffsreise

20.02.–23.02.		232931
von	INNSBRUCK	
nach	MURMANSK	
über	ST. PETERSBURG	
Vorteilsticket <26		Wagenklasse2
1 E		
4000 km	Preis inkl. 10% Ust	€ 350

Innsbruck Hbf	Do, 20.02.	ab	11:05	7	IC 865	Intercity: Fahrradmitnahme reservierungspflichtig, Fahrradmitnahme begrenzt möglich, Reservierung möglich, Damenabteil, Businessabteil, Mobiler Bordservice (Snacks und Getränke), Rollstuhlstellplatz, Rollstuhlstellplatz. Voranmeldung unter +43 (0) 5 1717, rollstuhltaugliches WC, Handy-/Ruhezonen, Kinderkino, Stillabteil
Wien Westbahnhof	Do, 20.02.	an	16:04	4		
Umsteigezeit 30 Min.						
Wien Westbahnhof	Do, 20.02.	ab	16:34	1	D 100 IC 100 EN 405 D 405	Schnellzug: Kurswagen, Schlafwagenzug, Reservierungspflicht Verkehrt als D 100 bis Breclav, danach als IC 100 bis Bohumin, danach als EN 405 bis Katowice, danach als D 405
Brest Central	Fr, 21.02.	an	07:43			
Umsteigezeit 6:22 h						
Brest Central	Fr, 21.02.	ab	14:05		D 50BJ	Schnellzug nur 2. Klasse
St Petersburg Vitebskii	Sa, 22.02.	an	09:28			
Übergang 120 Min. weiter mit öffentlichem Personennahverkehr						
St Petersburg Ladogskii	Sa, 22.02.	ab	17:20		D 22CH	Schnellzug nur 2. Klasse
Murmansk	So, 23.02.	an	20:56			

Bordkarte
Reise von: Murmansk, 24.02. – nach: Spitzbergen, 26.02.
Name: Max Mustermann
Kabine: 1111

Infoblatt Station 1: Bilder der Zugreise

Perspektive 1

Abb. 51: *a: Mit dem Zug zuerst immer am Inn entlang und dann vorbei an der Festung Kufstein (Foto: Lars Keller 2005). b: Mit tollen Blicken auf den Wilden Kaiser (Foto: Lars Keller 2014)*

Infoblatt Station 1: Bilder der Zugreise

Perspektive 2

Abb. 52: *Immer näher Richtung nördlicher Polarkreis, schließlich über den Polarkreis und immer weiter Richtung Murmansk (Fotos: Kurt Nicolussi 2012 (a, b), Hanns Kerschner 1999 und 1996 (c, d))*

Infoblatt Station 2: Bilder der Schiffsreise

Perspektive 3

Abb. 53: *Ankunft und Landausflug in Spitzbergen: Viele hier heimische Pflanzen entdeckt man auch in Gletschernähe in unserem Exkursionsgebiet, etwa das Stengellose Leimkraut (c) oder den Steinbrech (d) (Fotos: a: MS Europa in Spitzbergen, Bildrechte freundlicherweise erteilt von Hapag Lloyd 2014, b: Rudolf Sailer 2014, c, d: Christiane Hüfner 2014).*

Infoblatt Station 2: Anleitung zum Anlegen eines Höhenstufen-Herbariums

Ein Herbarium ist eine Sammlung von Pflanzen, die erst gepresst und getrocknet werden. Am besten sammelt Ihr möglichst die gesamte (in diesem Fall für eine bestimmte Höhenstufe typische) Pflanze, d. h. mit Wurzeln, Blättern, Blüte und auch Früchten. Bei Bäumen und größeren Sträuchern reicht ein Ästchen aus. Bitte Vorsicht: Geschützte Pflanzen dürfen auf keinen Fall ausgerissen werden! Bitte fragt in Zweifelsfällen vorher Eure Begleitpersonen!

Die Pflanzen werden erst gereinigt und anschließend leicht angewelkt zwischen Zeitungspapier getrocknet und zugleich gepresst. Um Schimmel zu vermeiden, muss das Zeitungspapier in regelmäßigen Abständen ausgetauscht werden. Die nun getrockneten Pflanzen werden auf Zeichenblätter im DIN A3 Format festgeklebt oder mit Nadel und Faden aufgenäht (pro Art ein Papierbogen), schließlich umfassend beschriftet.

Abb. 54: *Herbarium (Foto: Anna Oberrauch 2014)*

Die Beschriftung des Herbariums erfolgt nach folgendem Muster:

Vegetation Zemmgrund

Familie	Pflanzenfamilie mit lateinischem und deutschem Namen
Art	Vollständiger lateinischer und deutscher Name mit Gattung und Art
Fundort	Möglichst genauer geographischer Fundort der Pflanze (z. B. Name des Ortes/der Gegend in der Karte finden/Koordinaten in der Karte oder am GPS ablesen)
Standort	Wuchsort der Pflanze z. B. sonnig/abgeschattet (hat nichts mit dem Sonnenschein in diesem Moment zu tun), nass bis trocken, auf welchem Gestein, Exposition (Hangausrichtung mit Kompass bestimmen), Höhenlage (an Höhenmesser oder GPS-Gerät ablesen), Fettwiese/Magerwiese/Grauerlenau/Waldrand/Waldunterwuchs/Moor/Flussnähe/Almwiese etc.
leg.	leg. = legit – gesammelt; hier ist der Name der Sammlerin/des Sammlers einzutragen
deg.	deg. = degit – bestimmt; hier ist der Name der Bestimmerin/des Bestimmers einzutragen
Datum	Datum des Sammeltages
Quelle	Eintragen des verwendeten Bestimmungsbuches plus Seitenzahl

Noch einmal: Vorsicht! Bitte keine geschützten Arten abreißen. Fragt immer Eure Begleitpersonen! Im Zweifelsfall bitte lieber ein gutes Foto oder eine händische Skizze machen!

Arbeitsblatt Station 3: Präsentation & Hypothesenbildung

Erstellt gemeinsam in Eurer Kleingruppe eine 10-minütige (für die anderen Teilnehmenden möglichst motivierende) Präsentation, in der Ihr Euch auf folgende zwei Punkte konzentriert:

1. Stellt Eure bisherigen Ergebnisse aus Station 2 vor, die Ihr auf dem Weg zur Alpenrosenhütte gewonnen habt. Konzentriert Euch dabei auf
   - die vorherrschende Vegetation am Standort (ausführlich/Pflanzen für das Höhenstufen-Herbarium mit einbeziehen),
   - die Veränderung der Vegetation (und des Klimas) mit zunehmender Höhe
   - und eine mögliche Einteilung der entdeckten Vegetation in verschiedene Höhenstufen.
2. Überlegt Euch mindestens drei Hypothesen (Vermutungen), wie sich die Vegetation (als Ausdruck des vorherrschenden Klimas) morgen auf unserem Weg zum Hornkees weiter entwickeln könnte und notiert diese.

Arbeitsblatt Station 4:

Gestern Früh machten wir uns Gedanken über die Klima- und Vegetationszonen entlang einer Reiseroute von Innsbruck bis Spitzbergen. Anschließend erforschten wir auf unserem Weg zur Alpenrosenhütte die Vegetation, die Veränderung der Vegetation und entdeckten verschiedene Höhenstufen.

Heute begeben wir uns über die Berliner Hütte bis zur Gletscherzunge des Hornkees und setzen damit unsere Forschungsreise zum Pol fort. Die Arbeitsaufträge bleiben im Grunde dieselben, lernt aber bitte aus eventuellen Fehlern von gestern und nehmt Eure Forschungsaufgaben ernst. Es stehen wieder verschiedene Messinstrumente zur Verfügung, wählt selbst, welche Ihr verwenden möchtet. Nehmt diese bitte selbstständig mit.

Bleibt auf dem Weg zum Hornkees immer wieder an von Euch ausgewählten Forschungsstandorten stehen und dokumentiert die Vegetation und deren Veränderungen mit unterschiedlichen Mitteln: Bestimmt die Bäume und auffällig häufig vorkommende Pflanzen (Nehmt wieder Bestimmungsbücher mit!), macht Fotos, händische Skizzen etc. Überlegt immer wieder, welche Pflanzen am jeweiligen Forschungsstandort dominieren und sucht nach Erklärungen, warum das so ist (z. B. am Fluss, auf einem Schattenhang, in bestimmten Höhenlagen, in Gletschernähe etc.). Diskutiert, ob sich bereits die Höhenstufe der Vegetation verändert hat oder ob die Veränderung nur von den speziellen Bedingungen vor Ort ausgelöst worden ist.

Denkt erneut daran, Pflanzen(teile) für Euer „Höhenstufen-Herbarium“ zu sammeln, in dem Ihr später die typische Vegetation der verschiedenen Höhenstufen darstellen werdet. Sammelt immer auch die Daten für die Beschriftung des Herbariums (vgl. Infoblatt).

Am besten ist jede/r in der Kleingruppe für eine (zwei) neu (!) bestimmte Tätigkeiten zuständig, also z. B. zum Fotografieren und Sammeln oder zum Skizzieren und Sammeln für das Herbarium etc.

Wir gehen demnächst los (zuerst Richtung Berliner Hütte, danach Richtung Hornkees) und Ihr legt dann nach einer Weile den nächsten Forschungsstandort fest, an dem gearbeitet wird.

Eure Ergebnisse werden später auf der Alpenrosenhütte erneut aufbereitet und den anderen Kleingruppen präsentiert.

Viel Freude auf dem letzten Teil Eurer „Entdeckungsreise zum Pol“!

Arbeitsblatt Station 5:

Erstellt gemeinsam in Eurer Kleingruppe eine 15-minütige Abschlusspräsentation, in der Ihr Euch auf folgende drei Punkte konzentriert:

1. Stellt noch einmal ganz kurz Eure Ergebnisse aus Station 2 (gestern) und ausführlich Eure Ergebnisse aus Station 4 (heute) vor. Konzentriert Euch dabei auf
   - die entdeckte Vegetation (ausführlich/Pflanzen für das Höhenstufen-Herbarium (vgl. Abb. 54) mit einbeziehen),
   - die Veränderung der Vegetation (und des Klimas) mit zunehmender Höhe
   - und eine mögliche Einteilung der entdeckten Vegetation in verschiedene Höhenstufen.
2. Geht auf Eure gestern aufgestellten Hypothesen ein, wie sich die Vegetation (als Ausdruck des vorherrschenden Klimas) auf dem Weg zum Hornkees weiter entwickeln wird und begründet, ob diese richtig oder falsch waren.
3. Stellt abschließend einen Zusammenhang mit den in Station 1 erarbeiteten Klima- und Vegetationszonen (Feuchte Mittelbreiten/Boreale Zone/Subpolar/Polare Zone) und den von Euch im Gebirge erforschten Höhenstufen her.

Achtet darauf, Eure Abschlusspräsentation möglichst anschaulich und vor allem auch für alle verständlich und motivierend zu gestalten.

3.6 Literaturverzeichnis

Baumhauer, R., C. Kneisel, S. Möller, B. Schütt & E. Tressel 2008. Physische Geographie 2: Klima-, Hydro-, Boden-, Vegetationsgeographie. Darmstadt.

Beierkuhnlein, C. 2007. Biogeographie – Die räumliche Organisation des Lebens einer sich verändernden Welt. Stuttgart.

Benkowitz, D. & K. Köhler 2010. Perception of Biodiversity – The Impact of School Gardening on Getting in Touch with Plants. In: Müller, N., P. Werner & J.G. Kelcey (Hrsg.), Urban Biodiversity and Design: 425–440. Chichester.

Blumenstein, O., H. Schachtzabel, H. Barsch, H_R. Bork & U. Küppers 2000. Grundlagen der Geoökologie. Erscheinungen und Prozesse in unserer Umwelt. Berlin.

BMBF 2009. Zur Entwicklung nationaler Bildungsstandards. http://www.bmbf.de/pub/zur_entwicklung_nationaler_bildungsstandards.pdf (Abrufdatum: 26/02/2015).

Böhlmann, D. 2009. Warum Bäume nicht in den Himmel wachsen. Eine Einführung in das Leben unserer Gehölze. Wiebelsheim.

Bundesamt für Strahlenschutz 2013. Grundlagen zur UV-Strahlung. http://www.bfs.de/de/uv/uv2/uv_strahlung.html (Abrufdatum: 03/07/2013).

DGfG 2012. Bildungsstandards im Fach Geographie für den Mittleren Schulabschluss. http://www.geographie.de/docs/geographie_bildungsstandards.pdf (Abrufdatum: 28/02/2014).

Elster, D. 2007. In welchen Kontexten sind naturwissenschaftliche Inhalte für Jugendliche interessant? Ergebnisse der ROSE Erhebung in Österreich und Deutschland. In: Plus Lucis 3: 2–8. http://pluslucis.univie.ac.at/PlusLucis/073/s2_8.pdf (Abrufdatum: 26/02/2015).

Endlicher, W. 1991. Klima, Wasserhaushalt, Vegetation – Grundlagen der Physischen Geographie II. Darmstadt.

Erschbamer, B. 2009. Hochgebirgspflanzen in Bedrängnis. In: Hofer, R. (Hrsg.), Die Alpen. Einblicke in die Natur. (alpine space – man and environment 9). Innsbruck.

Erschbamer, B. & S. Grabner 2001. Die subalpine und alpine Vegetation in Tirol. Exkursionsführer – 50. Jahrestagung der Floristisch-Soziologischen Arbeitsgemeinschaft vom 7. bis 10. Juli 2000 in Innsbruck.

Frisch, J.K., M.M. Unwin & G.W. Saunders 2010. Name That Plant! Overcoming Plant Blindness and Developing a Sense of Place Using Science and Environmental Education. In: Bodzin, A.M., B. Shiner Klein & S. Weaver (Hrsg.), The Inclusion of Environmental Education in Science Teacher Education: 143–157. New York.

Gebhardt, H., R. Glaser, U. Radtke & P. Reuber 2011. Geographie – Physische Geographie und Humangeographie. Heidelberg.

Glattes, F., H. R. Bolhàr-Nordenkampf, K. Gabler, J. Leitner, C. Majer, J. Plattner & P. Zweger 1989. Die Biotope der Proberäume im Höhenprofil „Zillertal". In: Phyton 29 (3), 15–37. http://www.landesmuseum.at/pdf_frei_baende/30194.pdf (Abrufdatum: 26/02/2015).

Gottfried, M., M. Hantel, C. Maurer, R. Toechterle, H. Pauli & G. Grabherr 2011. Coincidence of the alpine-nival ecotone with the summer snowline. Environmental Research Letters 6 (1). doi:10.1088/1748-9326/6/1/014013.

Goudie, A. 2008. Physische Geographie – Eine Einführung. Heidelberg.

Hemmer, M. & R. Uphues 2009. Zwischen passiver Rezeption und aktiver Konstruktion. In: Dickel, M. & G. Glasze (Hrsg.), Vielperspektivität und Teilnehmerzentrierung – Richtweiser der Exkursionsdidaktik. Münster.

Holstermann, N. & S. Bögeholz 2007. Interesse von Jungen und Mädchen an naturwissenschaftlichen Themen am Ende der Sekundarstufe. In: Zeitschrift für Didaktik der Naturwissenschaften 13: 71–86. http://www.ipn.uni-kiel.de/zfdn/pdf/006_Holster_13.pdf (Abrufdatum: 28/02/2014).

Kilian, W., F. Müller & F. Starlinger 1994. Die forstlichen Wuchsgebiete Österreichs. Eine Naturraumgliederung nach waldökologischen Gesichtspunkten. http://bfw.ac.at/300/pdf/1027.pdf (Abrufdatum: 22/02/2014).

Leser, H. 1997. Landschaftsökologie: Ansatz, Modelle, Methodik, Anwendung. Stuttgart.
Löwe, B. 1992. Biologieunterricht und Schülerinteressen an Biologie. Weinheim.
Mayer, H. 1974. Wälder des Ostalpenraumes. Stuttgart.
Mayer, J. 1995. Formenvielfalt als Thema des Biologieunterrichts. In: Mayer, J. (Hrsg.), Vielfalt begreifen – Wege zur Formenkunde. IPN Leibniz-Institut f. d. Pädagogik: 37–60. Kiel.
Mayr, S. & G. Neuner 2009. Pflanzen im Wechselbad der Temperaturen. In: Hofer, R. (Hrsg.), Die Alpen. Einblicke in die Natur (alpine space – man and environment: vol 9). Innsbruck.
Ozenda, P. 1988. Die Vegetation der Alpen im europäischen Gebirgsraum. Stuttgart.
Schickhoff, U. 2011. Dynamics of Mountain Ecosystems. In: Millington, A., M. Blumler & U. Schickhoff (eds.), The Sage Handbook of Biogeography: 313–337. London, Thousand Oaks, New Delhi, Singapore.
Schiechtl, H. M. & R. Stern 1983. Die Zirbe (Pinus cembra) in den Ostalpen 3: Stubaier Alpen, Wipptal, Zillertaler Alpen. In: Angew. Pflanzensoziologie 27.
Schultz, J. 2008. Die Ökozonen der Erde. Stuttgart.
Schultz, J. 2010. Ökozonen: UTB Profile. Stuttgart.
Strahler, A. H. & A.N. Strahler 2009. Physische Geographie. Stuttgart.
Veit, H. 2002. Die Alpen, Geoökologie und Landschaftsentwicklung. Ravensburg: Ulmer.
Wandersee, J.H. & E.E. Schussler 2001. Toward a theory of plant blindness. In: Plant Science Bulletin 47 (1): 2–9.
Wittig, R. 2012. Geobotanik. Stuttgart.

4 „Tatort Hochgebirge – Klimazeugen gesucht“ Spurensuche im Gletschervorfeld

Lars Keller, Christoph Eberl, Lukas Fritz,
Mario Fink, Laura Huber & David Schlögl

Steckbrief

Orte	Von der Berliner Hütte zum Gletschervorfeld des Hornkees bis zur Gletscherzunge des Hornkees (ca. 2250 m, Stand 2014) (siehe Übersichtskarte in Abb. 55)
Alter	14+
Dauer gesamt	Ca. 7 h
Wegstrecke gesamt	Ca. 1,8 km ↑ ca. 1,8 km ↓
Höhenmeter gesamt	Ca. 280 Hm ↑/ca. 280 Hm ↓
Gefahren	Vgl. Kapitel V „Sicher unterwegs im Hochgebirge – alpine Gefahren und Ausrüstung", v. a. „Gelände, Forschungsstandorte und Fotografieren im Gelände", „Rutschgefahr bei Nässe" (speziell Gneisplatten), „Gefahren am Zemmbach", „Steinschlag und Lawinengefahr" und „Gletscher"

Abb. 55: *Übersichtskarte (Ausschnitt aus der Alpenvereinskarte 35/2 Zillertaler Alpen, Mitte/ mit freundlicher Genehmigung des OeAV und DAV). Wichtig: Diese Karte zeigt den Exkursionsraum in einem größeren Kartenausschnitt. Die eingetragenen Wege entsprechen nicht denen der Exkursion. Diese verläuft hauptsächlich im freien Gelände und daher (mit Ausnahme der Querung des Baches nahe der Berliner Hütte) oft weglos!*

4.1 Zusammenfassung

Die Exkursion „Tatort Hochgebirge – Klimazeugen gesucht“ ist vom äußeren Rahmen her ein Kriminalfall, vom methodischen Ansatz eine „Spurensuche“ im Gelände. Grundidee einer „Spurensuche“ ist es, Erscheinungen, Zeichen, eben „Spuren“ in der Umwelt wahrzunehmen, sich ihrer bewusst zu werden und ihrem Bedeutungsgehalt „nachzuspüren“. „Spuren“ sind dabei Faktoren, die Hinweise auf natürliche oder anthropogene Zustände oder Prozesse geben, sie können materieller oder immaterieller Natur sein. An verschiedenen Stationen im gut zugänglichen Gletschervorfeld des Hornkees bekommen die Teilnehmenden ein Gespür für die räumliche und die zeitliche Dimension, in der die glaziale Prägung raumwirksam geworden ist bzw. weiter raumwirksam wird. Sie können im Gelände selbst entdecken, wie sich die wechselnden Vorstöße bzw. das Rückschmelzen der Eismassen auf die Formung der Landschaft ausgewirkt haben. Die Beteiligten lernen im Gelände insbesondere, den Raum zu lesen und über den Raum nachzudenken, sprich Landschaft und Landschaftsformen zu erkennen, zu analysieren und zu bewerten. Neben der fachlichen Zielerreichung stehen vor allem das Naturerlebnis und das „Im-Raum-Sein“ als leibliche Erfahrung in einem ästhetisch wertvollen Erfahrungsraum im Vordergrund.

4.2 Inhaltsanalyse

Als „Gletschervorfeld“ wird der Raum bezeichnet, der durch die Moränen der neuzeitlichen Gletschervorstöße begrenzt wird. Darunter sind vor allem jene Gletscherhochstände zu verstehen, die sich seit dem 16. bzw. 17. Jahrhundert ereignet haben (Kinzl 1949; Heuberger & Beschel 1958). Das Jahr 1850 wird als ungefährer Zeitpunkt des letzten Gletscherhochstands im gesamten Alpengebiet gesehen und ist in Fotografien, Bildern, Karten und verschiedenen wissenschaftlichen Arbeiten seit langem dokumentiert (z. B. Richter 1891; Kinzl 1929; vgl. Abb. 56).

Die Unterscheidung der verschiedenen Ausprägungen und Formen von Moränen ist im Gelände nicht immer einfach. Auch unterschiedliche Terminologien und Einteilungen erleichtern die Ansprache nicht. In einer einfachen Definition können Moränen als *„an den Gletschergrenzen entstandene, überwiegend wallförmige glaziale Akkumulationsformen“* bezeichnet werden (Winkler 2009, 131). Bei früherem Hochstand der Gletscher bildeten sich am seitlichen Gletscherrand Moränen, die heute als sogenannte „Ufermoränen“ als Wälle hoch über der aktuellen Gletscheroberfläche liegen. Auch einzelne einst an der Stirn der Gletscher gelegene Moränenwälle, die „Endmoränen“, sind bis heute erhalten. In der vorliegenden Exkursion ist speziell das Erkennen von Ufer- und Endmoränen von Bedeutung.

Ein besonders schönes Exemplar einer „1850er Moräne“ findet sich unweit der Alpenrosenhütte. Von ihrer Terrasse blickt man taleinwärts Richtung Waxeggkees und sieht den sehr gut ausgeprägten Endmoränenwall, den die damals noch vereinten Gletscher Hornkees und Waxeggkees gemeinsam abgelagert bzw. aufgeschoben haben. Nur wenige Schritte von der Berliner Hütte, quasi als „Eingang zum Gletschervorfeld des Hornkees“, trifft man ebenfalls auf die 1850er Moräne, man betritt hier allerdings die Ufermoräne (vgl. Abb. 63). Ihre Entste-

Abb. 56: *Dieses Aquarell eines unbekannten Künstlers zeigt die Berliner Hütte sowie den ungefähren neuzeitlichen Hochstand des Hornkees um 1850 (Quelle: Archiv Hochgebirgs-Naturpark Zillertaler Alpen)*

hung ist nicht alleine durch einen einzelnen Gletschervorstoß zu erklären, vielmehr sind die Ufermoränen „von 1850" die Summe mehrerer Gletscherhochstände. Bei jedem der großen nacheiszeitlichen Vorstöße hat der Gletscher seine Moränen auf die der vorausgehenden Hochstände gehäuft (Heuberger & Beschel 1958).

Nur etwa 150 Meter entfernt belegen die zwei gut sichtbaren jüngeren Endmoränenwälle von 1901 und 1923 ebenfalls die ehemaligen Dimensionen des Hornkees. Weitere (wenngleich deutlich weniger markant ausgeprägte) Wälle immer jüngerer Gletscherstände veranschaulichen auf dem Weg zur heutigen Gletscherzunge das Rückschmelzen des Hornkees bis in die heutige Zeit. Dies bestätigen eindrucksvoll auch die jährlich erscheinenden Gletscherberichte des Alpenvereins, die auf langjährigen Messreihen beruhen. Im Bereich rund um die Berliner Hütte werden seit 1891 Gletschermessungen durchgeführt. Sie bilden damit die längste Messreihe im gesamten Ostalpenraum. Die gemessenen Rückgänge der Länge des Hornkees lagen dabei allein in den Jahren 2011/2012 sowie 2012/2013 bei 43 m und 26 m (Fischer 2013; Fischer 2014) und führen damit den zuletzt immer schneller ablaufenden Schmelzprozess vor Augen. Die Abbildungen 77a und 77b in Kapitel 5 zeigen den Rückzug der beiden Gletscher Hornkees und Waxeggkees zwischen 1982 und 2013.

Neben den weithin sichtbaren Moränen (großflächige Merkmale) hat der Gletscher auch kleinräumig auf verschiedene Landschaftselemente eingewirkt. So wurden Felsflächen durch

Abb. 57: *Eine Exkursionsgruppe auf den von Sichelbrüchen geprägten Gneisfelsen in der Nähe der Berliner Hütte. Vorsicht, auf den Felsplatten ist es häufig rutschig! (Foto: Lars Keller 2011)*

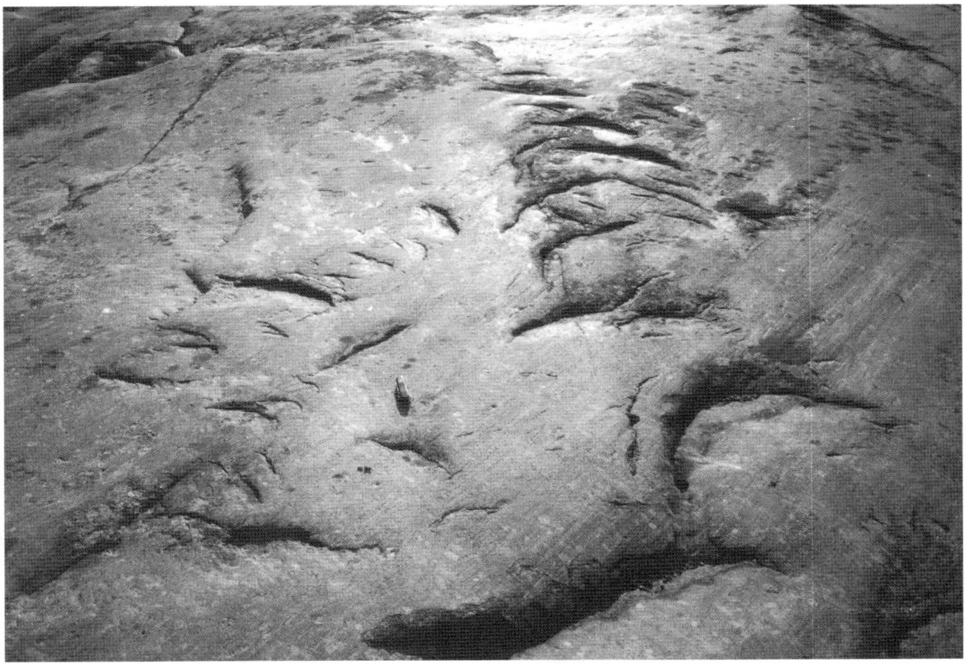

Abb. 58: *Sichelbrüche und Gletscherschrammen auf Granitgneis nahe der Berliner Hütte, in der Bildmitte ein Taschenmesser zum Größenvergleich (Quelle: Archiv Hochgebirgs-Naturpark Zillertaler Alpen)*

die Kraft des sich bewegenden Eises bzw. der mittransportierten Gerölle abgeschliffen (vgl. Abb. 58). Diese glaziale Erosion ist nicht als kurzfristiges Ereignis zu verstehen, vielmehr haben die Eismassen und der an ihrer Basis mitgeführte Schutt (Erosionsmaterial) den Fels über einen sehr langen Zeitraum, meist über mehrere Jahrhunderte, bearbeitet (Heuberger 2004). Die Formen dieser Vorgänge sind heute noch als feine Kratzer und gröbere Schrammen bzw. als Sichelbrüche erkennbar. Die überall deutlich sichtbaren Schrammen auf dem anstehenden Fels bringen die Bewegungsrichtung des Eises zum Ausdruck. Aus der parallelen Ausrichtung der einzelnen Schrammen lässt sich gut erkennen, dass Gletscher ein sehr homogenes Bewegungsverhalten zeigen.

Die Sichelbrüche im Fels nahe der Berliner Hütte gehören zu den anschaulichsten Beispielen im östlichen Alpenraum (vgl. Abb. 58). Die Form der Sichel ähnelt dabei einer Parabel bzw. einem Bogen, der zum Schießen verwendet wird (vgl. Abb. 62). Das Eis bewegte sich einst ungefähr in die Richtung, in die quasi auch der in den jeweiligen Bogen eingelegte Pfeil geflogen wäre. Der Gletscher ist verantwortlich für die Bildung eines Primärrisses im Fels, der durch den Druck eines Steines im Eis entsteht. Für die Rissausbreitung (Sekundärbruch) ist dann der Frostwechsel verantwortlich. Glaziale und periglaziale Wirkung arbeiten also abwechselnd an der Bildung der Sichelbrüche (Heuberger 2004). Sichelbrüche treten häufig kettenförmig auf. Wird ein an der Unterseite eines Gletschers mittransportierter Felsblock horizontal weiter bewegt und vom Felsuntergrund schnell wieder gebremst, hat dies eine Häufung des Phänomens zur Folge (Wintges 1984; Wintges & Heuberger 1980 a, b; Ficker et. al 1980).

Die Vegetation liefert wertvolle Hinweise für das Abschmelzen von Gletschern, da sie nach und nach die eisfreien Zonen einnimmt. Die Konsequenz daraus ist, dass die Pflanzendecke in Gebieten, die vor zirka 100 Jahren eisfrei wurden, bereits markant ausgeprägt ist (kleine Bäume, Sträucher, Gräser). Die weniger lang eisfreien Gebiete zeigen dagegen keine oder geringere Vegetationsbedeckung, bieten aber besten Lebensraum für Pionierpflanzen. Krustenflechten wachsen häufig direkt auf den Steinen der abgelagerten Moränen, während die Gräser, Sträucher und Bäume Boden benötigen. Auf rezenten Moränen sind noch keine Flechten zu finden, einige wenige Flechtenarten treten im Bereich von ca. 20 – 30 Jahre alten Moränen auf (Türk & Erschbamer 2010). Die unterschiedliche Größe und Ausbreitung von Flechten gibt also Aufschluss darüber, wie lange ein Ort schon eisfrei ist. Je größer der Flechtendurchmesser, desto älter beispielsweise der Moränenwall. Dies gilt allerdings nicht für jede Krustenflechtenart. Besonders interessant ist hier die „Landkartenflechte“ (lat. *Rhizocarpon geographicum*) (Loos & Zimmermann 2014; vgl. Abb. 59). Flechten wachsen auf Höhe des Exkursionsgebiets im Durchschnitt in etwa 0,6 mm pro Jahr (Pindur & Heuberger 2008). Im Gegensatz zu den Krustenflechten treten Moose sehr wohl schon früher auf, d. h. auf Flächen, die zirka drei Jahre eisfrei sind (Mayer & Erschbamer, unpublizierte Daten). Allerdings wachsen diese Moose nicht auf Steinen. Pionierpflanzen erscheinen bereits ein bis fünf Jahre nach Eisfreiwerden (Cannone et al. 2007: 1 Jahr nachher; Raffl et al. 2006: 3–5 Jahre nachher). Das Kennzeichen von Pionieren (Steinbrech-Arten: *Saxifraga aizoides*, *Saxifraga oppositifolia*, *Saxifraga bryoides* etc./Einblütiges Hornkraut: *Cerastium uniflorum*/ Alpen-Leinkraut: *Linaria Alpina*/Schlaffes Rispengras: *Poa laxa* etc.) ist es, dass sie keinen Boden benötigen. Sie sind es, die die Bodenbildung erst einleiten. Unter ihren Polstern/ Horsten beginnt die Humusbildung. Sie benötigen also keinen fruchtbaren Boden, sehr

Abb. 59: *Landkartenflechten auf Felsen im Exkursionsgebiet (Foto: Lars Keller 2013)*

wohl aber genügend Feuchtigkeit, damit ihre Keimlinge bzw. Jungpflanzen überleben können. Zusammenfassend kann festgehalten werden, dass mit zunehmender Annäherung an die heutige Gletscherzunge die Pflanzendecke immer dünner und filigraner wird, nahe der Gletscherzunge finden sich Pionierpflanzen, Gräser, Flechten und Moose nur vereinzelt bzw. schließlich nicht mehr (Heuberger 2004).

4.3 Methodische Analyse

Die Exkursion „Tatort Hochgebirge – Klimazeugen gesucht – Spurensuche im Gletschervorfeld" ist, wie es schon aus dem Titel hervorgeht, vom methodischen Ansatz her eine „Spurensuche" im Gelände. Grundidee einer „Spurensuche" ist es (wenngleich durchaus stark verkürzt ausgedrückt), Charakteristika, Spezifika, überhaupt Erscheinungen, Zeichen, eben „Spuren" in der Umwelt wahrzunehmen, sich ihrer bewusst zu werden und ihrem Bedeutungsgehalt „nachzuspüren" (Dahm 1992). „Spuren" sind dabei Hinweise auf natürliche oder anthropogene Zustände oder Entwicklungen. Sie können materieller oder immaterieller Natur sein (vgl. Tab. 9). *„Spurensuche ist das gezielte Aufsuchen derartiger Indikatoren. Ziel ist ein bewusstes Sehen und Verstehen geographischer Erscheinungen und Prozesse."* (Haversath 2013, 260f.).

Ströhlein sieht in der Methode des Spurenlesens einen wichtigen Beitrag der Geographie zur Freizeitpädagogik: *„Dass dieses interessegeleitete Sich-Einlassen auf physiognomisch fassbare, zunächst jedoch oft unbedeutend erscheinende Dinge sehr viel mit geographischer Forschungsmethode zu tun hat, ist deutlich. Ähnlich wie eine geographische Untersuchung geht die Spurensuche von der Beobachtung aus und durchläuft dann die Phasen der Deutung, der Verifizierung und schließlich der Bewertung."* (Ströhlein

Tab. 9: *Beispiele materieller und immaterieller Spuren, die auf einer Spurensuche entdeckt werden können (Gliederung und einige Beispiele nach: Haversath 2013, verändert)*

Materielle Spuren			
Geologische Spuren	Gesteine	Fossilien	Kristalle
Geomorphologische Spuren	Gletscherstriemen	Sichelbrüche	Moränen
Botanische Spuren	Flechten	Pionierpflanzen	Vegetationsbedeckung
Spuren anthropogener Nutzung	Terrassen	Rodungen/Almflächen	Steinmauern
Archivalische Zeugnisse	Aufzeichnungen/ Urkunden	Bilder (z. B. Landschaftsmalerei)	Altkarten (z. B. ehemaliger Gletscherstand in einer nicht mehr aktuellen topographischen Karte)
Immaterielle Spuren			
Sprachliche Spuren	Orts-/Flurnamen	Geländenamen	Häusernamen
Kulturelle Spuren	Bräuche	Feste	Sagen

1995, 52). Gerade auch Landschaften, die für die Spurensuchenden Neuland darstellen und die noch nicht beispielsweise durch Schautafeln „erklärt" werden, sind ideal für derartige Spurensuchen (vgl. Birkenhauer 1995).

Aus geographischer Perspektive sind die Arbeiten von Gerhard Hard zum Spurenlesen bedeutend. Hard wäre eventuell mit der für die vorliegend beschriebene Exkursion auf hauptsächlich physisch-geographische Spuren reduzierte „Spurensuche" nicht einverstanden (in Kap. 10 wendet sich der Blick auf eher anthropogene Spuren im Hochgebirge), hätte aber vielleicht Freude an der als Kriminalfall aufgehängten rahmenbildenden Geschichte rund um den „Tatort Hochgebirge", in dem die Teilnehmenden sehr aktiv und mit dem Blick einer möglichst professionellen Spurensicherung agieren sollen. In jedem Fall ist das Gelände des relativ flachen und gut begehbaren Gletschervorfelds des Hornkees ein günstiger Raum, Exkursionsteilnehmenden eigenständig auf Spurensuche zu schicken. An verschiedenen Stationen sollen sie ein Gespür für die räumliche und die zeitliche Dimension bekommen, in der die glaziale Prägung raumwirksam geworden ist bzw. weiter raumwirksam wird. Sie können im Gelände selbst entdecken, wie sich die wechselnden Vorstöße bzw. das (ursächlich ja anthropogen bedingte!) Rückschmelzen der Eismassen auf die Formung der Landschaft ausgewirkt haben. Die Stationen befassen sich u. a. mit großflächigen und kleinflächigen Landschaftsformen sowie mit der Ausprägung der Vegetation im Gletschervorfeld des Hornkees. Auch die Abstände zwischen den historischen Gletscherständen, konkret die Verteilung der Endmoränen im heutigen Gletschervorfeld, spielen eine wichtige Rolle. Beim Anbringen der Geländemarkierungen an verschiedenen ehemaligen Gletscherständen folgen die Teilnehmenden den Spuren des Gletschers im Gelände von 1850 bis heute.

„Ein moderner Detektiv liest die Spuren von Menschen (…) Zwar ist das Terrain, auf dem der Spurenleser liest, ein physisch-materielles Terrain, aber was er dort liest, ist wieder nur auf den ersten Blick etwas Physisch-Materielles – z. B. »empreintes« (Abdrücke), die nach physikalischen Gesetzen auf »mouvements« (Körperbewegungen) und »démarches« (Körperhaltungen) hinweisen; der Spurenleser hat aber eigentlich ein anderes Erkenntnisinteresse, und deshalb liest er »hinter« und »aus« dem Genannten, den physisch-materiellen Dingen, etwas, worauf er es eigentlich abgesehen hat: Geheime Gedanken, Intentionen, Hoffnungen, Ängste von Akteuren, kurz, Handlungen und Handlungssinn.

Aber es gibt auch große Unterschiede zum alten Naturforscher. Erstens: Nicht mehr »die Natur«, sondern nur ein rayon, ein terrain, ein vergleichsweise winziger Weltausschnitt ist Gegenstand, eine Stadtbrache, die im Roman sogar auf einer Lageskizze ca. 1:500 festgehalten wird, und was sie interessant macht, ist nicht mehr, daß sie ein Teil der ganzen Natur oder der einen Schöpfung ist; sie ist nur zufällig-historisch interessant geworden, wird einen Augenblick lang von den Scheinwerfern des Erkenntnisinteresses – um im Text zu bleiben: den Laternen der Neugier – bestrahlt und wird bald wieder gleichgültig und dunkel sein.

Zweitens: Statt ewiger Spuren Gottes liest der Spurenleser nun »flüchtige Abdrücke« von Menschen (Kriminellen gar), und statt einer Natur- und Schöpfungsgeschichte eine Menschen-, ja Mordgeschichte. Der alte las Gedanken und Handlungen Gottes in der Natur, der junge Handlungen und Gedanken von Leuten auf einer Stadtbrache (terrain vague).

Drittens: Der Sender der Zeichen ist aus dem Bild verschwunden. Er ist nicht mehr selbstverständlich anwesend (wie die gottgeschaffene Natur oder der Schöpfergott selber), sondern er ist selbstverständlich abwesend. Die Zeichenproduktion und ihre Zeichenprozesse und Zeichenerzeugungsprozesse (Semiosen) sind nur anwesend als banale oder kühne Hypothesen und Rekonstruktionen eines Zeichenlesers (des Detektivs). Seine Zeichendeutungen mögen subjektiv plausibel, ja evident sein, aber objektiv sind sie immer gewagt und fehlbar.

Viertens: Der historisch Jüngere liest nicht mehr (wie der historisch Ältere) absichtsvoll produzierte und adressierte Zeichen, d. h. Mitteilungen und Winke des Schöpfers in der Schöpfung. Die Zeichen, die der Jüngere liest, sind vielmehr unbeabsichtigte und unadressierte Zeichen, d. h. Spuren oder Indizien im engsten Sinne des Wortes. Das heißt: Unbeabsichtigte und oft auch unbemerkte und ungewollte side effects von an sich absichtsvollen Handlungen.

Und schließlich, was am wichtigsten ist: Der moderne Spurenleser kann nicht mehr auf einen gültigen Kode zurückgreifen, in dem die Bedeutungen aufbewahrt sind, er muß für jede Spur das Signifikat selber produzieren.“ (Hard 1995, 34ff.)

Selbstständig installierte Geländemarkierungen und Entfernungsmessungen ermöglichen den Teilnehmenden, die Dimensionen der Ausdehnung des Hornkees zu unterschiedlichen Zeitpunkten zu erfassen.

Im Zuge dieser Exkursion sollen vor allem auch räumliche Erfahrungen gefördert werden, so lernen die Beteiligten im Gelände insbesondere, *„den Raum zu lesen“* (Rhode-Jüchtern 1997) und *„über den Raum nachzudenken“* (Dickel & Scharvogel 2013). Sie erkennen, analysieren und bewerten Landschaft und Landschaftsformen, sie sammeln Distanz- und Höhenerfahrungen und schulen damit auch ihr räumliches Vorstellungsvermögen. Instrumentale Lernziele sind z. B. das Abschätzen von Entfernungen mittels Gehzeit und Stoppuhr, das Verwenden eines Maßstabs, das Orientieren mittels Karten sowie das eigenständige Kartieren. Letzteres wird mit der Methode des *„Mapping“* (Hofmann & Mehren 2012) verfolgt, das eine Art künstlerische Kartierung darstellt. Durch unterschiedliche Recherchemethoden, im vorliegenden Fall durch eigenes Skizzieren und Dokumentieren während der Spurensuche im Gelände sollen die Teilnehmenden Räume neu wahrnehmen und dabei deren grundlegende Strukturen untersuchen. Die Spurensuche eignet sich hier als gute Basis für das Mapping am Ende der Exkursion (Hofmann & Mehren 2012).

Neben der fachlichen Zielerreichung über die originale Begegnung im Naturraum (vgl. Meyer 2006) steht vor allem das Naturerlebnis und das „*Im-Raum-Sein als leibliche Erfahrung*" (Dickel & Scharvogel 2013) in einem bisher unbekannten, ästhetisch wertvollen Erfahrungsraum im Vordergrund. Durch Lernen getreu dem Motto *Geography Without Walls* (Dewey 1900, in: Dewey 2002) erforschen die Teilnehmenden einen Teil der Lebenswelt, der ihnen bisher unbekannt war. Die Begleitpersonen treten dabei in den Hintergrund, weil die Lernenden die Inhalte als „Spurensuchende" selbst entdecken (Rinschede 2007).

„Frei nach Hard: Jede Spurensuche verrät mehr über den/die Spurensucher/in als über die Spur."
(Herbert Pichler, unveröffentlicht)

4.4 Hinweise zur Durchführung

4.4.1 Allgemeines

Auf nur zwei Kilometern Wegstrecke ist eine intensive und spannende Exkursion geplant, die den Teilnehmenden neben den fachlichen Fortschritten auch ein atemberaubendes Naturerlebnis bieten will.

4.4.2 Vorbereitung der Teilnehmenden

Neben den inhaltlichen Schwerpunkten, zu denen fachliche Informationen und Fachbegriffe rund um die Bereiche Gletschervorfeld, Ausprägungen und Typen von Moränen oder Vegetation im Gletschervorfeld zählen (siehe Inhaltsanalyse), sollten die Teilnehmenden auch auf die Gefahren im Exkursionsgebiet hingewiesen werden.

4.4.3 Vorbereitung der Begleitperson/en

Im Prinzip erfüllen die Begleitpersonen bei dieser Exkursion erneut die verantwortungsvolle Aufgabe der Lernbegleitung, d.h. organisatorisch und beratend zu unterstützen. Die Teilnehmenden gestalten dagegen ihre Lernprozesse selbstständig und aktiv und benutzen dabei die für sie bereit gestellten Arbeitsmaterialien. Der Aufwand für die Begleitpersonen besteht speziell in der Planung der Exkursion. Die Arbeitsmaterialien müssen genau und sorgfältig vorbereitet werden. Neben der Organisation der An- bzw. Abreise und der Arbeitsmaterialien müssen die Begleitpersonen das Gebiet kennen, um die Teilnehmenden bei Fragen zum Inhalt oder im Fall von Orientierungsproblemen unterstützen zu können und um auf etwaige Gefahren im Exkursionsgebiet vorbereitet zu sein. Nach Schneefällen unmittelbar vor oder während der Exkursion ist von der Durchführung abzuraten (Lawinen etc.). Mit Google Earth lässt sich ein guter Überblick verschaffen, um sich später im Gelände besser zurechtzufinden.

Zur inhaltlichen Vorbereitung und zur Durchführung vor Ort werden folgende Bücher besonders empfohlen:

- Heuberger, H. 2004. Gletscherweg Berliner Hütte, Zillertaler Alpen, In: Österreichischer Alpenverein (Hrsg.), Naturkundlicher Führer Bundesländer, Band 13. Innsbruck.
- Winkler, S. 2009. Gletscher und ihre Landschaften. Eine illustrierte Einführung, Darmstadt.

4.4.4 Material

- Arbeitsblätter, Arbeitsmaterialien, Infoblätter etc. der verschiedenen Stationen (siehe Stationen); es ist zu empfehlen, die Arbeitsblätter wasserabweisend zu laminieren.
- Aktueller Gletscherbericht (des Alpenvereins) für die abschließende Diskussion (1/Paar)
- Ermittlungsbuch (= Schreibblock oder ähnliches) (1/Person)
- Bleistifte (mind. 1/Person)
- Farbstifte (mehrere/Kleingruppe)
- Fotoapparate (min. 1/Kleingruppe)
- Markierstangen (z. B. Stützstangen für den Garten, erhältlich im Baumarkt) & Fähnchen/ Markierband (vgl. Abb. 60) (4/Kleingruppe)
- Maßband
- Teilweise bestimmen die Kleingruppen selbst, wie sie ihre Ermittlungsarbeit angehen wollen und welche Materialien sie dazu benötigen (z. B. Höhenmesser, GPS-Geräte und vieles mehr)
- Evtl. Requisiten für eine Gerichtsverhandlung
- Präsentationsmaterialien: Flipchart-Papier, Marker etc. (ausreichend für alle Kleingruppen)
- Kabel zum Download der Bilder von den Fotoapparaten (pro Kamera)
- Laptops (falls vorhanden 1/Kleingruppe)
- Beamer (falls vorhanden 1)

4.4.5 Zeitplan

Station	**Zeit**
Station 1: Der Kriminalfall	Ca. 15 Min.
Station 2: Überblick über den Tatort & Vorbereitung der Ermittlungsarbeit	Ca. 30 Min.
Station 3: Ermittlungen im Gletschervorfeld und am Gletscherrand	Ca. 120 Min.
Station 4: Ermittlungen im Gletschervorfeld – ein zweiter Blick	Ca. 90 Min.
Station 5: Ein ganz besonderer Tatort	Ca. 30 Min.
Station 6: Gerichtsverhandlung	Ca. 120 Min.
Gesamt	**Ca. 7 h**

Station 1: Der Kriminalfall

Ort	Terrasse Berliner Hütte mit Blick auf das Hornkees
Dauer	Ca. 15 Min.: ca. 5 Min. Einführung, ca. 10 Min. Besprechung des weiteren Ablaufs und Kleingruppenbildung für die gesamte Exkursion
Wegstrecke	–
Höhenmeter	–
Sozialform	Einführung durch die Begleitperson/en
Material	Arbeitsblatt Station 1, unter Kap. Arbeitsmaterialien (mehrere/Kleingruppe) Bleistifte (min. 1/Person) Ermittlungsbuch (1/Person)
Gefahren	Keine

Exakte Angaben für die Teilnehmenden: vgl. Arbeitsblatt Station 1

Die Kriminalpolizei Ginzling bittet um Eure Mitarbeit, denn hier oben ist vermutlich ein Verbrechen geschehen. Seit längerer Zeit unauffindbar und daher vermutlich gestohlen ist ein großer Teil der Gletscherzunge des Hornkees! Doch ist das wirklich wahr? Und falls ja: Seit wann ist sie verschwunden? Wohin ist sie verschwunden? Warum ist sie verschwunden? Und: Wer ist bitte der/die Täter/in?

Ihr werdet heute in kleinen Ermittlungsteams am Tatort arbeiten und nach Spuren suchen, um diesen Fall zu lösen.

Wichtig: Heute Abend vor Gericht zählen nur die Aussagen von verlässlichen Zeugen und als Beweismittel werden nur überzeugend dokumentierte Ermittlungsergebnisse zugelassen. Nutzt also den heutigen Tag, um an den verschiedenen Stationen der Exkursion Spuren zu sichten und zu sichern. Wie Ihr genau dokumentiert und welche Hilfsmittel Ihr dabei genau verwendet, bleibt Euren Ermittlungsteams selbst überlassen. Zeichnet, beschreibt in Stichworten, skizziert, fotografiert usw. Denkt Euch hier selbst ein schlagkräftiges Ermittlungsmuster zur Spurensuche und Spurensicherung aus!

Eure Begleitperson/en kann/können Euch als Sonderermittlende zwar organisatorisch beraten, ist/sind selbst aber an die Schweigepflicht gebunden und kann/können Euch deshalb bei der inhaltlichen Lösung des Falls kaum unterstützen. An einigen Stationen halten sie allerdings gewisse bereits sicher gestellte Beweise, schon zuvor befragte Zeuginnen und Zeugen und kriminologische Hilfsmittel für Euch bereit. Viel Glück beim Lösen des Falles.

Bildet jetzt Ermittlungsteams zu je ___ Personen.

Hinweise für die Begleitperson/en

Bitte das Arbeitsblatt kopiert an alle Teilnehmenden austeilen, damit sie die nötigen Informationen auch im Gelände jederzeit zur Hand haben.

Die Kleingruppen (Personenzahl individuell bestimmbar) bleiben über die gesamte Exkursion bestehen und sollten deshalb mit Bedacht zusammengestellt werden.

Erwartungshorizont

Motivierung der Teilnehmenden!

Station 2: Überblick über den Tatort & Vorbereitung der Ermittlungsarbeit

Ort	Terrasse Berliner Hütte mit Blick auf das Hornkees
Dauer	Ca. 30 Min: ca. 15 Min. Skizze zeichnen, ca. 15 Min. Vergleich der Skizzen und Zusammentragen der Fachbegriffe
Wegstrecke	–
Höhenmeter	–
Sozialform	Einzelarbeit, Kleingruppenarbeit
Material	Arbeitsblatt Station 2 unter Kap. Arbeitsmaterialien (mehrere/Kleingruppe) Ab hier bestimmen die Kleingruppen teilweise selbst, wie sie ihre Ermittlungsarbeit angehen wollen und welche Materialien sie dazu benötigen (z. B. Höhenmesser, GPS-Geräte und vieles mehr) Bleistifte (min. 1/Person) Ermittlungsbuch (1/Person) Fotoapparate (min. 1/Person)
Gefahren	Keine

Exakte Angaben für die Teilnehmenden: vgl. Arbeitsblatt Station 2

Überblick über den Tatort:

1. In Einzelarbeit: Zeichne zuerst mit Bleistift einen Überblick über den vor Dir liegenden Tatort in Dein persönliches Ermittlungsbuch (Dieses bitte den ganzen Tag dabei haben!). Konzentriere Dich dabei ganz auf unseren Kriminalfall: das eventuelle Verschwinden eines großen Teils der Gletscherzunge des Hornkees! War diese wirklich einmal länger? Und falls ja: Seit wann ist sie verschwunden? Wohin ist sie verschwunden? Warum ist sie verschwunden? Und: Wer ist bitte der/die Täter/in? Stelle erste Vermutungen an und halte sie in Deiner Skizze schriftlich fest.
2. Trage außerdem möglichst viele Fachbegriffe in Deine Skizze ein bzw. erfinde selbst passende Begriffe, wenn Dir keine Fachbegriffe einfallen.
3. Vergleicht nun alle Skizzen innerhalb Eures kleinen Ermittlungsteams. Einigt Euch auf die möglicherweise beste Skizze und diskutiert wesentliche Fachbegriffe. Vor Gericht müsst Ihr überzeugend argumentieren, vergesst das nicht!
4. Überlegt Euch jetzt gemeinsam ca. 15 Minuten lang, welche Methoden Ihr für Eure weiteren anstehenden Ermittlungsarbeiten verwenden wollt und welche Ausrüstung Ihr dazu benötigt (z. B. Fotoapparate etc.). Packt diese in Euren Rucksack, gleich geht's über verschiedene Ermittlungsstationen immer weiter hinauf Richtung Hornkees.

Hinweise für die Begleitperson/en

Bitte das Arbeitsblatt kopiert an alle Teilnehmenden austeilen, damit sie die nötigen Informationen jederzeit zur Hand haben.

Ab jetzt übernehmen die Teilnehmenden die Ermittlungstätigkeiten (= Forschungstätigkeiten) selbst. Sie sollten dabei zur Sicherheit immer begleitet und organisatorisch unterstützt werden. Eine Einmischung inhaltlicher und methodischer Art durch die Begleitpersonen ist jedoch weitgehend zu vermeiden.

Vorsicht: Alle Höhenmessgeräte (werden verwendet in Station 4) am besten auf der Berliner Hütte (2 042 m) gemeinsam einheitlich auf dieselbe korrekte Höhe einstellen.

Erwartungshorizont

Der Wert des Zeichnens liegt im ersten genaueren Betrachten der Landschaft sowie im ersten Entdecken von Spuren und Aufstellen von Hypothesen, nicht im Anfertigen einer lehrbuchartigen Skizze! Der Wert des Vergleichs der Skizzen und insbesondere der daraus entstehenden Diskussion der Fachbegriffe innerhalb der Kleingruppen liegt darin, dass die Teilnehmenden anschließend mit einem ähnlichen Basiswortschatz kommunizieren können. Wie soeben für die Erstellung der Skizze erwähnt, sind auch im zweiten Teil der Aufgabe alternative Lösungen willkommen. So wären z. B. der selbst erfundene Begriff „natürlicher Steinrücken" anstelle des Fachbegriffs „Moränenwall" und ähnliche ausdrucksvolle Neuschöpfungen völlig in Ordnung, soweit diese nicht an der Realität vorbeigehen (z. B. wäre der Begriff „Sandhaufen" anstelle von „Moränenwall" klärungs- und evtl. auch verbesserungswürdig).

Station 3: Ermittlungen im Gletschervorfeld und am Gletscherrand

Ort	Weg von der Berliner Hütte in Richtung Süden über die Gneisplatten hinweg mit Halt an sicherem Ort und mit gutem Überblick über das Gletschervorfeld des Hornkees (ca. 10 Minuten Fußmarsch bis hierher), weiter zu den Endmoränen 1901 und 1923 und dann immer weiter in Richtung Hornkees (je nach Gefahrenlage bis zum aktuellen Gletscherrand auf ca. 2 250 m, Stand 2014, Betreten des Gletschers nur mit Bergführer/in!)
Dauer	Ca. 120 min
Wegstrecke	Ca. 0,3 km ↓ / ca. 1,5 km ↑
Höhenmeter	Ca. 30 Hm ↓ / ca. 250 Hm ↑
Sozialform	Kleingruppenarbeit
Material	Arbeitsblatt, unter Kap. Arbeitsmaterialien, und Arbeitsmaterialien Station 3 (1/Kleingruppe) Die Kleingruppen bestimmen ihre Materialien und Ausrüstungsgegenstände zur Ermittlung teilweise selbst. Bleistifte (min. 1/Person) Farbstifte (mehrere/Kleingruppe) Ermittlungsbuch (1/Person)

	Fotoapparate (min. 1/Kleingruppe) Markierstangen (z. B. Stützstangen für den Garten, erhältlich im Baumarkt) & Fähnchen/Markierband (vgl. Abb. 60) (4/Kleingruppe)
Gefahren	Vgl. Kapitel V „Sicher unterwegs im Hochgebirge – alpine Gefahren und Ausrüstung", v. a. „Gelände, Forschungsstandorte und Fotografieren im Gelände", „Rutschgefahr bei Nässe" (speziell Gneisplatten), „Gefahren am Zemmbach", „Steinschlag und Lawinengefahr" und „Gletscher"

Exakte Angaben für die Teilnehmenden: vgl. Arbeitsblatt Station 3

Ermittlungen im Gletschervorfeld: Ab jetzt geht es (nach noch ein paar Höhenmetern bergab) über das Gletschervorfeld hinauf bis zum Hornkees. Eure Hauptaufgabe wird es nun sein, möglichst gut sichtbare und überzeugende Spuren aus der Vergangenheit des Gletschers in der Landschaft zu finden und diese sicherzustellen bzw. bestmöglich und vielfältig zu dokumentieren.

An den Stationen der folgenden Jahre wird genauer ermittelt: 1901, 1923, 1953, 1982 und im aktuellen Jahr! Wie das geht, müsst Ihr Euch selbst mithilfe der bereits sichergestellten Beweismittel (Arbeitsmaterialien Station 3) erarbeiten. Seht Euch diese intensiv an, analysiert sie gemeinsam und legt dann Euer weiteres Vorgehen zur kriminalistischen Dokumentation fest. Noch zwei Tipps für Eure Ermittlungsarbeit:

- In der Vergangenheit sind Gletscher immer wieder vorgestoßen, dann erneut zurückgeschmolzen. Wo eine Gletscherzunge über einen längeren Zeitraum vorgestoßen ist, wird ihre maximale Ausdehnung durch eine Endmoräne dokumentiert. Endmoränen lassen sich bis heute in der Landschaft aufspüren.
- Die Endmoränenwälle von 1901 und 1923 sind besonders gut ausgeprägt und daher relativ einfach zu finden, alle weiteren eher nicht mehr. Um die Positionen zu finden, in denen die Stirn der Gletscherzunge in den Jahren 1953 und 1982 lag, müsst Ihr Euch also auch etwas Anderes ausdenken. Analysiert auf jeden Fall die mitgelieferten Beweismittel gut!

Zur Markierung der verschiedenen Jahre erhaltet Ihr Markierstangen mit Fähnchen. Bitte lasst die Markierstangen im Gelände stecken und sammelt sie erst beim Heruntergehen wieder ein! Lasst Euch nicht vom Vorgehen der anderen Kleingruppen stören oder täuschen, vielleicht gibt es ja mehrere „richtige Antworten" und vielleicht haben die anderen ja auch Unrecht. Verwendet heute Abend bei der Gerichtsverhandlung Eure eigenen Beweise und Eure eigene überzeugende Argumentation, das ist es, was zählt!

Dokumentiert also die Lage des Gletschers in den verschiedenen Jahren, die jeweiligen Eigenschaften des Geländes, Unterschiede und Gemeinsamkeiten der Moränen etc.

Und noch ein Tipp: Auf dem Weg zum Hornkees lassen sich mit einer sehr feinen Nase zwei auf große Felsen angebrachte rote Farbmarkierungen aufspüren, die die Gletscherstände der Jahre 1959 und 2011 symbolisieren (vgl. Abb. 61). Sie helfen Euch ebenfalls bei der Orientierung!

Abb. 60: *Fähnchen zur Markierung, nicht im Exkursionsgebiet aufgenommen (Foto: Lars Keller 2014)*

Hinweise für die Begleitperson/en

Bitte das Arbeitsblatt kopiert an alle Teilnehmenden austeilen, damit sie die nötigen Informationen auch im Gelände jederzeit zur Hand haben.

Beim Auf- wie Abstieg sollten die Begleitpersonen auf die Sicherheit der Teilnehmenden achten. Sobald diese mit ihren eigenständigen Ermittlungs-/Forschungsaktivitäten beginnen, könnte es sein, dass dieser Punkt bei den Teilnehmenden außer Acht gerät. Bei schlechten Sichtverhältnissen müssen die Kleingruppen näher zusammen bleiben, das Exkursionsgebiet insgesamt eingeschränkt werden.

Es ist hilfreich für den weiteren Fortgang der Exkursion, wenn möglichst frühzeitig ein gewisses Grundverständnis für die Entstehung von Moränenwällen, speziell Endmoränenwällen, entsteht. Die Erklärung „*Hier ist die Gletscherzunge über einen längeren Zeitraum gelegen.*" (dies hört man häufig von Teilnehmenden) ist dabei in der Regel zu wenig genau und verwirrt eher, als dass sie zum Verständnis beiträgt. Entscheidend ist die Vorstellung, dass eine Endmoräne dann entstehen kann, wenn ein Gletscher über einen längeren Zeitraum vorstößt und dabei Material an seiner Stirn zusammenschiebt und aufstaucht.

Inhaltlich ist nur dann unterstützend zu wirken, sollten die Teilnehmenden wirklich nicht mit den Aufgaben und/oder Arbeitsmaterialien zurechtkommen.

Bestimmen der Jahre im Gelände:

- Die beiden Endmoränen von 1901 und 1923 sind im Gelände klar zu erkennen und mithilfe der Materialien und auch der AV-Karte relativ leicht zu lokalisieren. Sämtliche weitere Moränen sind nur sehr schwer genauen Jahren zuzuordnen und von den geomorphologischen Prozessen im Gletschervorfeld weitgehend zerstört worden (Abfluss des Gletscherflusses, Solifluktion etc.).

Abb. 61: *Rote Farbmarkierungen auf Felsen markieren die Gletscherstände verschiedener Jahre, hier „59", also 1959*

- „Das Jahr 1953" ist im Gelände also bereits wesentlich schwerer zu finden, es hilft hier der auf Abb. 70 angegebene Maßstab. Laut diesem sind es von der Moräne aus 1901 etwas über 500 m bis zur Moräne aus dem Jahr 1953, die Teilnehmenden müssen sich also im Schätzen dieser Distanz beweisen. Wer die Augen offen hält, entdeckt auf einem großen Fels im Gelände außerdem die Markierung „D59" (vgl. Abb. 61), die von den Gletschermessenden für den Gletscherstand des Jahres 1959 angebracht wurde. Hier liegt bis heute der Ausgangspunkt für die Messungen des Hornkees.
- Für das Jahr 1982 hilft das Luftbild und die Orientierung an den die Landschaft bestimmenden Elementen, z.B. markante Felswände etc. Genaue Spuren sind aber schwer auszumachen.

In der Regel helfen die bereits eben erwähnten Farbmarkierungen der Gletscherforschung bei der Datierung im Gelände. An vielen im Gletscherbericht genannten österreichischen Gletschern finden sich diese roten Markierungen im Gletschervorfeld zahlreich. Am Hornkees bildet „D59" (=1959) aber nach wie vor den Hauptmesspunkt, ein weiterer Hilfsmesspunkt „D11) wurde 2011 auf einem Felsen angebracht, mehr ist aber leider nicht zu finden.

Die Serie der Moränen der neuzeitlichen Gletschervorstöße (= „Gletschervorfeld") beginnt im Grunde mit der Moräne aus dem Jahr 1850. Diese liegt in der Nähe der Alpenrosenhütte. Natürlich könnte man diese Exkursion also auch dort beginnen lassen, jedoch führt kein direkter Weg durch das Gletschervorfeld hinauf Richtung 1901er Moräne, sondern man umgeht diesen Teil ohnehin auf dem Wanderweg 523 nördlich davon. Ein eigenständiges Ermitteln durch die Teilnehmenden in diesem weglosen Bereich ist leider nicht möglich. An irgendeiner Stelle sollte den Teilnehmenden jedoch bewusst werden, dass sie in der vorliegend beschriebenen Exkursion zwar ständig von den beiden enormen Ufermoränen aus 1850 begleitet werden, sie aber nicht auf die Endmoräne aus 1850 treffen.

Sollten die Bedingungen günstig sein und die Kleingruppen erreichen die Gletscherzunge des Hornkees, so können hier die Ermittlungsarbeiten noch einmal intensiviert werden, z. B. Fragen der Formung der Landschaft durch den Gletscher in genau diesem Moment nachgegangen werden (z. B. kann bei sommerlichen Temperaturen das Abtauen des Gletscherzungenrands und möglicherweise auch die Akkumulation von Moränenmaterial beobachtet werden) etc.

Erwartungshorizont

Die Markierstangen sollten an den ungefähr richtigen Stellen im Gelände aufgestellt werden. An den Ermittlungsstationen kann auf einzelne Fragen eingegangen werden, die Vorgehensweise bei den Ermittlungen bleibt aber absolut den Teilnehmenden selbst überlassen und wird in jeder Kleingruppe anders ablaufen (inhaltlich wie auch hinsichtlich der Dokumentation). Die eigentliche Aufarbeitung der Ergebnisse erfolgt erst bei der abendlichen Gerichtsverhandlung in der Berliner Hütte (Station 6).

Die Lösungen der Aufgaben (= Ermittlungstätigkeiten) stecken implizit in der Inhaltsanalyse dieser Exkursion, sollten aber von den Teilnehmenden individuell und relativ frei formuliert werden können. Physisch-geographische Zusammenhänge sind i. d. R. schwer auszudrücken und das Erkennen und Verstehen in der freien Natur komplex.

Station 4: Ermittlungen im Gletschervorfeld – ein zweiter Blick

Ort	Vom Hornkees zurück über die einzelnen markierten Moränen (Markierstangen einsammeln!) das Gletschervorfeld hinab, wieder bergauf Richtung Berliner Hütte bis zu den Gneisplatten
Dauer	Ca. 90 min
Wegstrecke	Ca. 1,5 km ↓ / ca. 0,2 km ↑
Höhenmeter	Ca. 250 Hm ↓ / ca. 30 Hm ↑
Sozialform	Kleingruppenarbeit
Material	Arbeitsblatt Station 4, unter Kap. Arbeitsmaterialien (1/Kleingruppe) Wie Station 3, Maßband
Gefahren	Vgl. Kapitel V „Sicher unterwegs im Hochgebirge – alpine Gefahren und Ausrüstung", v. a. „Gelände, Forschungsstandorte und Fotografieren im Gelände", „Rutschgefahr bei Nässe" (speziell Gneisplatten), „Gefahren am Zemmbach", „Steinschlag und Lawinengefahr"

Exakte Angaben für die Teilnehmenden: vgl. Arbeitsblatt Station 4

Ermittlungen im Gletschervorfeld – ein zweiter Blick lohnt sich immer:

Begebt Euch jetzt entlang Eurer Aufstiegsroute zurück und sammelt alle Markierstangen wieder ein. Nutzt bitte dabei die Gelegenheit, den Tatort noch einmal von einer völlig neuen Seite zu sehen.

Bitte konzentriert Euch jetzt auf die Vegetation. Welche Beweise könnt Ihr aufspüren und sicherstellen, um zu beweisen oder zu widerlegen, dass hier tatsächlich ein Teil des Gletschers abhandengekommen ist? Wie lange muss der Diebstahl zurück liegen? Zwei kurze Ermittlungshilfen dazu:

1. Beobachtet und dokumentiert im Gletschervorfeld die Vegetation ganz allgemein.
2. Beobachtet und dokumentiert an den von Euch markierten Moränen die Größe der Flechten. Abbildungen 72 und 73 helfen Euch ein wenig.

Abbildung 72 zeigt, dass Flechten mit zunehmendem Alter an Größe zulegen. In unserem Exkursionsgebiet besonders gut zu beobachten ist die Flechtenart „*Rhizocarpon geographicum*", zu Deutsch die „Landkartenflechte". Überprüft, ob Ihr Zusammenhänge mit dieser Abbildung und den Landkartenflechten in unserem Exkursionsgebiet feststellen könnt. Erstellt als Beweisstück eine eigene Grafik, die aktueller ist und besser zum Gletschervorfeld des Hornkees passt als Abbildung 72, um vor Gericht ein verlässliches Beweisstück zu haben.

Hinweise für die Begleitperson/en

- Bitte das Arbeitsblatt kopiert an alle Teilnehmenden austeilen, damit sie die nötigen Informationen auch im Gelände jederzeit zur Hand haben.
- Vorsicht: Bei Nässe schwierig bzw. evtl. nicht möglich, da die Flechten dann farblich nicht eindeutig bestimmbar sind.
- Achtung: Flechten sind kein eindeutiges Zeitmaß! Ihr Wachstum hängt individuell von verschiedensten Bedingungen ab.
- Auch beim Abstieg sollten die Begleitpersonen auf die Sicherheit der Teilnehmenden achten. Bei schlechten Sichtverhältnissen müssen die Kleingruppen näher zusammen bleiben.
- Inhaltlich ist nur dann unterstützend zu wirken, sollten die Teilnehmenden wirklich nicht mit den Aufgaben und/oder Arbeitsmaterialien zurechtkommen.

Erwartungshorizont

An den Ermittlungsstationen kann auf einzelne Fragen eingegangen werden, die Vorgehensweise bei den Ermittlungen bleibt aber erneut den Teilnehmenden selbst überlassen und wird in jeder Kleingruppe anders ablaufen (inhaltlich wie auch hinsichtlich der Dokumentation). Die eigentliche Aufarbeitung der Ergebnisse erfolgt erst bei der abendlichen Gerichtsverhandlung in der Berliner Hütte (Station 6).

Die Lösungen der Aufgaben (= Ermittlungstätigkeiten) stecken implizit in der Inhaltsanalyse dieser Exkursion, sollten aber von den Teilnehmenden individuell und relativ frei formuliert werden können.

Im Grunde wäre die einfachste Erkenntnis dieser Station, dass mit zunehmender zeitlicher Dauer des Eisfreiwerdens eines Bereichs zunehmend Vegetation auftritt. Während die Pflanzendecke in Gebieten, die vor zirka 100 Jahren eisfrei wurden, bereits markant ausgeprägt ist (kleine Bäume, Sträucher, Gräser), haben die weniger lang eisfreien Gebiete dagegen keine oder geringe Vegetationsbedeckung, bieten aber besten Lebensraum für Pionierpflanzen und Moose. Flechten wachsen direkt auf den Steinen der abgelagerten Moränen, während die Gräser, Sträucher und Bäume Boden benötigen. Die unterschiedliche Größe und Ausbreitung von Flechten gibt im Übrigen ebenfalls Aufschluss darüber, wie lange ein Ort schon eisfrei ist.

Diese Station liefert letztlich weitere Beweise auf die Frage, wie lange die Gletscherzunge in den verschiedenen Teilbereichen des Gletschervorfelds des Hornkees schon verschwunden ist.

Station 5: Ein ganz besonderer Tatort

Ort	Gneisplatten südlich der Berliner Hütte, schließlich zurück zur Berliner Hütte
Dauer	Ca. 30 min
Wegstrecke	Ca. 0,1 km
Höhenmeter	Ca. 10 Hm ↑
Sozialform	Kleingruppenarbeit
Material	Arbeitsblatt Station 5, unter Kap. Arbeitsmaterialien (1/Kleingruppe) Wie Station 3
Gefahren	Vgl. Kapitel V „Sicher unterwegs im Hochgebirge – alpine Gefahren und Ausrüstung", v. a. „Rutschgefahr bei Nässe" (speziell Gneisplatten)

Exakte Angaben für die Teilnehmenden: vgl. Arbeitsblatt Station 5

Sichelbrüche – ein ganz besonderer letzter Tatort!

Ihr befindet Euch jetzt an einem einmaligen Tatort, denn die sogenannten „Sichelbrüche" im Fels nahe der Berliner Hütte gehören zu den anschaulichsten Beispielen im östlichen Alpenraum! Schon der Name der hinterlassenen Spuren deutet auf einen Kriminalfall hin.

Seid vorsichtig auf den teilweise sehr rutschigen Felsplatten! Spürt besonders schöne Exemplare der Sichelbrüche auf, stellt die Spuren sicher und denkt darüber nach, wie diese Einkerbungen entstanden sein könnten.

Einigt Euch auf eine Hypothese, inwiefern auch diese Spuren mit unserem Fall zu tun haben könnten, und seid heute Abend vor Gericht bereit, Eure Überlegungen ausführlicher zu erklären.

Hinweise für die Begleitperson/en

Bitte das Arbeitsblatt kopiert an alle Teilnehmenden austeilen, damit sie die nötigen Informationen auch im Gelände jederzeit zur Hand haben.

Bitte auf die Sicherheit der Teilnehmenden achten und evtl. gewisse zu nasse/rutschige Bereiche der großen Felsplatte von der Ermittlung ausnehmen.

Der Begriff „Sichelbrüche" müsste die Teilnehmenden auf die richtige Spur schicken. Sollten dennoch Kleingruppen die Sichelbrüche nicht alleine finden, können diese natürlich unterstützt werden.

Erwartungshorizont

Beispielsweise könnten Kleingruppen das Phänomen Sichelbrüche händisch skizzieren (vgl. Abb. 62), es sind jedoch wiederum viele Lösungen und Hypothesen denkbar, die Zusammenführung der Ergebnisse erfolgt erst am Abend.

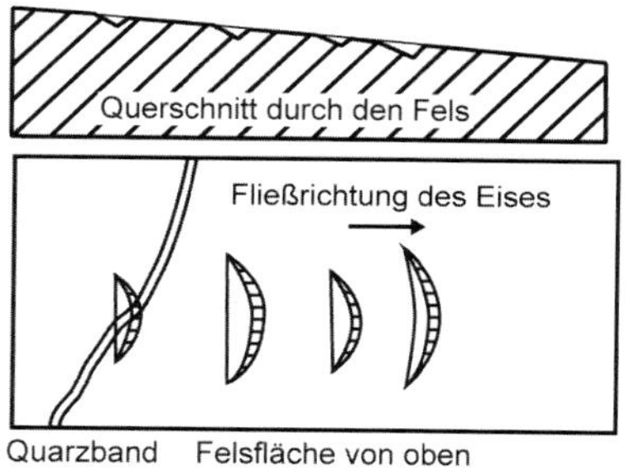

Abb. 62: *Entstehung von Sichelbrüchen (Quelle: Archiv Hochgebirgs-Naturpark Zillertaler Alpen)*

Station 6: Gerichtsverhandlung

Ort	Berliner Hütte
Dauer	Ca. 120 Min.: ca. 75 Min. Vorbereitung, ca. 30 Min. Gerichtsverhandlung mit unterschiedlichen Stationen der Beweisaufnahme & ca. 15 Min. kurze Abschlussdiskussion
Wegstrecke	–
Höhenmeter	–
Sozialform	Kleingruppenarbeit, Gerichtsverhandlung im Plenum
Material	Arbeitsmaterial Station 6 (min. 1/Kleingruppe) Ermittlungsbuch (1/Person) Sämtliche im Laufe des Tages in den Kleingruppen entstandene Beweismittel Evtl. Requisiten für eine Gerichtsverhandlung Präsentationsmaterialien: Flipchart-Papier, Marker etc. (ausreichend für alle Kleingruppen)

	Kabel zum Download der Bilder von den Fotoapparaten (pro Kamera) Laptops (falls vorhanden 1/Kleingruppe) Beamer (falls vorhanden 1) Kopie des aktuellen Gletscherberichtes (Österreichischer Alpenverein) für die abschließende Diskussion (1/Kleingruppe)
Gefahren	Keine

Hinweise für die Begleitperson/en

Vor dieser Station ist eine größere Pause ratsam. In Station 6 wird vor allem darauf abgezielt, die erarbeiteten Ermittlungsmaterialien für die Gerichtsverhandlung aufzubereiten, die verwendeten Hypothesen zu durchleuchten und die Beweise/Argumente der Kleingruppen auf ihre Validität zu überprüfen. Die Erkenntnisse des Tages sollten gesammelt, verglichen und umfassend diskutiert werden. Generell sollten zum Abschluss noch einmal die Fragen des Tages diskutiert werden und ein runder Abschluss der Exkursion gelingen.

Für die Umsetzung dieser Station werden bewusst keine genauen Angaben für die Teilnehmenden geliefert, die Vision ist hier, dass es ihnen aus eigener Spontaneität und Kreativität selbst gelingt, eine entsprechende Gerichtsverhandlung zu organisieren und durchzuführen. Wenn dabei zahlreiche Fragen offen bleiben, ist dies durchaus im Sinn der Sache. Es sollte in jedem Falle gelingen, das Verschwinden eines großen Teils der Gletscherzunge des Hornkees zu belegen, und auch die Frage nach dem Zeitraum des Verschwindens kann mit unterschiedlichsten Beweismitteln nachvollzogen werden. Offen bleibt auf dieser Exkursion die Frage nach der/dem Täter/in, die durch die gesammelten Beweise nicht erbracht werden kann. Genügend Motivation der Teilnehmenden vorausgesetzt, sind dazu weitere Ermittlungen und weitere Verhandlungstage nötig, evtl. lässt sich dies nach Rückkehr zuhause organisieren (vgl. dazu auch Kap. 5).

Zur Abschlussdiskussion eignet sich u. a. ein Zitieren oder Verteilen des aktuellsten Gletscherberichts (erhältlich online beim Österreichischen Alpenverein), der den momentanen Zustand der Gletscher in Österreich zusammenfasst.

Erwartungshorizont

Völlig individuelle Lösungen!

4.5 Arbeitsmaterialien

Arbeitsblatt Station 1

Die Kriminalpolizei Ginzling bittet um Eure Mitarbeit, denn hier oben ist vermutlich ein Verbrechen geschehen. Seit längerer Zeit unauffindbar und daher vermutlich gestohlen ist ein großer Teil der Gletscherzunge des Hornkees! Doch ist das wirklich wahr? Und falls ja: Seit wann ist sie verschwunden? Wohin ist sie verschwunden? Warum ist sie verschwunden? Und: Wer ist bitte der/die Täter/in?

Ihr werdet heute in kleinen Ermittlungsteams am Tatort arbeiten und nach Spuren suchen, um diesen Fall zu lösen.

Wichtig: Heute Abend vor Gericht zählen nur die Aussagen von verlässlichen Zeugen und als Beweismittel werden nur überzeugend dokumentierte Ermittlungsergebnisse zugelassen. Nutzt also den heutigen Tag, um an den verschiedenen Stationen der Exkursion Spuren zu sichten und zu sichern. Wie Ihr genau dokumentiert und welche Hilfsmittel Ihr dabei genau verwendet, bleibt Euren Ermittlungsteams selbst überlassen. Zeichnet, beschreibt in Stichworten, skizziert, fotografiert usw. Denkt Euch hier selbst ein schlagkräftiges Ermittlungsmuster zur Spurensuche und Spurensicherung aus!

Eure Begleitperson/en kann/können Euch als Sonderermittlende zwar organisatorisch beraten, sind selbst aber an die Schweigepflicht gebunden und kann/können Euch deshalb bei der inhaltlichen Lösung des Falls kaum unterstützen. An einigen Stationen halten sie allerdings gewisse bereits sicher gestellte Beweise, schon zuvor befragte Zeuginnen und Zeugen und kriminologische Hilfsmittel für Euch bereit. Viel Glück beim Lösen des Falles.

Bildet jetzt Ermittlungsteams zu je ___ Personen.

Arbeitsblatt Station 2 – Überblick über den Tatort

In Einzelarbeit: Zeichne zuerst mit Bleistift einen guten Überblick über den vor Dir liegenden Tatort. Konzentriere Dich dabei ganz auf unseren Kriminalfall: das eventuelle Verschwinden eines großen Teils der Gletscherzunge des Hornkees! War diese wirklich einmal länger? Und falls ja: Seit wann ist sie verschwunden? Wohin ist sie verschwunden? Warum ist sie verschwunden? Und: Wer ist bitte der/die Täter/in? Stelle erste Vermutungen an und halte sie in Deiner Skizze schriftlich fest.

Trage außerdem möglichst viele Fachbegriffe in Deine Skizze ein bzw. erfinde selbst passende Begriffe, wenn Dir keine Fachbegriffe einfallen.

Vergleicht nun alle Skizzen innerhalb Eures kleinen Ermittlungsteams. Einigt Euch auf die möglicherweise beste Skizze und diskutiert wesentliche Fachbegriffe. Vor Gericht müsst Ihr überzeugend argumentieren, vergesst das nicht!

Überlegt Euch jetzt gemeinsam ca. 15 Minuten lang, welche Methoden Ihr für Eure weiteren anstehenden Ermittlungsarbeiten verwenden wollt und welche Ausrüstung Ihr dazu benötigt (z. B. Fotoapparate etc.). Packt diese in Euren Rucksack, gleich geht's über verschiedene Ermittlungsstationen immer weiter hinauf Richtung Hornkees.

Arbeitsblatt Station 3 – Ermittlungen im Gletschervorfeld

Ab jetzt geht es (nach noch ein paar Höhenmetern bergab) über das Gletschervorfeld hinauf bis zum Hornkees. Eure Hauptaufgabe wird es nun sein, möglichst gut sichtbare und überzeugende Spuren aus der Vergangenheit des Gletschers in der Landschaft zu finden und diese sicherzustellen bzw. bestmöglich und vielfältig zu dokumentieren.

An den Stationen der folgenden Jahre wird genauer ermittelt: 1901, 1923, 1953, 1982 und im aktuellen Jahr! Wie das geht, müsst Ihr Euch selbst mithilfe der bereits sichergestellten Beweismittel (Arbeitsmaterialien Station 3/ Abb. 63 bis 71) erarbeiten. Seht Euch diese intensiv an, analysiert sie gemeinsam und legt dann Euer weiteres Vorgehen zur kriminalistischen Dokumentation fest.

Noch zwei Tipps für Eure Ermittlungsarbeit:

- In der Vergangenheit sind Gletscher immer wieder vorgestoßen, dann erneut zurückgeschmolzen. Wo eine Gletscherzunge über einen längeren Zeitraum vorgestoßen ist, wird ihre maximale Ausdehnung durch eine Endmoräne dokumentiert. Endmoränen lassen sich bis heute in der Landschaft aufspüren.
- Die Endmoränenwälle von 1901 und 1923 sind besonders gut ausgeprägt und daher relativ einfach zu finden, alle weiteren eher nicht mehr. Um die Positionen zu finden, an denen die Stirn der Gletscherzunge in den Jahren 1953 und 1982 lag, müsst Ihr Euch also auch etwas Anderes ausdenken. Analysiert auf jeden Fall die mitgelieferten Beweismittel gut!

Zur Markierung der verschiedenen Jahre erhaltet Ihr Markierstangen mit Fähnchen. **Bitte lasst die Markierstangen im Gelände stecken und sammelt sie erst beim Heruntergehen wieder ein!** Lasst Euch nicht vom Vorgehen der anderen Kleingruppen stören oder täuschen, vielleicht gibt es ja mehrere „richtige Antworten" und vielleicht haben die anderen ja auch Unrecht. Verwendet heute Abend bei der Gerichtsverhandlung Eure eigenen Beweise und Eure eigene überzeugende Argumentation, das ist es, was zählt!

Dokumentiert also die Lage des Gletschers in den verschiedenen Jahren, die jeweiligen Eigenschaften des Geländes, Unterschiede und Gemeinsamkeiten der Moränen etc.

Und noch ein Tipp:

- Auf dem Weg zum Hornkees lassen sich mit einer sehr feinen Nase zwei auf große Felsen angebrachte rote Farbmarkierungen aufspüren, die die Gletscherstände der Jahre 1959 und 2011 symbolisieren. Sie helfen Euch ebenfalls bei der Orientierung!

Arbeitsblatt Station 3 – Ermittlungen im Gletschervorfeld

Abb. 63: *Hornkees (Zillertaler Alpen): Gletscherstand ca. 1970, Ufermoränen 1850, Endmoränen 1901 und 1923 (Quelle: Archiv Hochgebirgs-Naturpark Zillertaler Alpen)*
Für diese Skizze hat sich ein Wissenschaftler im Jahr 1970 oberhalb der Berliner Hütte auf einen Felsen gesetzt und den Blick auf das Hornkees und sein Gletschervorfeld gezeichnet.

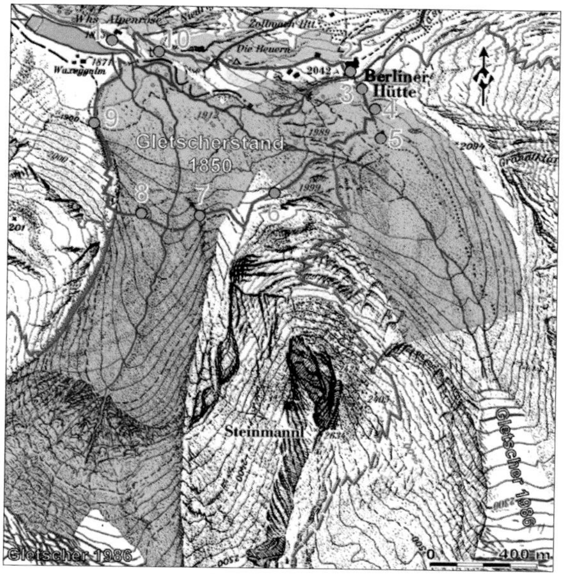

Abb. 64: *Rundweg Gletschervorfeld (Quelle: Heuberger 2004, Umschlaginnenseite hinten). Die Karte zeigt einen Rundweg mit zehn Stationen. Für uns ist aber nicht der Weg interessant, sondern der eingezeichnete Gletscherstand aus dem Jahr 1850. Richtung Hornkees muss man sich die Gletscherfläche aber nach Süden verlängert vorstellen, die blaue Markierung endet hier viel zu weit nördlich.*

Arbeitsblatt Station 3 – Ermittlungen im Gletschervorfeld

Abb. 65: *Dieses Aquarell eines unbekannten Künstlers zeigt die Berliner Hütte sowie den ungefähren neuzeitlichen Hochstand des Hornkees, ca. um das Jahr 1879 (Quelle: Archiv Hochgebirgs-Naturpark Zillertaler Alpen)*

Abb. 66: *Kolorierte Postkarte aus dem Jahr 1901 (Quelle: Archiv Hochgebirgs-Naturpark Zillertaler Alpen). Rechts außen ist bereits die Bildung eines deutlichen Endmoränenwalls erkennbar, den man noch heute in der Landschaft findet.*

Abb. 67: *Postkarte aus dem Jahr 1922 (Quelle: Archiv Hochgebirgs-Naturpark Zillertaler Alpen)*

Arbeitsblatt Station 3 – Ermittlungen im Gletschervorfeld

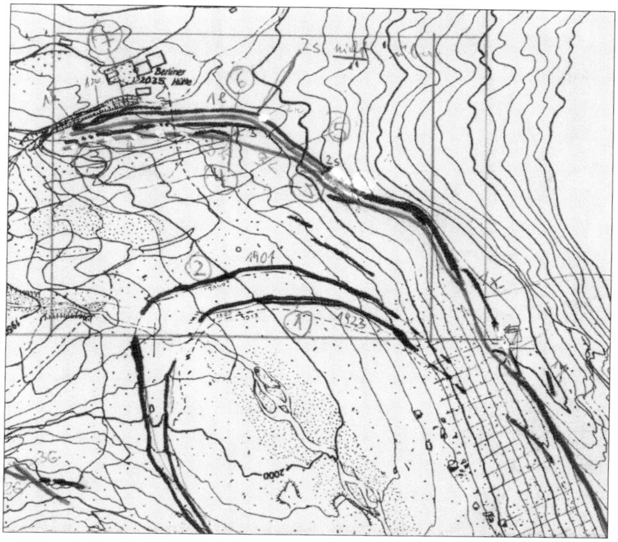

Abb. 68: *Wissenschaftliche Skizze zur Markierung der Endmoränen aus den Jahren 1901 und 1923 (Quelle: Feldbuch Heuberger, Archiv Hochgebirgs-Naturpark Zillertaler Alpen)*

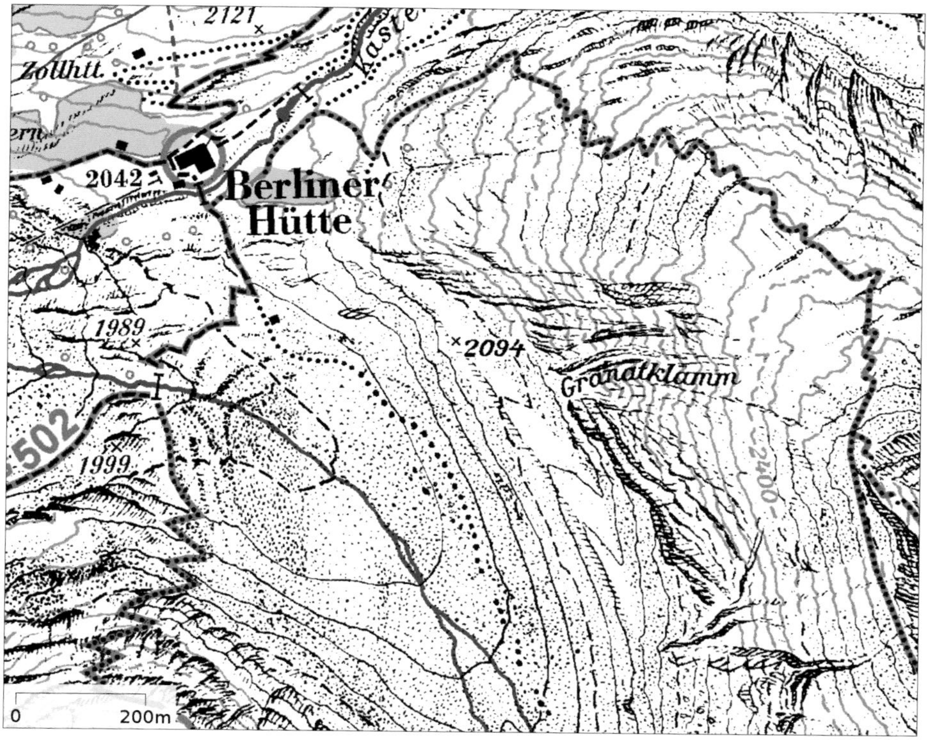

Abb. 69: *Ausschnitt aus der Alpenvereinskarte Zillertaler Alpen-West, Gletschervorfeld südlich der Berliner Hütte (Quelle: Mit freundlicher Genehmigung des OeAV und DAV)*
Wer genau hinsieht, kann die Endmoränen aus den Jahren 1901 und 1923 auch in der Topografischen Karte erkennen und dann natürlich besser im Gelände aufspüren!

Arbeitsblatt Station 3 – Ermittlungen im Gletschervorfeld

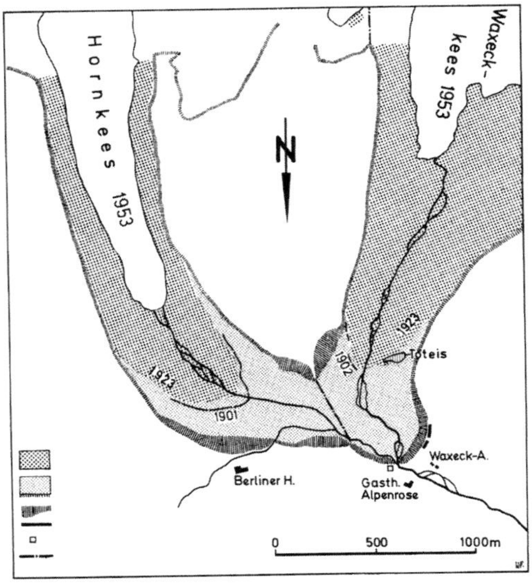

Abb. 70: *Wissenschaftliche Skizze Vorfeld Waxegg-Hornkees und Gletscherstand 1953 (Quelle: Archiv Hochgebirgs-Naturpark Zillertaler Alpen)*

Abb. 71: *Luftbild des Hornkees und Waxeggkees aus dem Jahr 1982 (Foto: Heinz Slupetzky, mit freundlicher Genehmigung)*

Arbeitsblatt Station 4 – Ermittlungen im Gletschervorfeld – ein zweiter Blick lohnt sich immer

Begebt Euch jetzt entlang Eurer Aufstiegsroute zurück und sammelt alle Markierstangen wieder ein. Nutzt bitte dabei die Gelegenheit, den Tatort noch einmal von einer völlig neuen Seite zu sehen.

Bitte konzentriert Euch jetzt auf die Vegetation. Welche Beweise könnt Ihr aufspüren und sicherstellen, um zu beweisen oder zu widerlegen, dass hier tatsächlich ein Teil des Gletschers abhandengekommen ist? Wie lange muss der Diebstahl zurück liegen?

Zwei kurze Ermittlungshilfen dazu:

1. Beobachtet und dokumentiert im Gletschervorfeld die Vegetation ganz allgemein.
2. Beobachtet und dokumentiert an den von Euch markierten Jahren die Größe der Flechten. Abbildungen 72 und 73 helfen Euch ein wenig.

Abb. 72 zeigt, dass Flechten mit zunehmendem Alter an Größe zulegen. In unserem Exkursionsgebiet besonders gut zu beobachten ist die Flechtenart *„Rhizocarpon geographicum"*, zu Deutsch die „Landkartenflechte". Überprüft, ob Ihr Zusammenhänge mit dieser Abbildung und den Landkartenflechten in unserem Exkursionsgebiet feststellen könnt. Erstellt als Beweisstück eine eigene Grafik, die aktueller ist und besser zum Gletschervorfeld des Hornkees passt als Abb. 72, um vor Gericht ein verlässliches Beweisstück zu haben.

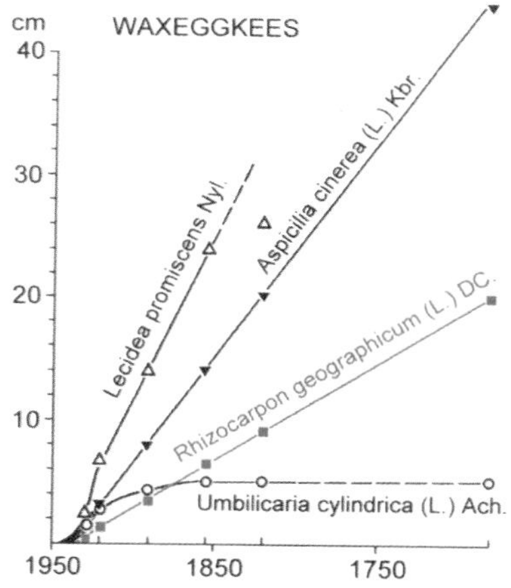

Abb. 72: *Maximale Krustenflechtendurchmesser als Altersmaßstab für Moränenwälle des Waxegg-Kees, gemessen 1949 (Quelle: Heuberger 2004, 49)*

Abb. 73: *Landkartenflechten auf einem Fels im Exkursionsgebiet. Als Größenmaßstab wird ein weißer Stein mit genau 10 cm Kantenlänge mitfotografiert (Foto: Lars Keller 2013)*

Arbeitsblatt Station 5 – Sichelbrüche – ein ganz besonderer letzter Tatort!

Ihr befindet Euch jetzt an einem einmaligen Tatort, denn die sogenannten „Sichelbrüche" im Fels nahe der Berliner Hütte gehören zu den anschaulichsten Beispielen im östlichen Alpenraum! Schon der Name der hinterlassenen Spuren deutet auf einen Kriminalfall hin.

Seid vorsichtig auf den teilweise sehr rutschigen Felsplatten! Spürt besonders schöne Exemplare der Sichelbrüche auf, stellt die Spuren sicher und denkt darüber nach, wie diese Einkerbungen entstanden sein könnten.

Einigt Euch auf eine Hypothese, inwiefern auch diese Spuren mit unserem Fall zu tun haben könnten, und seid heute Abend vor Gericht bereit, Eure Überlegungen ausführlicher zu erklären.

Arbeitsblatt Station 6

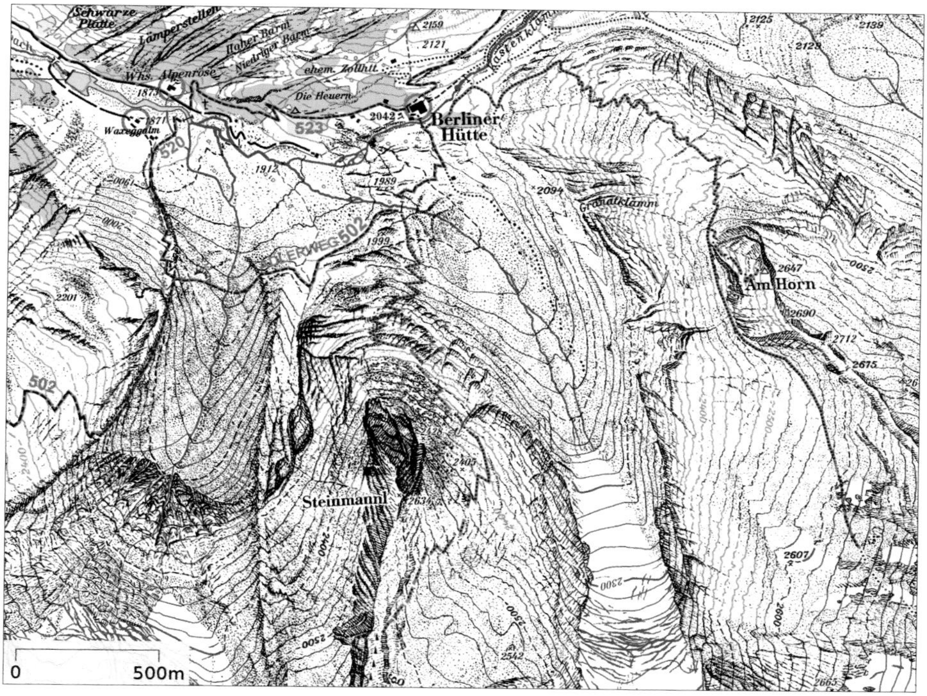

Abb. 74: *Ausschnitt aus der Alpenvereinskarte Zillertaler Alpen-West, Gletschervorfelder des Waxeggkees und des Hornkees (Quelle: Mit freundlicher Genehmigung des OeAV und DAV)*

4.6 Literaturverzeichnis

Birkenhauer, J. (Hrsg.) 1995. Außerschulische Lernorte. HGD-Symposium Benediktbeuern 1993. In: Geographiedidaktische Forschungen 26. Nürnberg.

Cannone, N., G. Diolaiuti, M. Guglielmin & C. Smiraglia 2008. Accelerating climate change impacts on alpine glacier forefield ecosystems in the European Alps. In: The Ecological Society of America (ed.), Ecological Applications 18 (3): 637–648.

Dahm, C. 1992. Geographie in der Freizeitpädagogik. Theoretische Grundlagen der Problemstellung. In: Reden und Vorträge im Fachbereich Erziehungswissenschaften 5: 13–40.

Dewey, J. 2002. Pädagogische Aufsätze und Abhandlungen (1900–1944). Zürich: Pestalozzianum.

Dickel, M. & M. Scharvogel 2013. Räumliches Denken im Geographieunterricht. In: Kanwischer, D. (Hrsg.), Geographiedidaktik. Ein Arbeitsbuch zur Gestaltung des Geographieunterrichts. Stuttgart.

Ficker, E., G. Sonntag & E. Weber 1980. Ansätze zur mechanischen Deutung der Rissentstehung bei Parabelrissen und Sichelbrüchen auf glazial geformten Felsoberflächen. In: Zeitschrift für Gletscherkunde und Glazialgeologie 16 (1): 25–43.

Fischer, A. 2013. Gletscherbericht 2011/2012. Sammelbericht über die Gletschermessungen des Österreichischen Alpenvereins im Jahre 2012. In: Bergauf 02, Jg. 68 (138): 22–28.

Fischer, A. 2014. Gletscherbericht 2012/2013. Sammelbericht über die Gletschermessungen des Österreichischen Alpenvereins im Jahre 2013. In: Bergauf 02, Jg. 69 (139): 34–40.

Hard, G. 1995. Spuren und Spurenleser: Zur Theorie und Ästhetik des Spurenlesens in der Vegetation und anderswo. Osnabrücker Studien zur Geographie 16. Osnabrück.

Haversath, J.B. 2013. Spuren, Spurensuche. In: Böhn, D. & G. Obermaier (Hrsg.), Wörterbuch der Geographiedidaktik. Begriffe von A-Z: 260–262. Braunschweig.

Heuberger, H. 2004. Gletscherweg Berliner Hütte, Zillertaler Alpen, In: Österreichischer Alpenverein (Hrsg.), Naturkundlicher Führer Bundesländer 13. Innsbruck.

Heuberger, H. & R. Beschel 1958. Beiträge zur Datierung alter Gletscherstände im Hochstubai (Tirol). Festschrift H. Kinzl: 73–100. Innsbruck.

Hofmann R. & M. Mehren 2012. Mapping im Unterricht. In: Praxis Geographie 1/ 2012: 8–9.

Kinzl, H. 1929. Beiträge zur Geschichte der Gletscherschwankungen in den Ostalpen. In: Zeitrschrift für Gletscherkunde 17: 66–121.

Kinzl, H. 1949. Formenkundliche Beobachtungen im Vorfeld der Alpengletscher. http://www.landesmuseum.at/pdf_frei_remote/VeroeffFerd_026-029_0061-0082.pdf (Abrufdatum: 15/04/2014).

Loos, G.H. & D.G. Zimmermann 2014. Rhizocarpon geographicum – Große Landkartenflechte, Flechte des Jahres 2014. http://www.botanikbochum.de/html/jahrbuch/2014/Pflanzenportraet_Rhizocarpon_geographicum.pdf (Abrufdatum: 15/04/2014).

Meyer, C. 2006. Vielfältige Unterrichtsmethoden sachgerecht anwenden. In: Haubrich, H. (Hrsg.), Geographie unterrichten lernen. Die neue Didaktik der Geographie konkret: 107–172. München, Oldenburg.

Noll, E. 1981. Exkursionen – mehr als nur Abwechslung im Schulalltag. In: Geographie Heute 1 (3): 2–10.

Pindur, P. & H. Heuberger 2008. Zur holozänen Gletschergeschichte im Zemmgrund in den Zillertaler Alpen, Tirol/Österreich (Ostalpen). In: Zeitschrift für Gletscherkunde und Glazialgeologie 42 (2): 21–89.

Raffl, C., M. Mallaun, R. Mayer & B. Erschbamer 2006. Vegetation succession pattern and diversity changes in a glacier valley, Central Alps, Austria. Arctic, Antarctic and Alpine Research 38 (3): 421–428.

Rhode-Jüchtern, T. 1997. Den Raum lesen lernen. München, Oldenbourg.

Richter, E. 1891. Geschichte der Schwankungen der Alpengletscher. In: Alpenvereinszeitschrift 22: 1–74.

Rinschede, G. 2007. Geographiedidaktik: Grundriss Allgemeine Geographie. 3. Auflage. Paderborn: Schöningh.

Türk, R. & B. Erschbamer 2010. Die Flechten im Gletschervorfeld des Rotmoosferners. In: Koch, E.M. & B. Erschbamer (Hrsg.), Glaziale und periglaziale Lebensräume im Raum Obergurgl. Alpine Forschungsstelle Obergurgl 1: 155–163. Innsbruck.

Watzlawick, P. 2006. Wirklichkeitsanpassung oder angepasste «Wirklichkeit»? Konstruktivismus und Psychtherapie. In: Gumin, H. & H. Meier (Hrsg.), Einführung in den Konstruktivismus: 89–107. München.

Winkler, S. 2009. Gletscher und ihre Landschaften: Eine illustrierte Einführung. Darmstadt.

Wintges, T. 1984. Untersuchungen an gletschergeformten Felsflächen im Zemmgrund/Zillertal (Tirol) und in Südskandinavien. In: Salzburger Geographische Arbeiten 11.

Wintges, T. & H. Heuberger 1980a. Parabelrisse, Sichelbrüche und Sichelwannen im Vereinigungsbereich zweier Zillertaler Gletscher (Tirol). In: Zeitschrift für Gletscherkunde und Glazialgeologie 16 (1): 11–23.

Wintges, T. & H. Heuberger 1980b. Untersuchungen an Parabelrissen und Sichelbrüchen im Zemmgrund (Zillertal) und über die damit verbundene Abtragung. Zeitschrift für Gletscherkunde und Glazialgeologie 16 (2): 157–170.

5 „Global Warming – Local Melting?“: Klimaerwärmung im Hochgebirge

Lars Keller, Alexander Broger & Florian Faisstnauer

Steckbrief

Orte	Alpenrosenhütte, Kriegerdenkmal am Weg zur Berliner Hütte, kurz unterhalb der Berliner Hütte (siehe Übersichtskarte in Abb. 75)
Alter	14+
Dauer gesamt	Ca. 5–6 h
Wegstrecke gesamt	Ca. 1,25 km ↑ / ca. 1,25 km ↓
Höhenmeter gesamt	Ca. 190 Hm ↑ / ca. 190 Hm ↓
Gefahren	Vgl. Kapitel V „Sicher unterwegs im Hochgebirge – alpine Gefahren und Ausrüstung", v. a. „Gefahren am Zemmbach". Absturzgefahr am Zaun beim Kriegerdenkmal. Nicht anlehnen! Versuchsaufbauten mit Feuchtigkeit/Wasser und Strom!

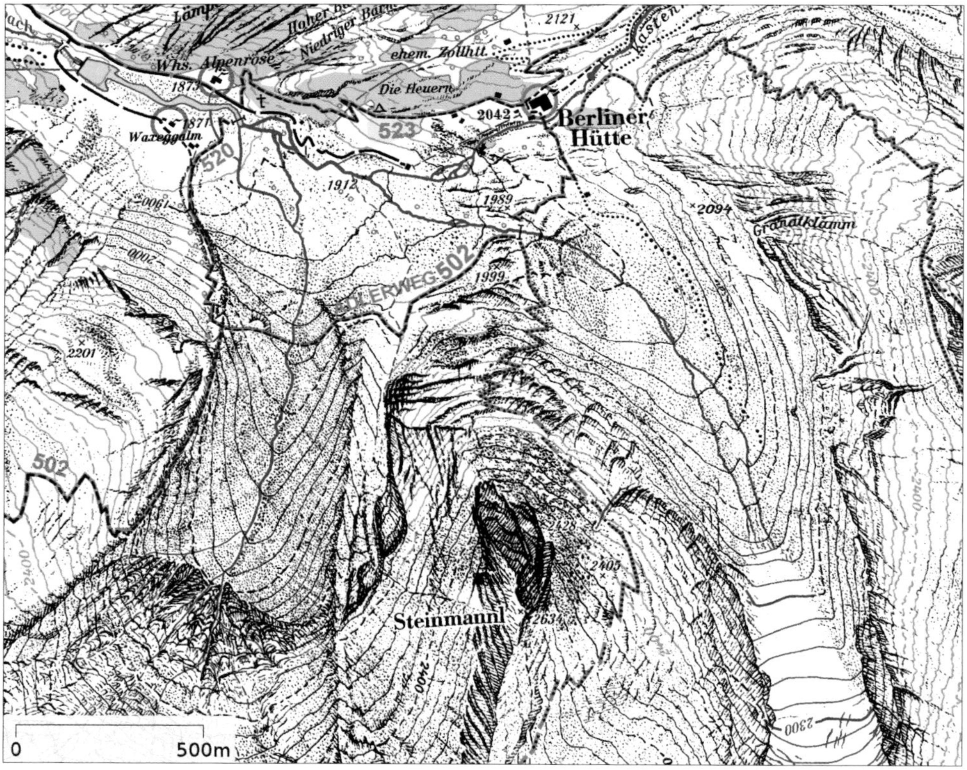

Abb. 75: *Übersichtskarte (Ausschnitt aus der Alpenvereinskarte 35/2 Zillertaler Alpen, Mitte/mit freundlicher Genehmigung des OeAV und DAV). Wichtig: Diese Karte zeigt den Exkursionsraum in einem größeren Kartenausschnitt. Die Exkursion verläuft hauptsächlich auf dem üblichen Wanderweg 523 zwischen Alpenrosenhütte und Berliner Hütte, Station 4 im Nahgelände rund um die Alpenrosenhütte.*

5.1 Zusammenfassung

Obwohl die Globale Erwärmung laut aktuellen Sachstandsberichten des Weltklimarats aus wissenschaftlicher Perspektive immer weiter gesichert ist und auch an zahllosen Gletschern weltweit festgemacht werden kann, publizieren immer wieder einige Klimaskeptiker/innen ihre Ergebnisse. Motiviert durch die provokante Behauptung „Die Klimaerwärmung findet nicht statt", begeben sich die Teilnehmenden dieser Exkursion mit eigenständig entwickelten Fragestellungen bzw. Hypothesen auf Exkursion ins Hochgebirge, um ihrerseits Beweise für oder gegen den Klimawandel zu finden. Anhand der markanten Spuren der ehemaligen Gletscherausdehnung des Waxeggkees sowie rezent aufgetretener Felsstürze infolge Auftauens des Permafrosts ergeben sich Hypothesen, die für eine Klimaerwärmung sprechen. Mittels selbstständig entworfener Experimente/Versuchsaufbauten sollen die Teilnehmenden ihre für die Exkursion aufgestellten Hypothesen überprüfen und durch die Annäherung an wissenschaftliche Arbeitsweisen zu eigenen Erkenntnissen und Schlüssen gelangen.

5.2 Inhaltsanalyse

Der Vierte Sachstandsbericht des Weltklimarats IPCC (Solomon et al. 2007) belegt mit hoher Sicherheit die gegenwärtige Globale Klimaerwärmung und identifiziert als deren Hauptursache die anthropogen bedingten Treibhausgasemissionen (vgl. auch Manning et al. 2004; Hegerl et al. 2007). Die Veröffentlichungen des Fünften Sachstandsberichts bestärken dies weiter (Stocker et al. 2013, IPCC WGII AR5 2014 etc.). Nach wie vor gibt es in der Klimadebatte aber einzelne Skeptiker, die den anthropogen bedingten Klimawandel als Lüge oder Irrlehre darstellen bzw. dessen Auswirkungen für irrelevant ansehen (vgl. Abb. 76). Hier lohnt es sich jedoch, genau hinzusehen. So belegt eine in Science veröffentlichte Untersuchung von sämtlichen Publikationen mit Peer-Review zum Globalen Klimawandel zwischen 1993 und 2003, dass keine einzige Studie den anthropogen bedingten Globalen Klimawandel bestritt (Oreskes 2004). Eine weitere Studie, die die Zahl der Klimawissenschaftler/innen untersuchte, die jeweils eine Deklaration für oder gegen den Konsens zur Erderwärmung unterzeichnet haben, zeigt eine Zustimmungsrate von 97 % (Anderegg et al. 2010).

Schnee und Eis in Hochgebirgen weisen eine sensible Reaktion auf klimatische Veränderungen auf. Die Mehrheit der Gebirgsgletscher weltweit hat, unterbrochen lediglich von drei kürzeren Stabilitätsphasen (1890, 1920 und 1970), seit 1850 große Teile ihrer Masse und Ausdehnung verloren. (Abb. 77a und 77b spiegeln den Rückzug der beiden Gletscher Hornkees und Waxeggkees zwischen 1982 und 2013 wider.) Viele Gletscher werden sich in den nächsten Jahrzehnten auch weiter an die Temperaturveränderungen anpassen, was in ihrer zunehmenden Verkleinerung bis hin zum Verschwinden zahlreicher Gletscher resultieren wird (Stocker et al. 2013). Insbesondere der Gletscherschwund seit 1850 ist leicht zu beobachten und auch entsprechend einfach zu verstehen. Als Schlüsselsignal steht er für den Anstieg der globalen Temperatur der Erdatmosphäre und den damit verknüpften höheren Energiegehalt des gesamten Klimasystems (Häberli & Maisch 2007).

Der Haushalt eines Gletschers wird durch das Zusammenwirken von Akkumulation und Ablation bestimmt. Im Akkumulationsgebiet überdauert Schnee das gesamte Jahr und wird schließlich durch Metamorphose der Schneekristalle zu Firn. Aus den jährlichen Firnschichten entsteht im Laufe einiger Jahre Gletschereis. Durch sein Eigengewicht beginnt es, der Schwerkraft folgend talabwärts zu fließen, wo aufgrund der zunehmenden Jahresmitteltemperaturen das Schmelzen überwiegt. Hier liegt das Ablationsgebiet des Gletschers. Die Grenze zwischen Nähr- und Zehrgebiet wird als „Gleichgewichtslinie" bezeichnet (Strahler & Strahler 2009). Die Einnahmen eines Gletschers werden weitgehend durch die Akkumulation von Schnee aus Niederschlägen, Lawinen und Winddrift gesteuert, wogegen für die Ablation die Energiezufuhr aus der Strahlung (kurz- und langwellig), der fühlbaren Wärme sowie latenter Wärmeströme entscheidend sind (Wilhelm 1975). Bei einer ausgeglichenen Bilanz wird Eis aus dem Akkumulationsgebiet in das Ablationsgebiet verfrachtet und ein Gletscher behält seine Form und Größe bei. Überwiegen Akkumulation oder Ablation kommt es nach einer – zur Gletschergröße proportionalen Reaktionszeit – zu Längenveränderungen durch Vorstoß oder Rückzug (Häberli & Maisch 2007).

Neben Eis an der Oberfläche in Form von Gletschern existiert auch Eis unter der Oberfläche. Liegt die mittlere Jahrestemperatur der Luft unter −1 °C bis −2 °C, existiert sogenannter „Permafrost". Permafrost ist ganzjährig gefrorener Untergrund (Fels, Schutt, Boden), der aus zwei Schichten besteht. Unmittelbar unter der Oberfläche befindet sich die Auftauschicht, die saisonal auftaut und wieder gefriert, darunter befindet sich der isotherme Permafrost. *„Grundsätzlich spricht man von Permafrost, wenn ein Boden im Untergrund mindestens über zwei Jahre gefroren bleibt. Besonders im Hochgebirge kann man die Folgen der Erderwärmung auf die Verteilung des Permafrosts schon heute beobachten. Wenn im Sommer der Schnee geschmolzen ist, taut auch die oberste Schicht des Permafrostbodens auf, der Permafrostkörper darunter bleibt aber gefroren. Dieser Auftaubereich, die aktive Schicht eines Permafrostbodens, nimmt in den Alpen Mächtigkeiten von ein paar wenigen Metern (ca. 0,5–5 m) ein."* (ZAMG o. J.). Durch die vorherrschende Erwärmung kann von erheblichen Auswirkungen auf die Bodentemperatur und damit den Permafrost ausgegangen werden. Hierbei ist allerdings festzuhalten, dass nicht nur die Veränderung der Lufttemperatur entscheidenden Einfluss hat, sondern auch die Menge und Art der winterlichen Niederschläge sowie die Verteilung, Dauer und Mächtigkeit der Schneedecke (Schöneich et al. 2011). Bevor die in höhere Bereiche vordringende Vegetation, insbesondere der Wald, wieder eine Stabilisierungsfunktion übernehmen kann, sind große Schuttflächen und -mengen einem Auftauen und damit ungehindertem Abtrag unterworfen. Eine zunehmende Destabilisierung von Hochgebirgshängen ist die logische Folge. Kontinuierlich steigt durch die Auflösung des Permafrosts in Felswänden also die Wahrscheinlichkeit von Fels- und Bergsturzereignissen. Große, mehrere Millionen Kubikmeter Material umfassende Stürze ereignen sich in den Alpen alle paar Jahre. An diesen Phänomenen ist der Faktor Eis größtenteils (wenngleich nicht ausschließlich) beteiligt (Häberli & Maisch 2007).

5.3 Methodische Analyse

„Der Versuch ist eine Brücke (…) zum wissenschaftlichen Denken und Handeln, er verbindet (…) Explorieren mit dem Experiment. Sein Hauptmerkmal besteht darin, dass mit Erfahrungen und vorfachlichem Wis-

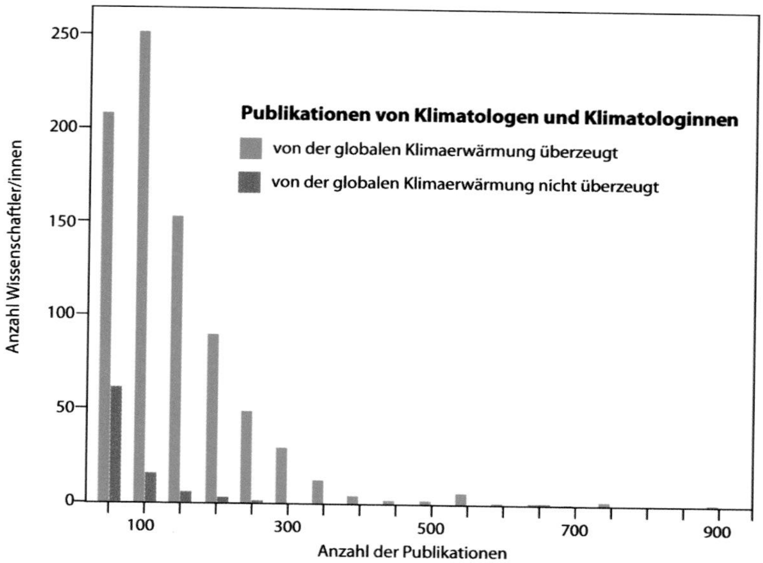

Abb. 76: *Vergleich der Anzahl an Forscherinnen und Forschern, die vom Nachweis der anthropogen bedingten Globalen Klimaerwärmung überzeugt sind mit den nicht überzeugten, gereiht nach der Gesamtzahl ihrer jeweiligen Klimapublikationen (Quelle: Anderegg et al. 2010, verändert)*

sen begründete Vermutungen experimentell geprüft und so neue Erkenntnisse gewonnen werden. Der Versuch weist den Weg vom praktischen Handeln, bei dem der Effekt Handlungsziel ist, zum geistigen Handeln, bei dem die Erkenntnis Handlungsziel ist." (Giest 2009, 89).

Die methodischen Überlegungen für diese Exkursion zur Klimaerwärmung im Hochgebirge bauen, wie sämtliche Exkursionen des vorliegenden Bandes, auf den Prinzipien konstruktivistischer Didaktik auf. Es soll an dieser Stelle an deren Grundgedanken erinnert werden, dass Lernen nie eine direkte Folge von Lehren, sondern immer eine individuelle Konstruktionsleistung der/des Lernenden darstellt. Neue Informationen werden dabei in die bereits bestehenden Präkonzepte und Vorstellungen eingebettet und in einen möglichst sinnvollen Gesamtzusammenhang gebracht (vgl. Kap. II). Im engen Zusammenhang damit vervollständigen Ansätze aus der Kognitionspsychologie das didaktische Grundgerüst dieser Exkursion. Hier sind vor allem das „Forschende Lernen" (vgl. Kap. 1.3) sowie das „Problemlösende Lernen" (einen guten Überblick gibt hier Savery 2006) zu nennen. Diese bauen u. a. darauf auf, dass Lernprozesse insbesondere dann nachhaltig wirksam werden, wenn motivierende Lernsettings mit authentischen Problemstellungen geschaffen werden, sich Lernende die Lerninhalte selbst erschließen und dadurch auch zu eigenständigen Erkenntnissen gelangen können (vgl. Keller & Oberrauch 2014).

Gerade Exkursionen und Experimente/Versuche schaffen für derartige Lernprozesse ideale Voraussetzungen (Rinschede 2007). Auch Krapp & Weidemann (2006) fordern einen möglichst häufigen Einsatz von Realbegegnungen zur eigenständigen und explorativen Wissensaneignung. Es sei allerdings auch darauf verwiesen, dass Realbegegnungen einem „nüchternen Seminar-

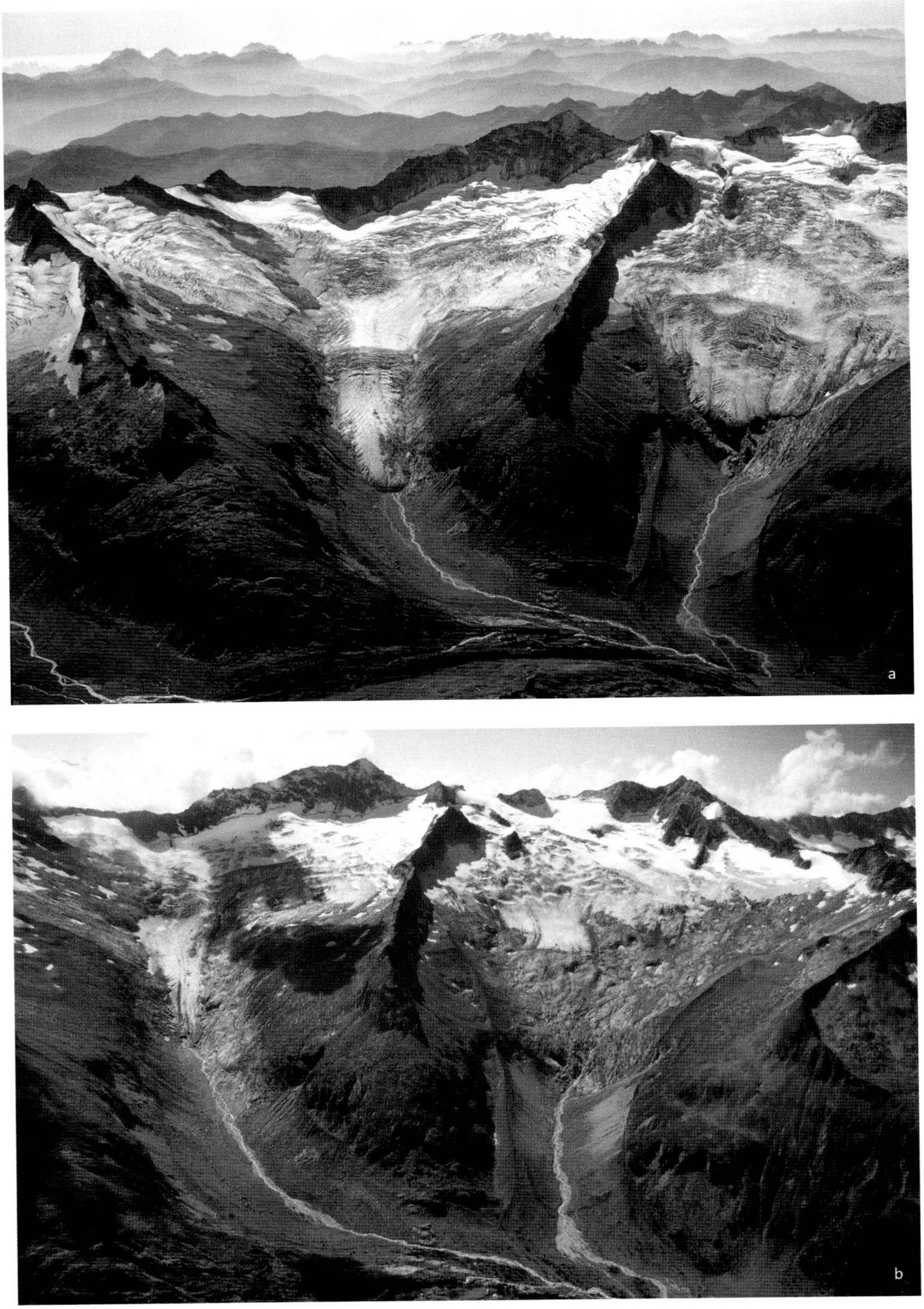

Abb. 77: *Luftbilder Hornkees, Waxeggkees, Berliner Hütte 1982 (a) und 2013 (b)*
(Fotos: Heinz Slupetzky 1982 und 2013)

raum" nicht grundsätzlich überlegen sein müssen bzw. dass auch eine modellhafte Reduzierung der komplexen Wirklichkeit ihren eigenen Wert besitzt (Siebert 2005). Die vorliegende Exkursion will diese Sichtweise berücksichtigen und realisiert deshalb eine mehrfache Kopplung zwischen Realbegegnung und Komplexitätsreduktion in Form von modellhaften Experimenten in oder nahe der Hütte, um daraus nachhaltige Lernerfolge zu erreichen. Es sei vorweggeschickt, dass die Unterscheidung von „Versuch" und „Experiment" bislang weder geglückt noch unbedingt nötig wäre. So denken beispielsweise Hartinger et al. (2013), Versuche seien instruktivistischer gestaltet als die vergleichsweise konstruktivistischen Experimente. Ein Blick auf die Praxis zeugt jedoch von einem wenig differenzierten, vielmehr parallelen Gebrauch beider Begriffe. (Dies gilt auch für die vorliegende Exkursionsbeschreibung.) Der gewährte Freiraum bei Experimenten/Versuchen kann also variieren. Bei konstruktivistischer Herangehensweise werden den Teilnehmenden Materialien zur Verfügung gestellt, aber keinerlei oder nur geringe Anleitungen zum Versuchsaufbau. So entwickeln diese individuelle Fragestellungen und dazugehörige Versuchsaufbauten zu deren Überprüfung.

Experimente werden innerhalb der Geographiedidaktik unterschiedlich zugeteilt. So ordnet sie Salzmann (1981) den technischen Medien zu und betrachtet sie wie Anschauungs- und Erkenntnismittel. Demgegenüber verortet sie Theissen (1986) als eine spezielle Organisationsform bzw. neben Projekten, Gruppenarbeiten und Spielen als Sozialform, Haubrich (1997) sieht sie dagegen als Aktionsform. Rinschede (2007) trifft eine sinnvoll erscheinende, integrative Einordnung: Demnach sind Experimente als methodische Großformen zu bezeichnen, denn sie führen nicht nur zu diversen Sozial- und Aktionsformen, sondern beeinflussen z.T. auch den gesamten Verlauf von Unterricht bzw. in unserem Fall von Exkursionen. Laut Fridrich (2011) sind Experimente jedenfalls geeignet, um fachdidaktische Ziele, wie etwa Handlungsorientierung, zu verwirklichen. Dafür sollte allerdings eine verstärkt konstruktivistische Zugangsweise zur Durchführung von Experimenten gefunden werden. In diesem Sinne treten beispielsweise gefährliche oder besonders spektakuläre Experimente, die ausschließlich von einer Lehrperson vorgezeigt werden können, zugunsten von durch die Teilnehmenden selbst durchgeführten Experimenten zurück, da erstere dem Prinzip der Selbsttätigkeit widersprechen. In der vorliegenden Exkursion zum Klimawandel im Hochgebirge sollen Versuchsabläufe also nicht vorgegeben werden, sondern von den Teilnehmenden nach einer ersten Realbegegnung/Beobachtung selbst mittels bzw. in Folge der Hypothesenbildung durchdacht werden. Der experimentelle Algorithmus (vgl. Abb. 78) folgt dabei im Wesentlichen den „Etappen für das Forschende Lernen" (vgl. Kap. 1.3).

Diese Vorgehensweise wird gerade deshalb als sinnvoll erachtet, da der Reduktion der komplexen Wirklichkeit und deren Übersetzung in modellhafte Versuche durch die Lernenden selbst besondere Bedeutung im Lernprozess zugemessen wird. Dabei ist jedoch auf Korrektheit der fachlichen Inhalte zu achten, was in Versuchsaufbauten nicht immer einfach bzw. in manchem Fall auch (und speziell mit einfachen Mitteln) unmöglich ist. Ein Beispiel: Gletscher bewegen sich sowohl durch basales Gleiten als auch durch plastisches Fließen, ersteres ist noch halbwegs fachlich korrekt zu simulieren, letzteres kann in einem einfachen Modell nicht realisiert werden. In derartigen Fällen sind das Anknüpfen an und die Weiterentwicklung von Präkonzepten und/oder Vorwissen der Teilnehmenden obligatorisch und gleichzeitig sehr herausfordernd (Fridrich 2010). Im konkreten Fall sollen Teilnehmende, von selbst angestellten

1. Problemfindung	Beobachten	
	Phänomen/Problem identifizieren	
	Experimentelle Fragestellung formulieren	
2. Planung	Hypothesen generieren	
	Forschungsdesign konzipieren	
3. Durchführung	Umsetzung	
4. Auswertung	Datensammlung, Hypothesenprüfung	
	Falsifizierung	Verifizierung
	Neue Hypothese	Hypothesenbestätigung
5. Interpretation	Interpretation, Rückbezug auf Ausgangsphänomen/ Problem, Schlussfolgerungen, Entwicklung neuer Fragestellungen	

Abb. 78: *Experimenteller Algorithmus (Quelle: Mönter & Hof 2012, 297, verändert)*

Beobachtungen im Realraum ausgehend, Hypothesen bilden, wie diese Beobachtungen erklärt werden könnten. Durch die selbstständige Entwicklung von Versuchsaufbauten können die Hypothesen verifiziert oder falsifiziert werden. Anschließend wird die Frage nach den Konsequenzen ihrer (schlussendlich verifizierten oder falsifizierten) Thesen gestellt. Laut Fridrich (2011) hat dieses Vorgehen eine offensichtliche, lernpsychologische Bedeutsamkeit, wenn Präkonzepte durch eigenständige Überprüfung modifiziert werden (vgl. „Conceptual Change": Kap. II).

5.4 Hinweise zur Durchführung

5.4.1 Allgemeines

Diese Exkursion sollte nur dann durchgeführt werden, wenn ausreichende Sichtverhältnisse für die Beobachtungsaufgaben an den einzelnen Stationen gegeben sind!

5.4.2 Vorbereitung der Teilnehmenden

Für diese Exkursion ist keine spezielle inhaltliche Vorbereitung nötig.

5.4.3 Vorbereitung Begleitperson/en

Für die inhaltliche Auseinandersetzung der Begleitpersonen empfehlen wir über die Angaben im Literaturverzeichnis hinaus:

- Heuberger, H. 2004. Gletscherweg Berliner Hütte, Zillertaler Alpen, In: Österreichischer Alpenverein (Hrsg.), Naturkundlicher Führer Bundesländer, Band 13. Innsbruck.
- Winkler, S. 2009. Gletscher und ihre Landschaften. Eine illustrierte Einführung. Darmstadt.

Spätestens am Abend vor Durchführung der Exkursion sollten die Begleitpersonen Wasser z. B. in hohen Plastikbechern in der Tiefkühltruhe der Hütte eingefroren haben (freundliche Nachfrage bei der Hüttenwirtin und/oder dem Hüttenwirt vorausgesetzt) und diese teilweise mit viel Sediment versetzt haben.

5.4.4 Material

- Aufgabenblätter der verschiedenen Stationen; es ist zu empfehlen, die Arbeitsblätter wasserabweisend zu laminieren.
- Schreibblock (1/Person)
- Briefpapier (falls vorhanden 1/Person)
- Stifte (min. 1/Person)
- Lockermaterial unterschiedlicher Korngrößen (steht in unmittelbarer Nähe der Alpenrosenhütte zur Verfügung)
- Eis (in der Tiefkühltruhe z. B. in hohen Plastikbechern eingefroren/teilweise mit viel Sediment eingefroren) (ausreichend für alle Kleingruppen)
- Wasserdichte Plastikgefäße (ausreichend für alle Kleingruppen)
- Wärmelampe (min. 1)

5.4.5 Zeitplan

Station	**Zeit**
Station 1: Einstieg	Ca. 15 Min. Einstieg & ca. 30 Min. Aufstieg zum Kriegerdenkmal
Station 2: Skizzieren, Hypothesenbildung	Ca. 30 Min. Skizzieren, ca. 20 Min. Hypothesenbildung & ca. 10 Min. Aufstieg bis kurz vor die Berliner Hütte
Station 3: Augenzeugenbericht, Hypothesenbildung	Ca. 30 Min. Augenzeugenbericht und Hypothesenbildung & ca. 30 Min. Rückweg zur Alpenrosenhütte
Station 4: Versuchsaufbauten entwerfen, Hypothesen verifizieren/falsifizieren, Experimente wissenschaftlich beobachten und protokollieren	Ca. 90 Min.
Station 5: Verfassen eines Briefes mit wissenschaftlichem Inhalt	Ca. 60 Min.
Gesamt	**Ca. 5–6 h**

Station 1: Einstieg

Orte	Alpenrosenhütte, Kriegerdenkmal
Dauer	Ca. 15 Min. Einstieg & ca. 30 Min. Aufstieg zum Kriegerdenkmal
Wegstrecke	Ca. 0,75 km ↑
Höhenmeter	Ca. 100 Hm ↑
Sozialform	Zwei ausgewählte Teilnehmende lesen vor
Material	Infoblatt Station 1, im Anhang
Gefahren	Vgl. Kapitel V „Sicher unterwegs im Hochgebirge – alpine Gefahren und Ausrüstung" Absturzgefahr am Zaun beim Kriegerdenkmal. Nicht anlehnen!

Exakte Angaben für die Teilnehmenden

Geht jetzt ins Hochgebirge und werdet selbst wissenschaftlich tätig, um herauszufinden, ob diese Behauptung Wahrheit oder Lüge ist!

Hinweise für die Begleitperson/en

Zwei gute Leser/innen lesen die Texte auf Infoblatt Station 1 (vgl. Anhang) der ganzen Gruppe laut und mit ernstem Ton vor.

Um den Teilnehmenden einen Anreiz für die nachfolgenden Aufgaben zu geben, behaupten dann die Begleitpersonen, dass es „*im Hochgebirgs-Naturpark Zillertaler Alpen schon seit über 150 Jahren keine klimatische Veränderung gegeben hat*". Ausgehend von dieser Behauptung wird die Hauptaufgabe an die Teilnehmenden gestellt.

Erwartungshorizont

Es geht in diesem Schritt hauptsächlich um die Motivierung der Teilnehmenden. Nach dem Einstieg beginnt der Aufstieg zum Kriegerdenkmal (ca. 30 Minuten).

Station 2: Skizzieren, Hypothesenbildung

Orte	Kriegerdenkmal am Weg zur Berliner Hütte, kurz vor der Berliner Hütte (auf ca. 2 000 m)
Dauer	Ca. 30 Min. Skizzieren, ca. 20 Min. Hypothesenbildung & ca. 10 Min. Aufstieg bis kurz vor die Berliner Hütte
Wegstrecke	Ca. 0,25 km ↑
Höhenmeter	Ca. 70 Hm ↑
Sozialform	Einzelarbeit, Partnerarbeit, Kleingruppenarbeit
Material	Schreibblock (1/Person) Stifte (min. 1/Person)

Gefahren	Vgl. Kapitel V „Sicher unterwegs im Hochgebirge – alpine Gefahren und Ausrüstung“ Absturzgefahr am Zaun beim Kriegerdenkmal. Nicht anlehnen!

Exakte Angaben für die Teilnehmenden

Eure Aufgaben:

1. Zeichne eine händische Skizze der vor Dir liegenden Landschaft und beschrifte ihre einzelnen Elemente, wenn möglich, mit Fachbegriffen.
2. Hast Du eine Idee, wie die vor Dir liegende Landschaft entstanden ist und wie sie sich derzeit weiter entwickelt? Überlege Dir persönlich 10 Minuten lang in Ruhe eine Hypothese und halte diese schriftlich fest. Finde Dich erst dann mit anderen zusammen, die ähnliche Vermutungen haben. Einigt Euch unter jeweils maximal 4 Personen auf eine gemeinsame Hypothese und verschriftlicht oder skizziert diese.

Hinweise für die Begleitperson/en

An dieser Stelle des Wegs sind die Moränen des Waxeggkees eindrucksvoll zu sehen (siehe Abb. 81). Bitte aber die Teilnehmenden gleich darauf hinweisen, dass der Zaun nicht zum Anlehnen gemacht ist und daher gefährlich sein kann. Am besten sitzt man etwas erhöht nah des Kriegerdenkmals (vgl. Abb. 80).

In Aufgabe 2 muss darauf geachtet werden, dass die Teilnehmenden genügend Zeit für die Aufstellung und Diskussion ihrer Hypothesen erhalten und ihnen auch ein großer Spielraum für die Inhalte ihrer Hypothesen gewährt wird. Nur so wird ein lehrreicher und gleichzeitig unterhaltsamer Aufbau von Experimenten im weiteren Verlauf garantiert.

Erwartungshorizont

Zu Aufgabe 1: Die Teilnehmenden erkennen Wälle und können diese vielleicht sogar als Moränen benennen. Diese sollen in eine einfache Skizze eingezeichnet werden. Möglicherweise können die Teilnehmenden sogar die Ufermoräne (von 1850) identifizieren oder die verschiedenen Endmoränenwälle (z. B. von 1902 und 1923) differenzieren.

Zu Aufgabe 2: Die Teilnehmenden stellen möglicherweise die Vermutung auf, dass die beobachtbaren Moränen durch eine ehemalige größere Gletscherausdehnung entstanden sind. Entgegen der Behauptungen aus der Einleitung könnte also doch eine globale Erwärmung stattgefunden haben oder/und stattfinden. Durch diese Erwärmung muss der ehemals größere Gletscher zurückgeschmolzen sein, seine einstigen Ausdehnungen sind aber noch sichtbar.

Wichtig: Natürlich ist die gerade beschriebene „Lösung“ die wahrscheinlich richtigste. Andere Vermutungen, so falsch sie vielleicht auf den ersten Blick scheinen mögen, sind aber im Sinne dieser Exkursion ebenfalls mindestens so wertvoll. Die Teilnehmenden sollten also auf keinen

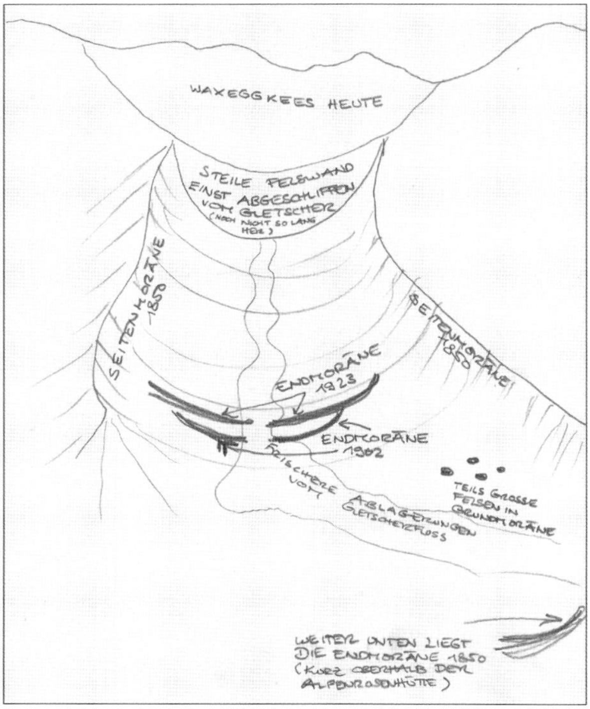

Abb. 79: *Skizze Waxeggkees und seine Moränen, Blick einer fortgeschrittenen Exkursionsteilnehmerin*

Fall in „die richtige Richtung" gedrängt werden oder gar „die richtige Lösung" vorgegeben werden. Zur Hilfe für die Begleitpersonen, auf keinen Fall aber zur Vorgabe der „richtigen Lösung" für die Teilnehmenden der Exkursion gedacht: Skizze einer fortgeschrittenen Exkursionsteilnehmerin (Abb. 79) sowie Foto (Abb. 81).
Anschließend beginnt der kurze Aufstieg bis kurz vor die Berliner Hütte (ca. 10 Minuten).

Abb. 80: *Sitzgelegenheit nahe des Kriegerdenkmals mit Blick auf den Waxeggkees (Foto: Lars Keller 2013)*

Abb. 81: *Blick vom Standort Kriegerdenkmal auf das Waxeggkees und seine Ufermoränen (von 1850) und Endmoränen (1850 (nur ganz unten rechts), 1902, 1923). Durch die Schneereste werden die Moränenwälle gut erkennbar. (Foto: Lars Keller 2013)*

Station 3: Augenzeugenbericht, Hypothesenbildung

Orte	Weg bis kurz vor der Berliner Hütte (oder z. B. mit Einkehr auf der Terrasse der Berliner Hütte, auf jeden Fall mit offenem Blick Richtung Hornkees), schließlich Weg zurück zur Alpenrosenhütte
Dauer	Ca. 30 Min. Augenzeugenbericht und Hypothesenbildung & ca. 30 Min. Rückweg zur Alpenrosenhütte
Wegstrecke	Ca. 0,25 km ↑/ca. 1,25 km ↓
Höhenmeter	Ca. 20 Hm ↑/ca. 190 Hm ↓
Sozialform	Einzelarbeit, Partnerarbeit, Kleingruppenarbeit
Material	Arbeitsblatt Station 3, unter Kap. Arbeitsmaterialien (1/Person) Schreibblock (1/Person) Stifte (min. 1/Person)
Gefahren	Vgl. Kapitel V „Sicher unterwegs im Hochgebirge – alpine Gefahren und Ausrüstung"

Exakte Angaben für die Teilnehmenden: vgl. Arbeitsblatt Station 3

Ihr erhaltet einen Augenzeugenbericht (vgl. Arbeitsblatt Station 3 unter Kap. Arbeitsmaterialien). Lest ihn aufmerksam durch. Ihr kennt nun Rosis Augenzeugenbericht. Irgendetwas Großes muss hier oben passiert sein, das das „Donnergrollen" und die riesige Staubwolke verursacht hat. Aber was nur? Das Einzige, das ich Euch verrate ist: Es hat vermutlich etwas mit dem Klimawandel zu tun …

Überlege Dir persönlich 10 Minuten lang in Ruhe eine Hypothese und halte diese schriftlich fest. Finde Dich erst dann mit anderen zusammen, die ähnliche Vermutungen haben. Einigt Euch unter jeweils maximal 4 Personen gemeinsam auf eine Hypothese und verschriftlicht oder skizziert diese.

Hinweise für die Begleitperson/en

Der Augenzeugenbericht kann vorgelesen oder von jeder Teilnehmerin/jedem Teilnehmer einzeln gelesen werden. Ein besonderes Vergnügen bereitet das Vorlesen des Augenzeugenberichts im Zillertaler Originalton und erst in einem zweiten Durchlauf auf Hochdeutsch (beide Versionen im Anhang).

Bitte lassen Sie bei der Entwicklung der Hypothesen den Exkursionsteilnehmenden größtmögliche Denkfreiheit und seien Sie gespannt, welche Vermutungen diese entwickeln mögen. Pause und Einkehrmöglichkeit in der Berliner Hütte (sehenswert!).

Erwartungshorizont

Völlig offen. Die „Wahrheit" ist, dass sich 2009 ein vermutlich vom Auftauen des Permafrosts verursachter großer Bergsturz in der östlichen Talflanke über dem Gletschervorfeld des Hornkees ereignet hat. Dieser ist durch seine scharfen Begrenzungen in der Felswand sowie die hellere Felsfarbe, aber auch durch die riesigen Felsbrocken darunter bis heute gut erkennbar geblieben (siehe Abb. 82). Aber man sieht im Gelände eben oft auch nur das, was man weiß und kennt!
Anschließend erfolgt der Rückweg zur Alpenrosenhütte (ca. 30 Minuten).

Station 4: Versuchsaufbauten entwerfen, Hypothesen verifizieren/falsifizieren, Experimente wissenschaftlich beobachten und protokollieren

Orte	Alpenrosenhütte bzw. bei einigermaßen gutem Wetter alles vor der Hütte, um möglichst wenig Schmutz zu verursachen
Dauer	Ca. 90 Min.
Wegstrecke	Wenige Meter vor der Hütte
Höhenmeter	–
Sozialform	Kleingruppenarbeit
Material	Arbeitsblatt Station 4, unter Kap. Arbeitsmaterialien (1/Kleingruppe) Schreibblock (1/Person) Stifte (min. 1/Person) Lockermaterial verschiedener Korngrößen (steht in unmittelbarer Nähe der Alpenrosenhütte zur Verfügung)

Abb. 82: *Blick von der Alpenrosenhütte (Hauswand mit Laterne links im Bild) auf die Ausbruchstelle des Felssturzes aus dem Jahr 2009 in der östlichen Felsflanke oberhalb des Gletschervorfelds des Hornkees (Foto: Lars Keller 2013)*

	Eis (z. B. vom Gletscher geholt oder in der Tiefkühltruhe vorbereitet, z. B. in hohem Plastikbecher/teilweise mit viel Sediment eingefroren) (ausreichend für alle Kleingruppen) Wasserdichte Plastikgefäße, um darin zu arbeiten und Dreck in der Hütte bzw. neben der Hütte zu vermeiden (ausreichend für alle Kleingruppen) Wärmelampe (min. 1)
Gefahren	Vgl. Kapitel V „Sicher unterwegs im Hochgebirge – alpine Gefahren und Ausrüstung", v. a. „Gefahren am Zemmbach" Versuchsaufbauten mit Feuchtigkeit/Wasser und Strom!

Exakte Angaben für die Teilnehmenden: vgl. Arbeitsblatt Station 4

Entwerft in Euren Kleingruppen Versuchsaufbauten, um Eure Hypothesen aus den Stationen 2 und 3 zu überprüfen. Versucht also zu zeigen, dass das, was Ihr als Vermutungen notiert oder skizziert habt, in einem Experiment nachgestellt und bewiesen werden kann. Dabei könnt Ihr auf folgende Materialien zurückgreifen:

- Kies, Sand etc. (Lockermaterial findet Ihr rund um die Alpenrosenhütte, vor allem in der Nähe des Baches, hier bitte Vorsicht!)
- Eis (Dieses haben wir bereits vom Gletscher geholt bzw. in der Tiefkühltruhe vorbereitet.)
- Mehrere wasserdichte Gefäße, um darin zu arbeiten und keinen Dreck in der Hütte bzw. neben der Hütte zu verursachen
- Eine Wärmelampe

Beschreibt und skizziert Euer Vorhaben möglichst wissenschaftlich genau (!) auf Euren Schreibblöcken. Macht Fotos und evtl. auch Videos von den entscheidenden Momenten Eurer Versuche.

Hinweise für die Begleitperson/en

Wiederum sollte den Teilnehmenden möglichst viel Freiraum gewährt werden. Auf die exakte Beobachtung und Protokollierung der eigenen Versuche muss allerdings großer Wert gelegt werden. Dementsprechend empfiehlt es sich natürlich, die Teilnehmenden dahingehend immer wieder hinzuweisen und zu motivieren.

Sollten Teilnehmenden beim Teil „Donnergrollen" auf die Idee „Permafrost" kommen, so könnte ihnen künstlich hergestellter Permafrost (gefrorene Mischung aus Lockermaterial verschiedener Korngrößen und Wasser) zur Verfügung gestellt werden. Sollte niemand auf diese Idee kommen, könnte dieser künstliche Permafrost bzw. dessen Zerfall später dennoch gezeigt werden (vgl. Abb. 84).

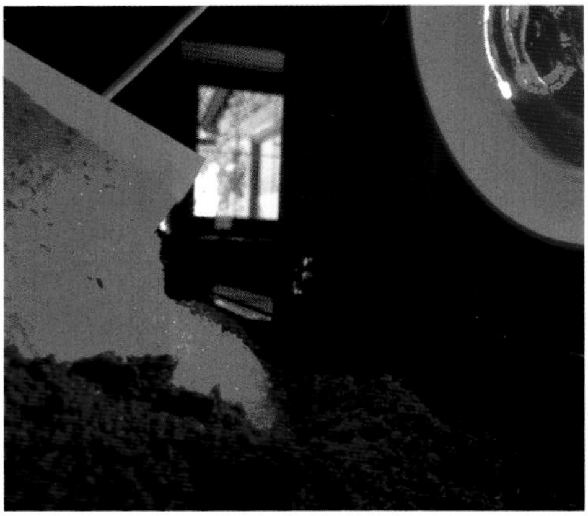

Abb. 83: *Möglicher Versuchsaufbau „Waxeggkees"* *(Foto: Lars Keller 2013)*

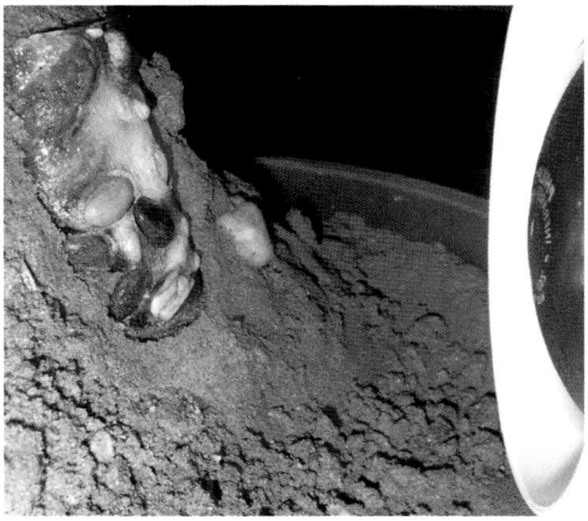

Abb. 84: *Möglicher Versuchsaufbau „Donnergrollen"* *(Foto: Florian Faisstnauer 2013)*

Erwartungshorizont

Zur Modellierung der Landschaftsentwicklung (Station 3) formen die Teilnehmenden womöglich einen Berg oder Hang aus Lockermaterial und verwenden das verfügbare Eis als Gletscherzunge. Diese wird wahrscheinlich in das Sediment geschoben. Anschließend kann erwartet werden, dass die Gruppe mittels Einsatzes der Wärmelampe beginnt, den „Gletscher“ zu bestrahlen, um dabei den Abschmelzprozess und die entstehenden Formen zu beobachten (vgl. Abb. 83). Ob mit dem Abschmelzen Bergstürze, Talzuschübe, die Ausbildung von Trogschultern oder Gletscherseen und Toteislöchern auftreten, hängt stark vom verwendeten Sediment und der Form des Eises ab und kann nicht vorhergesehen werden.

Die Modellierung der Ursache für das „Donnergrollen“ wird vermutlich vielfältiger ausfallen. Sollte eine Gruppe den vorbereiteten künstlichen Permafrost benützen, so kann erwartet werden, dass wieder die Wärmelampe zum Einsatz kommt. Ob und in welchem Ausmaß in diesem Zusammenhang dann „Steinschlag“, „Hangrutschungen“ oder gar ein „Bergsturz“ auftreten werden, kann nicht vorhergesagt werden. Jedenfalls wird es sich um gravitative Massenbewegungen handeln, die sich durch das Auflösen des Permafrosts ergeben.

Station 5: Verfassen eines Briefes mit wissenschaftlichem Inhalt

Ort	Alpenrosenhütte
Dauer	Ca. 60 Min.
Wegstrecke	–
Höhenmeter	–
Sozialform	Einzelarbeit
Material	Schreibblock (evtl. Briefpapier) (1/Person) Stift (min. 1/Person)
Gefahren	Keine

Exakte Angaben für die Teilnehmenden

Nun habt Ihr viele Beobachtungen im Hochgebirge gemacht, Landschaftsformen skizziert, Hypothesen aufgestellt, Versuche selbst entwickelt und durchgeführt, seid zu eigenen wissenschaftlichen Erkenntnissen gekommen, was die globale Klimaerwärmung betrifft. Nutzt diese Gelegenheit und schreibt einen Brief an das Europäische Institut für Klima und Energie, das bis heute den anthropogenen Klimawandel leugnet bzw. diesen als nicht relevant einstuft. Erläutert Eure wissenschaftlich fundierte Meinung und legt genau dar, was Ihr beobachten konntet und wie Ihr zu Euren Ergebnissen gekommen seid! Das Motto Eures Briefes könnte lauten: „*Jeder soll eine eigene Meinung haben dürfen, aber niemand hat das Recht auf eigene Fakten!*“

Hinweise für die Begleitperson/en

An dieser Station ist wiederum viel Freiheit und vor allem Zeit zu geben, um die individuellen Schreibprozesse der Teilnehmenden nicht zu stören. Möglicherweise lässt sich eine derartige Station besser in den ruhigeren Abendstunden erledigen.

In dieser Exkursion wird bewusst auf eine abschließende Diskussion im Plenum verzichtet. Diese ist aber natürlich jederzeit möglich und kann durchaus sinnvoll sein. Möglicherweise kann die Moderation der Diskussion dann auch an eine teilnehmende Person übertragen werden.

Erwartungshorizont

Teilnehmende beschreiben ihre Beobachtungen, Hypothesen, Experimente und Ergebnisse, sprich ihre wissenschaftliche Herangehensweise an eigene Forschungsfragen bzw. Hypothesen. Sie beziehen selbst Stellung zu einer nicht wissenschaftlich anerkannten Behauptung (Einleitung) und argumentieren anhand von Beweisen und eigenen Ergebnissen. Besonders gelungene Briefe können natürlich auch tatsächlich an das Institut (oder andere Klimaskeptiker/innen) versendet werden. Schön wäre es, wenn diese Briefe eine Zeit lang ausgestellt und sich die Teilnehmenden dann für die besten drei Briefe entscheiden würden.

5.5 Arbeitsmaterialien

Infoblatt Station 1

Die Wissenschaft ist sich einig: Keine Erwärmung

„Der Planet erwärmt sich nicht mehr. Die kurze Warmphase Ende des 20. Jahrhunderts erreichte Mitte der neunziger Jahre ihren Höhepunkt und ist seitdem verschwunden. Diese Feststellungen sind jetzt nicht mehr umstritten. Sie basieren auf harten Daten, die seit vielen Jahren auf vielen Websites vieler offizieller Agenturen verfügbar sind. Aber irgendwie haben diese Agenturen Wege gefunden, diese Daten anders zu interpretieren und fortwährend neben den Gleisen zu stehen. Der IPCC-Bericht aus dem Jahr 2007 kam und ging – ohne zu merken oder zumindest zuzugeben, dass es keine globale Erwärmung mehr gab. Im Gegenteil, ‚es ist schlimmer als wir gedacht haben' war der einhellige Schrei im Vorfeld von COP 15 in Kopenhagen. Aber diese Verdrehung der Tatsachen konnte nicht ewig weitergehen. Vor drei Jahren hat Phil Jones von der CRU (Climate Research Unit) in einem Interview bei der BBC zugegeben, dass es seit 1995 keine statistisch signifikante Erwärmung mehr gegeben hatte."

Quelle: http://www.eike-klima-energie.eu/climategate-anzeige/die-wissenschaft-ist-sich-einig-keine-erwaermung/ (Abrufdatum 20/02/2014)

Barry Brill, 09.04.2013, ist ein neuseeländischer Politiker (v. a. in den 1970ern) und Rechtsanwalt, President of the New Zealand Manufacturers Federation 1988–1991, President of the Electricity Supply Association 1993–1994, President of the Employers & Manufacturer Association (Northern) in 1998–2001, derzeit Chairman of the New Zealand Climate Science Coalition (eine klimaskeptische Organisation).

Infoblatt Station 1

Auszug aus dem EIKE Grundsatzpapier Klima

„Für die Südhalbkugel der Erde wurde bis heute kein signifikanter oder gar einheitlicher Erwärmungstrend gefunden. Die Antarktis kühlt sich weiter ab. Die rezente, im Vergleich mit der Klimageschichte geringfügige Erwärmung der Nordhemisphäre im 20. Jahrhundert veranlasste die UN, das IPCC („Weltklimarat") zu gründen. Damit wurde die Klimawissenschaft politisch und ideologisch instrumentalisiert. Ziel war und ist es, den nationalen Regierungen die propagandistische Grundlage für einschneidende Änderungen ihrer Energie- und Fiskalpolitik zu liefern. Somit können restriktive und die demokratischen Freiheiten massiv einschränkenden Gesetze leichter durchgesetzt werden.

Dabei arbeiten IPCC, Regierungen, Parteien, Klimainstitute, ideologische NGOs, aber auch profitierende Industrien wie Windrad-, Photovoltaik-, Dämmstoffindustrie sowie Energiemonopolisten, Versicherungen, Banken und Medienmonopole Hand in Hand – zum Schaden der Armen in der dritten Welt, unserer Volkswirtschaft und jedes einzelnen (...) Verbrauchers. IPCC-Prognosen sind weit entfernt von den realen Beobachtungsdaten. „Climategate" hat Ende 2009 aufgezeigt, dass die Erwärmung der Nordhemisphäre geringer ausgefallen ist, als vom IPCC dokumentiert. (...) Ein anthropogener Klimaeinfluss des beschriebenen Ausmaßes kann in Wirklichkeit nirgendwo festgestellt werden. (...)"

Quelle: http://www.eike-klima-energie.eu/die-mission/grundsatzpapier-klima/ (Abrufdatum 20/02/2014)

Europäisches Institut für Klima und Energie e.V. (EIKE) gegründet 2007, als gemeinnütziger Verein eingetragen. EIKE sieht seine Aufgabe darin, *„als ein öffentliches Forum die Klima- und Energiefakten ideologiefrei darzustellen, internationale wissenschaftliche Kongresse auszurichten und Veröffentlichungen zur Klimaforschung, insbesondere von EIKE-Mitgliedern, zu fördern und zu verbreiten"*. EIKE wird jedoch von der Klimawissenschaft weder als wissenschaftlich wahrgenommen noch als seriöses Institut anerkannt.

Arbeitsblatt Station 3

Augenzeugenbericht Hüttenwirtin (im Original & auf Hochdeutsch)

Rosmarie (Hittenwiachtin Alpenroasenhitte)
„Des Gånze ischt an Summer 2009 passiacht. Es wor a gånz normaler Nomittog an Auguscht und I wor dabei, a poor hungrige und olassne Bergsteiger zu bedian, de af dr Gaschtterrasse ghockt hent. Af uamol wor a so a lauts Donang zu heagn, fåscht wia ban a Explosion. Vo den unerwartitn Krach gånz drschrockn, hun I zun Himmel gschaut, hu obr nindacht Hoachwettrwolkn odr wos Ähnlachis gsechn. Dr Wetterdiascht het fiar den Tog åber sowieso kua groaße Hoachwettrgfohr gemeldit. Wie I toleiwachts Richtung Berlinerhitte gschaut hu, hun I af uamol a dunkla Rachwolke gsechn und de ischt ziemlach gach wia a dichtr Nebl af die Alpenrosenhitte zuakemmin. So eppas het I vorher no nia gsechn! Ganz schnelle hun I iberrissen, wos do grod passiacht ischt."

Arbeitsblatt Station 3

Rosmarie (Hüttenwirtin Alpenrosenhütte)

„Das Ganze ereignete sich im Sommer 2009. Es war ein gewöhnlicher Nachmittag im August und ich war gerade dabei, ein paar hungrige und erschöpfte Bergsteiger/innen, die auf der Gastterrasse saßen, zu bedienen. Aber plötzlich war ein lautes Donnergrollen, vergleichbar mit einer lauten Explosion, zu hören. Von diesem unerwarteten Krach erschrocken, blickte ich in den Himmel, konnte jedoch nirgends Gewitterwolken oder Ähnliches entdecken. Die Gewitterwahrscheinlichkeit war für diesen Tag vom Wetterdienst ja sowieso als sehr gering eingestuft worden. Als ich taleinwärts in Richtung Berliner Hütte schaute, beobachtete ich plötzlich eine dunkle Rauchwolke, die sich ziemlich rasch wie ein dichter Nebel direkt auf die Alpenrosenhütte zubewegte. So etwas hatte ich noch nie zuvor gesehen! Schnell wurde mir bewusst, was gerade passiert ist."

Ihr kennt nun Rosis Augenzeugenbericht. Irgendetwas Großes muss hier oben passiert sein, das das „Donnergrollen" und die riesige Staubwolke verursacht hat. Aber was nur? Das Einzige, das ich Euch verrate ist: Es hat vermutlich etwas mit dem Klimawandel zu tun …

Überlege Dir persönlich 10 Minuten lang in Ruhe eine Hypothese und halte diese schriftlich fest. Finde Dich erst dann mit anderen zusammen, die ähnliche Vermutungen haben. Einigt Euch unter jeweils maximal 4 Personen gemeinsam auf eine Hypothese und verschriftlicht oder skizziert diese auf Euren Schreibblöcken.

Arbeitsblatt Station 4

Entwerft in Euren Kleingruppen Versuchsaufbauten, um Eure Hypothesen aus den Stationen 2 und 3 zu überprüfen. Versucht also zu zeigen, dass das, was Ihr als Vermutungen notiert oder skizziert habt, in einem Experiment nachgestellt und bewiesen werden kann. Dabei könnt Ihr auf folgende Materialien zurückgreifen:

- Kies, Sand etc. (Lockermaterial findet Ihr rund um die Alpenrosenhütte, vor allem in der Nähe des Baches, hier bitte Vorsicht!);
- Eis (Dieses haben wir bereits vom Gletscher geholt bzw. in der Tiefkühltruhe vorbereitet.);
- mehrere wasserdichte Gefäße, um darin zu arbeiten und keinen Dreck in der Hütte bzw. neben der Hütte zu verursachen;
- eine Wärmelampe;
- beschreibt und skizziert Euer Vorhaben möglichst wissenschaftlich genau (!) auf Euren Schreibblöcken. Macht Fotos und evtl. auch Videos von den entscheidenden Momenten Eurer Versuche.

5.6 Literaturverzeichnis

Anderegg, W. R. L., J. W. Prall, J. Harold & S.H. Schneider 2010. Expert credibility in climate change. In: Proceedings of the National Academy of Sciences 107 (27): 12107–12109.

Fridrich, C. 2010. „Enerkids" – Schüler/innen erforschen energ(et)ische Lösungen. In: Erziehung & Unterricht 1 (2): 171–173.

Fridrich, C. 2011. Kids erforschen Energie aus der Tiefe. Intentionen und Ergebnisse des Sparkling-Science-Projekts „Enerkids". Wien.

Giest, H. 2009. Zur Didaktik des Sachunterrichts: Aktuelle Probleme, Fragen und Antworten. http://opus.kobv.de/ubp/volltexte/2009/3297/pdf/giest_didaktik.pdf (Abrufdatum: 14/02/2014).

Gruber, S., M. Hoelzle, & W. Haebrli 2004. Permafrost thaw and destabilization of Alpine rock walls in the hot summer of 2003. In: Geophysical Research Letters 31: 1–4. http://www.geo.unizh.ch/~stgruber/pubs/gruber_2004-GRL.pdf (Access date: 22/02/2014).

Haeberli, W. & M. Maisch 2007. Klimawandel im Hochgebirge. In: Endlicher, W. & F. W. Gerstengarbe (Hrsg.), Der Klimawandel – Einblicke, Rückblicke und Ausblicke: 98–107. https://www.pik-potsdam.de/services/infothek/buecher_broschueren/.images/broschuere_cms_100.pdf (Abrufdatum: 22/02/2014).

Hartinger, A., P. Grygier, T. Tretter & F. Ziegler 2013. Lernumgebungen zum naturwissenschaftlichen Experimentieren. Handreichung des Programms SINUS an Grundschulen. http://www.sinus-an-grundschulen.de/fileadmin/uploads/Material_aus_SGS/Handreichung_Hartinger_et_al_fuer_web.pdf (Abrufdatum: 10/05/2014).

Hegerl, G., F. Zwiers P. Bracannot, N. Gillett, Y. Luo & J. Marengo Orsini 2007. Unterstanding and Attributing Climate Change. In: Solomon, S., D. Quin, M. Manning, Z. Chen, M. Marquis & K. Averyt (eds.), Climate Change 2007: The Physical Science Basis. Contribution of Working Group I to the Fourth Assessment Report of the Intergovernmental Panel of Climate Change. Cambridge: Cambridge UP.

IPCC WGII AR5 (Hrsg.) 2014. Climate Change 2014: Impacts, Adaptation, and Vulnerability. Summary for Policy Makers. http://ipcc-wg2.gov/AR5/images/uploads/IPCC_WG2AR5_SPM_Approved.pdf (Access date: 10/04/2014).

Keller, L. & A. Oberrauch 2014. Research on Teenagers. Teenagers on Research. In: Schmeinck, D. & J. Lidstone (eds.), Standards and Research in Geography Education – Current Trends and International Issues: 79–90. Berlin.

Krapp, A. & B. Weidemann 2006. Pädagogische Psychologie: Ein Lehrbuch. Weinheim.

Manning, M., M. Petit, D. Easterling, J. Murphy, A. Patwardhan & H. Rogner 2004. IPCC Workshop on Describing Scientific Uncertainties in Climate Change to Support Analysis of Risk and of Options: Workshop Report. Cambridge: UP.

Mönter, L. & S. Hof 2012. Experimente. In: Haversath, J.B. (Hrsg.), Geographiedidaktik. 289–313. Braunschweig.

Oreskes, N. 2004. Beyond the Ivory Tower. The Scientific Consensus on Climate Change. In: Science 306/5702, 1686.

Rinschede, G. 2007. Geographiedidaktik. Paderborn: Schöningh.

Salzmann, W. 1981. Experimente im Geographieunterricht. Zur Theorie und Praxis eines lernzielorientierten geographischen Experimentalunterrichts. In: Duisburger Geographische Arbeiten 3. Köln.

Savery, J.R. 2006. Overview of Problem-based Learning: Definitions and Distinctions. In: Interdisciplinary Journal of Problem-based Learning 1 (1): 8–20.

Schoeneich, P., G.K. Lieb, A. Kellerer-Pirklbauer, P. Deline & P. Pogliotti 2011. Chapter 1: Permafrost. Response to Climate Change. In: Kellerer-Pirklbauer, A. et al. (eds.), Thermal and geomorphic permafrost response to present and future climate change in the European Alps. (PermaNET project, final report of Action 5.3): 4–15.

Siebert, H. 2005. Pädagogischer Konstruktivismus. Lernzentrierte Pädagogik in Schule und Erwachsenenbildung. Weinheim, Basel.

Solomon, S., D. Qin, M. Manning, Z. Chen, M. Marquis & K. Averyt 2007: Climate Change 2007. The Physical Science Basis. Contribution of Working Group I to the Fourth Assessment Report of the Intergovernmental Panel Climate Change. Cambridge.

Stocker, T., D. Qin & G. Plattner 2013. Climate Change 2013 - The Physical Science Basis. Contribution of Working Group I to the IPCC Fifth Assessment Report. Cambridge.

Strahler, A.H. & A.N. Strahler 2009. Physische Geographie. Stuttgart.

Wilhelm, F. 1975. Schnee- und Gletscherkunde. Lehrbuch der Allgemeinen Geographie. Band 3. Teil 3. Walter de Gryter. Berlin, NewYork.

ZAMG o. J. Permafrost. http://www.zamg.ac.at/cms/de/klima/informationsportalklimawandel/klimafolgen/permafrost (Abrufdatum: 22/02/2014).

6 „Energieversorgung in der Zillerwelt“

Planspiel Energie

Marius Fritz, Martin Lagger & Lars Keller

Steckbrief

Orte	Nähere Umgebung der Alpenrosenhütte (siehe Übersichtskarte in Abb. 85)
Alter	14+
Dauer gesamt	Ca. 5–6 h
Wegstrecke gesamt	Ca. 1,5 km ↑ / ca. 1,5 km ↓
Höhenmeter gesamt	Ca. 250 Hm ↑ / ca. 250 Hm ↓
Gefahren	Vgl. Kapitel V „Sicher unterwegs im Hochgebirge – alpine Gefahren und Ausrüstung", v. a. „Gefahren am Zemmbach", „Steinschlag und Lawinengefahr" Verletzungen beim Basteln

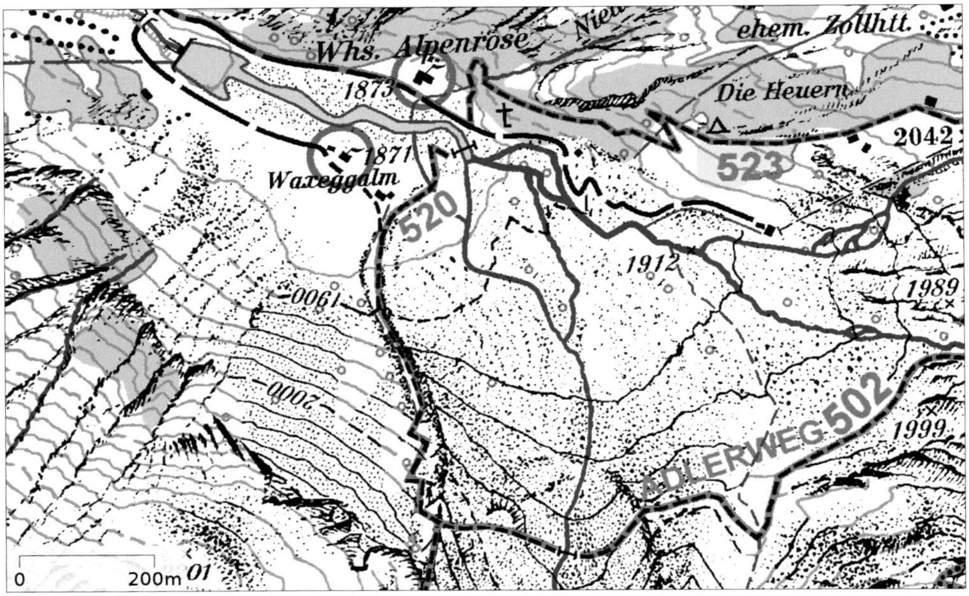

Abb. 85: *Übersichtskarte (Ausschnitt aus der Alpenvereinskarte 35/1 Zillertaler Alpen, West/ mit freundlicher Genehmigung des OeAV und DAV). Wichtig: Diese Karte zeigt den Exkursionsraum in einem größeren Kartenausschnitt. Die eingetragenen Wege entsprechen nicht denen der Exkursion. Diese verläuft hauptsächlich im freien Gelände und daher (mit Ausnahme der Querung der Bäche) oft weglos!*

6.1 Zusammenfassung

Das Exkursionsgebiet im Hochgebirgs-Naturpark Zillertaler Alpen wird auf dieser Exkursion als eigenständiger Planet, die fiktive „Zillerwelt", betrachtet. Die Alpenrosenhütte bildet die imaginäre Hauptstadt. Da auf diesem Kontinent Menschen leben, müssen diese mit Energie versorgt werden. Die Teilnehmenden haben die Aufgabe, verschiedene fossile und erneuerbare Ressourcen zu erschließen, Kraftwerke zu bauen und, wenn diese in Betrieb genommen werden, Strom an die Alpenrosenhütte zu liefern. Theoretisch lehnt sich die Exkursion erneut an die Grundgedanken der Konstruktivistischen Geographie an, bei der die Teilnehmenden selbst „Geographie machen“. Wichtig ist dabei die Findung von lohnenden Problemstellungen, aber auch eine intensive Subjekt-und Handlungszentrierung. Nicht die Handlung nach vorgegebenem Muster ist hierbei von Interesse, sondern das freie Handeln im Rahmen eines Planspiels, bei dem überlegt, gesucht, gefunden, entdeckt, gebastelt, verhandelt und diskutiert werden muss. Eine Selbstreflexion über das Gelernte sowie eine Weiterentwicklung des Spiels selbst stehen am Ende dieser – sehr materialintensiven! – Exkursion auf dem Programm.

6.2 Inhaltsanalyse

„Energie (vom griechischen en-ergon = innere Arbeit) ist eine fundamentale physikalische Grundgröße. Seit Albert Einsteins berühmter Erkenntnis der Äquivalenz von Masse und Energie $E = mc^2$ kann man Energie als Urform des Seins in unserem Universum bezeichnen: Alle Materie, alle Bausteine des Universums sind nach heutiger Erkenntnis aus Energie entstanden.

Wir tun uns schwer, den Begriff ‚Energie‘ präzise zu definieren: Wir kennen die verschiedenen Formen der Energie und können Sie nutzbar machen. Energie ist letztlich alles, was sich in Arbeit umwandeln lässt, wobei Umwandlung und Nutzung strengen Regeln der Physik unterliegen: Unterschiedliche Energieformen können ineinander umgewandelt werden, Energie kann aber weder erzeugt noch vernichtet werden. Die chemische Energie eines Kilogramms Steinkohle (1 kg SKE = 29,3 MJ) lässt sich über Verbrennung zu einem hohen Anteil ‚nutzbar‘ machen. Die in nuklearen Umwandlungsprozessen gewinnbare Energie ist z. B. pro kg 235 U um 6 Größenordnungen größer; könnte man (…) das Kilogramm Kohle vollständig in elektromagnetische Strahlung zurück überführen, so könnte mit einem Kilogramm Kohle der Energiebedarf Deutschlands für mehr als 2 Tage gedeckt werden!“ (Diekmann & Rosenthal 2014, 1)

Die durch Kernfusion entstehende elektromagnetische Strahlung der Sonne ist die Quelle zahlreicher Energieformen der Erde (Diekmann & Rosenthal 2014). Ohne sie gäbe es kein (organisches) Leben und damit auch keine „fossilen Energieträger“, wie etwa Torf, Braunkohle, Steinkohle, Erdöl und Erdgas, die ja allesamt aus abgestorbenen Bestandteilen von Pflanzen und Tieren gebildet worden sind. Die Sonne ist zudem die Basis für sämtliche „erneuerbaren“ oder „regenerierbaren“ Energien, zu denen etwa Wind, Sonnenstrahlung, Erdwärme oder nachwachsende Rohstoffe zählen. Auch der natürliche Wasserkreislauf der Erde wird von der Sonne angetrieben, was die Gewinnung von Energie aus der „Kraft des Wassers“ überhaupt erst möglich macht.

Als „Primärenergie“ wird die Energie bezeichnet, die mit den ursprünglich vorkommenden Energiequellen zur Verfügung steht, beispielsweise mit Steinkohle, Braunkohle, Erdöl, Erdgas, aber auch Wind oder Sonne. Primärenergie kann in Sekundärenergie umgewandelt werden, etwa zerkleinerte oder zermahlene Kohle in Briketts, Komponenten aus der Erdölraffination in Benzin oder etwa Wasserkraft in elektrischen Strom, wobei in der Regel energetische Verluste entstehen. Elektrische Energie ist anderen Formen der Primär- und Sekundärenergien überlegen, da sie bestens steuer-, mess- und regelbar ist, sich vielfältig in andere Energieformen transformieren und mit zeitgemäßen Stromnetzen mit nur geringen Verlusten über weite Entfernungen transportieren lässt (Benger & Beck 2009; Diekmann & Rosenthal 2014).

Elektrischer Strom wird in Kraftwerken erzeugt, die vom Grundprinzip her, egal ob sie mit Öl, Kohle, Wasser oder Atomkraft betrieben werden, meist sehr ähnlich funktionieren (vgl. Abb. 86). Es wird ein zirkulierendes Medium, z. B. Luft, Wasser oder Wasserdampf, genutzt, um eine Turbine zu drehen. Diese ist zur Stromerzeugung mit einem Generator gekoppelt, der mechanische Energie in elektrische Energie umwandelt. Gerade die nicht erneuerbaren Energiequellen Öl, Kohle und Uran (Diese spielen auf der hier vorgestellten Exkursion eine besondere Rolle.) nutzen eine untereinander eng verwandte Art von Technik, indem Wasser erhitzt wird und mit dem heißen Dampf Turbinen und somit Generatoren angetrieben werden. Die Energiegewinnung bei den erneuerbaren Energien funktioniert grundsätzlich auch nach diesem Prinzip, nur dass das Medium, das die Turbinen antreibt, nicht noch selbst durch Erhitzungsprozesse in einen energiereichen Zustand versetzt werden muss, man denke etwa an Wind- oder Wasserkraftwerke.

Nach wie vor spielen die fossilen Ressourcen eine wichtige Rolle für die Energieversorgung weltweit, trotz vieler Vorhersagen in den vergangenen Jahrzehnten ist etwa „Peak Oil" – also das Datum der maximalen Erdölproduktion – bis heute vermutlich nicht erreicht (vgl. z.B. Bundesanstalt für Geowissenschaften und Rohstoffe 2013). *„In Deutschland wurden im Jahr 2011 insgesamt 13 374 PJ Primärenergie benötigt [Anm.: PJ = Petajoule/ 1 PJ ≈ 278 GWh]. Zur Bereitstellung dieser Energie tragen insbesondere die fossilen Energieträger bei. Zu den wichtigsten fossilen Energieträgern zählt Mineralöl mit einem Beitrag von 4 549 PJ im Jahr 2011 [ca. 34 %], gefolgt von Erdgas (2 733 PJ) [ca. 20 %], Steinkohle (1 685 PJ) [ca. 13 %] und Braunkohle (1 562 PJ) [ca. 12 %]. Der Anteil aller fossilen Energieträger, an der in Deutschland eingesetzten Primärenergie, beträgt zur Zeit etwa 79 %. Im Vergleich dazu tragen die erneuerbaren Energien (1 452 PJ), die Kernenergie (1 178 PJ) und sonstige Energieträger (214 PJ) zusammen nur zu etwa einem Fünftel zur benötigten Primärenergie bei. Zur Bereitstellung von elektrischer Energie tragen mit Braunkohle, Steinkohle, Erdgas oder Erdöl befeuerte Kraftwerke zu etwa 60 % bei. Damit sind die fossilen Energieträger der wichtigste in Deutschland genutzte Energieträger." (Diekmann & Rosenthal 2014, 15).* Auch für Österreich sind fossile Energieträger von großer Bedeutung: *„Der Bruttoinlandsverbrauch [an Energie] (…) liegt im Jahr 2010 bei 1 458 PJ. (…) 71 % des Bruttoinlandsverbrauch werden mit fossilen Energieträgern gedeckt: Erdöl und Erdölprodukte verzeichnen einen Anteil von 38 %, Gas und Kohle einen Anteil von 24 % bzw. 10 %. erneuerbare Energieträger haben einen Anteil von 26 %."* (Umweltbundesamt 2014).

Die Verbrennung fossiler Energieträger hat verschiedene negative Auswirkungen auf Mensch und Umwelt. So schreibt etwa Greenpeace in der Studie „Tod aus dem Schlot": *„Kohlekraftwerke gehören sowohl in Deutschland als auch in Europa zu den schlimmsten Quellen von giftigen Luftschadstoffen. Schwefeldioxid (SO_2), Stickoxide (NO_x), Ruß und Staubemissionen aus Kohle sind die größten industriellen Ursachen von Feinstäuben, die tief in die Lungen eindringen und vom Blutkreislauf aufgenommen werden. Solche Schadstoffemissionen gefährden die Gesundheit von Säuglingen, Kindern und Erwachsenen, verursachen Herzinfarkte und Lungenkrebs und führen vermehrt zu Asthmaanfällen und anderen Atemwegskomplikationen."* (Greenpeace 2013, 4). Speziell die Freisetzung des Klimagases CO_2, das einst beim Wachstum der organischen Ausgangsbestandteile gebunden wurde, trägt einen hohen Anteil zum anthropogenen Treibhauseffekt und damit zur globalen Klimaerwärmung bei (vgl. Stocker et al. 2013; IPCC WGII AR5 2014 etc.; mehr Informationen dazu in Kapitel 5.2). Einer Abkehr von fossilen Energieträgern, so schwierig sie aus verschiedenen politischen, gesellschaftlichen und wirtschaftlichen Gründen auch scheinen mag, ist daher im

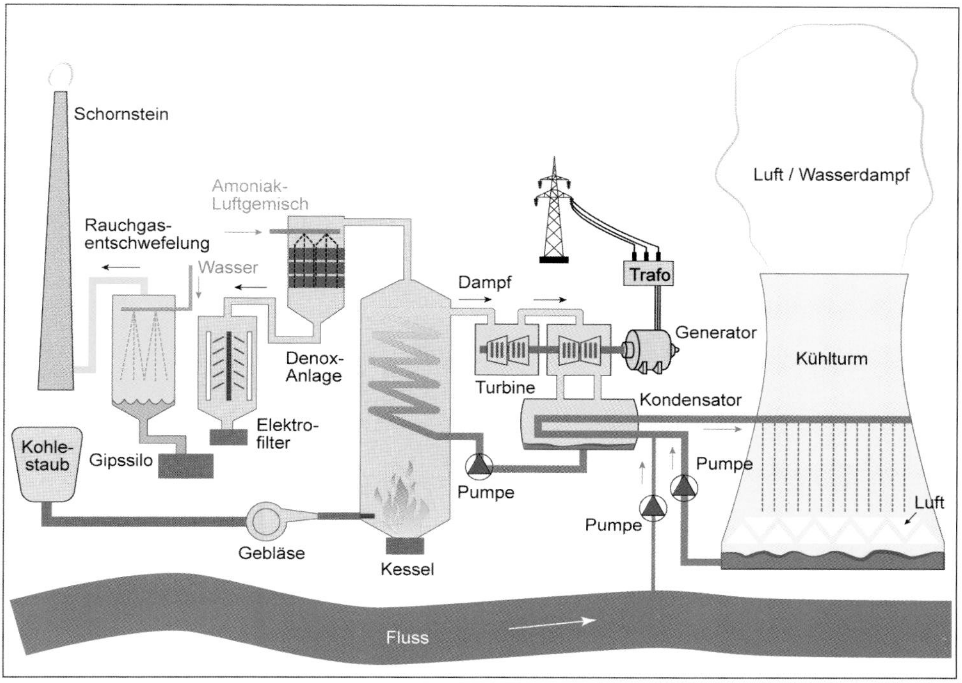

Abb. 86: *Aufbau eines Kohlekraftwerks (Quelle: www.leifiphysik.de, verändert)*

Grunde ohne Alternative. Seit dem Einläuten des „Atomausstiegs" nach dem Reaktorunglück von Fukushima 2011 sowie der sogenannten „Energiewende" blickt die Welt speziell auf Deutschland. (In Österreich versteht man unter dem Begriff „Energiewende" ausschließlich den Umstieg von fossilen auf erneuerbare Energien, da hier kein Atomstrom produziert wird.) Der starke Anstieg des Anteils erneuerbarer Energien von 8 % auf 22 % innerhalb des letzten Jahrzehnts ist hier zur Erfolgsgeschichte geworden, Arbeitsplätze für über 380 000 Menschen sind entstanden (Bundesumweltministerium 2012). Dennoch ist der volle Umstieg auf erneuerbare Energien noch lange nicht gelungen.

Nachfolgend sollen einige Informationen zu den Kernideen (und deren Umsetzung) im Planspiel der Exkursion beschrieben werden: Fossile Energieträger unterscheiden sich in ihrer Genese und damit auch in ihren Lagerstätten. „*Zur Bildung von Kohle in größeren Mengen sind hohe Produktionsraten von Biomasse über einen längeren Zeitraum notwendig, wie sie beispielsweise in den subtropischen Klimazonen anzutreffen sind. Einmal abgestorbene Pflanzenteile müssen schnell mit Sediment abgedeckt werden, um vom (Luft-)Sauerstoff abgeschlossen zu werden. (…). Mit steigender Überdeckung der Pflanzenbestandteile, und dem damit verbundenen Anstieg von Temperatur und Druck, beginnt die Inkohlung. Zunächst wird das Porenwasser aus den Pflanzenbestandteilen gedrückt, die zunächst durch biochemische Prozesse in Torf umgewandelt werden, der langsam in Braunkohle übergeht. Durch die zunehmende Überlagerung der Braunkohle durch Sediment erhöht sich der Druck und die Temperatur in der Lagerstätte. In der geochemischen Phase sinkt der Wassergehalt des organischen Materials weiter ab. Flüchtige Bestandteile, wie*

Abb. 87: *„Sedimentbecken" nahe der Alpenrosenhütte (links), am Zemmbach und rund um die Waxeggalm (rechts) eignen sich als gute Verstecke für „Fundstellen" von Kohle und Erdöl (Foto: Lars Keller 2013)*

z. B. Kohlenstoffdioxid und Methan, werden abgegeben. Der prozentuale Kohlenstoffanteil des Materials steigt stetig an." (Diekman & Rosenthal 2014, 15f.). Eine der Ideen dieser Exkursion ist es, die Teilnehmenden selbst Lagerstätten entdecken zu lassen, die den Originallagerstätten zumindest auf gewisse Art ähnlich sind. Als „Fundstellen von Kohle" bieten sich deshalb organische Sedimentbecken, sprich die Moore, an, die (wenngleich ohne tatsächliche Rohstofflagerstätten) im Hinteren Zemmgrund in den Bereichen um die Almen (Alpenrosenhütte/Waxeggalm) und bei den Bachläufen (Zemmbach etc.) zu finden sind (vgl. Abb. 87).

„*Wie das Erdöl entstanden ist, dazu wurden verschiedene Theorien aufgestellt. (…) Nach heutigem Wissensstand waren große Mengen maritimer Kleinstlebewesen, vor allem Algen, Ausgangsmaterial zur Bildung von Erdöl. Diese lebten überwiegend freischwebend als Plankton im Meerwasser; nach ihrem Absterben sanken sie zu Boden und verwesten, sofern genügend Sauerstoff vorhanden war. Fehlte der Sauerstoff, blieb jedoch die organische Substanz erhalten und bildete zusammen mit feinsten Gesteinsresten einen Faulschlamm. Hieraus entstand dann unter dem Einfluss verschiedener Faktoren (vor allem Druck) das sogenannte Muttergestein. Unvorstellbar langsam bildeten sich hierin Erdöl und Erdgas, vor 100 bis 400 Millionen Jahren. Voraussetzung waren höhere Temperaturen (optimal 65 °C bis 120 °C), die in tieferen Erdschichten als natürliche Wärme anzutreffen sind. (…) Die Klärung dieser Frage [Anm.: Wie das Erdöl entstanden ist?] ist deshalb so schwierig, weil Erdöl heute fast nie mehr am Ort seiner Entstehung – im Muttergestein – zu finden ist, sondern im Laufe von Jahrmillionen als flüssige Substanz in die heutigen Lagerstätten – das Speichergestein – wanderte.*" (Aral Aktiengesellschaft 2013). In unserem Exkursionsgebiet lassen sich „ähnliche Lagerstätten" in den vernässten Zonen der Almwiesen sowie in den versumpften Bereichen der Flüsse konstruieren.

Abb. 88: *Das untere Gletschervorfeld des Waxeggkees (im Hintergrund links die Waxeggalm, rechts die Alpenrosenhütte) eignet sich als gutes Versteck für „Fundstellen" von Uran (Foto: Lars Keller 2013)*

Der Primärenergieträger Uran kommt in der Natur nicht als reines chemisches Element vor, sondern in Form von z. B. Oxiden, Phosphaten oder Silikaten. Da sich Uran in silikatreichen Schmelzen anreichert, weisen felsische Magmatite, etwa Granit als Plutonit, häufig hohe Urankonzentrationen auf (Holleman & Wiberg 2007). Im Zemmgrund findet man Granit unter anderem bei der Waxeggalm und in den Gletschervorfeldern (vgl. Abb. 88). Hier lässt sich also für unser Exkursionsspiel am ehesten „Uran vermuten", zumal die Vorkommen von Uran praktisch weltweit verteilt sind (Holleman & Wiberg 2007). Die Gewinnung all dieser Ressourcen im Tage- oder Untertagebau bzw. mittels Bohrungen ist mit enormem Aufwand verbunden. Für die Gewinnung einer Tonne Uran werden beispielsweise zwischen 100 und 10 000 Tonnen Erz gefördert. Im Planspiel soll dies dadurch veranschaulicht werden, dass nur wenige Teelichter (symbolisieren „Uranbrennstäbe") in jeweils großen Gebieten zu finden sind. Die Suche erstreckt sich also über eine große Fläche und ist entsprechend anstrengend.

Die Energiegehalte (Energiewerte/Brennwerte) der einzelnen Ressourcen sind in diesem Exkursionsspiel stark vereinfacht dargestellt. In Realität enthält ein Kilogramm „*Uran-235 das zwei- bis dreimillionenfache Energieäquivalent gegenüber Öl bzw. Kohle (…). So entspricht 1 kg Natururan – nach entsprechender Anreicherung eingesetzt für die Stromerzeugung in Leichtwasserreaktoren – knapp 10 000 kg Erdöl oder 14 000 kg Steinkohle und ermöglicht die Erzeugung von 45 000 kWh Strom.*" (Informationskreis Kernenergie o. J.). In Summe reicht die Energie aller in unserem Planspiel eingesetzten Ressourcen, um die fiktive Zillerwelt mit ihrer „Hauptstadt Alpenrosenhütte" mit ihrem ebenso fiktiven Energieverbrauch von 40 000 GWh/a mit Energie zu versorgen. Letzteres entspricht in etwa dem Energieverbrauch einer Großstadt wie Wien (Energieplanung Stadt

Wien o. J.) sowie der Gesamtproduktion an Strom aus Wasserkraft in Österreich in einem Jahr (Rupert 2013).

Zur Reduzierung der Belastungen für Mensch und Umwelt aus der Energiegewinnung können in diesem Exkursionsspiel die auf fossilen Energien basierenden Kraftwerke mit Filtern ausgestattet werden (Reduzierung der Stickoxide etc.). Die ökologische Problematik der Kernenergie soll vor allem anhand der Endlagerungsproblematik (vgl. Grundmann o. J.) thematisiert werden. Diskutiert werden aber auch die ökologischen Auswirkungen von Wasser- und Windkraft, die zwar alternative Energien bzw. regenerative Energien darstellen, jedoch ebenfalls ökologisch nicht ohne Folgen bleiben (vgl. Kap. 7).

6.3 Methodische Analyse

Die Gedanken des moderaten Konstruktivismus spielen für Planung und Durchführung dieser Exkursion bzw. dieses Exkursionsspiels eine wichtige Rolle. In enger Anlehnung an die in Rhode-Jüchtern & Schneider (2009) beschriebenen Dimensionen einer konstruktivistischen Exkursionsdidaktik sollen folgende Punkte im Zentrum stehen:

- Konstruktivistische Geographie: Die Teilnehmenden dieser Exkursion treten nicht als „unbeschriebene Blätter“ (Krüger 2007, 81) auf, sondern kommen mit zahlreichen Vorstellungen in das Planspiel Energie. Wo immer her diese Konzepte und Bilder stammen mögen, so geben sie doch immer nur Beobachtungen und Erkenntnisse anderer Personen wieder. Im Hinteren Zemmgrund – in der „Zillerwelt“ – dagegen „machen die Teilnehmenden selbst Geographie“ und entwerfen dabei ihr eigenes, neues Bild der Energieversorgung.
- Lohnende Problemstellung: Um geographisches Wissen, geographische Kompetenzen letztlich möglichst selbstständig erwerben zu wollen und zu können, ist die Findung/„Erfindung“ (von Förster 2006, 46) von lohnenden Problemstellungen notwendig. „*Gehaltvoll unter didaktischen Gesichtspunkten ist ein Problem, wenn es exemplarisch ist, wenn es gegenwärtig und zukünftig Relevanz für epochaltypische Schlüsselprobleme aufweist und wenn es subjektiv anschließt an die Erfahrungswelt der Lernenden*“ (Klafki 1991 in Rhode-Jüchtern & Schneider 2009). Die im Planspiel gewählten Beispiele und der gewählte Raum Zillerwelt stehen exemplarisch für ein wesentlich größeres und komplexeres Ganzes, die Themen Endlichkeit fossiler Ressourcen, Klimawandel und Energiewende sind allesamt epochaltypische Schlüsselprobleme und haben höchste Relevanz für Gegenwart und Zukunft.
- Subjekt-und Handlungszentrierung: Die Teilnehmenden dieser Exkursion sollen nicht nur geistig, sondern auch physisch und haptisch gefordert werden. Lernen soll als individueller wie sozialer, in jedem Fall aktiver Prozess verstanden werden (Amrhein-Kreml et al. 2008). Nicht die Handlung nach vorgegebenem genauem Muster ist von Interesse, sondern das freie Handeln (hier im Rahmen eines Spiels), bei dem überlegt, gesucht, gefunden, entdeckt, gebastelt, verhandelt und diskutiert werden muss. Die Exkursionsteilnehmenden erhalten dabei auch die Gelegenheit, über das eigene tagtägliche Denken und Handeln zu reflektieren und dieses kritisch zu hinterfragen.
- Reflexive Lern- und Lehrkultur: Auf einer „typischen“ Exkursion werden Orte aufgesucht und, je nach Perspektive zahlreiche bzw. zahllose Informationen (vor)gegeben, die

in der Regel bald wieder vergessen sind. Im Gegenteil zu einer derartigen „Reiseleiter/innen-Exkursion" soll es in diesem Planspiel um das geographische Denken an sich gehen. Jede selbst gestellte Frage ist in diesem Falle wesentlicher als eine gefunden geglaubte Antwort. Rhode-Jüchtern & Schneider (2009) drücken es so aus: „*Pointierter formuliert geht es unter dem Postulat der ‚Verunsicherung des geographischen Blicks' (Lossau 2000, 23) um einen reflexiven Prozess kontingenter Fragen und Antworten und Fragen (...), der ‚nicht im Wissen kulminiert, sondern in der Kunst der Problemstellung' (Baecker 2007, 102).*" (Rhode-Jüchtern & Schneider 2009, 7). Eine Selbstreflexion über das Gelernte steht am Ende der vorliegend beschriebenen Exkursion auf dem Programm.

Den methodischen Rahmen für diese Exkursion bildet ein Spiel, genauer ein Planspiel. Nun sind Spiele in der Geographiedidaktik als Lernarrangements bekannt, „*die über verschiedene Zugangsweisen ein Entdecken und Sammeln von neuen Erfahrungen und Informationen ermöglichen*" (Feulner 2013, 259). Ein Planspiel kann als eine methodisch organisierte Tätigkeit charakterisiert werden, wobei die beteiligten Spieler/innen in Rollen, wechselnden Szenen und Szenarien handelnd interagieren (Geuting 2000). Laut Joppich (2013) sind Planspiele besonders geeignet, wenn Konflikte von verschiedenen Perspektiven aus beleuchtet und dabei von den Teilnehmenden eigene Standpunkte entwickelt werden sollen. Ein Planspiel besteht dabei aus drei großen Phasen: Einer Vorbereitungsphase, einer Spielphase und einer Reflexionsphase. Durch die Teilnahme von verschiedenen Kleingruppen entsteht ein Spannungsmoment von Wettbewerb, wobei neuere Tendenzen in Interaktionsspielen auf ein Spielen ohne Gewinner/innen und Verlierer/innen hinweisen (Feulner 2013). Die Spielhandlung selbst erscheint aufgrund ihrer Komplexität realistisch, obwohl sie auf einer konstruierten Annahme beruht (Geuting 2000). Den Ausgangspunkt des Planspiels bildet dabei immer ein Problem, das von den Teilnehmenden unter Einnahme geographischer Perspektiven aufbereitet wird. Sie sind dabei gefordert, Handlungsentscheidungen zu treffen und deren Auswirkungen zu überprüfen. Das Ergebnis des Planspiels wird nicht vorgegeben und sollte aus der Interaktion entstehen (Joppich 2013). Auch auf dieser Exkursion sind verschiedenste „Lösungen" und daher auch Spielverläufe und Spiellängen möglich. Zur Reflexionsphase am Ende gehören sowohl Gedanken über das im Spiel Gelernte und das Lernen im Spiel, darüber hinaus aber auch eine Weiterentwicklung des Spiels selbst.

6.4 Hinweise zur Durchführung

6.4.1 Allgemeines

Es wird bei diesem Planspiel auf jeden Fall empfohlen, mehrere Leitungspersonen zu haben. Diese sollten versuchen, das Gefahrenpotential für die Teilnehmenden möglichst gering zu halten (z. B. bei Fluss- und Brückenüberquerungen) und vor allem für einen reibungslosen Spielablauf zu sorgen. Die Orte der Lagerstätten können den Erschließungskarten I und II im Anhang entnommen werden, hier müssen die entsprechenden fossilen Ressourcen auch versteckt werden. Des Weiteren empfiehlt es sich, die Teilnehmenden bei der Gebietserschließung und/oder dem Bau der Kraftwerke zu unterstützen und ihnen bei Fragen zur Seite zu stehen. Dabei ist wichtig, dass die Begleitpersonen nicht die eigentliche Arbeit bzw. Denkarbeit übernehmen.

6.4.2 Vorbereitung der Teilnehmenden

Eine inhaltliche Vorbereitung der Teilnehmenden muss nicht zwingend erfolgen.

6.4.3 Vorbereitung der Begleitperson/en

Zu Beginn steht das Einlesen in die Thematik (vgl. Inhaltsanalyse und die Angaben im Literaturverzeichnis). Auch geographische Kenntnisse des Exkursionsgebietes sind von Vorteil (das Mindeste wäre hier eine Vorerkundung per Google Earth), auch um die „Lagerstätten" richtig anzulegen. Im nächsten Schritt werden die einzelnen Bauelemente der Kraftwerke vorbereitet (evtl. gemeinsam mit den Teilnehmenden der Exkursion). Die einzelnen Kraftwerkstypen sollten vorab getestet werden, um die Funktion im Gelände zu gewährleisten. Eine besondere handwerkliche Herausforderung ist dabei die Herstellung der Turbinenpropeller. Ferner müssen die entsprechenden Ressourcen besorgt werden (z. B. Kohlestücke, Teelichter als „Uranbrennstäbe") und entsprechende Unterlagen (Erschließungskarten, Konzeptvorlage, Zwischenberichtvorlage, Reflexionsbögen) ausgedruckt und am besten laminiert werden.

6.4.4 Material

Diese Exkursion ist außerordentlich materialintensiv und bedarf umfangreicher Vorbereitungen. Nachfolgend wird deshalb versucht, die Vorbereitung in einzelne Schritte zu gliedern, um eine möglichst gute Übersicht zu gewährleisten.

Schritt 1
Ausdrucken des Gedichttexts (1), der verschiedenen Spielvorlagen 1–6 (ausreichend für alle Kleingruppen) und Reflexionsbögen (1/Teilnehmende/r). Die entsprechenden Vorlagen sind im Anhang zu finden.

Schritt 2
Für die Erschließung der fossilen Energiequellen werden grelle Fähnchen benötigt (vgl. Abb. 89). Diese erleichtern die Suche nach den einzelnen Ressourcen, die vor dem Spiel im Exkursionsgebiet versteckt werden müssen.

Schritt 3
Die Ressourcen selbst werden einfachheitshalber durch Teelichter dargestellt. Jede Kleingruppe hat, je nach Ressource, eine unterschiedliche Anzahl von Teelichtern, die wiederum einen unterschiedlichen Energiegehalt aufweisen. Der Energiegehalt wird auf die jeweiligen Teelichter geschrieben. Die Kohlegruppe benötigt vier Teelichter, welche jeweils mit 1 000 GWh/a beschriftet werden. Die Erdölgruppe benötigt ebenfalls vier Teelichter. Da Erdöl in der Reali-

tät einen höheren Energiehalt als Kohle aufweist, müssen diese Teelichter mit je 1 500 GWh/a beschriftet werden. Uran weist wiederum höheren Energiehalt auf: Hier werden vier Stück Teelichter zu 3 000 GWh/a und drei Stück zu 2 000 GWh/a benötigt (Dieser Vergleich weicht von den tatsächlichen Werten natürlich stark ab.).

Schritt 4

Die Kleingruppe Erneuerbare Energien soll sich im Rahmen der Ressourcenerschließung einen Überblick über geeignete Standorte für Wasserkraft und Windkraft verschaffen. Optional können für die Erschließung ein Strömungsmessgerät und ein Windmessgerät (evtl. auch nur ein kleines Windrad aus Papier) eingesetzt werden.

Schritt 5

Für die Kraftwerke selbst werden folgende Materialien benötigt:

- *Wasserkraftwerk:* Für das Wasserrad zwei Holzstücke (ca. 15 cm x 40 cm x 1,5 cm), zwei Standfüße aus demselben Material a 70 cm, zwei Schrauben als Drehachse, Baum mit Ø 15 cm oder zwei Holzbretter (1 m x 15 cm) (vgl. Abb. 90);

Abb. 89: *Gelbes Fähnchen mit beschriftetem Teelicht (Foto: Marius Fritz)*

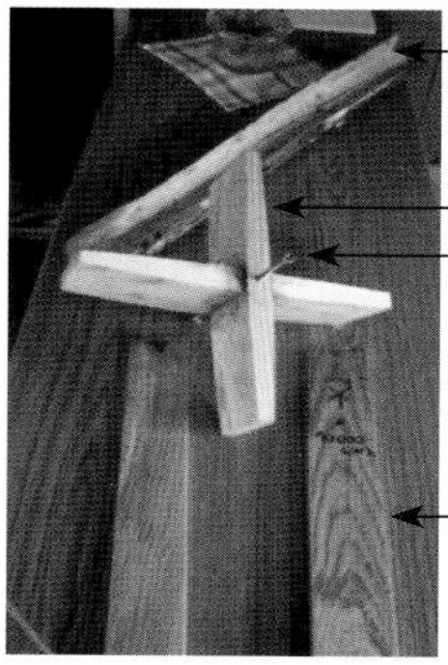

Abb. 90: *Bauteile des Wasserkraftwerk (Foto: Marius Fritz)*

- *Ölkraftwerk:* Blumentopf aus Blech, leere Dose (0,5 l), Schraube (Achse für Propeller), Blockierschutz der Propeller, 2 x Propeller, Dosenblechleiste (für Befestigung des Propellers und der Achse);
- *Kohlekraftwerk:* Blumentopf aus Blech, Teller als Unterlage für die heißen Kohlen (optional), leere Dose (0,5 l), Schraube (Achse für Propeller), Überdrehschutz, der Propeller (siehe Bauanleitung Turbine), 2 x Propeller, Dosenblechleiste (für Befestigung des Propellers und der Achse);
- *Atomkraftwerk:* Blumentopf aus Blech, leere Dose (0,5 l), Schraube (Achse für Propeller), Blockierschutz der Propeller, 2 x Propeller, Dosenblechleiste (für Befestigung des Propellers und der Achse) (vgl. Abb. 91).

Schritt 6

Im weiteren Spielverlauf können die einzelnen Kraftwerke verbessert werden, um mehr Leistung zu erzielen. Dafür sind folgende Komponenten notwendig:

- *Windkraftwerk:* Leiste mit 2,5 m x 2, 5 cm x 2,5 cm, Holzstück 5 cm x 2,5 cm x 2,5 cm, zwei leichte flache Holzstücke (40 cm x 10 cm x 5 mm), Holzstück 10 cm x 2,5 cm x 2,5 cm; Schraube 70 mm; Bohrer;
- *Kohlekraftwerk*: weitere 0,5 l Dose, Propeller, Achse und Dosenblechleiste, Filter; *Erdöl:* weitere 0,5 l Dose, Propeller, Achse und Dosenblechleiste, Filter;
- *Atomkraftwerk:* entweder Optimierung des Kraftwerkes oder weitere Gebietserschließung möglich – weitere 0,5 l Dose, Propeller, Achse und Dosenblechleiste, Filter, zusätzliche Erschließungskarte.

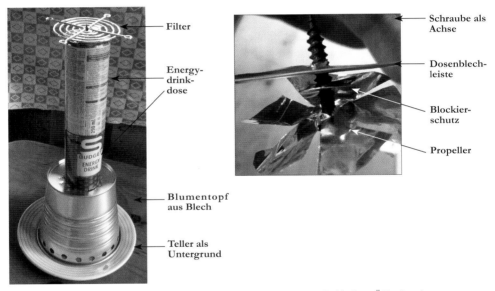

Abb. 91: *Zusammenfassung der einzelnen Bauteile des Kern-, Kohle- bzw. Ölkraftwerks (Foto: Marius Fritz)*

Schritt 7

Um die einzelnen Kraftwerke herstellen zu können (vgl. Bauanleitungen im Anhang), wird zusätzlich folgendes Werkzeug benötigt: Schere, Messer, Feuerzeug, evtl. Schleifpapier zum Brechen der scharfen Kanten, Handschuhe (zum Angreifen der heißen Kraftwerke), Zange, Schraubenzieher.

Weitere Materialien

Eine weitere Übersicht über die zu verwendenden Materialien findet sich in der Übersicht über die einzelnen Stationen.

Gefahren

Die Teilnehmenden müssen mit der Exkursionssituation vertraut gemacht werden, indem man sie auf die Gefahren und das richtige Verhalten im Hochgebigs-Naturpark hinweist. Die Tätigkeiten der Kleingruppe Erneuerbare Energien sollten insbesondere begleitet werden, da die Kraft des Wassers häufig schwer einzuschätzen ist. Beim Basteln mit Messer und Schere ist vorsichtig vorzugehen, außerdem werden die selbst gebastelten Kraftwerke im Laufe der Zeit sehr heiß.

6.4.5 Zeitplan

Da es sich nachfolgend um ein zusammenhängendes (Plan)Spiel handelt, kann kein verlässlicher Überblick über den zeitlichen Ablauf gegeben werden. Je nach Spielverlauf und Spielweise kann die Dauer zwischen einem halben und ganzen Tag liegen. Die Länge der einzelnen Spielphasen wie des gesamten Spiels hängen u. a. von Zahl, Motivation und Kreativität der Teilnehmenden ab. Der Kreativität sind keine Grenzen gesetzt, und so können sich auch die Spielleiter/innen weitere Varianten, Materialien etc. vor dem Spiel selbst ausdenken (z. B. könnte die Rolle der erneuerbaren Energien weiter gestärkt werden). Die Lieferung von Erwartungshorizonten oder gar vorgefertigten Lösungen hat für dieses Spiel keine Relevanz und entfällt daher vollständig. Die nachfolgend angegebenen Zeitwerte entsprechen Erfahrungen aus bisher durchgeführten Spielen.

Station	**Zeit**
Station 1	Ca. 15 Min.
Station 2	Ca. 30 Min.
Station 3	Ca. 60 Min.
Station 4	Ca. 30 Min.
Station 5	Ca. 90 Min.
Station 6	Ca. 15 Min.
Station 7	Ca. 30 Min.
Station 8	Ca. 45 Min.
Gesamt	**Ca. 5–6 h**

Station 1

Orte	Alpenrosenhütte
Dauer	Ca. 15 Min.
Wegstrecke	–
Höhenmeter	–
Sozialform	Vortrag eines Gedichts durch eine/n Freiwillige/n, Plenumsgespräch zwischen Spielleiter/innen und Teilnehmenden
Material	Arbeitsblatt Station 1, unter Kap. Arbeitsmaterialien
Gefahren	Keine

Exakte Angaben für die Teilnehmenden

Die Zillerwelt (die Alpenrosenhütte bildet die imaginäre Hauptstadt) muss mit Energie versorgt werden! Es wird angenommen, dass die Zillerwelt ca. zwei Millionen Einwohner/innen hat und somit einen Energieverbrauch von 40 000 GWh/a. Alle vorhandenen Ressourcen müssen genutzt werden, um die Stadt mit entsprechender Energie zu versorgen.

Hinweise für die Spielleitung

Es erfolgen die Bildung von Kleingruppen (i. d. R. 4 Kleingruppen: Kohle, Erdöl, Uran, Erneuerbare Energien) und die Einleitung anhand eines Gedichtes. Die Ideen, Problemstellungen und der ungefähre Spielverlauf werden präsentiert.

Station 2

Orte	Alpenrosenhütte
Dauer	Ca. 30 Min.
Wegstrecke	–
Höhenmeter	–
Sozialform	Kleingruppenarbeit, Gespräch zwischen je 1 Spielleiter/in und den Mitgliedern einer Kleingruppe in ihren jeweiligen Rollen
Material	Spielvorlage 1: Unternehmenskonzepte (laminiert) Stifte Evtl. selbst gedrucktes „Zillergeld", „Kontoauszüge"
Gefahren	Keine

Exakte Angaben für die Teilnehmenden

Jede Kleingruppe benötigt zunächst einen ersten Kredit für ihre Forschungsanstrengungen. Ihr müsst nämlich zunächst Ressourcen im Gelände finden und diese auch fördern. Nur wenn

Euer Unternehmenskonzept von der Bank akzeptiert wird, bekommt Ihr einen Kredit. Mit Eurem Geld könnt Ihr dann z. B. eine Erschließungskarte erwerben.

Hinweise für die Spielleitung

Das jeweilige Grundkonzept muss in sich stimmig, kreativ und überzeugend sein, um von der Bank akzeptiert zu werden, ansonsten muss das Konzept überarbeitet werden. Die Geldflüsse können mit selbst gedrucktem „Zillergeld", auf einem Kontoauszug vermerkt (oder auch nur mündlich besprochen) werden.

Station 3

Ort	Im nahen Umfeld der Alpenrosenhütte
Dauer	Ca. 60 Min.
Wegstrecke	Max. 0,5 km ↑/max. 0,5 km ↓
Höhenmeter	Max. 100 Hm ↑/max. 100 Hm ↓
Sozialform	Kleingruppenarbeit
Material	Spielvorlage 2: Erschließungskarte 1 Entsprechende Ressourcen: Kohle, z. B. Teelichter; Erdöl, z. B. Teelichter; Uran, z. B. Teelichter; erneuerbare Energien z. B. Strömungsgeschwindigkeitsmesser, Windgeschwindigkeitsmesser, Fähnchen
Gefahren	Vgl. Kapitel V „Sicher unterwegs im Hochgebirge – alpine Gefahren und Ausrüstung", v. a. „Gefahren am Zemmbach", „Steinschlag und Lawinengefahr"

Exakte Angaben für die Teilnehmenden

Die Erschließungskarte zeigt Euch die Position vermuteter Lagerstätten. Macht Euch auf, die für Euch relevanten fossilen Lagerstätten zu suchen und zu fördern (Nehmt die Erschließungskarte mit!). Passt bitte bei der Querung des Baches besonders gut auf und verwendet dazu unbedingt die vorhandenen Brücken!

Hinweise für die Spielleitung

Zur Erschließung der fossilen Rohstoffe benötigen die Teilnehmenden ein wenig Orientierungssinn im Gelände. Sie sollen Bezüge zu realen Lagerstätten herstellen können. (vgl. Inhaltsanalyse).

Besonderes Augenmerk ist auf die Querung des Zemmbaches zu legen, der auf jeden Fall nur über die Brücken zu queren ist.

Station 4

Ort	Alpenrosenhütte
Dauer	Ca. 30 Min.
Wegstrecke	–
Höhenmeter	–
Sozialform	Kleingruppenarbeit, Gespräch zwischen je 1 Spielleiter/in und den Mitgliedern einer Kleingruppe in ihren jeweiligen Rollen
Material	Spielvorlage 3: Zwischenberichte Stifte
Gefahren	Keine

Exakte Angaben für die Teilnehmenden

Wurde die entsprechende Ressource gefunden, muss ein Zwischenbericht erstellt werden. Dieser beinhaltet Ort, Menge und Energiegehalt der entsprechenden Ressource. Mit der Präsentation des Zwischenberichtes kann ein zweiter Kredit für den Kraftwerksbau erworben werden.

Hinweise für die Spielleitung

Die Spielleitung sollte die Zwischenberichte kritisch analysieren und je nach deren Qualität Kredite vergeben bzw. die Zwischenberichte nachbearbeiten lassen.

Station 5

Ort	Alpenrosenhütte bzw. am Zemmbach oder anderswo im Gelände in der Nähe der Alpenrosenhütte
Dauer	Ca. 90 Min.
Wegstrecke	Max. 0,5 km ↑/max. 0,5 km ↓
Höhenmeter	–
Sozialform	Kleingruppenarbeit
Material	Spielvorlage 4: Bauanleitungen: nur verteilen, falls Probleme auftreten sollten, ansonsten ohne Anleitung bauen lassen! Diverse Baumaterialien, Werkzeuge
Gefahren	Vgl. Kapitel V „Sicher unterwegs im Hochgebirge – alpine Gefahren und Ausrüstung", v. a. „Gefahren am Zemmbach" Verletzungen beim Basteln bzw. durch die entstehende Hitze der Kraftwerke

Exakte Angaben für die Teilnehmenden

Baut Eure Kraftwerke so gut wie möglich, um das Maximum an Strom produzieren zu können! Die Kleingruppen Erneuerbare Energien passen im Gelände wieder gut auf sich auf und queren den Bach nur auf den vorhandenen Brücken. Beim Bauen eines Kraftwerks am Bach ist eine ungefährliche Stelle zu wählen.

Hinweise für die Spielleitung

Die einzelnen Kleingruppen bekommen Bausätze für ihr Kraftwerk. Sie müssen versuchen, ihr Kraftwerk ohne Anleitung aufzubauen und funktionsfähig zu machen. Besonderes Augenmerk ist bei der Kleingruppe Erneuerbare Energien auf die Querung des Zemmbaches zu legen, der auf jeden Fall nur über die Brücken zu queren ist. Das Gleiche gilt für die Arbeit am Bach.

Station 6

Ort	Alpenrosenhütte
Dauer	Ca. 15 Min.
Wegstrecke	–
Höhenmeter	–
Sozialform	Kleingruppenarbeit, Gespräch zwischen je 1 Spielleiter/in und den Mitgliedern einer Kleingruppe in ihren jeweiligen Rollen
Material	Evtl. selbst gedrucktes „Zillergeld", „Kontoauszüge"
Gefahren	Keine

Exakte Angaben für die Teilnehmenden

Wenn es Euch gelingt, Strom zu produzieren, könnt Ihr diesen der Zillerwelt verkaufen und erhaltet dafür auch Geld.

Hinweise für die Spielleitung

Das jeweilige Kraftwerk muss überzeugend funktionieren, um Geld von der Zillerwelt zu erhalten, ansonsten muss das Kraftwerk überarbeitet werden. Die Geldflüsse können mit selbst gedrucktem „Zillergeld" oder auf einem Kontoauszug vermerkt (evtl. auch nur mündlich besprochen) werden. Wird über die Rückzahlung des Kredits hinaus Gewinn erzielt, so kann dieses Kapital für die Instandhaltung oder für Investitionen in das Kraftwerk verwendet werden. Abb. 92 zeigt einige Fotos eines bereits durchgeführten Planspiels.

Station 7

Ort	Alpenrosenhütte bzw. am Zemmbach oder anderswo im Gelände in der Nähe der Alpenrosenhütte
Dauer	Ca. 30 Min.
Wegstrecke	Max. 0,5 km ↑/max. 0,5 km ↓
Höhenmeter	Max. 150 Hm ↑/max. 150 Hm ↓
Sozialform	Kleingruppenarbeit
Material	Spielvorlage 5: Gesetzesentwürfe Upgrades: 3x längere Turbinen, Windkraftanlage, Filter Spielvorlage 6: Erschließungskarte 2
Gefahren	Vgl. Kapitel V „Sicher unterwegs im Hochgebirge – alpine Gefahren und Ausrüstung", v. a. „Gefahren am Zemmbach" , „Steinschlag und Lawinengefahr" Verletzungen beim Basteln bzw. durch die entstehende Hitze der Kraftwerke

Exakte Angaben für die Teilnehmenden

Diverse Probleme, u. a. Gesetzesänderungen, zwingen Euch zu Neuinvestitionen. Überlegt Euch Lösungen.

Hinweise für die Spielleitung

Die Kleingruppen der fossilen Energieträger können feststellen, dass ihre Ressourcen bald verbraucht sind. Die Kraftwerke können nur durch Investitionen effizienter gemacht werden oder es kann eine weitere Erschließungskarte angekauft (Urangruppe) werden (Lagerstätten schwieriger zugänglich als zuvor). Die Anregung für Investitionen soll von der Kleingruppe erfolgen, die Spielleitung kann aber Denkanstöße geben, z. B. kann durch die Verlängerung des Kamins (zweite Dose) der Abzug-Effekt verstärkt werden. Zusätzlich könnte man eine weitere Turbine installieren. Es sollte ersichtlich werden, dass die fossilen Energieträger die Zillerwelt zwar noch eine gewisse Zeit lang versorgen können, aber auch, dass diese langfristig zur Neige gehen. Die erneuerbaren Energien können ihre Produktion steigern, indem sie Ausbaumöglichkeiten für ihre Kraftwerke kaufen. Es können zusätzlich Windkraftbausätze gekauft werden. Die Kleingruppen Erneuerbare Energien können sich gerne auch weitere Investitionsmöglichkeiten ausdenken, evtl. die Montage von Solarpanelen etc.

Zusätzlich müssen durch einen Regierungswechsel in der Zillerwelt neue Umweltauflagen erfüllt werden. Diese können durch den Erwerb von Filteranlagen erfüllt werden. Bei der Urangruppe wird das Problem der Endlagerung aktuell. Sie werden dazu verpflichtet, sich an der Suche nach einem geeigneten Ort für die Endlagerung zu beteiligen. Dies ist mit zusätzlichen Kosten und Zeitaufwand verbunden. Die erneuerbaren Energien werden mit Problemen durch Landschaftsschutzmaßnahmen etc. konfrontiert, die Kleingruppen bemerken, dass erneuerbar nicht unbedingt ökologisch verträglich bedeutet.

Abb. 92: *Einige Fotos aus einem bereits durchgeführten Planspiel (Fotos: Lars Keller 2013)*

Station 8

Ort	Alpenrosenhütte
Dauer	Ca. 45 Min.
Wegstrecke	–
Höhenmeter	–
Sozialform	Einzelarbeit, Diskussion im Plenum
Material	Arbeitsblatt Station 8
Gefahren	Keine

Exakte Angaben für die Teilnehmenden

Zieht Euch einzeln für 20 Minuten zurück und füllt den Reflexionsbogen umfassend aus.

Hinweise für die Spielleitung

Sind alle Investitionen getätigt, wird das Ende des Exkursionsspieles eingeleitet, die verschiedenen Kleingruppen werden zusammengerufen. In der Diskussion sollte für reflektierte Erkenntnisse/Meinungen etc. und vor allem auch für die nach wie vor existierenden und neu aufgekommenen Fragen Raum geschaffen werden. Vorschläge für eine Weiterentwicklung des Spiels bzw. des Lernens im Spiel sind willkommen. Auf eine motivierende Abrundung des Planspiels ist zu achten. Abb. 92 zeigt einige Fotos eines bereits durchgeführten Planspiels.

6.5 Arbeitsmaterialien

Arbeitsblatt Station 1

Gedicht „Zillerwelt"

„Das Zillertal ist nur ein kleiner Fleck auf Erden, einer von vielen tausenden, darüber brauch ich Euch nicht aufzuklären, doch wenn wir so um uns schauen, wir vielleicht unseren Augen gar nicht trauen, sind wir trotzdem in einer kleinen Welt, die uns in ihren Eigenheiten sehr gefällt.

Da werden flache Wiesen zu großen Sedimentbereichen, wo bestimmte Ressourcen sind zu erreichen. Der stürmische Gebirgsbach ermöglicht eine umweltschonende Energieversorgung, Zahn um Zahn, und dort oben in den felsigen Bereichen findet sich sogar Uran.

Und jede größere Welt auch ihr kleines Städtchen hält, die Hütte der Alpenrose zu ihr zählt. Dieses Städtchen gilt es mit Energie zu versorgen, mit Ressourcen von heute und Ressourcen von morgen."
(Gedicht: Marius Fritz & Martin Lagger 2013)

Spielvorlage 1: Unternehmenskonzepte

Unternehmenskonzept zur Gewährung eines Kredits

Ressource Kohle

Kurze Unternehmensvorstellung (+ kreativer Unternehmensname):

Unser Werbespruch:

Warum lohnt es sich, auf die Ressource Kohle zu setzen? Langfristige Perspektiven und Vorteile?

Spielvorlage 1: Unternehmenskonzepte

Unternehmenskonzept zur Gewährung eines Kredits

Ressource Erdöl

Kurze Unternehmensvorstellung (+ kreativer Unternehmensname):

Unser Werbespruch:

Warum lohnt es sich, auf die Ressource Erdöl zu setzen? Langfristige Perspektiven und Vorteile?

Spielvorlage 1: Unternehmenskonzepte

Unternehmenskonzept zur Gewährung eines Kredits

Ressource Uran

Kurze Unternehmensvorstellung (+ kreativer Unternehmensname):

Unser Werbespruch:

Warum lohnt es sich, auf die Ressource Uran zu setzen? Langfristige Perspektiven und Vorteile?

Spielvorlage 1: Unternehmenskonzepte

Unternehmenskonzept zur Gewährung eines Kredits

Erneuerbare Energien

Kurze Unternehmensvorstellung (+ kreativer Unternehmensname):

Unser Werbespruch:

Warum lohnt es sich, auf erneuerbare Energien zu setzen? Langfristige Perspektiven und Vorteile?

Spielvorlage 2: Erschließungskarte 1

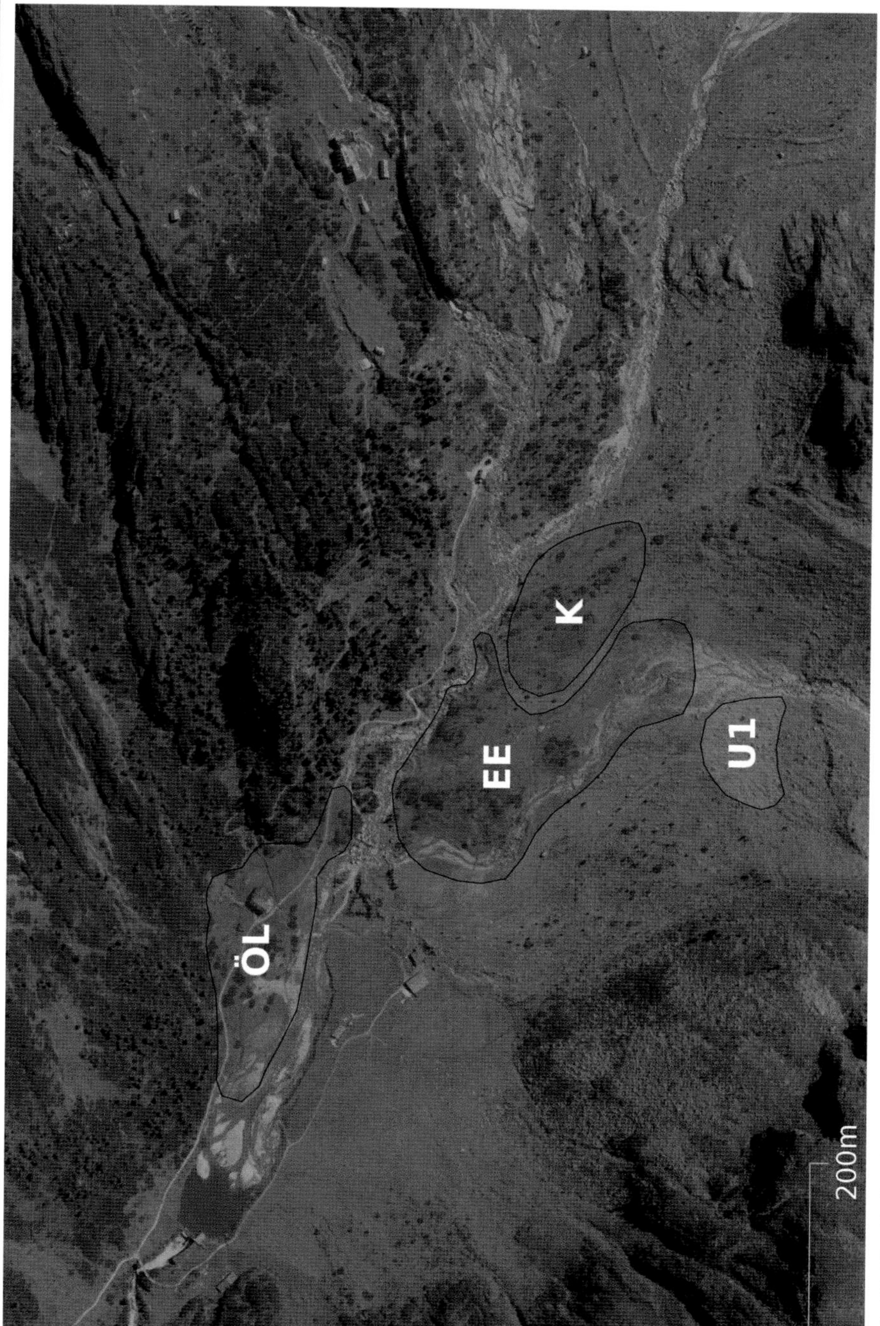

Abb. 93: *Erschließungskarte 1*

Spielvorlage 3: Zwischenberichte

Zwischenbericht zur Gewährung eines weiteren Kredits für den Kraftwerksbau

Art der gefundenen Ressource:

Ort und Menge:

Energiegehalt:

Spielvorlage 4: Bauanleitungen

Bauanleitung Wasserkraftwerk

Benötigtes Material und Hilfsmittel: Zwei Holzbretter je ca. 70 cm x 10 cm x 1,5 cm, zwei Holzbretter je ca. 40 cm x 15 cm x 1,5 cm, für Wasserleitung entweder Baum mit Ø 15 cm oder zwei Holzbretter (1 m x 15 cm), Säge, zwei Schrauben je 70 mm.

Schritt 1
Für die Wasserradstützen werden zwei Holzbretter (70 cm x 10 cm x 1,5 cm) jeweils auf einer Seite ca. 3 cm eingekerbt.

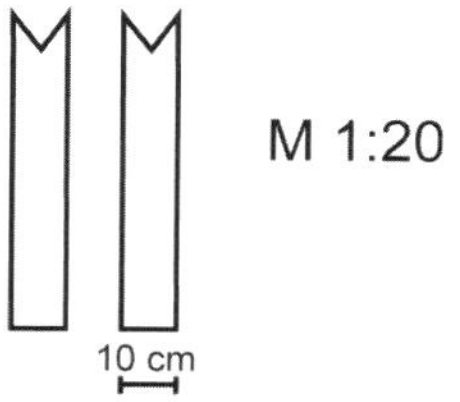

Abb. 94: *Eingekerbte Holzbretter*

Abb. 95: *Bauteile des Wasserkraftwerkes (Foto: Marius Fritz 2015)*

Schritt 2
Für das Wasserrad werden zwei Holzbretter (40 cm x 15 cm x 1.5 cm) in der Mitte jeweils 6 cm tief und 1.5 cm breit eingekerbt. Wurde dieser Schritt gemacht, können die Holzbretter kreuzförmig zusammengesteckt werden. Zum Schluss wird im Drehpunkt des Wasserrades auf beiden Seiten eine Schraube ca. 1 cm tief eingedreht.

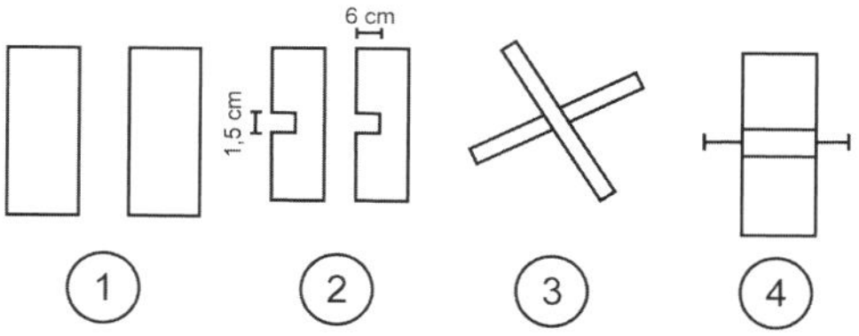

Abb. 96: *Skizzen zum Bau des Wasserrades*

Schritt 3
Hier gibt es zwei Möglichkeiten:
1. Entweder man sägt einen Baum (1 m x Ø 15 cm) hohlförmig aus, oder
2. man verbindet zwei Bretter (1 m x 15 cm).

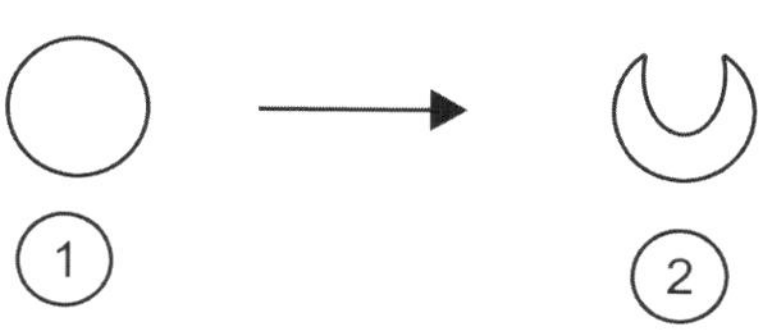

Abb. 97: *Ausschnitt der Wasserrinne im Querschnitt oder man verbindet zwei Bretter (1 m x 15 cm) mit Schrauben. Dies stellt die einfachere Variante dar.*

Abb. 98: *Wasserleitung Variante mit Brettern*

Abb. 99: *Das Wasserkraftwerk in Betrieb (Foto: Marius Fritz 2015)*

Bauanleitung Windkraftwerk

Benötigtes Material und Hilfsmittel: Leiste mit 2,5 m x 2,5 cm x 2,5 cm, Holzstück 5 cm x 2,5 cm x 2,5 cm, zwei leichte flache Holzstücke (40 cm x 10 cm x 5 mm), Holzstück 10 cm x 2,5 cm x 2,5 cm; Schraube 70 mm; Bohrer.

Schritt 1
Auf der Leiste für das Windrad wird am Ende ein Holzstück (5 cm x 2,5 cm x 2,5 cm) befestigt (siehe Skizze). Dieses Holzstück dient als Abstandhalter für das Windrad.

Schritt 2
Das Windrad kann entweder gekauft (Baumarkt oder Dekorationsgeschäft) oder selbst gefertigt werden. Man benötigt zwei flache Holzstücke. Diese werden leicht flügelförmig zugeschnitten. Ein weiteres Holzstück (10 cm x 2,5 cm x 2,5 cm) dient als Verbindungsstück. Es wird auf beiden Seiten diagonal und seitenverkehrt ca. 7 mm eingekerbt. Damit sich das Windrad drehen kann, muss ein Loch mittig durch dieses Holzstück gebohrt werden. Zum Abschluss werden die zwei Flügel in die passenden Kerben in das Verbindungsstück gesteckt.

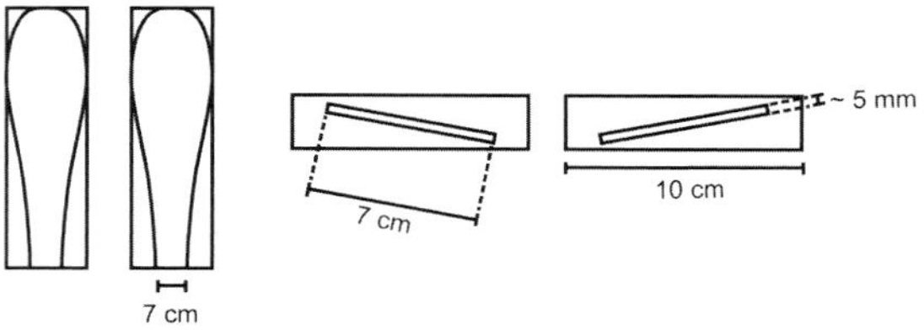

Abb. 100: *Form der Flügel und die zwei Einkerbungen des Verbindungsstückes*

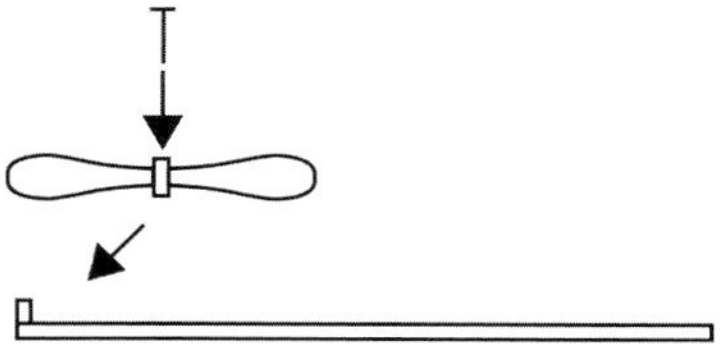

Abb. 101: *Der fertige Bausatz für das Windrad*

Bauanleitung Turbine

Benötigtes Material und Hilfsmittel: Dünne Aluminiumfolie aus dem Haushaltsküchenbedarf, Zirkel, Messer und Schere, Schraube, Schraubendreher.

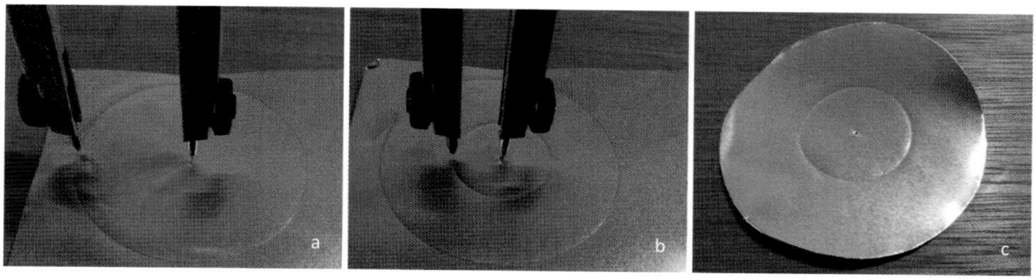

Abb. 102: *Bau der Turbine (Foto: Marius Fritz 2015)*

Schritt 1
Mit dem Zirkel wird ein Kreis mit einem kleineren Radius als die Dose, in die die Turbine später passen soll, auf die Aluminiumfolie gezeichnet.

Schritt 2
Nun wird ein weiterer kleinerer Kreis innerhalb des ersten Kreises gezeichnet.

Schritt 3
Mit der Schere wird nun die rohe Turbine ausgeschnitten.

Abb. 103: *Turbinenstück mit eingedrehter Schraube (Foto: Marius Fritz 2015)*

Schritt 4
In das Einstichloch des Zirkels wird nun vorsichtig eine Schraube gedreht. Wichtig: Die Schraube muss in dem Bereich hinter dem Gewinde glatt sein, damit dort später die Turbine gut laufen kann. Es gilt hier, vorsichtig zu arbeiten, da das Aluminium gerne reißt. Als Hilfsmittel kann ein Schraubendreher genutzt werden. Dieser Arbeitsschritt ist abgeschlossen, wenn sich die rohe Turbine sehr leicht auf der Schraube drehen lässt.

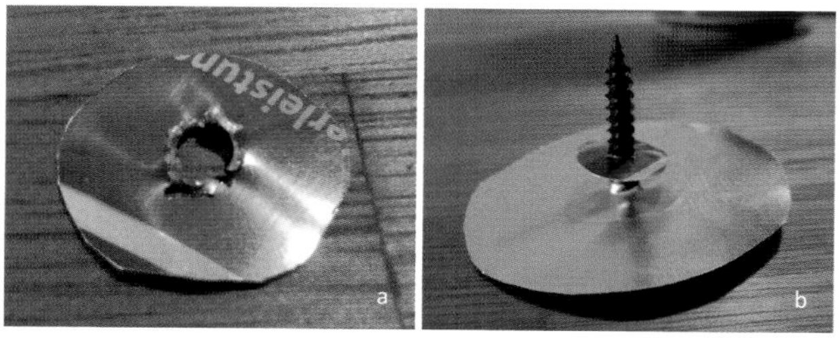

Abb. 104: *Turbine mit Überdrehschutz (Foto: Marius Fritz 2015)*

Schritt 5
Aus Dosenblech wird eine kleine Scheibe, die in der Mitte ein Loch hat, gefertigt. Diese Scheibe dient als „Überdrehschutz" und wird über der Turbine auf die Schraube geschraubt. Sie verhindert, dass die Turbine durch die heiße Luft der Kerze gegen das Halteblech gedrückt wird.

Abb. 105: *Zuschnitt der Turbine (Foto: Marius Fritz 2015)*

Schritt 6
Mit einer Schere wird nun die rohe Turbine so eingeschnitten, dass maximal bis zum inneren kleinen Kreis geschnitten wird. Nun wird eines der Enden des „Trapezes" vorsichtig nach oben gebogen. Ein Propeller/Turbine entsteht. Diese Arbeit erfordert etwas Geduld.

Abb. 106: *Zuschnitt der Turbine (Foto: Marius Fritz 2015)*

Schritt 7
Aus Dosenblech schneidet man nun ein Streifenblech, das min. 2 cm breit und lang genug sein sollte, dass es über die Öffnung der Dosen gelegt werden kann. Dieser Streifen wird nun der Länge nach in der Mitte gefaltet und in der Mitte mit einem kleinen Loch versehen. Die fertige Turbine kann nun mit Hilfe der Schraube in diesen Blechstreifen eingedreht werden. Somit ist die Turbineneinheit fertig.

Bauanleitung Wärmekraftwerk

Benötigte Materialien und Hilfsmittel: Messer, Bohrmaschine, Energydrinkdosen, Turbineneinheit, Blumentopf aus Blech, Schere, Feile.

Schritt 1: Bau des Brennraumes

Abb. 107: *Bau des Brennraumes (Foto: Marius Fritz 2015)*

Der Blumentopf wird im unteren Bereich rundum mit Löchern ausgestattet, damit die Kerzen, die dort später hineinkommen, genügend Frischluft bekommen können. Anschließend wird in den Boden des Blumentopfes mittig ein Loch gebohrt und so weit vergrößert, dass genügend Luft durch die Öffnung in die Dose strömen kann.

Schritt 2: Bau des Schornsteines

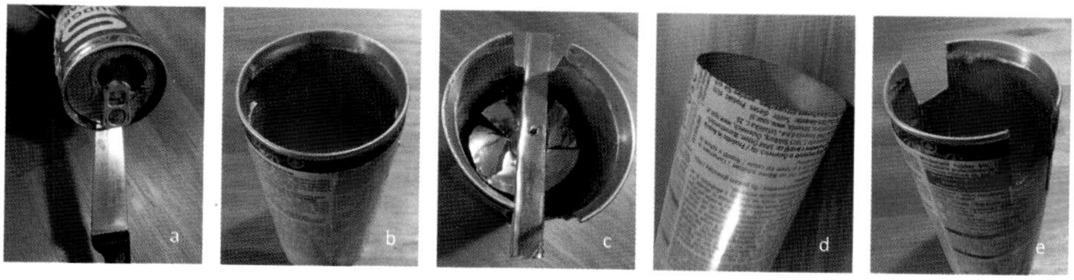

Abb. 108: *Bau des Schornsteines (Foto: Marius Fritz 2015)*

Nun wird bei einer Energydrinkdose vorsichtig der Bereich um die ehemalige Trinköffnung mit dem Messer entfernt. Wichtig: Es ist darauf zu achten, dass der Rand der Dose bestehen bleibt, da dieser später noch gebraucht wird, damit man dort weitere Dosen darüber stülpen kann. Anschließend schneidet man noch, möglichst gegenüberliegend, vier Mal von oben in den Dosenrand, um eine Auflage für die Turbineneinheit zu erhalten. Die dabei entstehenden Laschen werden nach unten gebogen oder abgeschnitten. Der komplette untere Teil der Dose wird ebenfalls entfernt. Man sollte darauf achten, eine möglichst gerade untere Kante zu erzielen. Schritt 2 wird nun wiederholt, um einen weiteren Schornstein für dieses Kraftwerk zu erhalten.

Schritt 3: Fertigstellung und Inbetriebnahme des Kraftwerkes

Nun können unten in den Brennraum vier Kerzen gestellt und angezündet werden. Anschließend wird der Schornstein mit eingebauter Turbine auf den Brennraum über die Öffnung gestellt. Die Turbine sollte sich nun drehen. Ist das nicht der Fall, muss kontrolliert werden, ob sich die Turbine frei drehen kann und ob die Flügel gerade sind. Die Turbine sollte möglichst symmetrisch sein. Es kann sein, das man hier etwas herumprobieren muss, bis das Kraftwerk richtig läuft.

Folgende Schritte nur austeilen, falls die Teilnehmenden nicht von alleine auf Lösungen kommen sollten:

Schritt 4: Investitionen/Optimierung der Kraftwerke
In einem nächsten Schritt kann nun ein weiterer Schornstein auf den ersten aufgepflanzt werden. Es können zwei Turbinen verwendet werden. Durch den Kamineffekt dreht sich die obere Turbine schneller als die untere.

Schritt 5: Erfüllen der Umweltauflagen
Die in der Gesetzesänderung geforderten Filter können auf den Schornstein gelegt werden.

Abb. 109: *Das fertige Kraftwerk mit Filter (Foto: Marius Fritz 2015)*

Spielvorlage 5: Gesetzesentwürfe

Gesetzesentwurf

Aufgrund eines Regierungswechsels sind Sie als Kraftwerksbetreiber des **Kohlekraftwerkes** verpflichtet, folgende Umweltauflagen einzuhalten. Wenn Sie diese Änderungen nicht durchführen bzw. einhalten können, ist mit der Schließung Ihres Kraftwerkes oder mit sehr hohen Strafzahlungen zu rechnen.

Der Ausstoß an Stickstoffoxiden und Schwefelverbindungen muss reduziert werden!

Weiterer Spielverlauf: Überlegt Euch in der Kleingruppe, wie die Auflagen erfüllt werden können und wendet Euch damit an die Spielleitung.

Gesetzesentwurf

Aufgrund eines Regierungswechsels sind Sie als Kraftwerksbetreiber des **Heizölkraftwerkes** verpflichtet, folgende Umweltauflagen einzuhalten. Wenn Sie diese Änderungen nicht durchführen bzw. einhalten können, ist mit der Schließung Ihres Kraftwerkes oder mit sehr hohen Strafzahlungen zu rechnen.

Der Ausstoß an Stickstoffoxiden und Schwefelverbindungen muss reduziert werden!

Weiterer Spielverlauf: Überlegt Euch in der Kleingruppe, wie die Auflagen erfüllt werden können und wendet Euch damit an die Spielleitung.

Gesetzesentwurf

Aufgrund eines Regierungswechsels sind Sie als Kraftwerksbetreiber eines **Wasser- und/oder Windkraftwerkes** verpflichtet, folgende Umweltauflagen einzuhalten. Wenn Sie diese Änderungen nicht durchführen bzw. einhalten können, ist mit sehr hohen Strafzahlungen zu rechnen.

Die Biodiversität und das Landschaftsbild werden durch Ihre Kraftwerke stark beeinflusst. Sie werden angehalten, Stellung zu beziehen und mögliche Gegenmaßnahmen einzuleiten.

Weiterer Spielverlauf: Überlegt Euch in der Kleingruppe, wie die Auflagen erfüllt werden können und wendet Euch damit an die Spielleitung.

Gesetzesentwurf

Aufgrund eines Regierungswechsels sind Sie als Kraftwerksbetreiber des **Kernkraftwerkes** verpflichtet, folgende Umweltauflagen einzuhalten. Wenn Sie diese Änderungen nicht durchführen bzw. einhalten können, ist mit sehr hohen Strafzahlungen zu rechnen.

Die von Ihnen produzierten radioaktiven Brennstäbe belasten die Umwelt für viele Generationen und müssen in einem fachgerechten und möglichst sicheren Endlager deponiert werden. Diskutieren Sie in der Kleingruppe, wie Sie die zukünftige Sicherheit des Endlagers gewährleisten können.

Weiterer Spielverlauf: Überlegt Euch in der Kleingruppe, wie die Auflagen erfüllt werden können und wendet Euch damit an die Spielleitung.

Spielvorlage 6: Erschließungskarte 2

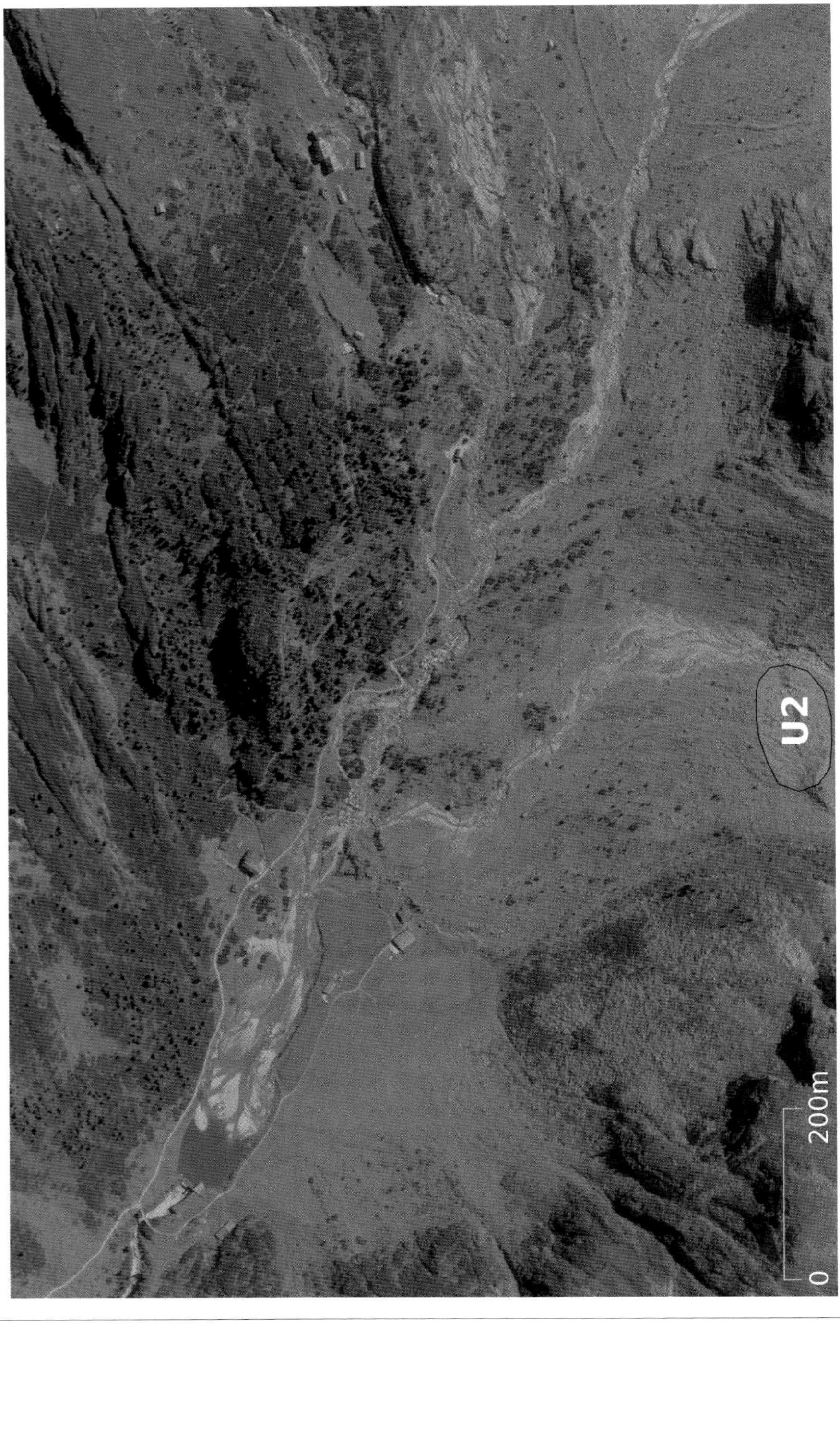

Abb. 110: *Erschließungskarte 2*

Arbeitsblatt Station 8: Reflexionsbogen zum Planspiel

„Energieversorgung in der Zillerwelt"

Mit welchen Erwartungen bist Du in das Spiel gegangen?

Haben sich Deine Erwartungen erfüllt? Warum oder warum nicht?

WAS und WIE hast Du während des Planspiels gelernt?

Haben sich für Dich durch das Spiel neue Zusammenhänge ergeben? Hat das Planspiel Deine Sicht auf die Frage, welche Arten der Energiegewinnung für Mensch und Umwelt am verträglichsten sind, geändert? etc.

Welche Fragen bleiben für Dich offen? Wie sollte das Spiel weiterentwickelt werden?

6.6 Literaturverzeichnis

Amrhein-Kreml, R., I. Bartosch, G. Breyer, K. Dobler, C. Koenne, J. Mayr & A. Schuster 2008. Prüfungskultur. Leistung und Bewertung (in) der Schule. https://www.imst.ac.at/app/webroot/files/programme/pruefungskultur/prk-booklet.pdf (Abrufdatum: 26/02/2015).

Aral Aktiengesellschaft 2013. Die Entstehung des Erdöls. http://archive.today/KQKsW (Abrufdatum: 15/04/2014).

Baecker, D. 2007. Studien zur nächsten Gesellschaft. Frankfurt a. M.

BGR 2013. Energiestudie 2013. Reserven, Ressourcen und Verfügbarkeit von Energierohstoffen. http://www.bgr.bund.de/DE/Themen/Energie/Downloads/Energiestudie_2013.pdf?__blob=publicationFile&v=5 (Abrufdatum: 26/02/2015).

Bundesumweltministerium 2012. Gross employment from renewable energy in Germany: expansion and operation – now and in the future, first report on gross employment. http://www.germany.info/contentblob/3146650/Daten/3903428/BMU_GrosEmploymentRE2011_DD.pdf (Access date: 15/04/2014).

Diekmann B. & E. Rosenthal 2014. Energie. Physikalische Grundlagen ihrer Erzeugung, Umwandlung und Nutzung. Wiesbaden.

Energieplanung Stadt Wien o. J. Energieverbrauch und Energiefluss in Wien. https://www.wien.gv.at/stadtentwicklung/energieplanung/zahlen/energieverbrauch.html (Abrufdatum: 16/04/2014).

Feulner, B. 2013. Spiele im Geographieunterricht. In: Böhn, D. & G. Obermaier (Hrsg.), Wörterbuch der Geographiedidaktik. Begriffe von A-Z. Braunschweig.

Förster von, H. 2006. Entdecken oder Erfinden. Wie lässt sich Verstehen verstehen? In: Gumin, H. & H. Meier (Hrsg.), Einführung in den Konstruktivismus. München, Zürich. (= Veröffentlichungen der Carl Friedrich von Siemens Stiftung, Bd. 5).

Geuting, M. 2000. Soziale Simulation und Planspiel in pädagogischer Perspektive. In: Herz, D. & A. Blätte (Hrsg.), Simulation und Planspiel in den Sozialwissenschaften. Eine Bestandsaufnahme der internationalen Diskussion: 15–62. Münster.

Greenpeace 2013. Tod aus dem Schlot. Wie Kohlekraftwerke unsere Gesundheit ruinieren. http://www.solarify.eu/wp-content/uploads/2013/04/Tod-aus-dem-Schlot-Assessment-of-Health-Impacts-of-Coal-Fired-Power-Stations-in-Germany-IER-GREENPEACE_DE.pdf (Abrufdatum: 15/04/2014).

Grundmann, K. o.J. Wohin mit dem Atommüll. http://www.geo.de/GEOlino/natur/wohin-mit-dem-atommuell-65836.html (Abrufdatum: 15/04/2014).

Holleman, A. & E. Wiberg 2007. Lehrbuch der Anorganischen Chemie. Berlin: Gruyter.

IEE 2009. Manuskript zur Vorlesung W 8804 Energiesysteme: Elektrische Energieversorgungssysteme, Institut für Elektrische Energietechnik. https://www.iee.tu-clausthal.de/fileadmin/downloads/Scripte/Skript_Energiesyteme_09_10_komplett.pdf (Abrufdatum: 14/04/2014).

IPCC WGII AR5 (Hrsg.) 2014. Climate Change 2014: Impacts, Adaptation, and Vulnerability. Summary for Policy Makers. http://ipcc-wg2.gov/AR5/images/uploads/IPCC_WG2AR5_SPM_Approved.pdf (Access date: 10/04/2014).

Joppich, A. 2013. Planspiele im Geographieunterricht. In: Rolfes, M. & A. Uhlenwinkel (Hrsg), Essays zur Didaktik der Geographie. Potsdam: Universitätsverlag Potsdam, 31–40.

Kernfragen.de o. J. Lexikon: Brennstoffvergleich. http://www.kernfragen.de/lexikon/brennstoffvergleich (Abrufdatum: 23/02/2015).

Krüger, D. 2007. Die Conceptual Change-Theorie. In: Krüger, D. & H. Vogt (Hrsg.), Theorien in der biologiedidaktischen Forschung. Ein Handbuch für Lehramtsstudenten und Doktoranden. Berlin, Heidelberg, New York: Springer, 81–92.

LeifiPhysik.de o. J. Fossile Energieversorgung. http://www.leifiphysik.de/themenbereiche/fossile-energieversorgung (Abrufdatum: 14/06/2014).

Lossau, J. 2000. Für eine Verunsicherung des geographischen Blicks. Bemerkungen aus dem Zwischen-Raum. In: Geographica Helvetica 55 (1), 23–30.

Rhode-Jüchtern, T. & A. Schneider 2009. La Gomera unter dem Aspekt von ...! Fünf Dimensionen einer konstruktiven Exkursionsdidaktik. In: Dickel, M. & G. Glasze (Hrsg.), Vielperspektivität und Teilnehmerzentrierung. Richtungsweiser der Exkursionsdidaktik: 141–163. Berlin.

Rupert, C. 2013. Der Beitrag der Wasserkraft zur Energiewende. Vortrag am Fachdialog Wasserkraft, St. Pölten, 11.10.2013. http://www.uma.or.at/assets/userFiles/Veranstaltungen/Fachdialoge2013/Wasserkraft/RupertChristian11102013.pdf (Abrufdatum: 15/04/2014).

Stocker, T., D. Qin & G. Plattner 2013. Climate Change 2013 – The Physical Science Basis. Contribution of Working Group I to the IPCC Fifth Assessment Report. Cambridge.

Umweltbundesamt 2014. Energieeinsatz in Österreich. http://www.umweltbundesamt.at/umweltsituation/energie/energie_austria/ (Abrufdatum: 14/04/2014).

7 „Wasserkraft = grüner Strom?“ Konflikt im Hochgebirge

Lars Keller, Johannes Bilgeri & Andreas Zangerl

Steckbrief

Orte	In der Nähe der Alpenrosenhütte (siehe Übersichtskarte in Abb. 111)
Alter	16+
Dauer gesamt	Arbeitszeit: ca. 6–7 h
Wegstrecke gesamt	Ca. 1 km ↑ / ca. 1 km ↓ / ca. 0,4 km →
Höhenmeter gesamt	Ca. 100 Hm ↑/ca. 100 Hm ↓
Gefahren	Vgl. Kapitel V „Sicher unterwegs im Hochgebirge – alpine Gefahren und Ausrüstung", v. a. „Gelände, Forschungsstandorte und Fotografieren im Gelände", „Gefahren am Zemmbach"

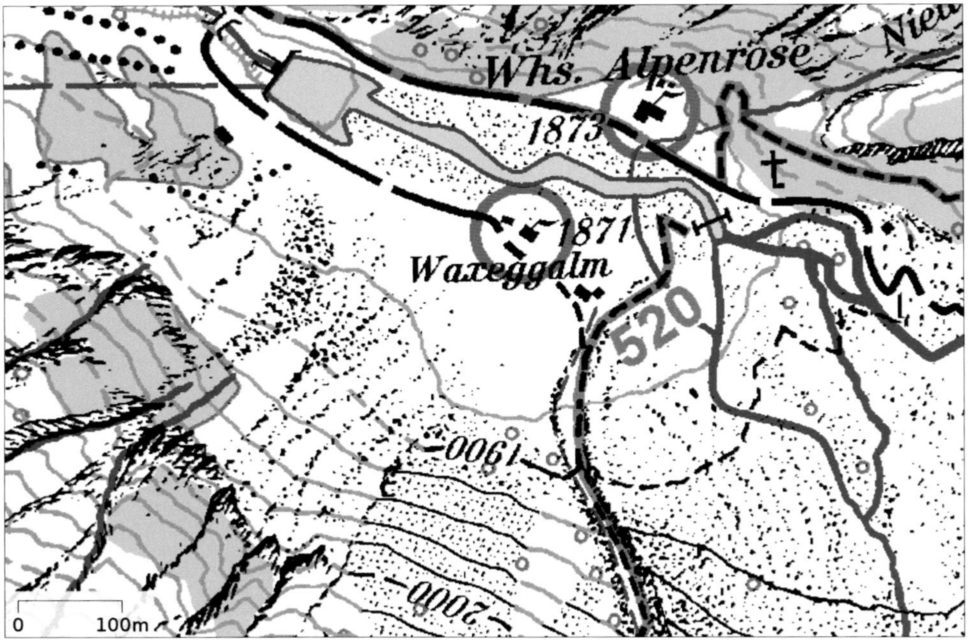

Abb. 111: *Übersichtskarte (Ausschnitt aus der Alpenvereinskarte 35/2 Zillertaler Alpen, West/ mit freundlicher Genehmigung des OeAV und DAV). Wichtig: Diese Karte zeigt den Exkursionsraum in einem größeren Kartenausschnitt. Die eingetragenen Wege entsprechen nicht denen der Exkursion. Diese verläuft hauptsächlich im freien Gelände und daher (mit Ausnahme der Querung der Bäche) oft weglos!*

7.1 Zusammenfassung

Heute werden 20 % der elektrischen Energie weltweit aus Wasserkraft gewonnen und ihr Anteil nimmt stetig zu. Im 20. Jh. wurden etwa 45 000 größere und 800 000 kleinere Staudämme gebaut. Wasserkraft produziert Energie CO_2-neutral, ist sehr schnell regelbar und kann Überschüsse auf dem (volatilen) Strommarkt kurzfristig in Pumpspeicherkraftwerken speichern. Die Alpen stellen hierfür einen idealen Standort dar, da neben dem hohen Wasserdargebot auch die topographischen Rahmenbedingungen stimmen. Die Nutzung der Wasserkraft hat jedoch nicht ausschließlich Vorteile. Ökologisch betrachtet sind beispielsweise nur noch 14 % der österreichischen Fließgewässerstrecken in einem sehr guten, 17 % in einem guten Zustand. Ein weiterer Ausbau der letzten freien Fließgewässerstrecken und Kopfeinzugsgebiete könnte zu irreparablen hydrologischen Veränderungen und ökologischen Schäden führen. Zusätzlich bestehen Interessenskonflikte mit gesellschaftlichen Akteuren und Akteurinnen, etwa aus der Tourismuswirtschaft oder den Fischereiverbänden. In dieser Exkursion soll das Thema Wasserkraft multiperspektivisch beleuchtet werden. Nach einem Besuch der Kleinkraftwerksanlage der Alpenrosenhütte beginnt die Arbeit in zwei den Ideen des Offenen Lernens folgenden Stationenbetrieben. Am Ende findet die Live-Aufzeichnung einer Expertinnen- und Expertenrunde statt, in der die Ergebnisse des Tages zusammengefasst, analysiert und zur Abstimmung gebracht werden. Wer wird pro, wer contra den weiteren Ausbau der Wasserkraft im Oberen Zemmgrund stimmen?

7.2 Inhaltsanalyse

„*Die Kraft des fließenden Wassers wurde bereits in frühen Hochkulturen, beispielsweise zum Antrieb von Schöpfrädern oder zur Bewässerung landwirtschaftlicher Flächen, genutzt. Bis zur Erfindung der Dampfmaschine stellten Wasserkraftanlagen mechanische Energie für eine Vielzahl von Anwendungen, u.a. für den Betrieb von Mühlen, Hammerwerken und Sägewerken, bereit.*“ (Diekman & Rosenthal 2014, 122). Heute werden, weltweit gesehen, etwa 20 % (ca. 3 400 TWh) der elektrischen Energie aus Wasserkraft gewonnen und ihr Anteil nimmt stetig zu (Eawag Aquatic Research 2011). Schätzungen gehen davon aus, dass im 20. Jh. auf der Erde etwa 45 000 große und 800 000 mittlere und kleine Staudämme gebaut worden sind (Kürschner-Pelkmann 2007). Dabei sind sogar in Europa, wo etwa 10 % des Stroms aus Wasserkraft stammen (Erneuerbare Energie Österreich 2014), derzeit noch immer zwei Drittel des Potenzials der Wasserkraft ungenutzt, auch wenn Norwegen bereits 99 %, die Schweiz und Österreich etwa zwei Drittel ihrer jeweiligen Stromerzeugung aus Wasserkraft generieren (Eawag Aquatic Research 2011; Erneuerbare Energie Österreich 2014). Man darf hierbei allerdings nicht vergessen, dass der europäische Energiemarkt nicht an nationalstaatlichen Grenzen Halt macht und Wasserkraft in den Alpen auch und zukünftig vermehrt zur Speicherung von Energie aus Windkraftanlagen in Norddeutschland oder Photovoltaikanlagen aus Süddeutschland oder Italien dienen kann. Seit 2000 wird weltweit wieder mehr in Wasserkraftprojekte investiert (Eawag Aquatic Research 2011).

Wie in Kapitel 6.2 (Planspiel Energie) genauer erläutert, bildet die Solarstrahlung die Quelle der meisten Energieflüsse auf der Erde. Im Fall der Wasserkraft gilt es, den globalen Wasserkreislauf zu verstehen, der ebenfalls von der Sonne angetrieben wird. Wasser verdunstet, vor allem über den Ozeanen, und verbleibt dann im globalen Mittel etwa zehn Tage in der Atmosphäre (Diekmann & Rosenthal 2014), bevor es schließlich als Niederschlag wieder zurück auf die Erdoberfläche gelangt. Ein Teil dieser Wassermenge kann in Wasserkraftwerken genutzt und in elektrische Energie umgewandelt werden. „*Durch einen Höhenunterschied besitzt das Wasser eine potentielle Energie, die, wenn es zurück ins Meer fließt, in kinetische Energie umgewandelt wird. Die Leistung P einer Wasserkraftanlage ist abhängig vom Volumenstrom des Wassers Q, seiner Dichte r, der*

*Erdbeschleunigung g, der nutzbaren Fallhöhe h und dem Wirkungsgrad h der Anlage: P = h * r * g * Q * h. [Wünschenswert] ist sowohl ein hoher Volumenstrom als auch eine große Fallhöhe (…), um eine möglichst große Leistung zu erzielen.*“ (Diekmann & Rosenthal 2014, 122).

Je nach Lage werden unterschiedliche Kraftwerkstypen gebaut, also etwa Laufwasserkraftwerke an Flüssen in der Ebene oder Speicherkraftwerke im Gebirge. Während in der Ebene für die Höhe der Energieproduktion vor allem der Volumenstrom ausschlaggebend ist (z. B. Rhein am Pegel Köln ca. 2 100 m^3/s mittlerer Volumenstrom; Diekman & Rosenthal 2014), ist es im Gebirge speziell auch die Fallhöhe. Auch die größeren alpinen Flüsse, wie etwas der Tiroler Inn, werden wasserwirtschaftlich intensiv durch Laufkraftwerke genutzt. In den alpinen Seitentälern und Kopfeinzugsgebieten wird das Wasser dagegen zumeist in Reservoirs gefasst (direkt sowie zusätzlich durch Ab- und Zuleitungen in oder aus anderen Einzugsgebieten) und entsprechend der Nachfrage auf dem Energiemarkt abgearbeitet. Vom Ansatz kann man hierbei zwei unterschiedliche Speichertypen unterscheiden: Jahresspeicherkraftwerke, die nur durch den natürlichen und zugeleiteten Abfluss gespeist werden, und Pumpspeicherkraftwerke, in die bei einem Energieüberangebot Wasser gepumpt wird. Die überschüssige Energie wird bis zur Abarbeitung in Form von potenzieller Energie gespeichert.

Im Zillertal etwa betreibt die Verbund AG fünf Speicherseen und sechs Speicherkraftwerke, für die (natürlich auch neben dem Fassungsvermögen der Speicherseen) die Fallhöhe entscheidend ist (vgl. Tab. 10). Beispielsweise wird das Wasser des maximal 127 Mio m^3 umfassenden Schlegeisspeichers über 630 m Fallhöhe in einem ca. 8 Kilometer langen Stollen zum Kraftwerk Roßhag geleitet, wo jährlich im Mittel 313 Mio kWh Strom erzeugt werden. „*Die Kraftwerksgruppe Zemm-Ziller bildet die leistungsstärkste Speicherkraftwerksgruppe in Österreich. Die in Tirol vom Verbund erzeugte Strommenge deckt den Bedarf von 450 000 Privathaushalten.*“ (www.wirtschaft.com, 21/01/2014). „*Zur Deckung des Wasserbedarfs, der zur Energieerzeugung benötigt wird, werden sämtliche größeren Oberflächengewässer des Zillertals gefasst und zu einem der Speicherseen geleitet.*“ (Sass et al. 2014). Daneben plant die Verbund AG im Zillertal den Bau eines 27 km langen Druckstollens zur alternativen Abarbeitung des Wassers in einem Kraftwerk in Rotholz in den Tiroler Inn anstatt im Kraftwerk Mayrhofen in die Ziller. Hintergründe hierfür sind veränderte Rahmenbedingungen zum Schwallbetrieb im Rahmen der neuen EU-Wasserrahmenrichtlinie, da der jetzige Schwallbetrieb des Kraftwerkes Mayrhofen nicht mehr genehmigungsfähig wäre. In unserem direkten Exkursionsgebiet, dem von drei Gletschern dominierten Oberen Zemmgrund, befindet sich in unmittelbarer Nähe zur Alpenrosenhütte eine kleine Staumauer, hinter der das Wasser des Oberen Zemmbachs aufgestaut und über einen Stollen zum Schlegeisspeicher abgeleitet wird (Schröfelbauer & Pirker 2005, vgl. Abb. 112, 113 und 114).

Die Vorteile der Energiegewinnung aus Wasserkraft liegen auf der Hand: Die verstärkte Nutzung erneuerbarer Energiequellen aufgrund klimapolitischer Veränderungen bei der Stromproduktion drängt CO_2 emittierende Energieträger sowie Kernkrafttechnologien zurück. Gekoppelt mit einer veränderten Stromnachfrage am Markt, wächst der Bedarf an kurzfristig zugänglichen Energiespeichern. Die Wasserkraft stellt hierbei eine Möglichkeit dar, die Energie CO_2-neutral produziert, sehr schnell regelbar ist und Überschüsse auf dem (volatilen) Strommarkt kurzfristig in Pumpspeicherkraftwerken speichern kann. Die Alpen sind ein idealer Standort, da neben dem hohen Wasserdargebot (Niederschlag, Zwischenspeicherung in Schnee und Eis) auch die topographischen Rahmenbedingungen zur Nutzbarmachung durch

Tab. 10: *Technischer Überblick über die acht Wasserkraftwerke und fünf Speicherseen der Verbund AG im Zillertal*

Gewässer	**Speichersee**	**Max. Fassungsvermögen [Mio m³]**	**Dammhöhe [m]**	**Fallhöhe [m]**	**Typ/Name Kraftwerk**	**Leistung [MW]**	**Mittlere jährliche Stromerzeugung [MWh]**	**Website**
Ziller	Schlegeisspeicher	127	131	630	Pumpspeicherkraftwerk Roßhag	231	313 000	http://www.verbund.com/pp/de/pumpspeicherkraftwerk/rosshag
Ziller	Speicher Zillergründl	87	186	696	Pumpspeicherkraftwerk Häusling	360	175 200	http://www.verbund.com/pp/de/pumpspeicherkraftwerk/haeusling
Ziller	Speicher Stillup	7	28	470	Speicherkraftwerk Mayrhofen	345	671 000	http://www.verbund.com/pp/de/speicherkraftwerk/mayrhofen
Gunggl-bach	–	–	–	–	Laufkraftwerk Gunggl	4	6 600	http://www.verbund.com/pp/de/laufkraftwerk/gunggl
Gerlosbach	Speicher Durlaßboden	51	83	118	Speicherkraftwerk Funsingau	25	27 000	http://www.verbund.com/pp/de/speicherkraftwerk/funsingau
Tuxbach	–	–	–	–	Laufkraftwerk Tuxbach	1	2 500	http://www.verbund.com/pp/de/laufkraftwerk/tuxbach
Zemm	–	–	–	201	Speicherkraftwerk Bösdornau	25	69 000	http://www.verbund.com/pp/de/speicherkraftwerk/boesdornau
Gerlosbach	Speicher Gmünd	0,85	40	611	Speicherkraftwerk Gerlos(bach)	200	320 000	http://www.verbund.com/pp/de/speicherkraftwerk/gerlos

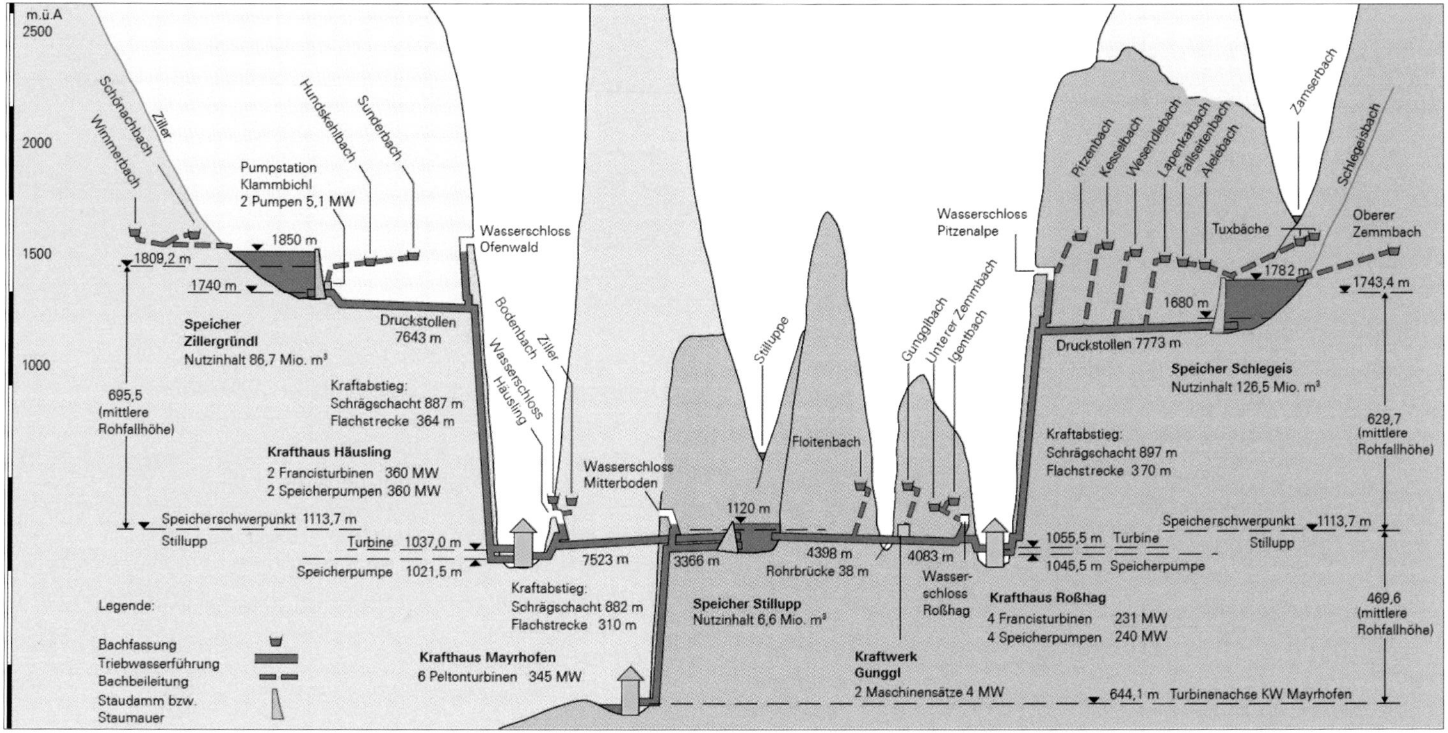

Abb. 112: *Schematische Darstellung der Speicherkraftwerke Zemm-Ziller im Querschnitt (Verbund 2013, 9)*

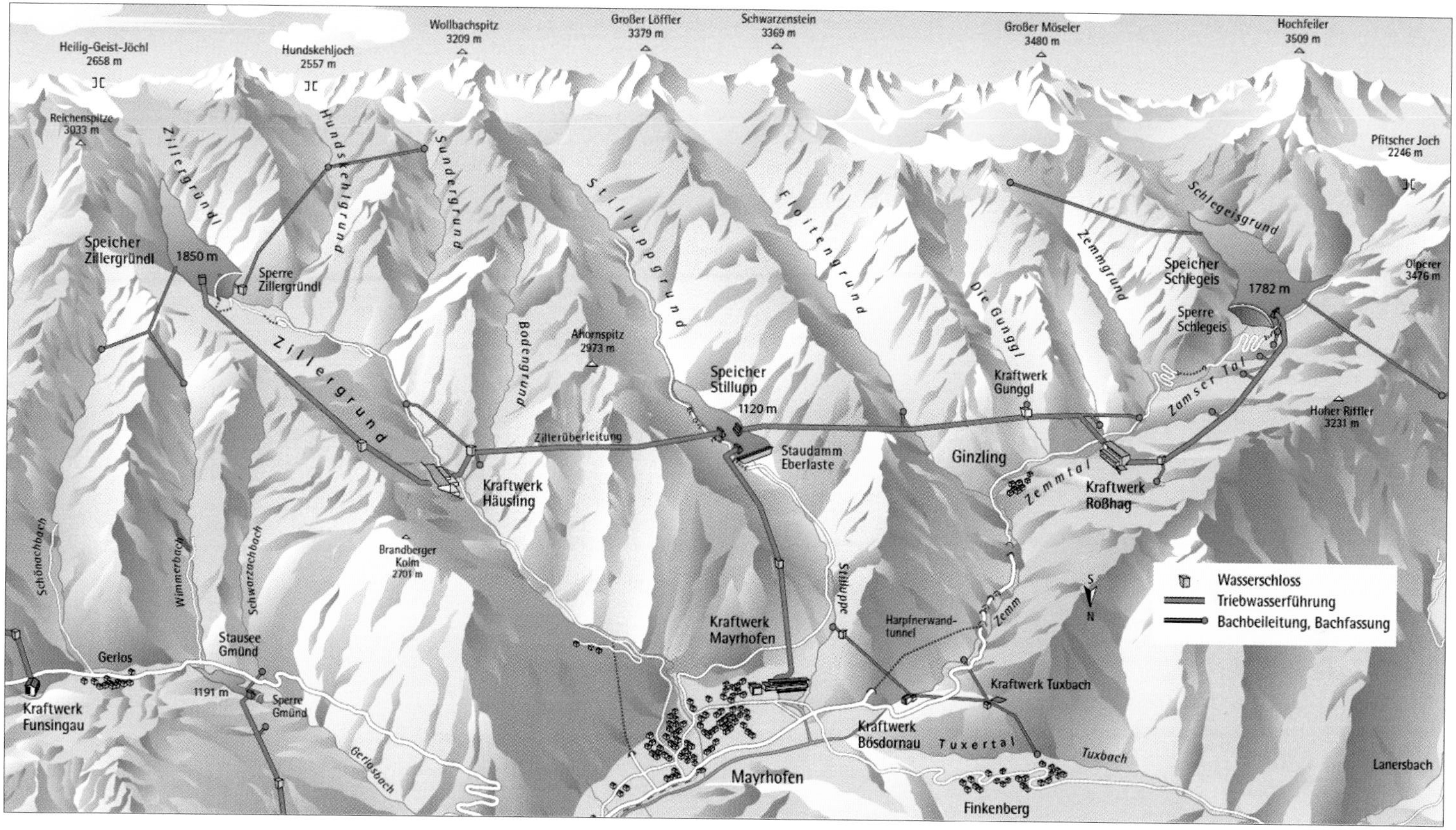

Abb. 113: *Schematische Darstellung der Speicherkraftwerke Zemm-Ziller in schräger Draufsicht (Verbund 2013, 9)*

Abb. 114: *In direkter Nähe zur Alpenrosenhütte (leicht links der Bildmitte) führt eine kleine Staumauer zum Aufstau des Oberen Zemmbachs, der hier großteils über einen Stollen zum Schlegeisspeicher abgeleitet wird. (Foto: Lars Keller 2013)*

die vorhandene Reliefenergie (bzw. dadurch bedingte erhöhte Lageenergie von Wasser) bestehen. Setzt man ein optimales Betriebsmanagement voraus, können Wasserkraftanlagen auch zum Hochwasserschutz im Rahmen eines integralen Risikomanagement-Ansatzes beitragen.

In dieser Exkursion soll das Thema Wasserkraft multiperspektivisch beleuchtet werden, und so wird die negative Seite der Wasserkraft – da in der Regel allgemein weniger bekannt – nachfolgend etwas umfangreicher ausgeführt als deren Vorteile, was jedoch nicht wertend gemeint ist. Zwischen den Jahren 1998 und 2000 existierte eine *World Commission on Dams*, die von der Weltbank und der Weltnaturschutzunion eingerichtet wurde. Sie sollte die Chancen und Risiken großer Talsperren untersuchen und schließlich international gültige Richtlinien für deren Planung, Bau und Betrieb formulieren. Bereits aus dem Vorwort kann der Tenor dieses über 400 Seiten umfassenden Berichts vernommen werden: „*If politics is the art of the possible, this document is a work of art. It redefines what is possible to all of us, for all of us, at a time when water pressure on governments has never been more intense. Consider: on this blue planet, less than 2.5% of our water is fresh, less than 33% of fresh water is fluid, less than 1.7% of fluid water runs in streams. And we have been stopping even these. We dammed half our world's rivers at unprecedented rates of one per hour, and at unprecedented scales of over 45 000 dams more than four storeys high.*" (Asmal 2000, i). Das Fazit des Berichts ist schnell beschrieben: Insgesamt haben Talsperren zwar einen wichtigen Anteil zur Entwicklung beigetragen und in zahlreichen Fällen ist ein gewisser, teils auch großer Nutzen für die Bevölkerung entstanden, jedoch dominieren in Realität häufig enorme Kosten und Nachteile, speziell in sozialer und ökologischer Hinsicht. Ferner sind viele Projekte auch aus ökonomischer Sicht zu hinterfragen und bleiben für die Wasserversorgung und Energiegewinnung weit hinter den Erwartungen zurück (World Commission on Dams 2000). Ein derartig kritischer Bericht war ursprünglich nicht erwartet worden, immerhin sieht sich die Welt zunehmend dem Druck der prognostizierten Folgen des Globalen Klimawandels ausgesetzt und muss ihren CO_2-Ausstoß gerade auch bei der Energieproduktion reduzieren. Die genannten Punkte betreffen dabei im Wesentlichen große Wasserkraftanlagen und dies v. a. in Südamerika, China, Russland und den ehemaligen russischen Teilrepubliken.

Die rechtliche und naturräumliche Situation in Österreich und Tirol gestaltet sich hingegen differenzierter als dieses global skizzierte Bild. Trotz Bevölkerungszunahme und stetig steigendem Energieverbrauch liegt der Anteil der erneuerbaren Energieträger heute in Tirol bei rund 42 %. Wasserkraft stellt dabei mit 61 % den größten Anteil an den „grünen" Energieformen dar (Energie Tirol 2013). Das Land Tirol möchte auch in Zukunft die erneuerbaren Energien stärken und darüber hinaus bis 2050 energieunabhängig werden. Neben einer bereits begonnenen Reduktion des Energiebedarfs (wesentlich durch Maßnahmen zur Erhöhung der Energieeffizienz) setzt das Land Tirol dabei vor allem auf den weiteren Ausbau der Wasserkraft (vgl. z. B. Geisler 2014). Doch der WWF warnt: „*Die Situation unserer Flüsse und Bäche hat sich in den letzten Jahren dramatisch zugespitzt. Österreich besitzt insgesamt nur noch 33 % an intakten Flussstrecken. Alle 600 Meter steht bereits ein Querbauwerk! Bedingt durch den Klimawandel erfährt die CO_2-arme Stromerzeugung aus Wasserkraft derzeit eine gesellschaftliche Akzeptanz, die die Energieversorger geschickt zur Beeinflussung von Politik, Wirtschaft und öffentlicher Meinung nutzen. In einer beispiellosen PR-Offensive stellt man den Ausbau der Wasserkraft als Allheilmittel für die rot-weiß-rote Energiezukunft dar. Kaum jemand hinterfragt, ob die Stromgewinnung aus Wasserkraft tatsächlich so naturverträglich und unproblematisch ist, wie die E-Wirtschaft uns glauben machen will.*" (WWF Österreich 2011, 3).

Ferner wird festgestellt, dass der Ausbaugrad der Fließgewässer Österreichs mit 70 % bereits einer der höchsten weltweit ist und weiterer Ausbau an den letzten freien Fließgewässerstrecken und in derzeit noch von Wasserkraft unbeeinflussten Einzugsgebieten zu ökologischen Schäden führen wird (z. B. das Verschwinden der letzten Auwälder am Inn). Auch die CIPRA warnt: „*Von den zusätzlich [in Österreich] geplanten 212 Kraftwerken sollen 52 % in sehr sensiblen Gebieten zu stehen kommen, namentlich in Natura-2000-Gebieten und an Gewässerstrecken in sehr gutem ökologischem Zustand.*" (CIPRA 2014). „*Ein natürliches Fließgewässer wird von vielen Faktoren beeinflusst. Nicht nur die Qualität des Wassers im Flussbett, sondern auch der Uferbereich, der Untergrund, das Fließverhalten (…) und der damit verbundene Geschiebetransport bestimmen den Zustand. Ein Wasserkraftwerk (sowohl Lauf- als auch Speicherkraftwerk) stellt einen massiven und oft irreversiblen Eingriff in dieses Gefüge dar, bei dem sowohl der Charakter als auch die ökologische Funktionsfähigkeit stark beeinträchtigt bzw. zerstört wird.*" (WWF Österreich 2011, 20). Ökologisch problematisch ist die Nutzung von Wasserkraft also insbesondere deshalb, weil Abflussverhalten und hydrologisches Regime bei Ableitungen und Restwassermengen in relativ ursprünglich erhaltenen Gewässern verändert werden (z. B. Folgen auf die Auenvegetation oder Auswirkungen der erhöhten Ablagerung von Feinsedimenten im Gewässer). Starke gewässerökologische Beeinträchtigungen entstehen durch Schwall und Sunk für Flussmorphologie und Biozönosen (Fische und Makrozoobenthos) (vgl. Bundesministerium für Land- und Forstwirtschaft, Umwelt und Wasserwirtschaft, Sektion VII Wasser 2013), und natürlich stellen Wasserkraftanlagen oft auch Barrieren für die Fischwanderung dar und isolieren Populationen. Umweltverbände beklagen darüber hinaus, dass der Neu- und Ausbau von Pumpspeichern zum höheren Import von ausländischem, oft CO_2-intensivem Kohlestrom sowie von Atomstrom führt.

Auch die Meinung der Tiroler Bevölkerung gegenüber dem Thema Ausbau der Wasserkraft ist nicht ungetrübt (v. a. seit Publikmachen zahlreicher neuer Großprojekte in einem

Optionenbericht durch die Tiroler Wasserkraft AG 2004), was diverse Internetplattformen (z. B. www.fluessevollerleben.at, www.wasser-osttirol.at, www.dietiwag.at etc.) und Bürgerinitiativen (z. B. Lebenswertes Kaunertal) sowie das Engagement zahlreicher Organisationen und Vereine (Tourismuswirtschaft, Naturschutzorganisationen, Fischereiverbände, Kajakvereine, WWF) bezeugen. Weiters hat die Nutzung der Wasserkraft Einfluss auf Wassernutzung und Wassernutzungsrechte, z. B. für die landwirtschaftliche Bewässerung, und führt zu Nutzungskonflikten mit der Fischereiwirtschaft bzw. mit den Fischereiverbänden. Die Tourismuswirtschaft beklagt die Beeinflussung des Landschaftsbildes, von touristischen Attraktionen (z. B. Wasserfassung des Horlachbachs und deren Auswirkungen auf den mit 159 m höchsten Tiroler Wasserfall, den Stuibenfall) sowie von touristisch genutzten Gewässern (z. B. Ötztaler Ache mit Kajak und Rafting).

Das Land Tirol hat mittlerweile einen Kriterienkatalog verabschiedet, der eine objektive Beurteilung von Gewässerstrecken hinsichtlich ihrer Eignung für einen Kraftwerksausbau ermöglichen soll. Dabei werden sowohl die technischen Möglichkeiten, als auch ökologische, ökonomische sowie gesellschaftliche Interessen berücksichtigt (Amt der Tiroler Landesregierung 2011). Im Katalog gliedern sich die Kriterien in fünf Fachbereiche, die nachfolgend kurz erläutert werden:

- **Energiewirtschaft:** In diesem Fachbereich werden technisch-wirtschaftliche Aspekte und die Wettbewerbsfähigkeit der Wasserkraft gegenüber anderen Formen der Energieerzeugung beleuchtet. Überdies werden die Beiträge zur Versorgungssicherheit und zum Klimaschutz sowie netzwirtschaftliche Aspekte einberechnet.
- **Wasserwirtschaft:** Hier werden im Speziellen der Potenzialnutzungsgrad (z. B. in wie weit ein geplantes Kleinkraftwerk ein zukünftiges Großprojekt behindert) sowie der Ausbaugrad der Anlage bewertet. Weiters werden der Speicherungsgrad im Jahresverlauf, die Gewässerbeanspruchung sowie die „Höhe-Länge-Beziehung" erhoben. Ebenfalls untersucht werden die Auswirkungen auf die Hochwassersituation, die Veränderung des Gefahrenpotenzials (z. B. durch Vermurungen), der Einfluss auf den Feststoffhaushalt oder auf das Grund- und Bergwasser aufgrund des veränderten Flusspegels.
- **Raumordnung:** Die örtliche Raumordnung wird analysiert und darüber hinaus eine Prognose erstellt, wie sich diese entwickelt bzw. entwickeln soll. Dazu werden v. a. bereits bebaute Gebiete, aber auch spezielle Flächenwidmungen berücksichtigt. Außerdem fließen mögliche bestehende Wassernutzungsrechte in die Beurteilung mit ein. Weiters werden Veränderungen der bestehenden Infrastruktur, des Tourismus sowie der Land- und Forstwirtschaft bedacht. Zudem werden Kulturgüter, Rohstoffvorkommen und positive Einflüsse auf die Regional- bzw. Volkswirtschaft begutachtet.
- **Gewässerökologie:** In diesem Fachbereich werden zahlreiche Kriterien aufgelistet, die den Einfluss auf die empfindliche Ökologie der Gewässer messen sollen. Dafür widmet man sich der Morphologie (u. a. Ufer- und Sohldynamik), dem momentanen ökologischen Zustand, dem Mindestabfluss, den faunistischen und floristischen Besonderheiten, den freien Fließstrecken, der Gewässergüte, der speziellen Hydrologie und zahlreichen weiteren Kriterien.
- **Naturschutz:** Die Beurteilung findet auf Basis bedrohter Tier- und Pflanzenarten, die auf „roten Listen" oder durch andere Artenschutzgesetze geschützt sind, sowie deren Le-

bensräume statt. Auch in Anbetracht der zahlreichen Naturschutzgesetze oder -projekte muss der Wasserkraftausbau durchführbar bleiben, ohne diese zu beschneiden. Außerdem werden der Naturhaushalt und dessen Veränderungen untersucht (z. B. die Veränderungen im Mikroklima). Aber nicht nur Fauna und Flora werden in diesem Fachbereich berücksichtigt, auch der Erholungswert für den Menschen soll über die Indikatoren Einzigartigkeit und Schönheit des Landschaftsbildes erfasst werden.

Wenngleich die Inhaltsanalyse hier enden muss, sollten doch die Komplexität und Multiperspektivität, die die Thematik „Wasserkraft = ‚grüner' Strom? Konflikt im Hochgebirge" bietet, deutlich geworden sein. Die Stärkung des diesbezüglichen Bewusstseins ist ein großes Ziel der vorliegend beschriebenen Exkursion.

7.3 Methodische Analyse

„Offenes Lernen" – Was ist das eigentlich? Nun ja, zunächst: Nichts Neues. Und irgendwie auch alles und nichts. Kaum ein weiterer Begriff wird in der Didaktik und Pädagogik so undifferenziert und semantisch vielschichtig verwendet. Um nun weder bis zu den klingenden Namen der Reformpädagogik auszuholen noch den Begriff als Sammelbezeichnung für sämtliche als modern erachtete methodisch-didaktische (und auch schulorganisatorische) Maßnahmen zu verwenden (wie z. B. Skiera 2010), soll Offenes Lernen hier im Sinne der Definition Gudjons (2008) verstanden werden: *„Das Konzept (...) ist weniger ein von Theoretikern ausgearbeitetes komplexes Modell, sondern eher eine praktisch gewordene Erziehungsphilosophie. In ihr geht es um die Verwirklichung von Selbstbestimmung, Selbständigkeit in der Umweltauseinandersetzung, Kritikfähigkeit, aber auch um Kreativität, undogmatisches Denken, Kommunikationsfähigkeit und Selbstvertrauen – kurz um die Fähigkeit, sein Lernen und Handeln selbständig zu steuern."* (Gudjons 2008, 23). In mehr oder weniger vorbereiteten Lernumgebungen bemühen sich die Lernenden eigenständig und möglichst selbstorganisiert um das Verstehen und Lösen eines (komplexen) Problems, wobei sich „Prozesse des Handelns und Reflektierens der Ergebnisse" abwechseln und letztlich die „Handlungskompetenz" der Lernenden gesteigert wird (Thiel 2007, 52). Wie im vorliegenden Buch immer wieder betont und häufig über die Grundgedanken des moderaten Konstruktivismus begründet wird, weicht die Rolle der Lehrenden auch im Offenen Unterricht bzw. beim Offenen Lernen stark von den klassischen Grundmustern ab. Nicht mehr die Vermittlung des Lehrstoffs steht im Fokus, sondern die Beratung der Lernenden sowie die Unterstützung und Steuerung erfolgreicher individueller Lernprozesse (vgl. z. B. Bohl & Kucharz 2010; Uhlenwinkel 2000). Ebenso umstritten wie in den Auseinandersetzungen um radikale und moderate Formen des Konstruktivismus (vgl. z. B. Neeb 2010), wird auch in den Theorien des Offenen Lernens über das richtige Maß an Selbstständigkeit und Freiheit des Lernprozesses diskutiert. Im Fall der vorliegend beschriebenen Exkursion sind ein für das Thema „Wasserkraft = ‚grüner' Strom? Konflikt im Hochgebirge!" bestens geeignetes Lernsetting und anwendungsorientierte, offene Lernprozesse an einem geographisch idealen Ort bereit gestellt. Es werden aber durchaus auch inhaltliche, methodische und zeitliche Vorgaben gemacht und die Teilnehmenden damit gesteuert. Wem dieses Konzept als zu rigide erscheint, der möge gerne größere Freiheiten einräumen als nachfolgend beschrieben, ohne dass das Grundkonzept verloren gehen muss.

Die Theorien des Offenen Lernens äußern sich in der praktischen Umsetzung in unterschiedlichsten Ausprägungen. Auf dieser Exkursion sollen zwei „Stationenbetriebe" (oft synonym verwendeter Begriff: „Lernzirkel", vgl. Lenz 2003) im Mittelpunkt stehen. Ursprünglich entwickelt aus Ansätzen zum handlungsorientierten Lernen der Reformpädagogik der 1920er Jahre sowie dem Zirkeltraining im Sport, konnte das offene Lernen an Stationen ab den 1980er Jahren auch wieder im Schulunterricht entdeckt werden (Peschel 2011) und findet seither Verbreitung. Für Sitte 2001 kann durch einen Stationenbetrieb ein komplexes Thema in mehrere Unteraspekte differenziert und begreifbarer gemacht werden, ohne dabei ein höheres Gesamtziel aus den Augen zu verlieren. Die Stationen sollen am besten unterschiedliche Materialien und Arbeitsformen anbieten, wie es auch auf dieser Exkursion grundsätzlich geschieht, z. B. fertigen die Teilnehmenden Pläne und Skizzen an, führen Befragungen durch, gestalten ein Forschungsbuch, erstellen Fotodokumentationen etc. Die – möglichst schriftlich formulierten – Aufgaben der Stationen müssen einzeln wie auch als Ganzes didaktisch durchdacht sein und die Lernenden zur Selbstständigkeit anregen. Prinzipiell wird in geschlossenes und offenes Stationenlernen unterschieden. Bei Ersterem ist die Ordnung des Durchlaufs durch eine thematisch aufbauende Struktur vorgegeben, bei letzterem ist die Reihenfolge beliebig. In diesem Sinne ist der Stationenbetrieb dieser Exkursion offen. Nicht vorgesehen ist für den vorliegenden Stationenbetrieb die Unterscheidung in Pflicht- und Wahlstationen, doch kann/können dies die zuständige/n Begleitperson/en bzw. die Teilnehmenden selbstverständlich gerne auch selbst festlegen. Möchte man das Stationenlernen in Phasen untergliedern, so bietet sich zunächst die Phase einer Einführung an (Hamann 2013). Im vorliegenden Fall entspricht dies dem Besuch der hütteneigenen Kraftwerksanlage. Anschließend beginnt die umfangreiche Arbeitsphase, hier jeweils in Form eines Stationenbetriebs am Vormittag und am Nachmittag. Hier arbeiten die Lernenden selbstbestimmt in Einzel-, Partner- oder Kleingruppen. „*In der Schlussphase werden (...) die Ergebnisse [mit der gesamten Gruppe] ausgewertet, zusammengefasst und verschiedene thematische Aspekte (...) vertieft.*" (Hamann 2013, 177f.). Diese Forderungen finden auf der Exkursion in der abschließenden Expertinnen- und Expertenrunde Berücksichtigung, die auf Videokamera aufgezeichnet und zu einem späteren Zeitpunkt noch einmal analysiert werden kann.

Abschließend sei in dieser methodischen Analyse ein Wort zur Theorie des Conceptual Change (vgl. Einführung) erlaubt, für die die vorliegend beschriebene Exkursion ein interessantes Beispiel darstellen kann. Die Erfahrung zeigt, dass häufig folgende Präkonzepte zum Thema „Wasserkraft = ‚grüner' Strom?" unter den Exkursionsteilnehmenden existieren: „Wasserkraft ist gut."/„Wasserkraft ist ökologisch sinnvoll."/„Erneuerbare Energieformen, wie z. B. die Wasserkraft, sind aus Gründen des Klimaschutzes ein Segen für die Erde". Durch die Beleuchtung der positiven Seiten der Wasserkraft am Vormittag dieses Exkursionstags werden die Teilnehmenden ihre Präkonzepte als weiter bestätigt empfinden. Erst nach der Mittagspause erfolgt, egal mit welcher Station die Teilnehmenden in den Nachmittag starten, mit der Infragestellung der Wasserkraft ein kognitiver Konflikt und damit oft auch der Effekt einer aufkommenden Unzufriedenheit mit den bisherigen Vorstellungen und deren mögliche Neuorganisation oder Veränderung (vgl. Krüger 2007; Abb. 115).

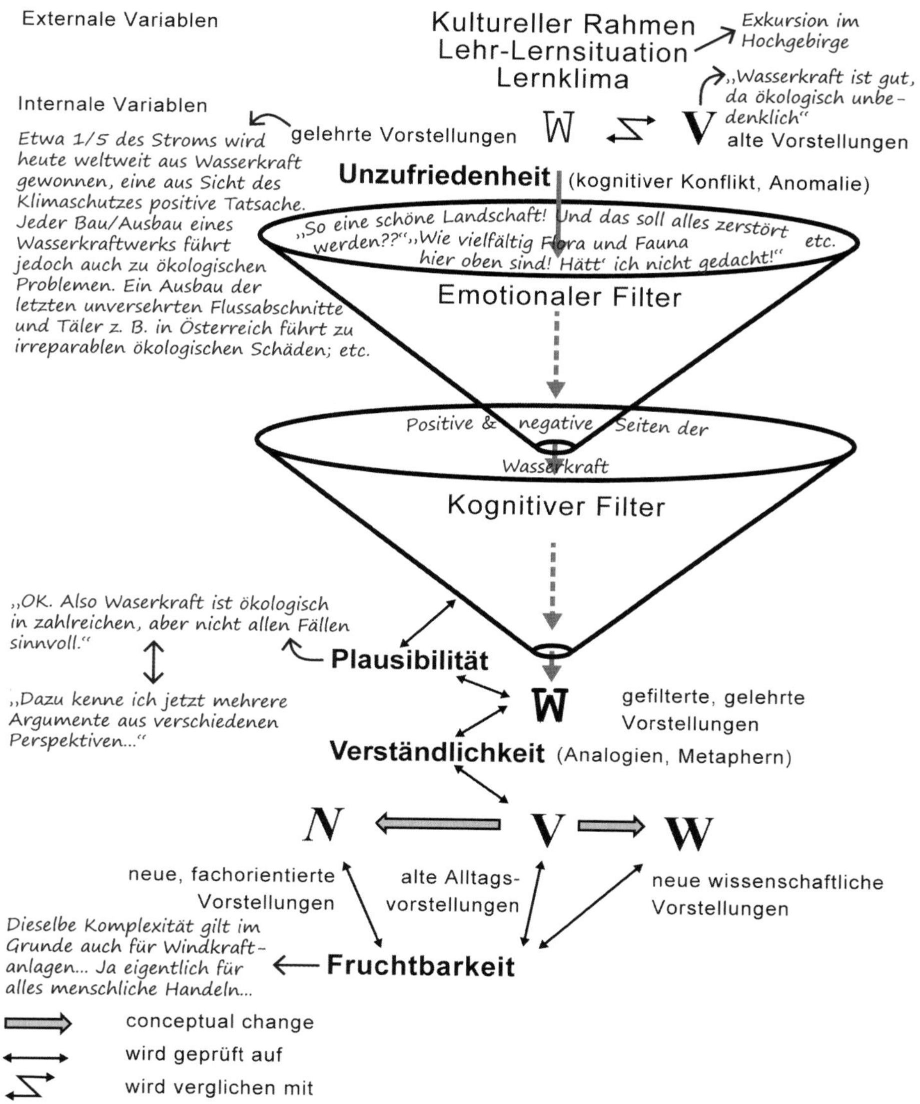

Abb. 115: *Komponenten der Conceptual Change Theorie (nach Krüger 2007, ergänzt mit eigenen Anmerkungen und potenziellen Vorstellungen zum Thema „Wasserkraft = ‚grüner' Strom?")*

Wenn etwa in Station 2 II E das Bewusstsein über die Vielfalt der Fauna und Flora im Exkursionsgebiet gestärkt wird, kann dies in jeder und jedem einzelnen Exkursionsteilnehmenden sowohl emotional als auch kognitiv wirksam werden und so individuell zur Einsicht führen, dass wohl auch das Thema Wasserkraft mehrperspektivisch und daher kritisch zu betrachten ist. Über die verschiedenen Inhalte und Aufgaben der Stationen „CONTRA Wasserkraft" sollten die Negativargumente schließlich Verständlichkeit und Plausibilität erlangen (Krüger 2007). Mittels Modifikationen, Rekonstruktionen oder Ablösungen der eigenen Konzepte (vgl. Giest 2011) gelangen die Teilnehmenden zu neuen, komplexeren, fachorientierteren Vorstellungen (Krüger 2007), die letztlich kritisches Denken und Handeln ermöglichen sollen. Rinschede (2007) führt an, dass ein derartiger Perspektivenwechsel gerade in Umweltfragen zu neuen Sichtweisen und neuem Umweltbewusstsein führen kann. Umweltfragen werden in der Bildung für Nachhaltige Entwicklung aufgegriffen. Sie umfasst die Diskussion der Ökologieverträglichkeit, der Ökonomieverträglichkeit und der Sozialverträglichkeit, die allesamt in den Stationenbetrieben dieser Exkursion bearbeitet werden. Ziel ist es, dass die Teilnehmenden dadurch die Kompetenz und Bereitschaft zu nachhaltigem Handeln entwickeln (vgl. Keller & Oberrauch 2013).

7.4 Hinweise zur Durchführung

7.4.1 Allgemeines

Stationenbetriebe

Im Laufe dieser Exkursion sollen die Teilnehmenden im Idealfall vormittags die PRO Argumente (Stationenbetrieb 2 I) und nachmittags die CONTRA Argumente (Stationenbetrieb 2 II) eines massiven Kraftwerks(aus)baus im Exkursionsgebiet kennenlernen.

Die Stationen am Vormittag sind jeweils ca. 30 Minuten, am Nachmittag ca. 60 Minuten lang, da die zu erledigenden Aufgaben am Nachmittag in den Stationen 2 II E und 2 II F umfangreicher sind. Station 2 II G beinhaltet auch eine Pause von ca. 30 Minuten.

Auf die Arbeit der Teilnehmenden an den einzelnen Stationen nehmen die Begleitpersonen keinen Einfluss, die Aufgaben sollen in selbstständiger Arbeit (häufig Partnerarbeit) gelöst werden.

Die Begleitpersonen achten darauf, dass alle Stationen gleichmäßig besetzt sind, sowie auf die Einhaltung des Zeitplans, indem sie den Wechsel der Stationen signalisieren (z. B. mit einer Kuhglocke).

Prinzipiell ist es den Teilnehmenden in beiden Stationenbetrieben freigestellt, in welcher Reihenfolge sie die einzelnen Stationen absolvieren wollen.

Zwischen den beiden Stationenbetrieben findet zur Erholung eine größere (Mittags)Pause bei der Alpenrosenhütte statt.

Forschungsbuch

Während der gesamten Exkursion arbeiten die Teilnehmenden an einem persönlichen Forschungsbuch. In ihm sammeln und dokumentieren sie ihre Argumente für oder gegen einen Kraftwerksausbau und ihre unterschiedlichen Perspektiven auf den Raum. Das Forschungsbuch ist daher während des gesamten Exkursionsprogramms ständig von den Teilnehmenden mitzunehmen. Um das Anfertigen zu erleichtern, sollte die Größe des Buchs an die einfließenden Materialien (Karten, Ausdruck Google Earth, Aufgabenblätter etc.) angepasst werden.

Unmittelbare Vorbereitungen

Die Orte der Stationen, die für den entsprechenden Halbtag geplant sind, müssen vor Beginn des Exkursionsprogrammes besichtigt und mit den entsprechenden Materialien bestückt werden. Arbeitsmaterialien aus Papier lassen sich mithilfe von Klarsichtfolien und einem Stein vor Regen und Wind schützen. Weiter werden verschiedenfarbige Fahnen etc. zur Markierung der Stationen empfohlen.

Für Station 2 II E, in der Flora und Fauna entdeckt werden sollen, ist mindestens ein Bereich abzustecken und zu markieren, der der Zahl der Teilnehmenden gerecht wird. Insgesamt empfiehlt sich aber ein kleiner, übersichtlicher und daher intensiv zu erkundender Bereich (z. B. 10 m x 10 m), der möglichst verschiedene Lebensräume umfassen sollte (z. B. Wiese, Felsen, Bachlauf, Sumpf etc.). Auf etwaige Gefahren im Gelände ist beim Abstecken zu achten.

Nachbearbeitung

Die Videos über die Diskussionen der TV-Expertinnen und TV-Experten durch den ZRF („Zillertaler Rundfunk“) werden zu einem späteren Zeitpunkt noch einmal mit allen Teilnehmenden angesehen. Dabei kann auf Gemeinsamkeiten und Unterschiede zwischen den verschiedenen Runden eingegangen sowie Schwächen, Stärken und weitere Aspekte vertiefend behandelt werden. Ebenfalls sollte nach der Exkursion von den Teilnehmenden eine Auswahl ihrer Fotos ausgedruckt werden, die dann das Forschungsbuch vervollständigen.

7.4.2 Vorbereitung der Teilnehmenden

Eine inhaltliche Vorbereitung der Teilnehmenden ist nicht zwingend erforderlich, jedoch durchaus denkbar und hilfreich.

7.4.3 Vorbereitung der Begleitperson/en

- Grundkenntnisse in den Themen Energie (speziell Wasserkraft), Ökologie im Hochgebirge (vgl. dazu auch die Kap. 1 & 3), evtl. Raumordnung.
- Lesen von geographischen Überblicksartikeln zum Exkursionsgebiet (z. B. Pindur & Luzian 2007, 23ff.).
- Aktuelle Artikel und Grafiken sammeln (siehe Stationen 2 I B und 2 II G).
- Umgang mit Pflanzen- bzw. Insektenbestimmungsbuch einüben.
- Je ein großer Plastikbehälter und ein Plastikkübel sollten folgendermaßen zur Verfügung gestellt bzw. präpariert werden:
  - Das Verhältnis der Volumina zwischen Kübel und großem Behälter sollte z. B. 15 Liter zu 60 Liter entsprechen (= 1:4).
  - Aus diesem Verhältnis leitet sich die Zahl der in die jeweiligen Gefäße einzubohrenden Löcher ab, z. B. 1 Loch (ø 5 mm) im Kübel und 4 Löcher (je ø 5 mm) im großen Behälter.

- Die Löcher sollten in beiden Gefäßen in gleicher Höhe und möglichst weit unten angebracht sein.
- Die Löcher sollten in beiden Gefäßen verschließbar sein (z. B. durch Abkleben oder Korken).
- Es muss darauf geachtet werden, dass die Markierungen der genauen Füllhöhe im großen Behälter und im Kübel klar zu erkennen sind.

7.4.4 Material

- Arbeitsblätter der Stationen 2I A – 2II G, im Anhang (mehrere/Kleingruppe)
- Kuhglocke o. ä., um Wechsel der Stationen signalisieren zu können (1)
- Forschungsbuch, z. B. ein Notizbuch mit festem Einband für die Hosentasche (1/Person)
- Stifte (min. 1/Person) (Bleistifte schreiben auch bei Nässe)
- Fahnen zum Markieren der Stationen im Gelände (7) (praktisch funktionieren auch bunte Kleidungsstücke und Wanderstöcke)
- Klarsichtfolien zur Aufbewahrung der Aufgabenblätter pro Station (7)
- Großer Behälter 60 Liter (mit 4 Auslassöffnungen; s. o.) (1)
- Kübel 15 Liter (mit 1 Auslassöffnung; s. o.) (1)
- Klebeband, Korken (ausreichend für alle Kleingruppen)
- Gießkanne (min. 1)
- Meterstab (min. 1)
- Fotoapparat (mind. 1/Kleingruppe)
- Zeitungsartikel, wissenschaftliche Publikationen, Grafiken PRO Wasserkraft (mehrere/Kleingruppe/vgl. Hinweise für die Begleitpersonen)
- Zeitungsartikel, wissenschaftliche Publikationen, Grafiken CONTRA Wasserkraft (mehrere/Kleingruppe/vgl. Hinweise für die Begleitpersonen)
- Bestimmungsbücher (z. B. Insekten, Alpenblumen etc.)
- Absperrband
- Videokamera

7.4.5 Zeitplan

Station	Zeit
Station 1: Kurze Besichtigung des hütteneigenen Kleinwasserkraftwerks	Ca. 60 Min.
Station 2: Stationenbetriebe 2I und 2II	Ca. 270 Min.
Station 2, Stationenbetrieb 2I: PRO Wasserkraft	Ca. 120 Min.
Station 2I A: Modellierung Speicherseen	Ca. 30 Min.
Station 2I B: Literatur PRO Wasserkraft	Ca. 30 Min.
Station 2I C: Wirtschaftliche Aspekte eines Wasserkraftprojekts	Ca. 30 Min.
Station 2I D: Standortwahl des Wasserkraftprojekts Oberer Zemmgrund	Ca. 30 Min.
Mittagspause	Ca. 90 Min.

Station 2, Stationenbetrieb 2 II: CONTRA Wasserkraft	Ca. 150 Min. & ca. 30 Min. Pause
Station 2 II E: Fauna und Flora Station 2 II F: Landschaftsbild Station 2 II G: Literatur CONTRA Wasserkraft & ca. 30 Min. Pause	Ca. 60 Min. Ca. 60 Min. Ca. 30 Min. & ca. 30 Min. Pause
Station 3: Vorbereitung und Durchführung einer Expertinnen- und Expertenrunde für eine Live-Übertragung im Zillertaler Rundfunk	Ca. 60 Min.
Gesamt	**Ca. 6–7 h Arbeitszeit & ca. 2 h Pausen**

Station 1: Kurze Besichtigung des hütteneigenen Kleinwasserkraftwerks

Ort	Kleinwasserkraftwerk Alpenrosenhütte (vgl. Abb. 116), danach Abstieg zum Stationenbetrieb 2 in der Nähe des Stauwehrs westlich der Alpenrosenhütte
Dauer	Ca. 60 Min.
Wegstrecke	Ca. 0,5 km ↑ / ca. 0,5 km ↓
Höhenmeter	Ca. 50 Hm ↑ / ca. 50 Hm ↓
Sozialform	Kurzer Vortrag der Hüttenwirtin und/oder des Hüttenwirts, spontane Fragen der Teilnehmenden
Material	Forschungsbuch (1/Person) Stifte (min. 1/Person)
Gefahren	Keine

Exakte Angaben für die Teilnehmenden

Vor Beginn der Exkursion: Sucht Euch eine/n Partner/in, mit der/dem Ihr ab jetzt die meisten Aufgaben erledigen werdet. Pro Team benötigt Ihr eine (Handy-)Kamera. Jede/r einzelne nimmt darüber hinaus bitte das eigene Forschungsbuch (!) und jeweils mindestens einen Stift ins Gelände mit. Wir alle begeben uns in fünf Minuten gemeinsam mit der Hüttenwirtin und/oder dem Hüttenwirt zum Kleinwasserkraftwerk der Alpenrosenhütte (von diesem beziehen wir unseren Strom hier oben!) und anschließend zum ersten Stationenbetrieb. Wir kommen erst mittags wieder zur Alpenrosenhütte zurück.

Vor dem Krafthaus (im Inneren ist es laut): Unser/e Hüttenwirt/in wird Euch jetzt ca. fünf Minuten lang die wichtigsten Punkte zu unserem hütteneigenen Kleinkraftwerk sagen. Anschließend erhält jede/r von Euch die Gelegenheit zu genau einer Frage.

Ab jetzt könnt Ihr Euch Notizen aller Art in Euer Forschungsbuch machen, Ihr werdet sie am Ende benötigen!

Abb. 116: *Hüttenwirt Andi gibt Einblicke in das Kleinwasserkraftwerk der Alpenrosenhütte (Foto: Lars Keller 2013)*

Hinweise für die Begleitperson/en

Der Tag beginnt mit einer kurzen, aber eindrucksvollen Besichtigung des Kleinwasserkraftwerks der Alpenrosenhütte. So hautnah zu sehen, wie aus der mechanischen Energie des Wassers elektrische Energie gewonnen werden kann, ist technisch interessant und sollte das Interesse der Teilnehmenden an der Thematik des anstehenden Exkursionstages auslösen.

Bei der Besichtigung ist entscheidend, dass der/die Hüttenwirt/in wirklich nicht länger als fünf Minuten einführt und dann schnell zu den Fragen der Teilnehmenden übergegangen wird. Der Hinweg zum Kraftwerk dauert mindestens 15 Minuten, die Besichtigung sollte nicht mehr als 20–30 Minuten einnehmen, dann lohnt sich noch ein kurzer Blick um das Krafthaus herum (Zu- und Ableitung, Wasserfassung etc.). Es sollte nur ein grundlegendes Verständnis und Motivation für die Thematik gewonnen werden, nicht eine langatmige „Führung" den Tag einleiten.

Auf die ständige Verwendung des Forschungsbuchs ist gelegentlich hinzuweisen, letztlich übernimmt aber jede/r selbst die Verantwortung, was und wie viel sie/er notiert.

Erwartungshorizont: –

Station 2: Stationenbetriebe 2I und 2II

Stationenbetrieb 2I: PRO Wasserkraft

Station 2IA: Modellierung Speicherseen

Ort	Für alle Stationen des Stationenbetriebs 2I empfiehlt sich das Aussuchen eines sicheren Platzes in der Nähe des Stauwehrs westlich der Alpenrosenhütte. Standorteigenschaften: ein ungefährlicher und einfacher Zugang zum Wasser (z. B. kleiner Bach), um Gießkannen befüllen zu können; eine erhöhte, ebene Fläche (z. B. ebene Felsen, Bachbett, Holzbank o. ä.), um die Plastikwanne waagrecht abstellen zu können.
Dauer	Ca. 30 Min.
Wegstrecke	–
Höhenmeter	–
Sozialform	Kleingruppenarbeit
Material	Arbeitsblatt Station 2IA, unter Kap. Arbeitsmaterialien (mehrere/Kleingruppe) Forschungsbuch (1/Person) Stifte (min. 1/Person) Fahne zum Markieren der Station im Gelände (1) Klarsichtfolie zur Aufbewahrung der Aufgabenblätter (1) Großer Behälter 60 Liter (mit 4 Auslassöffnungen) (1) Kübel 15 Liter (mit 1 Auslassöffnung) (1) Klebeband/Korken (ausreichend für alle Kleingruppen) Gießkanne (min. 1) Meterstab (min. 1) Fotoapparat (min. 1/Kleingruppe)
Gefahren	Vgl. Kapitel V „Sicher unterwegs im Hochgebirge – alpine Gefahren und Ausrüstung“, v. a. „Gefahren am Zemmbach“

Exakte Angaben für die Teilnehmenden: vgl. Arbeitsblatt Station 2IA

Zur einfachen Modellierung zweier Stauseen stehen Euch folgende Materialien zur Verfügung:

- Großer Behälter 60 Liter (mit 4 Auslassöffnungen)
- Kübel 15 Liter (mit 1 Auslassöffnung)
- Gießkannen
- Klebeband
- Meterstab

Eure Aufgaben:

- Füllt Behälter und Kübel gleich hoch mit Wasser. Orientiert Euch dazu an den angebrachten Markierungen.
- Öffnet die Auslassöffnungen, zunächst je eine am Behälter und am Kübel (in einem späteren Versuch dann mehrere am Behälter).

- Beobachtet, wie sich die Stärke des jeweiligen Wasserstrahls zum Wasserstand des Behälters bzw. des Kübels verhält.
- Macht verschiedene Fotos zum Experiment.
- Erstellt eine Skizze des Versuchsaufbaus in Eurem Forschungsbuch.
- Notiert Eure Beobachtungen so genau wie möglich in Textform in Euer Forschungsbuch.
- Diskutiert über die Ergebnisse und stellt Hypothesen auf, warum sich die Wasserstrahle der beiden Behälter unterschiedlich verhalten. Bitte ergänzt auch diese im Forschungsbuch.

Hinweise für die Begleitperson/en

Ziel dieser Station ist es, dass die Teilnehmenden ein grundlegendes physikalisches Verständnis von Wasserdruck bekommen. Es sollte erkannt werden, dass die Füllhöhe in den Behältern für den Druck entscheidend ist. Daraus sollten wiederum abgeleitet werden können, dass für die Stromerzeugung durch Wasserkraft die Fallhöhe des Wassers eine wichtige Rolle spielt. Natürlich ist aber auch die Füllmenge bzw. das Volumen des Stausees relevant, die die Abflussspitzen bzw. den Abflussmangel ausgleicht und somit eine stabile und anhaltende Energieversorgung garantiert.

Um dieses Experiment erfolgreich durchführen zu können, ist sowohl eine ebene Fläche zum Abstellen der Behälter als auch ein ungefährlicher Wasserzugang unerlässlich.

Abb. 117: *Versuchsaufbaus in Station 21 A (Foto: Lars Keller 2013)*

Erwartungshorizont

Es erscheint zweckmäßig, wenn man in einem ersten Anlauf in beiden Behältern nur ein Loch hat. (Dies könnte man bei der Wanne z. B. durch Abkleben oder mit Korken erreichen.) So lässt sich beobachten, um wie viel schneller der Eimer leer ist (Wanne ist z. B. noch drei Viertel voll). In einem zweiten Versuch könnte man die Wanne ganz entleeren. Wenn dabei die Anzahl der Löcher dem Verhältnis des Volumens zwischen großem Behälter und Kübel entspricht (z. B. 60 Liter zu 15 Liter = 4:1), sinkt der Wasserdruck gleich schnell, jedoch würde beim großen Behälter viel mehr Wasser „abgearbeitet" (vgl. Abb. 117).

Hypothese: Wasserdruck hängt von der Füllhöhe eines Speichers ab. Langanhaltend kann hoher Wasserdruck aber nur mit einem entsprechend hohen Wasservolumen aufrechterhalten werden, das anhaltenden Abfluss garantiert.
Skizze: individuelle Lösungen.

Station 21B: Literatur PRO Wasserkraft

Ort	Für alle Stationen des Stationenbetriebs 21 empfiehlt sich das Aussuchen eines sicheren Platzes in der Nähe des Stauwehrs westlich der Alpenrosenhütte. Standorteigenschaften: evtl. Sitzgelegenheit
Dauer	Ca. 30 Min.
Wegstrecke	Ca. 0,1 km
Höhenmeter	–
Sozialform	Einzelarbeit, Kleingruppenarbeit
Material	Arbeitsblatt Station 21B, unter Kap. Arbeitsmaterialien (mehrere/Kleingruppe) Forschungsbuch (1/Person) Stifte (min. 1/Person) Fahne zum Markieren der Station im Gelände (1) Klarsichtfolie zur Aufbewahrung der Aufgabenblätter (1) Zeitungsartikel, wissenschaftliche Publikationen, Grafiken (mehrere/Kleingruppe/vgl. Hinweise für die Begleitpersonen)
Gefahren	Keine

Exakte Angaben für die Teilnehmenden: vgl. Arbeitsblatt Station 21B

Macht Euch ein Bild über die positiven Seiten der Wasserkraft. Es stehen dazu verschiedenste Artikel, Grafiken etc. zur Verfügung.

Eure Aufgaben:

- Lest individuell die Artikel, Grafiken etc., die Euch am meisten ansprechen.
- Diskutiert anschließend gemeinsam über den Inhalt und macht Euch zu den wichtigsten Punkten Notizen in Euer Forschungsbuch.

Hinweise für die Begleitperson/en

Es sollten an dieser Stelle aktuelle und ganz an das entsprechend höhere oder geringere Vorwissen der Teilnehmenden angepasste Zeitungsartikel, wissenschaftliche Publikationen, Grafiken etc. zusammengestellt werden, die möglichst anschaulich über die wesentlichen PRO-Argumente der Wasserkraft informieren (vgl. Inhaltsanalyse). Ebenso können Artikel und Grafiken über die bereits bestehende Kraftwerksgruppe Zemm-Ziller beigelegt werden, die die technische Leistung und positiven Aspekte betonen.

Erwartungshorizont

Je nach Materialien und individuellem Interesse verschiedenste Lösungen denkbar.

Station 21C: Wirtschaftliche Aspekte eines Wasserkraftprojekts

Ort	Für alle Stationen des Stationenbetriebs 21 empfiehlt sich das Aussuchen eines sicheren Platzes in der Nähe des Stauwehrs westlich der Alpenrosenhütte. Standorteigenschaften: direkter Blick auf die Verbund-Anlage
Dauer	Ca. 30 Min.
Wegstrecke	Ca. 0,1 km
Höhenmeter	–
Sozialform	Kleingruppenarbeit
Material	Arbeitsblatt Station 21C, unter Kap. Arbeitsmaterialien (mehrere/Kleingruppe) Forschungsbuch (1/Person) Stifte (min. 1/Person) Fahne zum Markieren der Station im Gelände (1) Klarsichtfolie zur Aufbewahrung der Aufgabenblätter (1)
Gefahren	Keine

Exakte Angaben für die Teilnehmenden: vgl. Arbeitsblatt Station 21C

Im Planungsprozess Eures Staudamms hat sich die/der Tiroler Landeshauptfrau/Landeshauptmann FÜR den Kraftwerksbau ausgesprochen. Er/Sie argumentiert vor allem mit den positiven Auswirkungen auf:

- Arbeitsmarkt
- Tourismus
- Treibhausgasemissionen

Eure Aufgaben:
Stellt Euch vor, Ihr seid Tiroler Landeshauptfrau/Landeshauptmann. Überlegt Euch nun bezüglich dieser drei Themengebiete wirtschaftliche Argumente, die FÜR einen Kraftwerksausbau sprechen und notiert Euch jeweils eine umfassende Liste in Euer Forschungsbuch.

Hinweis für die Begleitperson/en

Die Effekte des Baus eines Staudamms im Oberen Zemmgrund auf Arbeitsmarkt und Tourismus werden sicher kontrovers diskutiert, während die CO_2-Debatte vermutlich eher zu ausschließlich positiven Argumenten PRO Wasserkraft führen wird.

Erwartungshorizont

Mögliche Lösungen, z. B.: Die Schaffung von Arbeitsplätzen ist vor allem während des Baus der Anlage relevant, echte Naturliebhaber könnten die Gegend anschließend meiden, Massentourismus könnte aber (z. B. aufgrund Busurlauber) die lokale Wirtschaft ankurbeln, Einnahmen durch Mautstellen, weniger CO_2 und damit weniger Strafzahlungen des Staates, u. v. m.

Station 21D: Standortwahl des Wasserkraftprojekts Oberer Zemmgrund

Ort	Für alle Stationen des Stationenbetriebs 21 empfiehlt sich das Aussuchen eines sicheren Platzes in der Nähe des Stauwehrs westlich der Alpenrosenhütte. Standorteigenschaften: möglichst freier Blick talaus- und taleinwärts
Dauer	Ca. 30 Min.
Wegstrecke	Ca. 0,1 km
Höhenmeter	–
Sozialform	Kleingruppenarbeit
Material	Arbeitsblatt Station 21D, unter Kap. Arbeitsmaterialien (mehrere/Kleingruppe) Forschungsbuch (1/Person) Stifte (min. 1/Person) Fahne zum Markieren der Station im Gelände (1) Klarsichtfolie zur Aufbewahrung der Aufgabenblätter (1)
Gefahren	Keine

Exakte Angaben für die Teilnehmenden: vgl. Arbeitsblatt Station 21D

Entscheidet Euch für den genauen Standort eines Speicherkraftwerks im (Oberen) Zemmgrund. Dazu stehen Euch ein Satellitenbild und eine Karte zur Verfügung.

Eure Aufgaben:

- Diskutiert einen geeigneten Standort.
- Zeichnet Euer Stauseeprojekt mit allen dafür notwendigen infrastrukturellen Maßnahmen in die weiteren Arbeitsblätter der Station 2I D ein (Arbeitsblatt Station 2I D: Satellitenbild und Höhenprofil des Zemmbachs zwischen Ginzling und Gletschervorfeld des Hornkees/Ausschnitt e-Grundkarte Tirol), u. a. die Staumauer sowie alle dazugehörigen Komponenten, die für die Stromerzeugung und den Energietransport notwendig sind (Klebt Eure Zeichnungen später in Euer Forschungsbuch ein.).
- Begründet Eure Standortwahl stichwortartig in Eurem Forschungsbuch.

Hinweise für die Begleitperson/en

Interessant ist bei der Lösung dieser Aufgabe, mit welchen Begründungen die Teilnehmenden hauptsächlich argumentieren. Sind dies eher technische, wirtschaftliche, gesellschaftliche oder ökologische Gründe? Die Teilnehmenden sollen hier selbst über die Höhe der Eingriffe in die Natur entscheiden (auch wenn sie diese evtl. noch gar nicht bedenken).

Erwartungshorizont

Individuelle Lösungen

Stationenbetrieb 2 II: CONTRA Wasserkraft

Station 2 II E: Fauna und Flora

Ort	Für alle Stationen des Stationenbetriebs 2 II empfiehlt sich das Aussuchen eines sicheren Platzes oberhalb der Waxeggalm (südlich des Zemmbachs, der auf den Holzbrücken überquert werden muss) Standorteigenschaften: vielfältige Lebensräume (z. B. Sumpf, trockenere Wiese, Bach, Felsen etc.) – also Vielfalt an Fauna und Flora; ungefährlicher Zugang zum Bachbett; mind. ein, evtl. mehrere Untersuchungsgebiete abstecken und markieren
Dauer	Ca. 60 Min.
Wegstrecke	Ca. 0,5 km ↑
Höhenmeter	Ca. 50 Hm ↑
Sozialform	Kleingruppenarbeit
Material	Arbeitsblatt Station 2 II E, unter Kap. Arbeitsmaterialien (mehrere/Kleingruppe) Forschungsbuch (1/Person) Stifte (min. 1/Person) Fahne zum Markieren der Station im Gelände (1) Absperrband

	Bestimmungsbücher (z. B. Insekten/Alpenblumen etc.) Klarsichtfolie zur Aufbewahrung der Aufgabenblätter (1) Fotoapparat (min. 1/Kleingruppe)
Gefahren	vgl. Kapitel V „Sicher unterwegs im Hochgebirge – alpine Gefahren und Ausrüstung“, v. a. „Gelände, Forschungsstandorte und Fotografieren im Gelände“, „Gefahren am Zemmbach“

Exakte Angaben für die Teilnehmenden: vgl. Arbeitsblatt Station 2II E

Ihr befindet Euch im Hochgebirgs-Naturpark Zillertaler Alpen, der einen hohen Reichtum an Tier- und Pflanzenarten aufweist, die sich an das Klima im Hochgebirge angepasst haben.

Eure Aufgaben:
- Macht Euch in der markierten Zone auf die Suche nach Tier- und Pflanzenarten und dokumentiert sie mit Eurer (Handy-)Kamera.
- Beantwortet folgende Fragen:
    - Wo findet Ihr überall Tiere und Pflanzen?
    - Welche Tiere und Pflanzen findet Ihr? Verwendet dazu die Bestimmungsbücher.
    - Wie passen sich die Tiere und Pflanzen im Hochgebirge an?
    - Wie unterscheiden sie sich von denen im Tal?
    - Etc. (Stellt Euch gerne eigene Fragen!)
- Dokumentiert Eure Ergebnisse im Forschungsbuch.

Hinweise für die Begleitperson/en

Ziel dieser Station ist es, das Bewusstsein der Teilnehmenden für die relativ hohe Biodiversität von Flora und Fauna im Hochgebirge zu fördern, obwohl eine solche ob der speziellen Bedingungen gar nicht unbedingt vermutet wird. Es sind ein oder mehrere Bereiche abzustecken und zu markieren, je nach Zahl der Teilnehmenden. Insgesamt empfehlen sich möglichst kleine, übersichtliche und daher intensiv zu erkundende Bereiche (z. B. 10 m x 10 m), die aber möglichst unterschiedliche Lebensräume umfassen (z. B. Wiese, Felsen, Bachlauf, Sumpf etc.). Bei leistungsstarken Gruppen ist es sinnvoll, die Pflanzen- und Insektenbestimmungsbücher aufzulegen, bei inhaltlich schwächeren Teilnehmenden soll es dagegen in erster Linie darum gehen, Vielfalt und Details überhaupt entdecken und dokumentieren zu lassen. Für sie können die Bücher ggf. nach dem Exkursionsprogramm am Abend in der Hütte zur Verfügung gestellt werden. Unbedingt sollte darauf geachtet werden, dass die Teilnehmenden Fauna und Flora zwar erkunden, sie aber nicht schädigen.

Erwartungshorizont

Individuelle Lösungen, vgl. z.B. Abbildung 118.

Abb. 118: *Beispiel einer Fotodokumentation zur Biodiversität (Fotos: Lars Keller 2013, 2014)*

Station 2 II F: Landschaftsbild

Ort	Für alle Stationen des Stationenbetriebs 2 II empfiehlt sich das Aussuchen eines sicheren Platzes oberhalb der Waxeggalm (südlich des Zemmbachs, der auf den Holzbrücken überquert werden muss). Standorteigenschaften: Standort mit gutem Überblick über das Gelände
Dauer	Ca. 60 Min.
Wegstrecke	Ca. 0,1 km
Höhenmeter	–
Sozialform	Kleingruppenarbeit
Material	Arbeitsblatt Station 2 II F, unter Kap. Arbeitsmaterialien (mehrere/Kleingruppe) Forschungsbuch (1/Person) Stifte (min. 1/Person) Fahne zum Markieren der Station im Gelände (1) Kamera (min. 1/Kleingruppe)
Gefahren	Keine

Exakte Angaben für die Teilnehmenden: vgl. Arbeitsblatt Station 2 II F

Stellt Euch vor, Ihr seid der/die Vertreter/in des Österreichischen Naturschutzbundes. Ihr habt von den Kraftwerksplänen der ZiWAG („Zillertaler Wasserkraft AG“) erfahren und seid schockiert.

Eure Aufgaben:

- Dokumentiert die momentane Schönheit der Hochgebirgslandschaft mit Eurer (Handy-) Kamera.
- Macht eine grobe Skizze in Euer Forschungsbuch, in der die negativen Auswirkungen des Baus eines hohen Staudamms und eines dahinter liegenden großen Stausees auf das Landschaftsbild haben würden.
- Befragt passierende Touristinnen/Touristen, ob auch sie gegen den Bau eines Wasserkraftwerks hier im Oberen Zemmgrund stimmen würden. Wie sehen sie die Veränderungen des Landschaftsbilds? (Zeigt ihnen bei der Befragung die soeben erstellte Skizze mit all den eingezeichneten negativen Auswirkungen.) Notiert die wesentlichen Aussagen kurz in Euer Forschungsbuch.

Hinweise für die Begleitperson/en

Ziel dieser Station ist es, den Teilnehmenden die (subjektive) Schönheit einer Landschaft bewusst werden zu lassen.

Station 2 II G: Literatur CONTRA Wasserkraft

Ort	Für alle Stationen des Stationenbetriebs 2 II empfiehlt sich das Aussuchen eines sicheren Platzes oberhalb der Waxeggalm (südlich des Zemmbachs, der auf den Holzbrücken überquert werden muss) Standorteigenschaften: evtl. Sitzgelegenheit Schließlich zurück zur Alpenrosenhütte
Dauer	Ca. 30 Min. & ca. 30 Min. Pause
Wegstrecke	Ca. 0,5 km ↓
Höhenmeter	Ca. 50 Hm ↓
Sozialform	Einzelarbeit, Kleingruppenarbeit
Material	Arbeitsblatt Station 2 II G unter Kap. Arbeitsmaterialien (mehrere/Kleingruppe) Forschungsbuch (1/Person) Stifte (min. 1/Person) Fahne zum Markieren der Station im Gelände (1) Klarsichtfolie zur Aufbewahrung der Aufgabenblätter (1) Kamera (min. 1/Kleingruppe) Zeitungsartikel, wissenschaftliche Publikationen, Grafiken (mehrere/Kleingruppe/vgl. Hinweise für die Begleitpersonen)
Gefahren	Keine

Exakte Angaben für die Teilnehmenden: vgl. Arbeitsblatt Station 2 II G

Macht Euch ein Bild über die negativen Seiten der Wasserkraft. Es stehen dazu verschiedenste Artikel, Grafiken etc. zur Verfügung.

Eure Aufgaben:

- Lest individuell die Artikel, Grafiken etc., die Euch am meisten ansprechen.
- Diskutiert anschließend gemeinsam über den Inhalt und macht Euch zu den wichtigsten Punkten Notizen in Euer Forschungsbuch.

Hinweise für die Begleitperson/en

Es sollten an dieser Stelle aktuelle und ganz an das entsprechend höhere oder geringere Vorwissen der Teilnehmenden angepasste Zeitungsartikel, wissenschaftliche Publikationen, Grafiken etc. zusammengestellt werden, die möglichst anschaulich über die wesentlichen CONTRA-Argumente der Wasserkraft informieren (vgl. Inhaltsanalyse). Ebenso können Artikel über die ökologische Vielfalt des Oberen Zemmgrunds beigelegt werden.

Erwartungshorizont

Je nach Materialien und individuellem Interesse verschiedenste Lösungen denkbar.

Abb. 119: *Vorbereitung der Expertinnen- und Expertenrunde Pro und Contra Kraftwerksbau in der Alpenrosenhütte (Foto: Lars Keller 2013)*

Station 3: Vorbereitung und Durchführung einer Expertinnen- und Expertenrunde für eine Live-Übertragung im Zillertaler Rundfunk

Ort	Vor/in der Alpenrosenhütte
Dauer	Ca. 60 Min.
Wegstrecke	–
Höhenmeter	–
Sozialform	Vorbereitung und Durchführung einer Expertinnen- und Expertenrunde
Material	Forschungsbuch (1/Person)
	Stifte (min. 1/Person) Gesammelte Materialien der Kleingruppen (auch Fotos) Videokamera
Gefahren	Keine

Exakte Angaben für die Teilnehmenden

Der ZRF, der Zillertaler Rundfunk, hat sich mit der neuen Sendung „ZRF Stammtischgespräche" angemeldet. Sie werden diese Sendung in 15 Minuten live in der Alpenrosenhütte drehen. Dabei soll es um den möglichen neuen Kraftwerksbau im Oberen Zemmgrund gehen. Nun sollt Ihr beide Seiten der Debatte, Pro und Contra, vertreten. Dazu ordnet Ihr Euch bitte selbst einer der Gruppen zu. Nach einer kurzen Vorbereitungszeit (vgl. Abb. 119) wählt diejenigen unter Euch aus, die anschließend in der Live-Sendung die jeweiligen Standpunkte überzeugend vertreten sollen.

Die übrigen Teilnehmenden werden die lokale Bevölkerung repräsentieren und nach der Diskussion demokratisch entscheiden, ob das Kraftwerk gebaut wird oder nicht. Bitte verwendet Eure Forschungsbücher zur Vorbereitung, aber auch während der live aufgezeichneten TV-Diskussion.

Hinweise für die Begleitperson/en

Während der Vorbereitungszeit sollen sich alle Teilnehmenden entweder der PRO oder der CONTRA Gruppe zuordnen – Es wird sicher interessant, wieviele und welche Personen dann auf der jeweiligen Seite zu finden sind! – und sich dann für die Diskussion präparieren. Möglicherweise könnte noch auf eventuelle Schwachstellen in der jeweiligen Argumentation hingewiesen werden. Ziel dieser Station ist es, die über den Tag gesammelten Erfahrungen und das individuell konstruierte Wissen in einer Diskussion argumentativ anzuwenden. In der Live-Diskussion soll eine Person moderieren, während eine weitere die Kameraführung übernimmt. Nach einer kurzen Anmoderation beginnt die Diskussion. Dabei soll der/die Moderator/in nur eingreifen, falls die Diskussion ins Stocken gerät, zu hitzig wird oder eine Seite nicht zu Wort kommt. Nach gewisser Zeit geht die Expertinnen- und Expertenrunde in eine offene Diskussion mit der anwesenden „Bevölkerung" über und es kommt schließlich zur Abstimmung, ob das zusätzliche Kraftwerk gebaut werden soll oder nicht. Abschließende Worte der Moderatorin/des Moderators runden die Fernsehübertragung ab. Bei sehr vielen Teilnehmenden ist es möglich, mehrere Expertinnen- und Expertenrunden zu formieren. Nach wie vor sollte aber eine gewisse Anzahl an Teilnehmenden als Publikum beiwohnen, um zum Schluss demokratisch abstimmen zu können.

Erwartungshorizont

Videoaufnahme

7.5 Arbeitsmaterialien

Arbeitsblatt Station 21A – Modellierung Speicherseen (ca. 30 Min.)

Zur einfachen Modellierung zweier Stauseen stehen Euch folgende Materialien zur Verfügung:

- Großer Behälter (mit Auslassöffnungen)
- Kübel (mit Auslassöffnung)
- Gießkannen
- Klebeband
- Meterstab

Eure Aufgaben:

- Füllt Behälter und Kübel gleich hoch mit Wasser. Orientiert Euch dazu an den angebrachten Markierungen.
- Öffnet die Auslassöffnungen, zunächst je eine am Behälter und am Kübel (in einem späteren Versuch dann mehrere am Behälter).
- Beobachtet, wie sich die Stärke des jeweiligen Wasserstrahls zum Wasserstand des Behälters bzw. des Kübels verhält.
- Macht verschiedene Fotos zum Experiment.

- Erstellt eine Skizze des Versuchsaufbaus in Euer Forschungsbuch.
- Notiert Eure Beobachtungen so genau wie möglich in Textform in Euer Forschungsbuch.
- Diskutiert über die Ergebnisse und stellt Hypothesen auf, warum sich die Wasserstrahle der beiden Behälter unterschiedlich verhalten. Bitte ergänzt auch diese im Forschungsbuch.

Arbeitsblatt Station 21B – Literatur PRO Wasserkraft (ca. 30 Min.)

Macht Euch ein Bild über die positiven Seiten der Wasserkraft. Es stehen dazu verschiedenste Artikel, Grafiken etc. zur Verfügung.

Eure Aufgaben:

- Lest individuell die Artikel, Grafiken etc., die Euch am meisten ansprechen.
- Diskutiert anschließend gemeinsam über den Inhalt und macht Euch zu den wichtigsten Punkten Notizen in Euer Forschungsbuch.

Anmerkung: Es sollten an dieser Stelle aktuelle und ganz an das entsprechend höhere oder geringere Vorwissen der Teilnehmenden angepasste Zeitungsartikel, wissenschaftliche Publikationen, Grafiken etc. zusammengestellt werden, die möglichst anschaulich über die wesentlichen PRO-Argumente der Wasserkraft informieren (vgl. Inhaltsanalyse). Ebenso können Artikel und Grafiken über die bereits bestehende Kraftwerksgruppe Zemm-Ziller beigelegt werden, die die technische Leistung und positiven Aspekte betonen.

Arbeitsblatt Station 21C – Wirtschaftliche Aspekte eines Wasserkraftprojekts (ca. 30 Min.)

Im Planungsprozess Eures Staudamms hat sich die/der Tiroler Landeshauptfrau/Landeshauptmann FÜR den Kraftwerksbau ausgesprochen. Er/Sie argumentiert vor allem mit den positiven Auswirkungen auf:

- Arbeitsmarkt
- Tourismus
- Treibhausgasemissionen

Eure Aufgaben: Stellt Euch vor, Ihr seid diese/dieser Tiroler Landeshauptfrau/Landeshauptmann. Überlegt Euch nun bezüglich dieser drei Themengebiete wirtschaftliche Argumente, die FÜR einen Kraftwerksausbau sprechen und notiert Euch jeweils eine umfassende Liste in Euer Forschungsbuch.

Arbeitsblatt Station 21D – Standortwahl Wasserkraftprojekt Oberer Zemmgrund (ca. 30 Min.)

Entscheidet Euch für den genauen Standort eines Speicherkraftwerks im (Oberen) Zemmgrund. Dazu stehen Euch ein Satellitenbild und eine Karte zur Verfügung.

Eure Aufgaben:

- Diskutiert einen geeigneten Standort.
- Zeichnet Euer Stauseeprojekt mit allen dafür notwendigen infrastrukturellen Maßnahmen in die weiteren Arbeitsblätter der Station 21D ein (Abb. 120: Ausschnitt e-Grundkarte Tirol und Abb. 121: Satellitenbild und Höhenprofil des Zemmbachs zwischen Ginzling und dem Gletschervorfeld des Hornkees), u. a. die Staumauer sowie alle dazugehörigen Komponenten, die für die Stromerzeugung und den Energietransport notwendig sind. (Klebt Eure Zeichnungen später in Euer Forschungsbuch ein.)
- Begründet Eure Standortwahl stichwortartig in Eurem Forschungsbuch.

Arbeitsblatt Station 21D

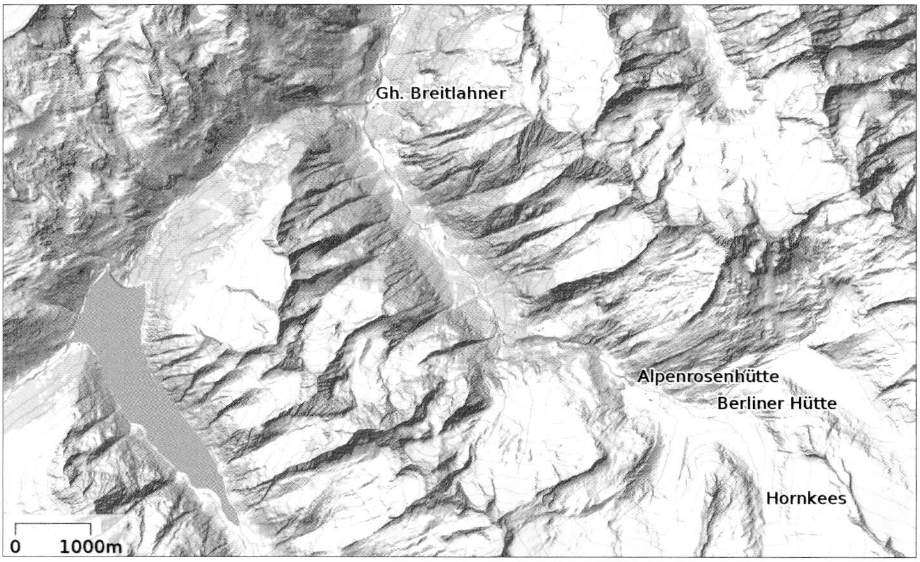

Abb. 120: *Ausschnitt e-Grundkarte Tirol (Quelle: Amt der Tiroler Landesregierung, Sachgebiet Landesstatistik und TIRIS 2015)*

Arbeitsblatt Station 21D

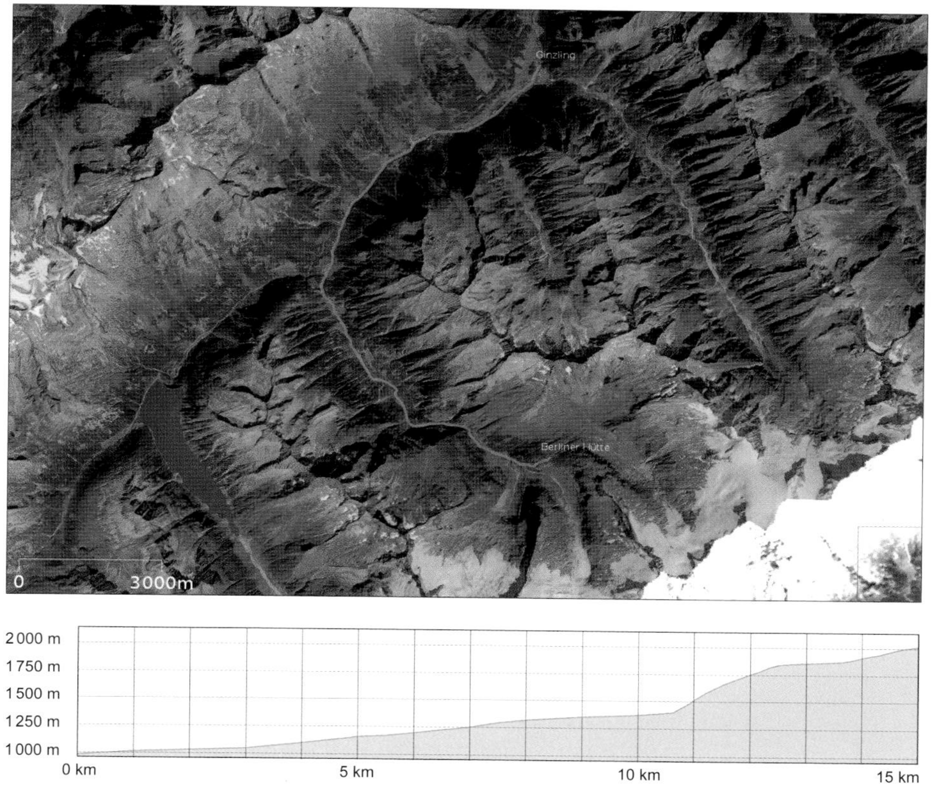

Abb. 121: *Satellitenbild und Höhenprofil des Zemmbachs zwischen Ginzling und Gletschervorfeld des Hornkees*

Arbeitsblatt Station 2 II E – Fauna und Flora (ca. 60 Min.)

Ihr befindet Euch im Hochgebirgs-Naturpark Zillertaler Alpen, der einen hohen Reichtum an Tier- und Pflanzenarten aufweist, die sich an das Klima im Hochgebirge angepasst haben.

Eure Aufgaben:

- Macht Euch in der markierten Zone auf die Suche nach Tier- und Pflanzenarten und dokumentiert sie mit Eurer (Handy-)Kamera.
- Beantwortet folgende Fragen:
  - Wo findet Ihr überall Tiere und Pflanzen?
  - Welche Tiere und Pflanzen findet Ihr? Verwendet dazu die Bestimmungsbücher.
  - Wie passen sich die Tiere und Pflanzen im Hochgebirge an?
  - Wie unterscheiden sie sich von denen im Tal?
  - Etc. (Stellt Euch gerne eigene Fragen!)
- Dokumentiert Eure Ergebnisse im Forschungsbuch.

VORSICHT: Erforscht die Tier- und Pflanzenwelt, zerstört sie aber nicht!

Arbeitsblatt Station 2 II F – Landschaftsbild (ca. 60 Min.)

Stellt Euch vor, Ihr seid die/der Vertreter/in des Österreichischen Naturschutzbunds. Ihr habt von den Kraftwerksplänen der ZiWAG („Zillertaler Wasserkraft AG") erfahren und seid schockiert.

Eure Aufgaben:

- Dokumentiert die momentane Schönheit der Hochgebirgslandschaft mit Eurer (Handy-)Kamera.
- Macht eine grobe Skizze in Euer Forschungsbuch, in der die negativen Auswirkungen des Baus eines hohen Staudamms und eines dahinter liegenden großen Stausees auf das Landschaftsbild haben würden.
- Befragt passierende Touristinnen/Touristen, ob auch sie gegen den Bau eines Wasserkraftwerks hier im Oberen Zemmgrund stimmen würden. Wie sehen sie die Veränderungen des Landschaftsbilds? (Zeigt ihnen bei der Befragung die soeben erstellte Skizze mit all den eingezeichneten negativen Auswirkungen.) Notiert die wesentlichen Aussagen kurz in Euer Forschungsbuch.

Arbeitsblatt Station 2 II G – Literatur CONTRA Wasserkraft (30–60 Min./inkl. kurzer Pause)

Macht Euch ein Bild über die negativen Seiten der Wasserkraft. Es stehen dazu verschiedenste Artikel, Grafiken etc. zur Verfügung.

Eure Aufgaben:

- Lest individuell die Artikel, Grafiken etc., die Euch am meisten ansprechen.
- Diskutiert anschließend gemeinsam über den Inhalt und macht Euch zu den wichtigsten Punkten Notizen in Euer Forschungsbuch.

Anmerkung: Es sollten an dieser Stelle aktuelle und ganz an das entsprechend höhere oder geringere Vorwissen der Teilnehmenden angepasste Zeitungsartikel, wissenschaftliche Publikationen, Grafiken etc. zusammengestellt werden, die möglichst anschaulich über die wesentlichen CONTRA-Argumente der Wasserkraft informieren (vgl. Inhaltsanalyse). Ebenso können Artikel über die ökologische Vielfalt des Oberen Zemmgrunds beigelegt werden.

7.6 Literaturverzeichnis

Amt der Tiroler Landesregierung 2011. Wasserkraft in Tirol – Kriterienkatalog. Kriterien für die weitere Nutzung der Wasserkraft in Tirol. Version 3.0. http://www.tirol.gv.at/fileadmin/www.tirol.gv.at/themen/umwelt/wasser/wasserrecht/downloads/Kriterienkatalog_Version-07-04-2011_3.0.pdf (Abgerufen am 16/04/2014).

Asmal, K. 2000. Chair's Preface: Globalisation From Below. In: World Commission on Dams (Pub.): Dams and Development. A New Framework for Decision-Making. The Report of The World commission on Dams: i-v. London, Sterling.

Bohl, T. & D. Kucharz 2010. Offener Unterricht heute. Konzeptionelle und didaktische Weiterentwicklung. Weinheim, Basel.

Bundesministerium für Land- und Forstwirtschaft, Umwelt und Wasserwirtschaft 2013. Forschungsbericht: Schwallproblematik an Österreichs Fließgewässern – Ökologische Folgen und Sanierungsmöglichkeiten. http://www.bmlfuw.gv.at/dms/lmat/wasser/wasser-oesterreich/plan_gewaesser_ngp/umsetzung_wasserrahmenrichtlinie/schwallstudie/Schwallbericht0/Schwallstudie.pdf (Abgerufen am 12/06/2014).

CIPRA 2014. Irrwege und Auswege der Wasserkraft. http://www.cipra.org/de/news/irrwege-und-auswege-der-wasserkraft (Abgerufen am 18/06/2014).

Diekmann B. & E. Rosenthal 2014. Energie. Physikalische Grundlagen ihrer Erzeugung, Umwandlung und Nutzung. Wiesbaden.

Eawag Aquatic Research 2011. Wasserkraft und Ökologie – Faktenblatt. http://www.eawag.ch/medien/publ/fb/doc/fs_wasserkraft_oekologie_dt.pdf (Abgerufen am 12/02/2015).

Energie Tirol 2013. Energie Perspektiven Tirol. 20 Jahre Information, Beratung, Forschung – für eine unabhängige, sichere Energiezukunft in einer intakten Umwelt. https://www.energie-tirol.at/fileadmin/static/perspektiven/ept_2013_01_end_web.pdf (Abgerufen am 16/04/2014).

Erneuerbare Energie Österreich 2014. Wasserkraft. http://www.erneuerbare-energie.at/wasser (Abgerufen am 16/04/2014).

Geisler, J. 2014. Ausbau der heimischen Wasserkraft notwendiger denn je! Energiereferent LHStv Josef Geisler zum aktuellen UNO-Weltklimareport. https://www.tirol.gv.at/meldungen/meldung/artikel/ausbau-der-heimischen-wasserkraft-notwendiger-denn-je/ (Abgerufen am 16/04/2014).

Giest, H. 2011. Wissensaneignung, Conceptual Change und die Lehrstrategie des Aufsteigens vom Abstrakten zum Konkreten. In: Rückriem, G. & H. Giest (Hrsg.), Tätigkeitstheorie Potsdamer Konferenz: Situating Childhood & Child Development: Socio-cultural Approaches and Educational Interventions: 65–99.

Hamann, B. 2013. Lernen an Stationen. In: Böhn, D. & G. Obermaier (Hrsg.), Wörterbuch der Geographiedidaktik. Begriffe von A – Z: 177–178.

Keller, L. & A. Oberrauch 2013. Lebensqualitätsforschung mit Jugendlichen vor dem Hintergrund eines neuen österreichischen Kompetenzmodells. In: Innsbrucker Geographische Gesellschaft (Hrsg.), Innsbrucker Bericht 2011–13: 109–126. Innsbruck.

Krüger, D. 2007. Die Conceptual Change-Theorie. In: Krüger, D. & H. Vogt (Hrsg.), Theorien in der biologiedidaktischen Forschung: 81–92. Berlin.

Kürschner-Pelkmann, F. 2007. Das Wasser-Buch. Kultur – Religion – Gesellschaft – Wirtschaft. Frankfurt am Main.

Lenz, T. 2003. Lernzirkel, Stationenlernen & Co. – Klärungsversuch im Begriffsdschungel. In: Geographie und Schule 25 (142), 44–45.

Neeb, K. 2010. Exkursionen zwischen Instruktion und Konstruktion. Potenzial und Grenzen einer kognitivistischen und konstruktivistischen Exkursionsdidaktik für die Schule. http://geb.uni-giessen.de/geb/volltexte/2010/7710/pdf/NeebKerstin_2010_07_07.pdf (Abgerufen am 15/02/2015).

Peschel, F. 2011. Offener Unterricht. Idee, Realität, Perspektive und ein praxiserprobtes Konzept zur Diskussion. Teil I: Allgemeindidaktische Überlegungen. Baltmannsweiler: Schneider Hohengehren.

Pindur, P. & R. Luzian 2007. Der „Obere Zemmgrund“ – Ein geographischer Einblick. In: BFW-Berichte 141: 23–35.

Rinschede, G. 2007. Geographiedidaktik. Paderborn.

Sass, I., Schäffer, R. & C.D. Heldmann 2014. Wasserkraft. Geopfad – Berliner Höhenweg. Schautafel 19/28. Institut für Angewandte Geowissenschaften, TU Darmstadt. http://www.geo.tu-darmstadt.de/media/geowissenschaften/fachgebiete/angewandtegeothermie/pdf_2/hgue_ii/19_28_Wasserkraft.pdf (Abgerufen am 18/04/2014).

Schröfelbauer, H. & O. Pirker 2005. Wasserkraftanlagen, mögliche Entwicklungen und Projekte der Verbund-Austrian Hydropower AG. In: Österreichische Wasser- und Abfallwirtschaft 57 (9/10): 135–144.

Sitte, W. 2001. Offener Unterricht in Geographie und Wirtschaftskunde. In: Sitte, W. & H. Wohlschlägl (Hrsg.), Beiträge zur Didaktik des „Geographie und Wirtschaftskunde-Unterrichts. Materialien zur Didaktik der Geographie und Wirtschaftskunde. Band 16: 295–304.

Skiera, E. 2010. Reformpädagogik in Geschichte und Gegenwart: Eine kritische Einführung. München.

Thiel, B. 2007 Führung zur Selbstführung durch Selbstmanagement: Das Gegenwartsphänomen Offener Unterricht als subtile Form der Disziplinierung. Wien.

Uhlenwinkel, A. 2000. Offener Unterricht. Nicht immer, aber immer öfter. In: Praxis Geographie 7 (8): 4–7.

Verbund 2013. Strom aus den Zillertaler Alpen. Die Wasserkraftwerke in Tirol. Wien.

Wirtschaft.com 2014 Verbund AG plant leistungsfähigeres Pumpkraftwerk. http://www.wirtschaft.com/verbund-ag-plant-leistungsfaehigeres-pumpkraftwerk/ (Abgerufen am 18/04/2014).

World Commission on Dams 2000. Dams and Development. A New Framework for Decision-Making. The Report of The World commission on Dams. London, Sterling.

WWF Österreich 2011. Mythos Wasserkraft. Glorifizierung und Wirklichkeit. http://www.fluessevollerleben.at/fileadmin/user_upload/PDF/Broschuere_Mythos_Wasserkraft-Ansicht.pdf (Abgerufen am 16/04/2014).

8 „Schlüsseljagd“
Orientierung und Geocaching im Hochgebirge

Lars Keller, Markus Prantner, Sarah Mariacher & Anna Oberrauch

Steckbrief

Orte	Bereich Alpenrosenhütte, Waxeggalm, Brücke nordwestlich vom Stauwehr des Zemmbachs (siehe Übersichtskarte in Abb. 122)
Alter	12+
Dauer gesamt	Ca. 4–5 h
Wegstrecke gesamt	Ca. 2,1 km
Höhenmeter gesamt	-
Gefahren	Vgl. Kapitel V „Sicher unterwegs im Hochgebirge – alpine Gefahren und Ausrüstung", v. a. „Gefahren am Zemmbach" Cache 3 wird mit einer Schnur an einen Brückenpfeiler gebunden und nach unten hängen gelassen. Wem dies mit seiner Gruppe zu gefährlich erscheint, möge ein nahe gelegenes, ungefährlicheres Cache verwenden.

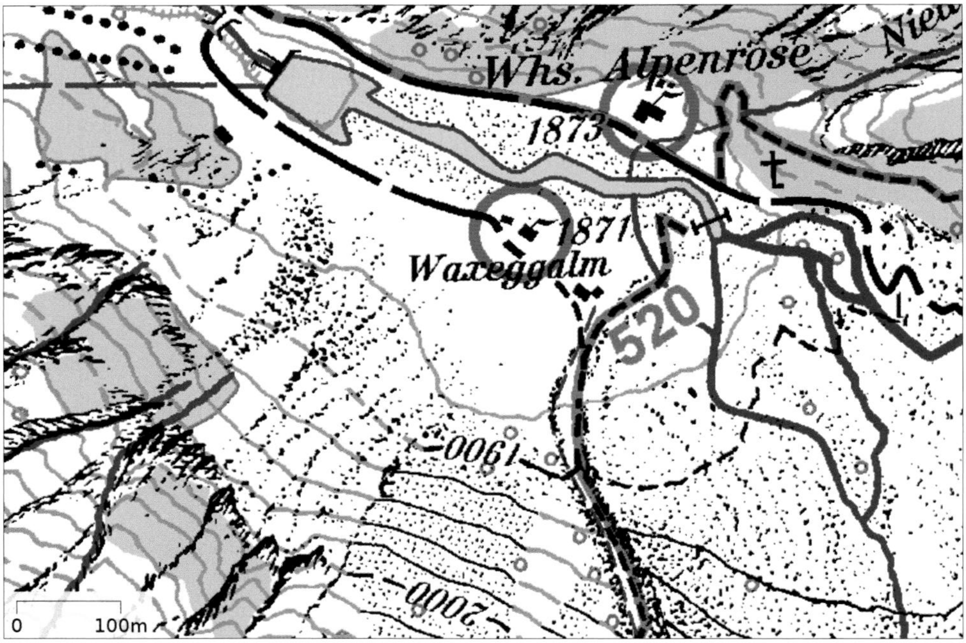

Abb. 122: *Übersichtskarte (Ausschnitt aus der Alpenvereinskarte 35/2 Zillertaler Alpen, Mitte/ mit freundlicher Genehmigung des OeAV und DAV). Wichtig: Diese Karte zeigt den Exkursionsraum in einem größeren Kartenausschnitt. Die eingetragenen Wege entsprechen nicht denen der Exkursion. Diese verläuft hauptsächlich im freien Gelände und daher (mit Ausnahme der Querung der Bäche) oft weglos! Bitte nicht die Wiesen um die Waxeggalm zertreten, wo möglich auf kleine Fußpfade und Wege ausweichen.*

8.1 Zusammenfassung

Orientierung im Raum und das Medium Karte sind zentrale Themen der Geographie. Diese Exkursion beschäftigt sich im Wesentlichen mit dem realen Raum, mit existierenden Abstraktionsebenen der Realität (Karte, Koordinaten) und mit verschiedenen Möglichkeiten der Orientierung. Mittels Karten, Bussolen und GPS unternehmen die Teilnehmenden eine Schlüsseljagd im Hochgebirgs-Naturpark. Bei der Durchführung wird dabei eine adaptierte Form des Geocaching im Hochgebirge eingesetzt. Durch das Ziel, auf der Jagd nach verschiedenen Caches (Verstecken) eine geheime Botschaft zu entschlüsseln, werden die Teilnehmenden motiviert und entwickeln Entdeckungsgeist. Sie werden nicht mit fertigen Lernergebnissen konfrontiert, sondern erarbeiten sich innerhalb eines vorgegebenen Settings durch aktive Auseinandersetzung mit zahlreichen Materialien und Messinstrumenten den Lerngegenstand eigenständig. Dabei können die Teilnehmenden erkennen, dass Orientierung im Hochgebirge eines vielfältigen Blicks und einer integrativen Betrachtung verschiedener geographischer Raumkonzepte bedarf.

8.2 Inhaltsanalyse

„*Orientierung bedeutet eigentlich nur: wissen, wo man sich befindet und in welcher Richtung man sein Ziel erreicht.*" (Höh 2002, 8)

Über Jahrtausende haben Menschen verschiedene Konzepte und Hilfsmittel zur Orientierung ersonnen. Über verschiedene Abstraktionsarten und -möglichkeiten werden verständliche Zusammenhänge mit der komplexen Wirklichkeit hergestellt, um sich besser zurecht zu finden oder um Informationen auszutauschen. Räumliche Orientierung, Karten und Geoinformation sind dabei auch zentrale Themen der Geographie sowie des Geographieunterrichts (Hüttermann et al. 2012). Diese Exkursion beschäftigt sich im Wesentlichen mit dem realen Raum, mit existierenden Abstraktionsebenen der Realität, die von Menschen geschaffen werden, und mit Aspekten von Orientierungsmöglichkeiten mittels Karte, Kompass/Bussole und GPS.

Eine der wohl bekanntesten vom Menschen geschaffenen Abstraktionen der Wirklichkeit ist die Karte. Es gibt Karten in den verschiedensten Ausführungen und für vielseitigste Anwendungen. In Karten werden räumliche Bezüge hergestellt, raumbezogene Informationen, Erscheinungen und Sachverhalte, Vorstellungen von der Wirklichkeit, der Landschaft, auch von abstrakten Erscheinungen im Raum anschaulich wiedergegeben. Eine Karte wird hauptsächlich durch folgende Merkmale charakterisiert: Sie ist eine maßstäblich verkleinerte, vereinfachte, ebene, erläuterte Darstellung der Wirklichkeit (Linke 2011). Maßstabsangaben auf Karten stellen eine Bezugsgröße zwischen Kartenstrecken und entsprechenden Strecken in der Wirklichkeit dar. Damit erhalten Karten eine erweiterte Funktion in ihrer Nutzung. Ein Maßstab ist beispielsweise notwendig, um ungefähr einzuschätzen, wie viel eine in der Karte eingezeichnete Distanz zwischen zwei Punkten in der Realität beträgt. Dabei gibt es auch Manches zu beachten. Je stärker beispielsweise der Höhenunterschied zwischen zwei Punkten ist, desto größer fällt der Fehler zwischen der abgelesenen und der tatsächlichen Entfernung aus. Im Gebirge ist dies von besonderer Bedeutung.

Ein weiteres bedeutendes Hilfsmittel auf dem Gebiet der Orientierung gibt es seit der Erfindung des Magnetkompasses. Die natürliche Voraussetzung für seine Funktion ist das Erdmagnetfeld. Für verschiedene Anwendungen gibt es grundsätzlich unterschiedliche Kompassmodelle. Im Gebirge ist beispielsweise ein Spiegelkompass gut geeignet (Würtl 2002; Liebau 2010). Beim Spiegelkompass ist der Spiegel oben positioniert, bei einer Bussole unten (zum Ausklappen/vgl. Abb. 123), außerdem besitzt eine Bussole im Gegensatz zum gemeinen Kompass eine Visiereinrichtung. Beim Arbeiten mit einem Kompass/einer Bussole geht es im Wesentlichen darum, den Winkel zwischen zwei Richtungen zu messen. Diese beiden Richtungen sind die magnetische Nordrichtung als feste Bezugsrichtung und eine Peilrichtung, in der ein Ziel liegt. Der gemessene Winkel kann dann von einer Karte in die Realität oder von der Realität auf die Karte übertragen werden. Damit wird deutlich, dass die Verwendung einer Bussole meist nur in Kombination mit einer Karte sinnvoll ist. Vorsicht ist aber anzuraten, weil die eingezeichneten Gitterlinien auf der Karte nicht in magnetischer/geographischer Nord-Süd-Richtung verlaufen müssen, häufig (aber ebenfalls nicht bei allen Karten notwendigerweise) sind dagegen der Kartenrand sowie die waagrecht (von West nach Ost verlaufenden) Ortsbeschriftungen zur Einnordung hilfreich. Für eine sinnvolle und genaue Kompassarbeit ist ferner von Bedeutung, sich darüber bewusst zu sein, dass es drei verschiedene Nordrichtungen gibt: geographischer Norden, magnetischer Norden, Gitternorden. Um nicht zu verwirren und da die Abweichungen im Exkursionsgebiet derzeit relativ gering sind, wird diese Unterscheidung bei dieser Exkursion nicht berücksichtigt. Funktionen, Bestandteile und Einsatzbereiche von Kompass und/oder Bussole sollen an dieser Stelle nicht ausführlich diskutiert werden. Für weitere Verwendungsmöglichkeiten und Beschreibungen im Umgang mit Bussolen sei auf die angegebene Literatur (z. B. Hofmann 2006) und die Gebrauchsanweisungen von speziellen Geräten verwiesen (z. B. http://recta.ch/de/arbeiten-mit-dem-kompass).

Um jeden Punkt der Erde im Realraum oder eben auch auf einer Karte genau festlegen zu können, wurden vom Menschen Koordinaten geschaffen. Koordinaten existieren in der Realität nicht, sie stellen also ebenfalls eine Abstraktion der Realität dar. Der Raum wird mit Koordinaten radikal abstrahiert und „*entgrenzt*", es handelt sich um willkürliche Projektionen, die „*auf die Erdoberfläche gelegt*" worden sind (Reder 2012, 236). Ein Koordinatennetz, das international Verwendung findet, ist das Netz der geographischen Koordinaten (vgl. Hake et al. 2002). Die Erde wird dabei in 2 x 90 Breitenkreise und 2 x 180 Längenkreise eingeteilt, deren Winkelangaben das Gradnetz bilden. Dabei werden nördliche und südliche Breite bzw. östliche und westliche Länge unterschieden. Um wirklich jeden Punkt der Erde festlegen zu können, sind darüber hinaus diese Gradangaben in Minuten und Sekunden aufzuteilen. Im Raum sowie in kleinmaßstäbigen Karten liefern geographische Koordinaten brauchbare Angaben, beispielsweise für die Langstreckennavigation auf Schiffen und in Flugzeugen. Da es jedoch nicht möglich ist, die dreidimensionale Erdform auf zweidimensionalen Karten verzerrungsfrei abzubilden, kommen in großmaßstäbigen Karten „geodätische Koordinatensysteme" zum Einsatz (vgl. Hake et al. 2002). Diese verwenden rechtwinklige, ebene Koordinaten, die für schmale Meridianstreifen zugeschnitten sind, z. B. die auslaufenden Gauß-Krüger-Koordinaten für Deutschland oder Österreich. Heute findet vorwiegend das UTM-Koordinatensystem mit weltweit 60 solcher Meridianstreifen („Zonen" zu je 6°) Anwendung. Mittels Koordinaten – genauer mittels Angaben zum Abstand zum Äquator und Abstand zum Mittelmeridian (Fixwert 500 km) – funktioniert heute die Positionsbestimmung mit GPS-Geräten. GPS steht für „Global Positioning System". Dabei senden Satelliten in Erdumlaufbahnen ständig Da-

Abb. 123: *Bei der Arbeit mit Kompass und Bussole gilt es, auf Genauigkeit zu achten. Eva hält ihre Bussole exakt-waagrecht, die Schnur in Augenhöhe um den Kopf gelegt und gespannt. Deutlich sichtbar ist der nach unten ausgeklappte Spiegel der Bussole (Foto: Lars Keller 2013)*

tensignale, mit deren Hilfe GPS-Geräte (Empfänger), aufgrund von Laufzeitdifferenzen der Signale und hoch genauer Zeitangaben im Signal, die genauen Koordinaten auf der Erdoberfläche berechnen können.

Im Folgenden wird der Blick noch einmal auf die Karten gelenkt. Karten sind generell ein mächtiges Werkzeug. Vielfach werden sie von den Nutzerinnen/Nutzern als „objektive" Medien wahrgenommen. Schlüpfen aber beispielsweise mehrere Personen zur selben Zeit am selben Ort in die Rolle einer Kartographin/eines Kartographen, kann durch einen anschließenden Vergleich der entstandenen Produkte Bewusstsein dafür geschaffen werden, dass Karten vielmehr von Subjekten geprägt werden. (Dies geschieht gleich zu Beginn der hier beschriebenen Exkursion.) Jede Form, Signatur und alle anderen Gestaltungselemente einer Karte sind Zeichen, die willkürlich gewählt werden können. Jedes verwendete Zeichen ist also nur eine von unzähligen Möglichkeiten, um eine Verknüpfung und Bedeutungszuweisung zwischen einem Inhalt der Landschaft und der gewählten Zeichenform herzustellen (Gryl 2010). Die Vielfalt der Gestaltungsmöglichkeiten und Unterschiedlichkeit von Karten lässt darauf schließen, dass es sich immer um konstruierte Perspektiven handelt (Herzig 2012).

Karten ermöglichen den Menschen also einen speziellen Blick auf eine Welt, die zu groß und komplex ist, um direkt gesehen zu werden. Beim Betrachten einer Karte sieht man also nicht „die Welt", sondern eine abstrahierte Darstellung derselben, die günstig für eine gewisse Verwendung erscheint (MacEachren 2004). Die Kartographie bedient sich des Konzepts der graphischen Kommunikation. Der Prozess dieser Kommunikation verläuft grob in folgenden Phasen: Die Umwelt bzw. die Lebenswelt wird von den Kartographinnen/Kartographen auf

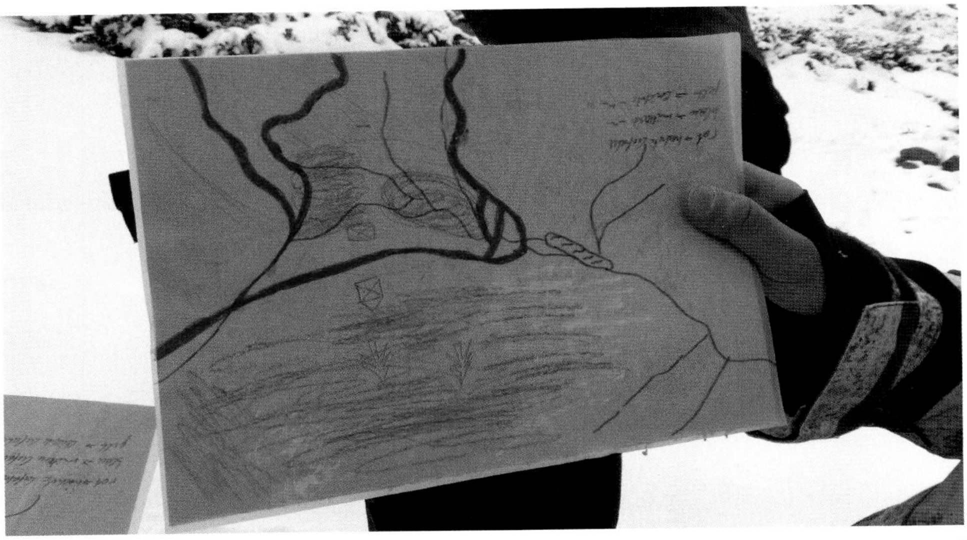

Abb. 124: *Konstruierte Perspektivität: Ein Student verwechselt die linienhaft dargestellten Flüsse mit Wanderwegen und erstellt folglich eine Karte, die anfangs nur er selbst lesen kann (Foto: Lars Keller 2013)*

individuelle Weise wahrgenommen (vgl. Abb. 124). Diese bzw. die Auftraggeberinnen/Auftraggeber bestimmen selbst, was und wie das Wahrgenommene in einer Karte dargestellt und konstruiert wird. Die Kartenleser/innen entwickeln eigenständig ein Verständnis für die in der Karte dargestellten Inhalte, indem sie die Informationen der Karte mit ihrem vorhandenen Wissen in Beziehung setzen. Der Weg von der Realität über die Kartographinnen/Katographen auf die Karte und dann durch die Karte zu den Kartenleser/innen durchläuft zahlreiche Filter (Ziele, Kenntnisse, Erfahrungen, Fähigkeiten, Einstellungen, Wahrnehmungen etc.), die die Informationen beeinflussen (MacEachren 2004). Natürlich gilt das Gesagte im Besonderen für thematische Karten, da topographische Karten in der Regel nach vereinbarten Regeln und Systemen funktionieren und entsprechend „objektiv" erstellt werden. Dennoch zeigen auch sie nie die „Realität" und müssen, je nach verwendetem System, unterschiedlich gelesen und verwendet werden. Ferner gilt es, zahlreiche Details zu kennen, um topographische Karten im Gelände tatsächlich richtig einsetzen zu können, man denke etwa an den Umstand, dass Höhenlinien und Hangformen (selbst in großmaßstäbigen topographischen Karten) beispielsweise im Wald oder im Winter bei sehr viel Schnee nicht mit der Wirklichkeit übereinstimmen müssen und daher Vorsicht geboten ist.

Die Konzepte und Anwendungen von Karten haben sich über die Jahre verändert und erweitert. Karten sind Kommunikationsschnittstellen zwischen virtuellen und physischen Bezügen. Reproduktion von Information und Orientierung sind nicht mehr die einzigen Funktionen. Digitale Kartographie und Geoinformationssysteme bieten vermehrt konstruktivistische Zugänge für die Kartenproduzentinnen/den Kartenproduzenten und den Kartennutzer/innen. Kartographische Werkzeuge des Web 2.0 eröffnen Möglichkeiten, öffentlichkeitswirksam mit Karten zu agieren und bieten gegenüber klassischen Darstellungsformen neue Möglichkeiten (Traun et al. 2013). Dennoch ist es im Lernprozess sinnvoll, Grundstrukturen des räumlichen Denkens und der Kartographie zu erlernen, indem visuell wahrgenommene „reale“ Sachverhalte mit eigenen Konzepten generiert werden, und versucht wird, dies händisch zu skizzieren, eben zu kartieren.

„Unsere Existenz hängt davon ab, dass wir Fiktionen und Projektionen in die Welt hinein entwerfen. Wir dürfen aber nie vergessen: Es sind Fiktionen, es sind Projektionen und es könnten auch andere sein und es liegt an uns, das zu entscheiden.“ (Blom in Reder 2012, 243)

8.3 Methodische Analyse

Den methodischen Rahmen für die Exkursion zur Orientierung im Gelände bildet eine adaptierte Form des „Geocaching“. Das Geocaching kann auch als Variante der altbekannten Schnitzeljagd bezeichnet werden, die sich moderner GPS-Technologien bedient (Hartl et al. 2006; Wiersdorff 2011). Beim Geocaching werden die Koordinaten so genannter „Caches“ (Verstecke in der Landschaft) online bereitgestellt, die Finder/innen dieser Verstecke werden mit kleinen Geschenken belohnt. Indem die Finder/innen wiederum selbst einen Tauschgegenstand hinterlassen und die Koordinaten online bereitstellen, bleibt der Cache erhalten und das Spiel kann immer weiter gehen (Hartl et al. 2006; Wiersdorff 2011). Diese moderne Schnitzeljagd hat sich mittlerweile zu einem beliebten Spiel entwickelt, was durch die ungeheure Dichte der im Internet abrufbaren Geocache-Punkte (vgl. etwa www.geocaching.com, www.opencaching.com/de/) belegt wird. Vorhanden sind auch genügend didaktische Begründungen, die das Potential verschiedener Varianten des Geocachings für die naturwissenschaftliche Bildung und in verschiedenen Fachdisziplinen beschreiben (vgl. z. B. Koller 2010; Wiersdorff 2011). Das Suchen und Finden von Verstecken wird dabei meist mit der Lösung von Arbeitsaufgaben verknüpft.

In einer etwas variierten Form des Geocachings wird im folgenden Exkursionsbeispiel die Idee umgesetzt, dass sich aus der Mehrzahl von richtigen Lösungen an den Einzelstationen (Zwischenzielen/Caches) die Koordinaten des Endverstecks (Final Cache) ergeben. Durch direktes (Bekanntgabe der Koordinaten) und indirektes/verschlüsseltes Hinführen (Ermittlung des Caches durch Lösen einer Aufgabe zur Orientierung im Gelände) zu den Verstecken im Gelände sammeln die Teilnehmenden Bausteine für die Herstellung eines Endprodukts, das sie letztlich zum Ziel des Exkursionstages führt. Die Teilnehmenden lernen dabei den Umgang mit geographischen Koordinaten, setzen sich aktiv und selbstständig mit ihrer Umgebung auseinander, planen und handeln in der Kleingruppe (Hartl et al. 2006; Koller 2010; Wiersdorff 2011).

Das Geocaching wird bei dieser Exkursion dabei mit dem Ansatz einer handlungsorientierten Didaktik verknüpft. Die verschiedenen Aufgaben, die die Teilnehmenden an den verschiedenen Caches zu lösen haben, erfordern eine aktive handelnde Auseinandersetzung mit dem Lerngegenstand. Handlungsorientierung als methodisches Prinzip (vgl. Gudjons 2001; Lenz 2003; Thierer 2006) darf dabei aber nicht als oberflächlicher Aktionismus verstanden werden, sondern es müssen Handlungen stets von einem Problembewusstsein getragen sein, um zu Lösungen und Einsichten zu führen. Manuelles und geistiges Tun stehen dabei in einem ausgewogenen Verhältnis zueinander (Lenz 2003). Neben der spielerischen, entdeckenden Naturbegegnung beim Geocaching ermöglicht die methodische Durchführung ein hohes Maß an Selbstbestimmung und Selbstorganisation des Lernprozesses. So wird auch keine Anleitung zur Funktionsweise von benötigten Hilfsmitteln (z. B. für die Verwendung der Bussole) oder zum Zusammenbauen des Kompasses aus verschiedenen Bausteinen bereitgestellt, vielmehr muss dies von den Teilnehmenden „selbst herausgefunden" werden. Bei der Verwendung von Karten, beim Entdecken der Funktionsweisen von Bussolen, durch Messen und Schätzen von Entfernungen etc. entwickeln die Lernenden Methodenkompetenzen und gewinnen grundlegende Erkenntnisse und Einsichten zum Thema Orientierung.

Die Ausarbeitung und Einbettung des handlungsorientierten Geocachings in die gesamte Exkursion wird von weiteren methodischen Überlegungen begleitet. Die Bedeutung von „Spatial Thinking" oder auch „Thinking Geographically" (National Research Council 2006; Jackson 2006; Uhlenwinkel 2013), also des „Räumlichen Denkens" (vgl. auch Dickel & Scharvogel 2013), wird uns allen jeden Tag augenfällig, ist sie doch eine entscheidende Voraussetzung für die mündige Teilnahme am gesellschaftlichen Leben. Ohne Kenntnisse von Lage, Richtung und Entfernung sind die einfachsten alltäglichen Erledigungen wie der Weg zur Arbeit, zum Einkaufen oder zum Sport nicht zu bewältigen. Bereits in der Grundschule verknüpfen Kinder räumliche mit zeitlichen Dimensionen, und etwa ab dem zehnten Lebensjahr entstehen beim Menschen unbewusst mental maps, das sind individuell strukturierte, landkartenähnliche Kartenbilder im Kopf (Downs & Stea 1982). Auch diese gehören zu den Hilfsmitteln, anhand deren wir uns im Raum orientieren. Durch die aktive Auseinandersetzung mit verschiedensten geo- und kartographischen Medien und Werkzeugen (subjektive kartographische Darstellungen, Karte, Bussole etc.), soll den Teilnehmenden der Exkursion bewusst werden, dass es verschiedene Auffassungen von Raum gibt. Das traditionelle Konzept des physisch-materiellen Raums hat dabei seine Berechtigung, jedoch ist diese Betrachtungsweise angesichts der Komplexität der Lebensweltbedingungen in globalisierten, modernen Gesellschaften gleichzeitig unzulänglich (Dickel 2006). Diese Exkursion versucht daher nicht nur der Perspektive „Raum als Abbild von Wirklichkeit" Rechnung zu tragen, sondern auch die aus einer konstruktivistischen Perspektive hervorgehenden Raumkonzepte zu implementieren. Geographische Bildung muss all diesen Raumkonzepten Platz einräumen, um verschiedene geographische Beobachtungsmöglichkeiten zu erkennen und zu schulen (Rhode-Jüchtern 2009).

Im Folgenden werden dazu die vier Raumkonzepte, „Raum als Container, Raum als System von Lagebeziehungen, Raum als Kategorie der Sinneswahrnehmung, Raum als Konstruktion" (vgl. Deutsche Gesellschaft für Geographie 2002; Wardenga 2006; Jenaer Geographiedidaktik 2012) kurz vorgestellt und deren Bedeutung im Rahmen der Exkursion beispielhaft aufgezeigt (vgl. Abb. 125). Die ersten beiden Raumkonzepte folgen der traditionellen Auffassung von „Raum als Abbild von Wirklichkeit" (Jenaer Geographiedidaktik 2012, 31). Aus einer landschaftsgeographischen Perspektive wird dabei zum einen vom „Container-Raum" gesprochen, in dem bestimmte Sachverhalte der physisch-materiellen Welt enthalten sind (DGfG 2002; Jenaer Geographiedidaktik 2012). Erfasste materielle Objekte in diesem Container werden im Sinne des zweiten Raumkonzepts in ein „System von Lagebeziehungen" (vgl. Werlen 2008; Weichhart 2008) eingeordnet. Dabei werden Zusammenhänge, Verteilungen, Distan-

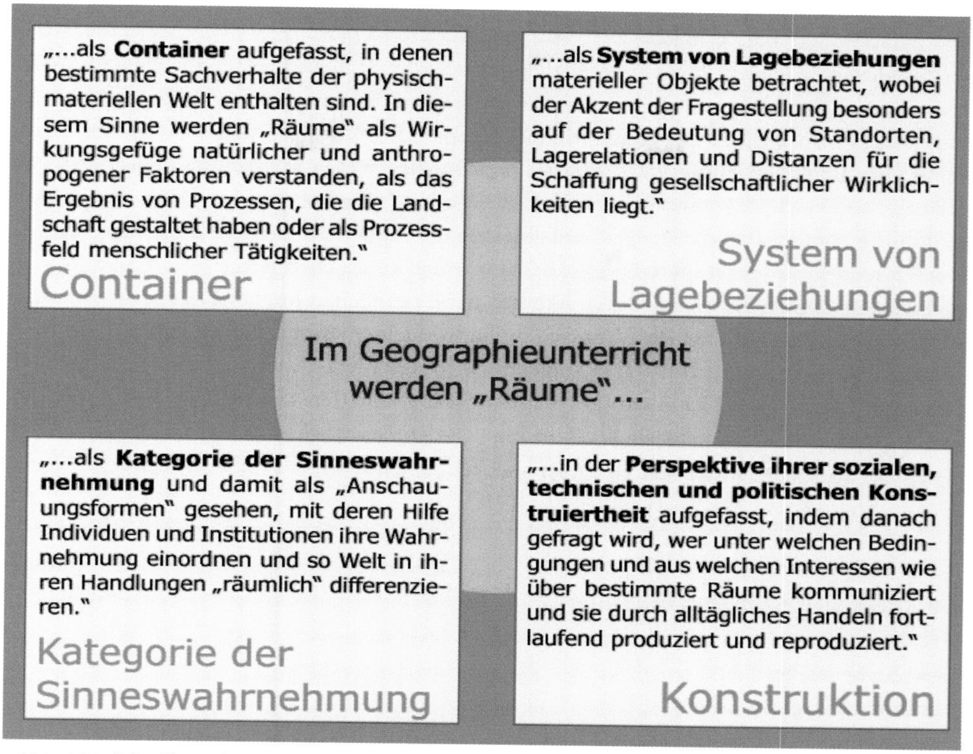
„...als **Container** aufgefasst, in denen bestimmte Sachverhalte der physisch-materiellen Welt enthalten sind. In diesem Sinne werden „Räume" als Wirkungsgefüge natürlicher und anthropogener Faktoren verstanden, als das Ergebnis von Prozessen, die die Landschaft gestaltet haben oder als Prozessfeld menschlicher Tätigkeiten."
Container
„...als **System von Lagebeziehungen** materieller Objekte betrachtet, wobei der Akzent der Fragestellung besonders auf der Bedeutung von Standorten, Lagerelationen und Distanzen für die Schaffung gesellschaftlicher Wirklichkeiten liegt."
System von Lagebeziehungen
Im Geographieunterricht werden „Räume"...
„...als **Kategorie der Sinneswahrnehmung** und damit als „Anschauungsformen" gesehen, mit deren Hilfe Individuen und Institutionen ihre Wahrnehmung einordnen und so Welt in ihren Handlungen „räumlich" differenzieren."
Kategorie der Sinneswahrnehmung
„...in der **Perspektive ihrer sozialen, technischen und politischen Konstruiertheit** aufgefasst, indem danach gefragt wird, wer unter welchen Bedingungen und aus welchen Interessen wie über bestimmte Räume kommuniziert und sie durch alltägliches Handeln fortlaufend produziert und reproduziert."
Konstruktion

Abb. 125: *Vier Raumkonzepte: Raum als Container, Raum als System von Lagebeziehungen, Raum als Kategorie der Sinneswahrnehmung, Raum als Konstruktion (Jenaer Geographiedidaktik 2012, verändert)*

zen und Lagerelationen objektiver Raumstrukturen erfasst und beschrieben (Wardenga 2002). Diesen beiden Raumauffassungen begegnen die Teilnehmenden bei der Exkursion bereits in Station 1, bei der sie dazu aufgefordert werden den sie umgebenden Raum zu kartieren. Der zu erkundende Raumausschnitt wird dabei als ein mit bestimmten Dingen angefülltes Umfassendes wahrgenommen. Bei der Kartierung werden Standorte physisch-materieller Gegebenheiten (Berge, Flüsse, Bäume, Brücken, Wege etc.) erfasst, lokalisiert und in die selbst erstellte Karte übertragen (vgl. Scharvogel & Gerhardt 2009). Ebenso ermitteln die Teilnehmenden Lagebeziehungen mittels Bussole und GPS und schätzen Entfernungen zwischen verschiedenen Objekten. Das Erfassen markanter Objekte sowie das Abschätzen und Einordnen von Lagebeziehungen spielt beim Thema Orientierung im Gelände stets eine wichtige Rolle und begleitet die Teilnehmenden über die gesamte Exkursion.

Die zwei weiteren Raumkonzepte grenzen sich bewusst von dem Verständnis des Raums als Abbildung der Wirklichkeit ab. Aus wahrnehmungsgeographischer Perspektive beschäftigt sich das „Konzept des Raumes als Kategorie der Sinneswahrnehmung" mit der subjektiven Wahrnehmung und Bewertung von Räumen beziehungsweise der Umwelt (vgl. Wald 2013). Obwohl der Raum mit seinen Landschaftsmerkmalen (Hard 2002) als objektive Grundlage gesehen werden kann, nimmt jedes Subjekt die objektiven Raumstrukturen, in Abhängigkeit von persönlichen Vorstellungen, Lebenszielen, Werten, Erwartungen etc., verschieden wahr, differenziert und gliedert dessen Elemente unterschiedlich (Jenaer Geographiedidaktik 2012). Aufbauend auf diese Perspektive des Wahrnehmungsraums kann ein „Raum als soziales oder technisches Konstrukt" gesehen werden (Wardenga 2002; Werlen 2008). Wie wird beispielsweise über Räume kommuniziert und wie werden diese dabei konstruiert, aktualisiert und gelebt (Wardenga 2002; Jenaer Geographiedidaktik 2012)? Bei derartigen Fragestellungen begegnet man unumgänglich wieder den Subjekten, die hinter den jeweiligen Konstruktionen von Räumen stehen sowie deren (individuell und/oder sozial gesteuerten oder zumindest beeinflussten) Denken und Handeln. Im Rahmen der Exkursion kommt auch dieser Perspektive Bedeutung zu. So lässt etwa der Vergleich der individuell unterschiedlichen kartographischen Darstellungen erkennen, dass Raum subjektiv sehr verschieden wahrgenommen und gegliedert wird. Entsprechend kann ein Bewusstsein dafür geschaffen werden, dass Karten nie objektive Gegebenheiten darstellen, sondern immer auch Ausdruck einer expliziten Perspektive sind, und somit als individuelle und/oder soziale Konstruktion verstanden werden müssen (Daum 2011; DGfG 2012; Gryl 2010).

8.4 Hinweise zur Durchführung

8.4.1 Allgemeines

Zunächst beschäftigen sich die Teilnehmenden mit dem Erfassen der Umwelt durch eigenständiges Kartieren und einem anschließenden Vergleich ihrer Arbeiten. Dann werden die Teilnehmenden zu Geocacher/innen und begeben sich auf die Jagd nach einem Geheimcode, mit dem sie das Ziel des Tages entschlüsseln können. Sie setzen sich mit diversen Instrumenten zur Orientierung im Raum auseinander, indem sie durch Ausprobieren, Kombinieren, Forschen und Entdecken in Kleingruppen eigenständig mehrere kleine Arbeitsaufträge bewältigen. Dies erfolgt ausdrücklich ohne exakte Ausführungshinweise und ohne fachlichen Input seitens der Begleiter/innen.

Während der Schlüsseljagd: Bei Station 3 A muss eine Begleitperson die Überquerung des Zemmbachs von der Alpenrosenhütte in Richtung Waxeggalm über die Stege beaufsichtigen. Weiters muss sich eine Begleitperson in der Nähe der Stationen 3 C/3 D aufhalten. Dieser sollen die Teilnehmenden das Konzept der Neigungsmessung mit Bussole erklären. An der Alpenrosenhütte übergibt eine Begleitperson bei der Ankunft der Kleingruppen die Materialien des letzten Cache 3 D.

8.4.2 Vorbereitung der Teilnehmenden

Es bedarf seitens der Teilnehmenden keiner expliziten Vorbereitung auf diese Exkursion. Es wäre aber vorteilhaft, wenn diese im Umgang mit diversen Kartenarten geübt wären. Gewisse Basiskenntnisse zum Einnorden von Karten, über Kartenelemente, Koordinatennetz und Maßstab können hilfreich sein, Detailwissen ist aber nicht nötig.

8.4.3 Vorbereitung der Begleitperson/en

Die Begleitperson muss im Umgang mit Karte, Bussole/Kompass und GPS geübt sein, soll die Bauweise des Entschlüsselungskompasses und das Codierungsverfahren der Cäsar-Verschlüsselung kennen.

Die Handhabung der Bussole wird unter http://recta.ch/de/arbeiten-mit-dem-kompass und die Ermittlung der Neigung unter http://recta.ch/de/spezielle-handhabungen detailliert beschrieben.

Mit Vorsicht zu genießen ist der Ersatz/die Ergänzung der GPS-Geräte durch entsprechende Apps auf Smartphones. Generell wären diese eine große Hilfe, jedoch hat man in unserem Exkursionsgebiet nur teilweise Empfang, das Internet funktioniert bislang weitgehend nicht.

Vor der Durchführung vor Ort müssen die Caches von einer Begleitperson unauffällig und verfrachtungssicher (z. B. gegen Wind) im Gelände positioniert werden.

8.4.4 Material

Diese Exkursion ist materialintensiv und bedarf diesbezüglich einer umfangreichen Vorbereitung. Nachfolgend wird deshalb versucht, die Vorbereitung in einzelne Schritte zu gliedern, um eine möglichst gute Übersicht zu gewährleisten.

- Aufgabenblätter der verschiedenen Stationen
- Feste Zeichenunterlage (1/Person)
- Bleistift (1/Person)
- Radiergummi (1/Person)
- Bussole (1/Paar)
- GPS-Gerät (1/Kleingruppe)
- Cache Station 3 B: Aufgabenstellung Station 3 B, im Anhang (1/Kleingruppe), Korkscheibe (1 Kleingruppe)
- Cache Station 3 C: Aufgabenstellung Station 3 C, im Anhang (1/Kleingruppe), Arbeitsmaterial Station 3 C, im Anhang (1/Kleingruppe), Geodreieck (1), Joghurtbecherboden (1/Kleingruppe)
- Cache Station 3 D: Aufgabenstellung Station 3 D, im Anhang (1/Kleingruppe)
- Stahlstiftchen (1/Kleingruppe)
- Magnet (1/Kleingruppe)
- Wasser (ausreichend für alle Kleingruppen)
- Flipchart-Papier mit je einem der folgenden Stichworte in der Mitte: „Raum als Abbildung von Wirklichkeit“ & „Raum als Konstruktion“ (2)
- Marker (mehrere)
- Dünne Schreibstifte (1/Person)
- Leere Papierkärtchen (min. 4/Person)
- Klebestift (min. 1)
- Arbeitsmaterialien der verschiedenen Stationen

Caches

Die Bestandteile der Caches aller Stationen der Schlüsseljagd in Tiefkühlsäckchen oder Plastikbüchsen vorbereiten und vor Beginn des Geocaching im Gelände an den richtigen Punkten verstecken:

- Cache Station 3B: Arbeitsblatt Station 3B, im Anhang (1/Kleingruppe), Korkscheiben (1/Kleingruppe).
- Cache Station 3C: Aufgabenstellung Station 3C, im Anhang (1/Kleingruppe), Arbeitsmaterial Station 3C, im Anhang (1/Kleingruppe), Geodreieck (1), Joghurtbecherboden (1/Kleingruppe)
- Cache Station 3D: Aufgabenstellung Station 3D, im Anhang (1/Kleingruppe)

Basteln des Entschlüsselungskompasses

Bestandteile zum Basteln vorbereiten: Joghurtbecher zuschneiden, mit Peilvorrichtung und Codierung versehen, Korken in 3–5 mm dicke Scheiben schneiden (siehe Bauanleitung Station 3E).

8.4.5 Zeitplan

Stationen	**Zeit**
Station 1: Verwendung von Bussolen, Zeichnen kartographischer Darstellungen	Ca. 60 Min.
Station 2: Vergleichen kartographischer Darstellungen	Ca. 30 Min.
Station 3: Schlüsseljagd/Geocaching	Ca. 2,5 h
Station 3A: Bestimmung eines Punktes im Gelände	Ca. 30 Min.
Station 3B: Bestimmung von Koordinaten mit GPS-Gerät	Ca. 30 Min.
Station 3C: Maßstabsumrechnung, Entfernungsschätzung	Ca. 30 Min.
Station 3D: Neigungsmessung	Ca. 30 Min.
Station 3E: Basteln eines Kompasses, Entschlüsselung eines Codes	Ca. 30 Min.
Station 4: Schlussreflexion	Ca. 30 Min.
Gesamt	**Ca. 4–5 h**

Station 1: Verwendung von Bussolen, Zeichnen kartographischer Darstellungen	
Orte	Rund um die Alpenrosenhütte
Dauer	Ca. 60 Min. (bei Problemen mit der Bussole entsprechend länger)
Wegstrecke	Ca. 0,2 km
Höhenmeter	–
Sozialform	Partnerarbeit, Einzelarbeit
Material	Arbeitsmaterial Station 1 Basiskarte DIN A3 in Farbe, kopiert auf DIN A3 Papier (1/Person)

	Feste Zeichenunterlage (1/Person) Bleistift (1/Person) Radiergummi (1/Person) Bussole (1/Paar)
Gefahren	Keine

Exakte Angaben für die Teilnehmenden

Bildet ein Zweierteam und sucht Euch einen Standort in Nähe der Alpenrosenhütte. Nehmt dorthin mit: Basiskarte, feste Zeichenunterlage, Bleistift, Radiergummi und Bussole.

1. Die Bussole dient als Hilfsmittel, um Richtungen umliegender Punkte (der Realität) auf der Karte korrekt zu positionieren. Findet in Eurem Zweierteam selbständig die Funktionsweisen der Bussole heraus und entdeckt, wie die Bussole zur Festlegung der Himmelsrichtung eines Objekts (im Raum und schließlich zur Übertragung in eine Karte) eingesetzt werden kann.
2. Anschließend soll jede/r Einzelne alleine (!) eine kartographische Darstellung der Umgebung (auf Grundlage der ausgeteilten Basiskarte) zeichnen. In einer Stunde treffen wir uns alle wieder an der Alpenrosenhütte.

Hinweise für die Begleitperson/en

Eine Begleitperson soll einleitend mitteilen, dass es an diesem Halbtag im weitesten Sinne um Orientierung im Raum geht und um Hilfsmittel, die der Orientierung dienen. Es gilt, möglichst viele Dinge selbst zu entdecken, inhaltliche Rückfragen werden nur im äußersten Notfall beantwortet. Dann wird der erste Arbeitsauftrag erklärt und die Materialien zur Station 1 werden verteilt.

Die Begleitpersonen sollen auf keinen Fall die Funktionsweise der Bussole selbst erklären. Es soll lediglich darauf hingewiesen werden, dass man mit einer Bussole peilen kann, dass beispielsweise mit Bussole und Karte durch Peilung ein Punkt aus einer Karte im Gelände gefunden werden kann (zumindest wenn der eigene Standpunkt genau bekannt ist) und dass man umgekehrt die Himmelsrichtung von Objekten zur Übertragung aus der Realität in eine Karte nutzen kann. Die Verwendung dieses Werkzeugs spielt somit vor allem für die Ermittlung von Lagebeziehungen eine bedeutend Rolle. Die Begleitpersonen halten sich generell während der Übung zurück, und helfen den Teilnehmenden nur dann, wenn diese beim Entdecken der Funktionsweise der Bussole nach längerem Probieren Hilfe benötigen. Bei schwächeren Gruppen empfiehlt sich evtl. die Verwendung eines entsprechenden Infoblattes. Möglicherweise könnte dieses auch nur die grundsätzlichen Gedankengänge der Erfinder der Bussole/des Kompasses wiedergeben, die dann umgesetzt werden müssen. Es sollte auf jeden Fall sichergestellt werden, dass die Teilnehmenden den Umgang mit der Bussole verstanden haben.

Wenn Teilnehmende nachfragen, welcher Typ Karte gezeichnet werden soll, werden bewusst keine weiteren Angaben gemacht. Die einzige Vorgabe diesbezüglich ist, eine Karte der Umgebung auf Grundlage der Basiskarte zu zeichnen.

Erwartungshorizont

Diese Übung soll die Abstraktionsfähigkeit von der Realität in die Karte fördern. Die Teilnehmenden erfassen die von ihnen wahrgenommene physisch-materielle Umwelt/Umgebung in kartographischen Darstellungen (vgl. Abb. 126). Dabei muss überlegt werden, wie verschiedene Phänomene/Objekte dargestellt werden können, wie eine Abstraktion von Raumelementen erfolgen kann, welche Elemente subjektiv als wichtig erachtet werden, welche Symbole eingesetzt werden usw. Einerseits wird die Darstellung stark durch die persönliche Vorbildung im Umgang mit Karten geprägt, andererseits durch die Wahrnehmungen vor Ort und die vorhandenen Werkzeuge. Es entstehen jeweils individuelle, unterschiedliche kartographische Darstellungen. Die Bussole soll primär als Instrument entdeckt werden (Skala, drehbare Kompassdose, Peillinie, Funktion eines Spiegels, Anwendung...) und hier vor allem ihre Funktion zur Peilung und Punkteübertragung zwischen Gelände und Karte geübt werden.

Station 2: Vergleichen kartographischer Darstellungen

Orte	Alpenrosenhütte
Dauer	Ca. 30 Min.
Wegstrecke	–
Höhenmeter	–
Sozialform	Partnerarbeit
Material	Die von den Teilnehmenden gezeichneten Karten der Umgebung aus Station 1
Gefahren	Keine

Exakte Angaben für die Teilnehmenden

Vergleicht nun jeweils zu zweit die von Euch in Station 1 individuell erstellten kartographischen Darstellungen. Diskutiert Unterschiede in den kartographische Darstellungen. Gibt es markante Wahrnehmungsunterschiede, standortbedingte Unterschiede, Unterschiede in den verwendeten Symbolen, Unterschiede in der Vorgehensweise, in der Darstellung etc. Was fällt auf? Haltet Eure Ergebnisse stichwortartig schriftlich fest. Der Vergleich erfolgt in drei Runden:

1. Runde: Beide Personen, die am selben Standort die Karte zeichneten, vergleichen ihre Resultate (A1 ↔ A2, B1 ↔ B2, C1 ↔ C2, usw.).
2. Runde: Personen unterschiedlicher Standorte vergleichen ihre Karten (A1 ↔ C1, C2 ↔ B1, B2 ↔ D1, usw.).
3. Runde: Personen weiterer verschiedener Standorte vergleichen ihre Karten (A1 ↔ B1, C2 ↔ D2, usw.)

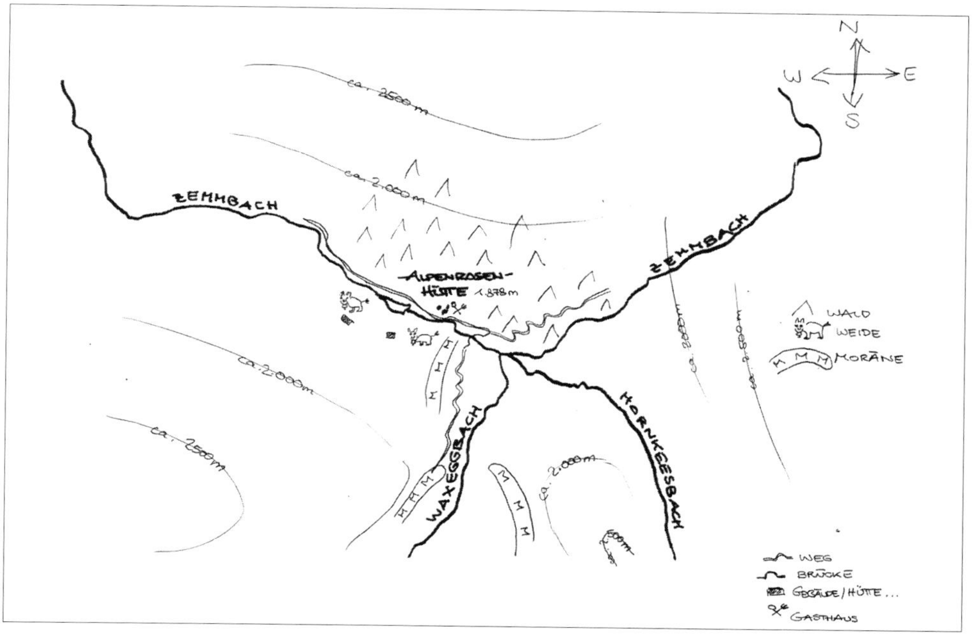

Abb. 126: *Beispiel einer selbst erstellten kartographischen Darstellung der Umgebung*

Hinweise für die Begleitperson/en

Die Begleitpersonen erklären den Arbeitsauftrag, geben die Zeitpunkte an, bei denen die Diskussionspartner gewechselt werden, agieren ansonsten aber nicht aktiv und stehen bei Fragen zur Verfügung.

Erwartungshorizont

Durch den Vergleich verschiedener kartographischer Darstellungen kann Vieles erkannt werden: Dass der Raum von jedem/r individuell wahrgenommen wird, dass die Abstraktion der Realität auf die Karte unterschiedlich vorgenommen wird (Notwendigkeit von Legenden?), dass Karten unterschiedliche Funktionen haben können und verschiedene Elemente repräsentieren (Infrastruktur, Vegetation, Höhenlinien, Schraffur, Signaturen, Berggipfel, Geländedarstellung, Geländepunkte ...), dass Entfernungen beim Erstellen der kartographischen Darstellungen geschätzt werden mussten, wie die Bussole eingesetzt werden konnte, wie sich minimale Standortunterschiede bei der Anfertigung auswirken u. ä. Diese Erkenntnisse bilden auch einen wichtigen Input für die abschließende Reflexion der Exkursion in Station 4.

Station 3: Schlüsseljagd/Geocaching

Mit Station 3 beginnt eine Schlüsseljagd bzw. das Geocaching. Die Teilnehmenden begeben sich jeweils in Kleingruppen (so wenige Teilnehmende pro Kleingruppe wie möglich, evtl. sogar in Partnerarbeit) auf die Suche nach Bestandteilen, mit denen sie zum Schluss einen besonderen Kompass (Entschlüsselungskompass = Decodiermaschine) basteln werden, um ein Rätselwort zu entschlüsseln. An jedem erfolgreich gefundenen Cache der Schlüsseljagd befindet sich ein Bestandteil für den Kompass und eine Aufgabenstellung, die zum nächsten Cache führt. Alle gefundenen Aufgaben und Bestandteile sollen gesammelt und mitgenommen werden. Die Begleitpersonen geben während der gesamten Schlüsseljagd keinerlei Anleitungen. Durch die Hinweise und mit den vorgegebenen Hilfsmitteln bei den einzelnen Stationen/Caches bewegen sich die Teilnehmenden eigenständig im Raum. Der Zeitbedarf des Geocachings wird zwischen den Kleingruppen variieren und bei zirka zwei bis drei Stunden liegen.

Die Kleingruppen bewältigen die Schlüsseljagd in freiem Gelände, auch abseits von markierten Wegen. Es ist unbedingt notwendig, dass die Teilnehmenden verantwortungsbewusst vorgehen. Das Gelände ist übersichtlich, bei halbwegs guter Sicht kann ein Verirren im Gebiet ausgeschlossen werden.

Wenn alle Kleingruppen zum selben Zeitpunkt mit dem Geocaching beginnen, besteht die Gefahr, dass sich Kleingruppen zusammenschließen. Damit minimiert sich die Aktivität einzelner Teilnehmender. Bei einem Massenstart ist es zudem nicht auszuschließen, dass beispielsweise eine Kleingruppe versucht, einer anderen unauffällig zu folgen und so, möglichst ohne die jeweiligen Aufgaben zu lösen, die Caches findet. Empfehlenswert ist es daher, jede einzelne Kleingruppe in einem zeitlichen Abstand von ca. 10–15 Minuten loszuschicken und sie um stets genügend Abstand zur Kleingruppe vor ihnen zu bitten. Dadurch kann die eigenständige Aktivität der einzelnen Kleingruppen während der Schlüsseljagd erhöht werden. Zusätzlich ist es möglich, die Schlüsseljagd in Form eines Wettbewerbs abzuhalten, bei dem die Gewinnergruppe eine kleine Belohnung erhält (oder erster bis dritter Platz mit Gewinn). Bei einem Wettbewerb ist ein Starten in Etappen ebenfalls günstig. Durch Aufschreiben der Start- und Zielzeit jeder Kleingruppe kann der Wettbewerb trotzdem aufrecht erhalten werden.

Im Folgenden werden die einzelnen Stationen dieser Schlüsseljagd beschrieben:

Station 3A: Bestimmung eines Punktes im Gelände

Ort	Von der Alpenrosenhütte in Richtung Süden zu einem großen, frostverwitterten Felsen (vgl. Abb. 127)
Dauer	Ca. 30 Min.
Wegstrecke	Ca. 0,5 km
Höhenmeter	–
Sozialform	Kleingruppenarbeit

Material	Arbeitsblatt Station 3A, unter Kap. Arbeitsmaterialien (1/Kleingruppe) Karte mit eingezeichnetem Suchpunkt, vgl. Arbeitsblatt Station 3A, unter Kap. Arbeitsmaterialien (1/Kleingruppe) Bussole (1/Kleingruppe)
Gefahren	Vgl. Kapitel V „Sicher unterwegs im Hochgebirge – alpine Gefahren und Ausrüstung", v. a. „Gefahren am Zemmbach"

Abb. 127: *Bei diesem von der Frostverwitterung gesprengten Felsen befindet sich Cache 1 (Foto: Sarah Mariacher 2013)*

Exakte Angaben für die Teilnehmenden: vgl. Arbeitsblatt Station 3A

Ziel des heutigen Tages ist …

Um herauszufinden, was das Ziel des heutigen Tages ist, macht Ihr Euch im Laufe dieser aufregenden Geocaching-Tour auf die Suche nach Bestandteilen einer „Decodiermaschine". Geht in Kleingruppen zusammen und bleibt die ganze Schlüsseljagd über zusammen. Ihr erhaltet das erste Arbeitsblatt, auf dem die erste Aufgabenstellung formuliert ist. Zusätzlich erhält jedes Team eine Karte, in der ein Punkt im Gelände deutlich eingezeichnet ist (lila Kreis) und eine Bussole. Findet mit Hilfe der Karte und der Bussole diesen Punkt im Gelände, dort befindet sich der erste Cache.

Hinweise für die Begleitperson/en

Die Kleingruppen werden festgelegt. Danach wird in zeitlichen Abständen von 10–15 Minuten nacheinander jeder Kleingruppe das Arbeitsblatt, eine Bussole und eine Karte (Abb. 131

oder besser echte AV-Karte) ausgeteilt. Bevor die Teilnehmenden die Suche beginnen, können die Begleitpersonen noch den Hinweis geben, dass zuvor beim Zeichnen der eigenen Karte Richtungen von Geländepunkten mit der Bussole auf die Karte übertragen wurden. Bei dieser Übung wird die Anwendung der Bussole umgekehrt eingesetzt, in dem man eine Richtungszahl von der Karte mit der Bussole ins Gelände überträgt. Der Cache beim in der Karte eingezeichneten Suchpunkt (Karte: lila Kreis/Realität: Abb. 127) soll nicht vollständig unsichtbar versteckt werden. Wird die Schlüsseljagd als Wettbewerb durchgeführt, darf eine Begleitperson nicht vergessen, die Startzeit jeder Kleingruppe zu notieren.

Erwartungshorizont

Die Teilnehmenden sollen einen vorgegebenen Punkt aus einer Karte in der Wirklichkeit durch Zuhilfenahme einer Bussole finden. Sie sollen herausfinden, wie man eine Richtungszahl ins Gelände übertragen kann.

Station 3 B: Bestimmung von Koordinaten mit GPS-Gerät

Ort	Vom großen, frostverwitterten Felsen südlich der Alpenrosenhütte in Richtung Nordwesten zum Kreuz nahe des Stauwehrs am Zemmbach (Abb. 128)
Dauer	Ca. 30 Min.
Wegstrecke	Ca. 0,7 km
Höhenmeter	–
Sozialform	Kleingruppenarbeit
Material	Cache Station 3 B: Arbeitsblatt Station 3 B, unter Kap. Arbeitsmaterialien (1/Kleingruppe) Korkscheibe (1/Kleingruppe) GPS-Gerät (1/Kleingruppe)
Gefahren	Keine

Exakte Angaben für die Teilnehmenden: vgl. Arbeitsblatt Sation 3 B

Findet den nächsten Ort, der durch die folgenden Koordinaten repräsentiert wird. Verwendet dazu Eure GPS-Geräte.
47° 01‘ 33,22“ N/11° 47‘ 45,23“ E (Alternative Darstellung: 47,0258944444 N / 11,7958972222 E)
Achtung: Nehmt eine Korkscheibe mit – Ihr werdet sie am Ende brauchen!

Abb. 128: *Beim Kreuz in der Nähe des Stauwehrs wird Cache 2 versteckt (Foto: Sarah Mariacher 2013)*

Hinweise für die Begleitperson/en

Es soll eine Software verwendet werden, die die geographischen Koordinaten anzeigt und nicht mit einer Karte verknüpft ist. So kann deutlich werden, dass Koordinaten nicht unbedingt nur in Verbindung mit einer Karte verwendet werden müssen.

Erwartungshorizont

Anhand vorgegebener Koordinaten und mit GPS soll der vorgegebene Ort gefunden werden. Die Teilnehmenden erfahren, wie sich die Koordinaten ändern, wenn sie ihren eigenen Standort wechseln. So können die Teilnehmenden die Funktion eines Koordinatennetzes erkennen. Es kann weiters verstanden werden, dass außer Koordinaten keine weiteren Informationen benötigt werden, um einen in Koordinaten vorgegebenen Standort zu finden. Nicht einmal eine exakte Richtungsangabe ist erforderlich, denn diese steckt ebenfalls in den Koordinatenangaben. Zusätzlich können die Teilnehmenden erkennen, dass die Verwendung von GPS mit Abweichungen verbunden ist und nur eingeschränkte Genauigkeit liefert. Auch wenn das Gerät die vorgegebenen Koordinaten genau anzeigt, wird der versteckte Cache einige Meter im Umkreis liegen und muss noch visuell gesucht werden.

Station 3 C: Maßstabsumrechnung, Entfernungsschätzung

Ort	Vom Kreuz nahe des Stauwehrs am Zemmbach in Richtung Nordwesten zur Brücke über den Zemmbach (Abb. 129)
Dauer	Ca. 30 Min.
Wegstrecke	Ca. 0,2 km
Höhenmeter	–
Sozialform	Kleingruppenarbeit
Material	Cache Station 3 C: Arbeitsblatt Station 3 C, unter Kap. Arbeitsmaterialien (1/Kleingruppe) Arbeitsblatt Station 3 C, unter Kap. Arbeitsmaterialien (1/Kleingruppe) Geodreieck (1) Joghurtbecherboden (1/Kleingruppe)
Gefahren	Cache Station 3 C kann mit einer Schnur an den rechten äußersten Brückenpfeiler gebunden und nach unten hängen gelassen werden (vgl. Abb. 129). Wem dies mit seiner Gruppe als zu gefährlich erscheint, möge ein nahe gelegenes, ungefährlicheres Cache verwenden.

Abb. 129: *Cache 3 kann evtl. mit einer Schnur an den rechten äußersten Brückenpfeiler gebunden und nach unten hängen gelassen werden (Foto: Sarah Mariacher 2013)*

Exakte Angaben für die Teilnehmenden: vgl. Arbeitsblatt Station 3 C

Bestimmt die Entfernung von dem in der Karte mit einem lila Kreuz eingezeichneten Standort zur Alpenrosenhütte möglichst genau.

Etwa ein Viertel dieser Entfernung entspricht der Strecke in Metern (Luftlinie) von dem in der Karte mit dem lila Kreis eingezeichneten Standort zum nächsten Zielpunkt. Der nächste Zielpunkt befindet sich vom eingezeichneten Standort aus in nordöstlicher Richtung. Achtung: Nehmt einen Joghurtbecherboden mit – Ihr werdet ihn am Ende brauchen!

Hinweise für die Begleitperson/en

Die Entfernung vom Standort zur Alpenrosenhütte liegt bei ca. 375 m, das Ergebnis der in etwa zurückzulegenden Entfernung (Luftlinie) zum nächsten Zielpunkt beträgt also ca. 90 m. Dieser Zielpunkt kann in der Karte ungefähr eingezeichnet oder durch Schätzen der Entfernung in der Realität gefunden werden. Die Verwendung einer echten topographischen Karte ist empfehlenswert.

Erwartungshorizont

Bei dieser Übung wird mittels Maßstab ein Bezug zwischen Realität und Karte hergestellt. Die Teilnehmenden sollen sich über den Maßstab und seine Eigenschaften bewusst werden und mit dieser Bezugsgröße umgehen. Je nach Lösungsstrategie können sich die Teilnehmenden bei dieser Aufgabe auch im Schätzen von Entfernungen üben.

Station 3D: Neigungsmessung

Orte	Von der Brücke über den Zemmbach zur Alpenrosenhütte
Dauer	Ca. 30 Min.
Wegstrecke	Ca. 0,5 km
Höhenmeter	–
Sozialform	Kleingruppenarbeit
Material	Cache Station 3D: Arbeitsblatt Station 3D, unter Kap. Arbeitsmaterialien (1/Kleingruppe) Stahlstiftchen (1/Kleingruppe)
Gefahren	Keine

Exakte Angaben für die Teilnehmenden: vgl. Arbeitsblatt Station 3D

Jedes Team trägt seit Beginn der Schlüsseljagd eine Bussole mit sich. Nun sollt Ihr Euch überlegen, wie mit einer Bussole eine Steigung im Gelände, die Neigung eines Hanges, einer Bergflanke, einer Straße ermittelt werden kann. Je nach Bussole wird ein kleiner Trick benötigt, um die Neigung feststellen zu können.

Die herausgefundene Methode muss der Begleitperson, die sich im Bereich des Standorts aufhält, erklärt werden, um einen weiteren Baustein für Euren Entschlüsselungskompass zu erhalten.

Achtung: Nehmt das von der Begleitperson erhaltene Stahlstiftchen mit – Ihr werdet es am Ende brauchen!
Geht anschließend zurück zur Alpenrosenhütte.

Hinweise für die Begleitperson/en

In der Nähe des Caches der Brücke muss sich eine Begleitperson aufhalten. Dieser sollen die Teilnehmenden erklären (nicht umgekehrt!), wie mit der Bussole eine Steigung gemessen werden kann. Bei akzeptabler Lösung erhalten die Teilnehmenden ein Stahlstiftchen und den Hinweis, zurück zur Alpenrosenhütte zu gehen, wo sie das letzte Bestandteil für den Entschlüsselungskompass erhalten.

Erwartungshorizont

Geländesteigungen sind nicht zu vernachlässigende Merkmale für Lagebeziehungen im Raum. Bei dieser Station sollen die Teilnehmenden die Verwendungsmöglichkeit einer Bussole zum Messen von Neigungen entdecken. Mittels der Winkelmessfunktion von Bussolen ist dies möglich, auch wenn sie keinen Neigungsmesser eingebaut hat. Für die tatsächliche Messung gibt es verschiedene Möglichkeiten, die alle demselben Prinzip folgen. Da im Straßenverkehr Steigungen stets in Prozent angegeben werden, sollen die Teilnehmenden zudem Überlegungen zum Zusammenhang der Angabe von Neigungsgrößen in Grad und Prozent anstellen.

Station 3E: Basteln eines Kompasses, Entschlüsselung eines Codes

Orte	Alpenrosenhütte
Dauer	Ca. 30 Min.
Wegstrecke	–
Höhenmeter	–
Sozialform	Kleingruppenarbeit
Material	Alle bisher von den Kleingruppen gesammelten Bestandteile der Schlüsseljagd Arbeitsblatt Station 3E, unter Kap. Arbeitsmaterialien (1/Kleingruppe) Bauanleitung Station 3E, unter Kap. Arbeitsmaterialien Magnet (1/Kleingruppe) Wasser (ausreichend für alle Kleingruppen)
Gefahren	Keine

Exakte Angaben für die Teilnehmenden: vgl. Arbeitsblatt 3E

Zurück bei der Alpenrosenhütte erhaltet Ihr einen Magneten und dieses Hinweisblatt zur Entschlüsselung des Codeworts. Ihr habt nun alle Komponenten gesammelt. Baut damit jetzt Euren eigenen Kompass zusammen. Dieser Kompass hat eine besondere Eigenschaft: Wenn

Ihr vor der Alpenrosenhütte mit ihm das „Steinmandl“ anpeilt, zeigt Euch die Kompassnadel den Schlüssel zum Ziel des heutigen Tages.

Hinweis: Wenn Ihr nicht wisst, welcher Berg das „Steinmandl“ ist, sucht ihn auf einer Karte oder fragt das Hüttenpersonal.

Hinweise für die Begleitperson/en

Als Lösungswort/Tagesziel/Codewort etc. kann jedes beliebige Wort verwendet werden, auch ganze Sätze. Die Verschlüsselung mit dem Cäsarcode erfolgt, indem alle Buchstaben des ausgewählten Wortes mit jenem Buchstaben des Alphabets ersetzt werden, der um eine fixe Stelle vor oder hinter dem richtigen Buchstaben liegt. Nach der Vorlage des Entschlüsselungs-Kompasses (Bauanleitung Station 3 E/vgl. Anhang) muss beim Verschlüsseln des Wortes jeder Buchstabe durch den Buchstaben ersetzt werden, der im Alphabet um 9 Stellen weiter vorne liegt (A → R, B → S, C → T, D → U, usw.). Beim Entschlüsseln müssen die Teilnehmenden die Buchstaben dementsprechend um 9 Stellen nach hinten verschieben. Die Verschiebungsrichtung soll selbst herausgefunden werden.

Vorschläge für zu entschlüsselnde Worte:
QDNCCNWJKNWM → HUETTENABEND
BYRNUNJKNWM → SPIELEABEND
etc.

Wird das Geocaching als Wettbewerb durchgeführt, wird die Zeit zu dem Zeitpunkt gestoppt, an dem die Teilnehmenden das Rätsel richtig entschlüsselt haben.

Erwartungshorizont

Durch Tüfteln und Ideengeist soll das Ziel des Tages auf diese Weise herausgefunden werden.

Station 4: Schlussreflexion

Orte	Alpenrosenhütte
Dauer	Ca. 30 Min.
Wegstrecke	–
Höhenmeter	–
Sozialform	Einzelarbeit
Material	Flipchart-Papier mit je einem der folgenden Stichworte in der Mitte: „Raum als Abbildung von Wirklichkeit" & „Raum als Konstruktion" (2) Marker (mehrere) Dünne Schreibstifte (1/Person)
	Leere Papierkärtchen (min. 4/Person) Klebstift (min. 1)
Gefahren	Keine

Exakte Angaben für die Teilnehmenden

In der abschließenden Aktivität geht es um Eure „Raum-Erfahrungen". Ihr seht zwei leere Poster vor Euch mit je einem geographischen Raumkonzept in der Mitte: „Raum als Abbildung von Wirklichkeit" und „Raum als Konstruktion". Jede/r von Euch erhält nun einen Stift und vier leere Papierkärtchen. Notiert auf jedem Kärtchen passende Raum-Erfahrungen des heutigen Tages, die sich den beiden Raumkonzepten zuordnen lassen. Klebt diese anschließend auf das passende Poster.

Hinweise für die Begleitperson/en

Die abschließende Reflexionsphase dient den Teilnehmenden zur Bewusstmachung des Themas „Raum" sowie zur Reflexion individueller Lernerfahrungen. An der zentralen Thematik der Orientierung im Gelände sollten dabei nochmals jene Raumkonzepte diskutiert werden, die den Verlauf der Exkursion in verschiedenen Phasen implizit begleiten (vgl. Kapitel zur methodischen Analyse).

Erwartungshorizont

Um die Thematik etwas zu vereinfachen, finden sich auf den Postern nur die beiden Hauptüberschriften „Raum als Abbildung von Wirklichkeit" (umfasst „Raum als Container" und „Raum als System von Lagebeziehungen") und „Raum als Konstruktion" (umfasst „Raum als Kategorie der Sinneswahrnehmung" und „Raum als (soziale, technische, politische etc.) Konstruktion"). Sollten zu Beginn Unsicherheiten bei den Teilnehmenden über die Aufgabe entstehen, können zunächst einzelne Erfahrungen artikuliert und entsprechend zugeordnet werden, z. B.

- *„Auf der von mir gezeichneten Karte (aus Station 1) habe ich im Vergleich zur anschließend verwendeten AV-Karte total viele Details übersehen, z. B. die verschiedenen Hangneigungen und Geländeformen eines Berges. Ich hab' die nicht mal wahrgenommen.“* → Raum als Konstruktion
- *„Also zum Bergsteigen würde ich mich nur auf die AV-Karte verlassen, hier stimmen die Abstände, Höhen, Hangformen etc.“* → Raum als Abbildung von Wirklichkeit
- *„Mit der Bussole kann ich ganz genau die Lage eines Ortes im Raum bestimmen.“* → Raum als Abbildung von Wirklichkeit
- Etc.

Sollten sich zahlreiche Erfahrungen beiden Konzepten zuordnen lassen, könnte eventuell auch ein drittes Poster entstehen.

8.5 Arbeitsmaterialien

Arbeitsmaterial Station 1

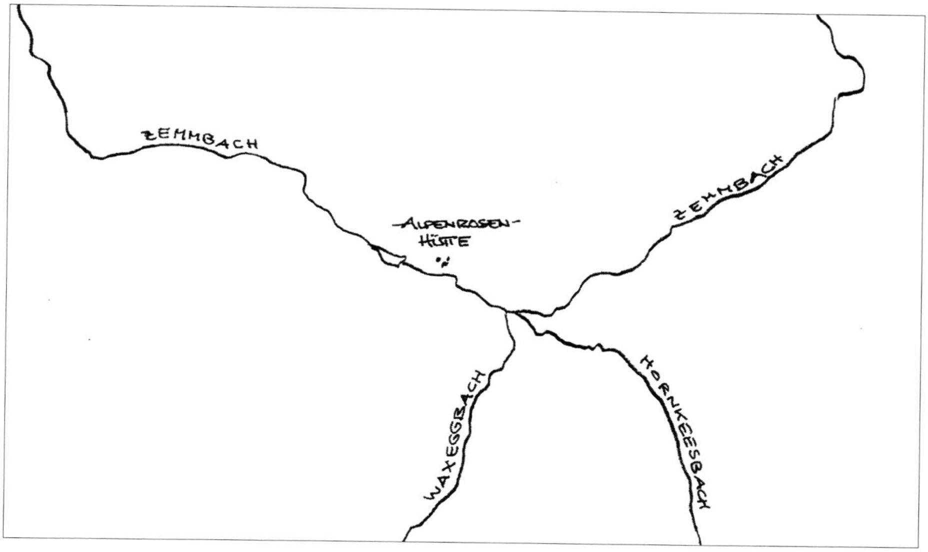

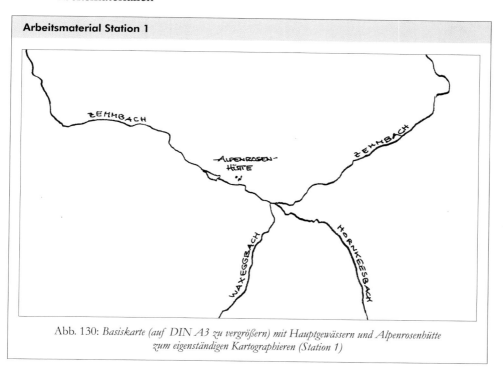

Abb. 130: *Basiskarte (auf DIN A3 zu vergrößern) mit Hauptgewässern und Alpenrosenhütte zum eigenständigen Kartographieren (Station 1)*

Aufgabenstellungen der Station 3 und ihrer Unterstationen zum Ausdrucken und teilweise (Stationen 3 B bis 3 D) zum Verstecken:

Arbeitsmaterial Station 3 A und 3 C

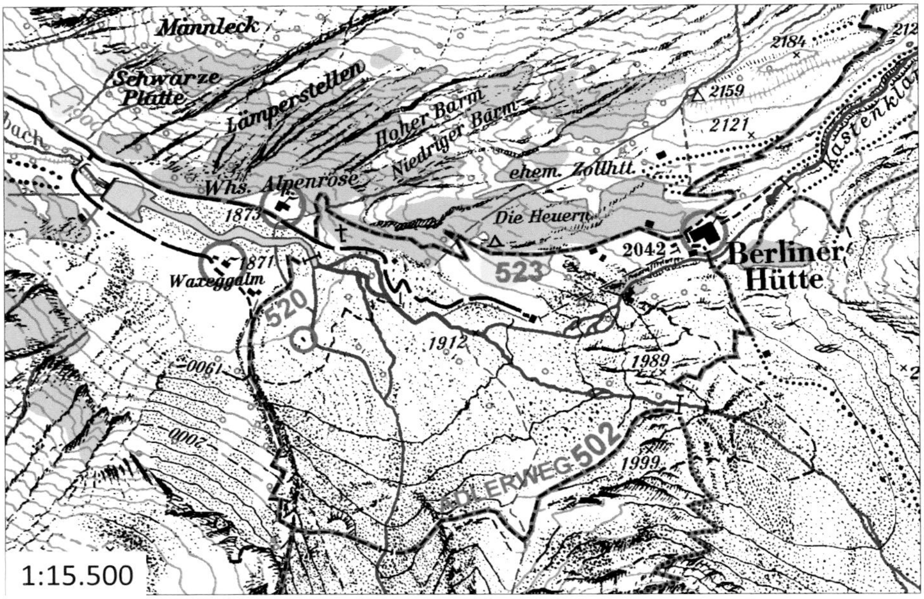

Abb. 131: *Karte mit eingezeichnetem Suchpunkt*

Arbeitsblatt Station 3A – Beim Start an der Alpenrosenhütte

Ziel des heutigen Tages ist...

Um herauszufinden, was das Ziel des heutigen Tages ist, macht Ihr Euch im Laufe dieser aufregenden Geocaching-Tour auf die Suche nach Bestandteilen einer „Decodiermaschine". Bildet Kleingruppen und bleibt die ganze Schlüsseljagd über zusammen. Ihr erhaltet das erste Arbeitsblatt, auf dem die erste Aufgabenstellung formuliert ist. Zusätzlich erhält jedes Team eine Karte, in der ein Punkt im Gelände deutlich eingezeichnet ist (lila Kreis) und eine Bussole. Findet mit Hilfe der Karte und der Bussole diesen Punkt im Gelände, dort befindet sich der erste Cache.

Arbeitsblatt Station 3B – Im Gelände beim großen Stein

Findet den nächsten Ort, der durch die folgenden Koordinaten repräsentiert wird. Verwendet dazu Eure GPS-Geräte.
47° 01′ 33,22″ N/11° 47′ 45,23″ E (Alternative Darstellung: 47,0258944444 N/ 11,7958972222 E)
Achtung: Nehmt eine Korkscheibe mit – Ihr werdet sie am Ende brauchen!

Arbeitsblatt Station 3C – Beim Kreuz

Bestimmt die Entfernung von dem in der Karte mit einem lila Kreuz eingezeichneten Standort zur Alpenrosenhütte möglichst genau.

Etwa ein Viertel dieser Entfernung entspricht der Strecke in Metern (Luftlinie) von dem in der Karte mit dem lila Kreis eingezeichneten Standort zum nächsten Zielpunkt. Der nächste Zielpunkt befindet sich vom eingezeichneten lila Kreis aus in nördlicher Richtung.

Achtung: Nehmt einen Joghurtbecherboden mit – Ihr werdet ihn am Ende brauchen!

Arbeitsblatt Station 3D – Bei der Brücke

Jedes Team trägt seit Beginn der Schlüsseljagd eine Bussole mit sich. Nun sollt Ihr Euch überlegen, wie mit einer Bussole eine Steigung im Gelände, die Neigung eines Hanges, einer Bergflanke, einer Straße ermittelt werden kann. Je nach Bussole wird ein kleiner Trick benötigt, um die Neigung feststellen zu können.

Die herausgefundene Methode muss der Begleitperson, die sich im Bereich des Standorts aufhält, erklärt werden, um einen weiteren Baustein für Euren Entschlüsselungskompass zu erhalten.

Achtung: Nehmt das von der Begleitperson erhaltene Stahlstiftchen mit – Ihr werdet es am Ende brauchen!

Geht anschließend zurück zur Alpenrosenhütte.

Arbeitsblatt Station 3 E – Zurück bei der Alpenrosenhütte

Zurück bei der Alpenrosenhütte erhaltet Ihr einen Magneten und dieses Hinweisblatt zur Entschlüsselung des Codeworts.

Ihr habt nun alle Komponenten gesammelt. Baut damit jetzt Euren eigenen Kompass zusammen. Dieser Kompass hat eine besondere Eigenschaft: Wenn Ihr vor der Alpenrosenhütte damit das „Steinmandl" anpeilt, zeigt Euch die Kompassnadel den Schlüssel zum Ziel des heutigen Tages.

Ziel des heutigen Tages ist: ______________________________

Hinweis: Wenn Ihr nicht wisst, welcher Berg das „Steinmandl" ist, sucht ihn auf einer Karte oder fragt das Hüttenpersonal.

Bauanleitung Station 3 E – Entschlüsselungskompass

Material:
- Joghurtbecher (rund, 250 g)
- Korken
- 30–40 mm langer Stahlstift oder Nähnadel
- Permanentmarker
- Blatt Papier
- Magnet
- Scharfes Messer
- Schere
- Geodreieck

Bauanleitung:
- Den Boden des Joghurtbechers so abschneiden, dass noch 20–25 mm des Randes stehen bleiben (Abb. 132 a).

Bauanleitung Station 3 E – Entschlüsselungskompass

- Auf dem Becherboden müssen jetzt vier Markierungen auf dem oberen Rand angebracht werden. Diese müssen auf einem gedachten Koordinatenkreuz liegen. Hierfür bietet es sich an, ein Koordinatenkreuz auf ein Blatt Papier zu zeichnen und den Becher darüber zu zentrieren d.h. Bechermittelpunkt und Koordinatenkreuzmittelpunkt übereinander legen (Abb. 132 b und c).
- Übertrage eine von den sich gegenüberliegenden Markierungen (einer Diagonale) ins Innere des Bechers, indem Du einen deutlichen Strich zeichnest. Auf der gegenüberliegenden Seite dieses Striches schneide mit einer Schere eine kleine Spitze heraus (Kimme und Korn Prinzip) (Abb. 132 d).
- Trage in einem Winkel von 30°, links neben der herausgeschnittenen Spitze, bei auf dem Kopf liegendem Becher, eine kleine Markierung an der Außenseite des Bechers ab (Abb. 132 e).
- Übertrage diese Markierung nach innen durch einen kleinen Strich und füge weitere vier Markierungen auf demselben Halbkreis hinzu. Jede Markierung soll im Inneren des Bechers deutlich erkennbar sein, außerhalb nur leicht angezeichnet werden (Abb. 132 f).
- Schreibe zu jedem Strich eine Zahl. Bei der Markierung des 30° Winkels soll eine 9 stehen (wenn wie im unteren Beispiel verschlüsselt wird), bei jeder anderen Markierung je eine Zahl zwischen 1 und 26 (Abb. 132 f und g). Diese Zahl dient bei der Exkursion der Entschlüsselung nach Cäsarcodierung.
- Schneide vom Korken eine 3–5 mm dicke Scheibe mit dem Messer ab (Abb. 132 h).
- Streife mit dem Magneten mehrmals über den Stahlstift und nur in eine Richtung, damit die Nadel magnetisch wird. Beachte, dass der Magnet an der Spitze absetzt und ohne erneutes Berühren mit dem Stahlstift an der Hinterseite wieder angesetzt wird.
- Schiebe den Stahlstift quer durch den Korken, so dass er auf beiden Seiten heraus zeigt. Alternativ kann der Stift auch mit Tixo auf dem Korken fixiert werden.
- Fülle in den Becherboden Wasser ein und lege den Korken mit dem Stahlstift hinein (Abb. 131 i).
- Die Kompassnadel richtet sich jetzt langsam nach Norden aus. Um festzulegen, welches Ende des Stifts nach Norden zeigt, nimm eine Bussole zur Hand und markiere auf dem Korken die Nordrichtung mit einem Punkt oder Pfeil.

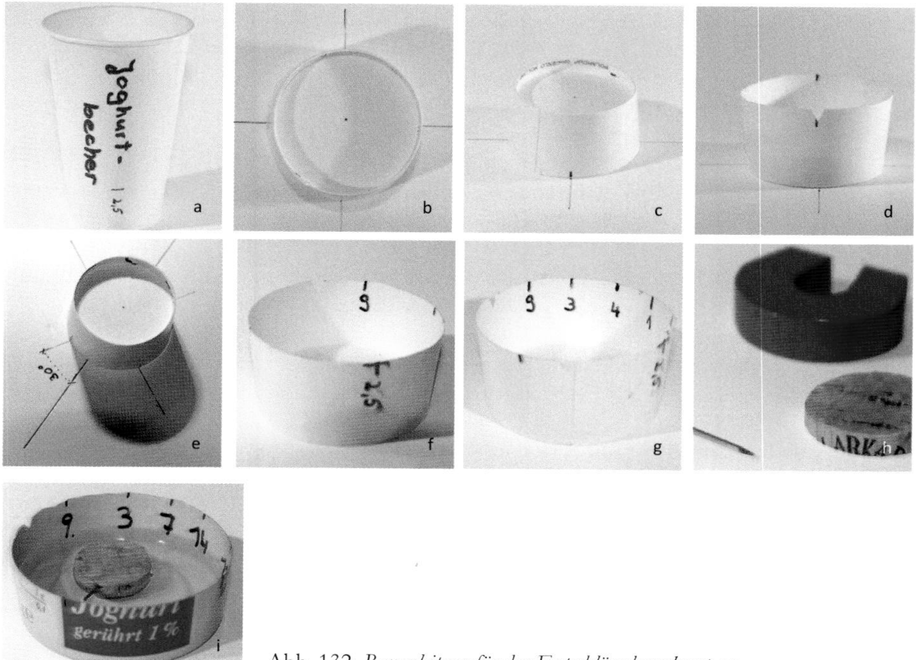

Abb. 132: *Bauanleitung für den Entschlüsselungskompass*

8.6 Literaturverzeichnis

Daum, E. 2011. Subjektive Kartographien und Subjektives Kartographieren – Ein Überblick. In: Daum, E. & J. Hasse (Hrsg.), Subjektive Kartographie. Beispiele und sozialräumliche Praxis: 11–41. Oldenburg.

Deutsche Gesellschaft für Geographie 2002. Grundsätze und Empfehlungen für die Lehrplanarbeit im Schulfach Geographie. Arbeitsgruppe Curriculum 2000+. Bonn.

Dickel, M. 2006. TatOrte. Zur Implementierung neuer Raumkonzepte im Geographieunterricht. In: Dickel, M. & D. Kanwischer (Hrsg.), TatOrte. Neue Raumkonzepte didaktisch inszeniert: 7–20. Berlin.

Dickel, M. & M. Scharvogel 2013. Räumliches Denken im Geographieunterricht. In: Kanwischer, D. (Hrsg.), Geographiedidaktik: Ein Arbeitsbuch zur Gestaltung des Geographieunterrichts. Studienbücher der Geographie. 57–68. Stuttgart.

Downs, R.M. & D. Stea 1982. Kognitive Karten: Die Welt in unseren Köpfen. New York.

Gryl, I. 2010. Mündigkeit durch Reflexion. Überlegungen zu einer multiperspektivischen Kartenarbeit. In: GW-Unterricht 118: 20–37. http://www.gw-unterricht.at/index.php/onlineausgaben/category/1-gwu-118 (Abrufdatum: 11/05/2014).

Gudjons, H. 2008. Handlungsorientiert lehren und lernen. Schüleraktivierung, Selbsttätigkeit, Projektarbeit. Regensburg.

Hake, G., D. Grünreich & L. Meng 2002. Kartographie. Visualisierung raum-zeitlicher Informationen. Berlin.

Hard, G. 2002 Landschaft und Raum. Aufsätze zur Theorie der Geographie Band 1. In: Osnabrücker Studien zur Geographie Band 22: 171–211. Osnabrück.

Hartl, D., P. Sterl, R. Lampl & U. Pröbstl 2006. GPS und Geocaching als Medium der Umweltbildung. In: Jekel, T., A. Koller & F. Strobl (Hrsg.), Lernen mit Geoinformation:, 70–78. Heidelberg.

Herzig, R. 2012. Karten kann man (nicht) durchschauen – Karten beurteilen und bewerten in der Schule. In: Diekmann-Boubaker, N. & F. Dickmann (Hrsg.), Innovatives Lernen mit kartographischen Medien. (Kartographische Schriften, Band 15): 111–127. Bonn.

Höh R. 2002. Orientierung mit Kompass und GPS. Bielefeld.

Hofmann, G., M. Hofmann & R. Bolesch 2006. Wetter und Orientierung. Alpin-Lehrplan Band 6. München.

Hüttermann, A., P. Kirchner, S. Schuler & K. Drieling (Hrsg.) 2012. Räumliche Orientierung, Karten und Geoinformation im Unterricht. Braunschweig.

Jackson, P. 2006 Thinking Geographically. In: Geography 91 (3): 199–204.

Jenaer Geographiedidaktik 2012. Raumkonzepte im Geographieunterricht. http://www.geographie.uni-jena.de/geogrmedia/Lehrstuehle/Didaktik/Aktuelles/Raumkonzepte_15_08_.pdf (Abrufdatum: 11/05/2014).

Koller, A. 2010. Geocaching – Ein Impuls für den GW-Unterricht? In: GW-Unterricht 119: 58–64. http://www.eduhi.at/dl/gwu_geocaching02.pdf (Abrufdatum: 11/05/2014).

Lenz, T. 2003. Handlungsorientierung im Geographieunterricht. In: Geographie Heute 210: 2–7.

Liebau, F. 2010. Die Grundlagen der Orientierung und die Handhabung eines Kompasses mit Schrittzählern und Kartenmessern. http://www.kasper-richter.de/files/kompetenzzentrum-kundr.pdf (Abrufdatum: 25/02/2014).

Linke, W. 2011. Orientierung mit Karte, Kompaß, GPS. Herford.

MacEachren, A.M 2004. How maps work: Representation, Visualization and Design. New York.

National Research Council 2006. http://esrik-12gis.emich.edu/k12/PDF/Learning%20to%20Think%20Spatially.pdf (Access date: 19/08/2014).

Reder, C. 2012. Koordinaten – Fiktionen für ein Weiterdenken. In: Kartographisches Denken: 235–243. Wien.

Rhode-Jüchtern, T. 2009. Eckpunkte einer modernen Geographiedidaktik. Seelze.

Scharvogel, M. & A. Gerhardt 2009. Ansatzpunkte für eine konstruktivistische Exkursionspraxis in Schule und Hochschule. In: Dickel, M. & G. Glasze (Hrsg.), Vielperspektivität und Teilnehmerzentrierung – Richtungsweiser der Exkursionsdidaktik: 51–68. Berlin.

Thierer, A. 2014. Handlung im Geographieunterricht: Methode und/oder Inhalt? In: Dickel, M. & D. Kanwischer (Hrsg.), TatOrte. Neue Raumkonzepte didaktisch inszeniert: 229–243. Berlin.

Traun, C., T. Jekel, M. Loidl, R. Vogler, N. Ferber & I. Gryl 2013. Neue Forschungsansätze der Kartographie und ihr Potential für den Unterricht. In: GW-Unterricht 129: 5–17. http://www.gw-unterricht.at/index.php/onlineausgaben/category/21-gwu-129 (Abrufdatum: 20/02/2014).

Uhlenwinkel, A. 2013. Geographisches Denken in der kartographischen Repräsentation der Wirklichkeit. In: GW-Unterricht 129: 18–28. http://www.gw-unterricht.at/index.php/onlineausgaben/category/21-gwu-129 (Abrufdatum: 29/07/2014).

Wald, F. 2013. Geographical concept: Wahrnehmung und Darstellung. In: Rolfes, M. & A. Uhlenwinkel (Hrsg.), Metzler Handbuch für den Geographieunterricht: 224–229. Braunschweig.

Wardenga, U. 2002. Alte und neue Raumkonzepte für den Geographieunterricht. In: Geographie heute 23 (200): 8–11.

Wardenga, U. 2006. Raum- und Kulturbegriffe in der Geographie. In: Dickel, M. & D. Kanwischer (Hrsg.), TatOrte. Neue Raumkonzepte didaktisch inszeniert: 21–51. Berlin.

Weichhart, P. 2008. Entwicklungslinien der Sozialgeographie. Von Hans Bobek bis Benno Werlen. Stuttgart.

Werlen, B. 2008. Sozialgeographie. Eine Einführung. Wien.

Wiersdorff, E. 2011. Geocaching in der Schule. Anregung und Anleitung zur Schnitzeljagd mit Satelliten-Technik. http://www.agenda21.info/aGEnda21_dokumente/geocaching.pdf (Abrufdatum: 29/04/2014).

Würtl, W. 2002. 292° WNW. Der Kompass – unverzichtbares Auslaufmodell? In: Berg & Steigen 1/2002: 38–41. Innsbruck.

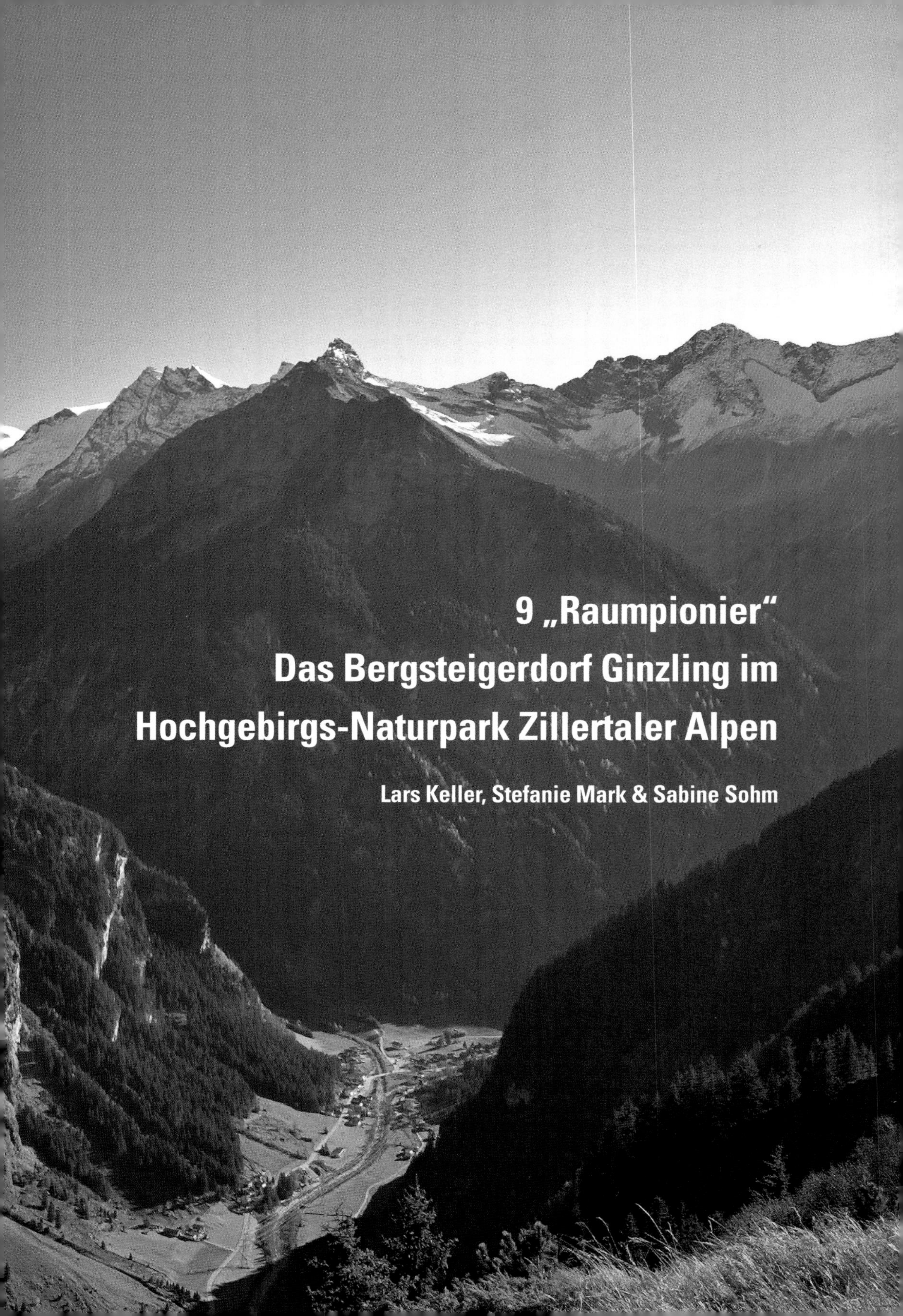

9 „Raumpionier“ Das Bergsteigerdorf Ginzling im Hochgebirgs-Naturpark Zillertaler Alpen

Lars Keller, Stefanie Mark & Sabine Sohm

Steckbrief

Orte	Naturparkhaus Ginzling, Ort Ginzling (siehe Übersichtskarte in Abb. 133)
Alter	12+
Dauer gesamt	Ca. 4 h
Wegstrecke gesamt	Ca. 1,2 km
Höhenmeter gesamt	–
Gefahren	Überqueren der Zillertalstraße B169

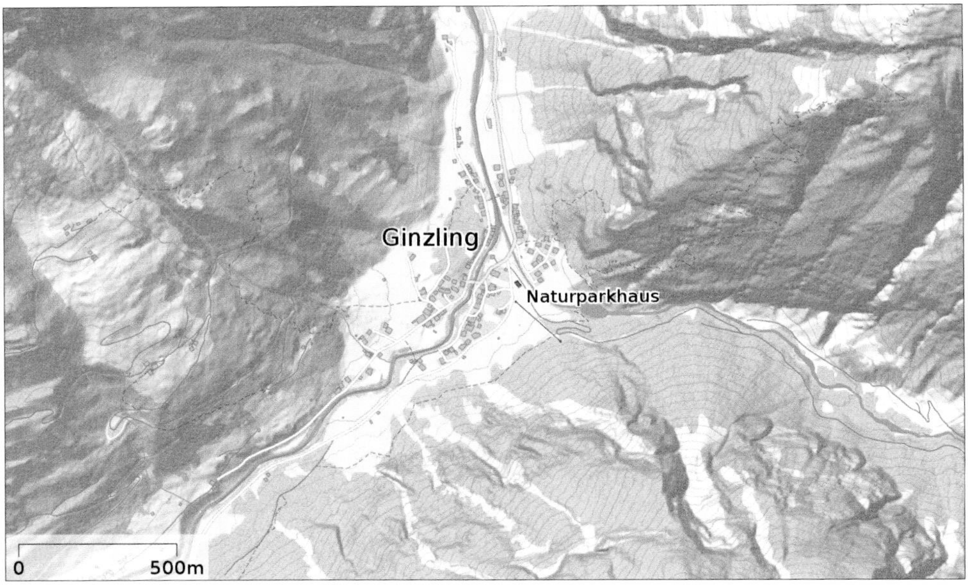

Abb. 133: *Übersichtskarte (Quelle: Amt der Tiroler Landesregierung, Sachgebiet Landesstatistik und TIRIS 2015). Wichtig: Diese Karte zeigt den Exkursionsraum in einem größeren Kartenausschnitt. Die eingetragenen Wege entsprechen nicht denen der Exkursion. Diese verläuft hauptsächlich im Ort Ginzling!*

9.1 Zusammenfassung

Weltweit migrieren Menschen aus den verschiedensten Gründen, meist aber auf der Suche nach einem besseren Leben. In der Folge veröden oder entstehen Siedlungen oder bereits bestehende Dörfer, Städte etc. erfahren neue Nutzungen. Der Ort Ginzling hat seit Beginn seiner Besiedlung vielfältige Entwicklungen durchlebt: Anfänglich von Landwirtschaft und Bergbau geprägt, wird Ginzling Mitte des 19. Jahrhunderts immer mehr zu einer Bastion des Bergsteigens, die touristische Entwicklung in der Region setzt ein. Auch im 21. Jahrhundert ist Ginzling in der Lage, sich durch intensive Zusammenarbeit mit Akteuren und Akteurinnen und Netzwerken rund um den Hochgebirgs-Naturpark Zillertaler Alpen innerhalb der Region zu etablieren. Der Begriff „Raumpioniere" umschreibt in diesem Zusammenhang diese einzelnen Akteur/innen und Netzwerke, die in der Lage sind, Orte wie Ginzling neu in Wert zu setzen und mit neuen Nutzungsfunktionen zu versehen. Im Rahmen dieser Exkursion sollen die Teilnehmenden ebenfalls zu Raumpionier/innen werden. Hypothesen zum Raumpionierbegriff werden aufgestellt und im Laufe der Exkursion an Originalschauplätzen in Ginzling selbstständig überprüft. Ziel ist es, mittels Bildbeschreibung, Rollenspiel, Textanalyse, originaler Begegnung und eigenständigem Entwerfen von Mental Maps die Pionierleistung/en dieses kleinen Dorfes nachzuvollziehen und darüber hinaus selbst neue Ideen und Strategien für gutes Leben an diesem Ort zu entwickeln.

9.2 Inhaltsanalyse

„*Nur wenige Themen sind im aktuellen gesellschaftspolitischen Diskurs mit stärkerer Emotionalität behaftet als Migration und Integration. Im gesellschaftlichen Sprechen dominieren Naturmetaphern und Katastrophenszenarien: Wellen, Ströme, Schocks, Tragödien, Traumata. Die vorherrschende gesellschaftliche Stimmungslage ist jene einer generalisierten Verwundbarkeit. Folklorehaftes Halbwissen nährt die Vorstellung von Migration als Gefahr mit hohem, nur schwer kalkulierbarem Risiko. Nicht rationale, widerrufbare Argumente dominieren die Debatte, sondern ein Phantom.*“ (Dahlvik et al. 2013, 9).

In der im Folgenden beschriebenen Exkursion werden (eben häufig emotional aufgeladene) Migrationsphänomene nicht direkt thematisiert, sondern es sollte möglichst sachlich gelingen, Defizite und Entwicklungspotenziale eines peripher gelegenen kleinen Dorfes in den Alpen zu untersuchen und zu hinterfragen. Geographisch könnte man diese als „Push- und Pullfaktoren“ bezeichnen. Im Grunde dreht sich der Halbtag um die Frage, was Menschen an einen gewissen Ort treibt, sie dort zum Bleiben veranlasst oder auch von diesem Ort wieder wegziehen lässt. Welche (kontinuierlichen) Pionierleistungen müssen Menschen (und über sie auch Orte) erbringen, um sich (weiter) zu entwickeln, den Bewohner/innen gute Lebensbedingungen zu bieten und schließlich auch lebenswert zu bleiben (vgl. Bätzing 2009; zur sog. „Wohlstandsmigration“ vgl. z. B. Steinicke 2012 und Steinicke et al. 2014)?

Verkürzt betrachtet, zieht es weltweit Menschen immer mehr vom Land in die Stadt. Seit dem Jahr 2008 beträgt die Verstädterungsquote über 50 %, für das Jahr 2030 werden 60 % prognostiziert (Bähr 2007, 3). Die Push- und Pullfaktoren sowie die sich aus der Abwanderung ergebenden Folgen sind dabei, global betrachtet, ähnlich. So zählen Krieg, Verfolgung, Mangel an (gerecht bezahlter) Arbeit, Armut, Hunger oder Umweltkatastrophen zu den Pushfaktoren (Heintel et al. 2005). Obwohl diese Faktoren momentan für den Alpenraum kaum relevant erscheinen, ist festzuhalten, dass viele Gemeinden in den Alpen bereits in vergangenen Jahrhunderten negative Entwicklungen durchlebt haben und sich so manches Gebirgstal massiv und bis heute spürbar entleert hat (Bätzing 1998, 2005; Keller & Förster 2007). Im Speziellen waren viele Täler der Westalpen schon früh und intensiv von Abwanderung betroffen, was aus folgendem Beispiel anschaulich hervorgeht: „*In dieser Stadt [Barcelonette, Frankreich] wurde bis 1800 ein Arbeitskräftemarkt abgehalten mit Menschen, die aus den Tälern um Cuneo stammten. Zwischen diesem traurigen Markt und der Ernährung, besser gesagt dem Mangel an Ernährung, besteht eine unmittelbare Beziehung: Der Hunger zwang viele Menschen zuerst zur jahreszeitlichen, dann zur endgültigen Auswanderung. 1823 entschloss sich eine Gruppe von Auswanderern zum Aufbruch nach Mexiko.*“ (Bodini 1991, 54f.). Nur wenige Jahre später, genauer 1837, wurde im Zillertal eine Gruppe von Protestant/innen aus religiösen Gründen vertrieben. Ab 1880 setzten infolge von Hungersnöten erstmals umfangreiche Auswanderungsbewegungen in den Alpen ein. Unter anderem entschloss sich zu jener Zeit beinahe die gesamte Bevölkerung des oberen Ubaye-Tals (Cottische Alpen, Frankreich), nach Brasilien zu emigrieren. Im Mairatal (Cottische Alpen, Italien) lebten 1881 noch 22171 Personen, 1969 waren es noch 6699 (Bätzing 2009).

„*Eine Untersuchung für die Dekade 1991–2001 stellt fest, dass mit einer rückläufigen Bevölkerungsentwicklung auch heutzutage tiefgängigere Konsequenzen verbunden sind als dies zunächst vermutet werden könnte. So werden in den weiter von Abwanderung betroffenen italienischen Alpenregionen zugleich die Phänomene der ‚Verweiblichung', des Rückgangs des dynamischen jungen Anteils der Bevölkerung und damit der Überalterung verstärkt; dazu kommen der Verlust soziokultureller Kompetenzen, ökologischen Wissens, traditioneller Bausubstanz und die Landschaftsdegradation (…). Auf der anderen Seite stehen die Regionen starken Bevölkerungswachstums, in denen zugleich ein Konzentrationsprozess der Bevölkerung mit ausgeprägten Verdichtungs- und Verstädterungserscheinungen stattfindet. Ein derartiges Beispiel ist etwa die (…) Stadtregion Innsbruck. Nordtirol profitiert [generell] von seiner Lage zwischen zwei sehr dynamischen Wirtschaftsräumen – Bayern im Norden und dem oberitalienischen Raum im Süden – und kann deshalb seine Bevölkerungszahlen stetig steigern.*“ (Keller 2009, 100). Interessanterweise sind bis heute auch die Tiroler Seitentäler (z.B. Zillertal, Ötztal etc.) von massiven negativen Abwanderungserscheinungen verschont geblieben, häufig auch Dank des (Massen-)Tourismus (mit all seinen Vor- und Nachteilen). Dass diese Situation aber nicht in Stein gemeißelt ist, sondern es vielmehr gilt, immer neue Anstrengungen zu leisten, um der Entsiedlung alpiner Täler, auch in Österreich und Tirol, entgegenzuwirken, zeigt der folgende Ausschnitt einer Rede, die anlässlich der „Startkonferenz Bergsteigerdörfer“ (Ginzling ist ein solches „Bergsteigerdorf“, s.u.) gehalten wurde.

„Der Ländliche Raum geht uns alle an. Er braucht gerade in den nächsten Jahrzehnten angesichts der bekannten Szenarien eine breite Unterstützungsoffensive. (…) Das Aufgeben von Dorfläden, Dorfgasthäusern, Postbüros, die Rücknahme des öffentlichen Nahverkehrsnetzes in den alpinen Tälern dünnen Zug um Zug den Ländlichen Raum der Rand- und Bergregionen aus (…). Was ist das denn noch für ein Dorf, wenn der Bergsteiger die Jause zig Kilometer talauswärts in einem Supermarkt kaufen muss? In vielen Dörfern bis rund 1000 Einwohner – alpenweit sind das 54% aller Gemeinden, in Österreich 30% – hat sich die Versorgung mit Gütern des täglichen Bedarfs verschlechtert. Es ist ein besonderes Anliegen der Alpenkonvention (…) diesen ländlichen Raum zu stärken und Überlegungen zu einer passiven Sanierung der peripheren Regionen erst gar nicht aufkommen zu lassen. Dieses kurz skizzierte Wurzelwerk (Alpenkonvention, Ländliche Entwicklung, z.B. ZukunftsRaum Tirol, Marktentwicklung, ...) lässt auf neue Entwicklungen, auf eine Stärkung und größere Hinwendung hoffen, und lässt sich in die gleiche Zeit einordnen, wo ein Trend zu einer „Renaissance" des Alpintourismus festzustellen ist. Franz Senn – Mitbegründer des Deutschen Alpenvereins und Pfarrer im Bergsteigerdorf Vent (Ötztal) – und viele andere weitsichtige Pioniere haben in der zweiten Hälfte des 19. Jahrhunderts mit Hartnäckigkeit, Weitsicht, einem guten Kontaktnetz und einer zum damaligen Zeitpunkt innovativen Idee – Errichten von Steigen, Führen von Gästen – die Hardware für den Alpintourismus geschaffen. Für die „Software"-Spezialisten des beginnenden 21. Jahrhunderts gilt es jetzt, das Erfolgsrezept Senns zu veredeln und durch neue Ideen einen Beitrag für die Entwicklung einer Region zu leisten. Dieses Wurzelwerk muss allerdings weitverzweigt sein. Nur wer heute das bestverzweigte Netzwerk an Partnern, Verbündeten, Unterstützern usw. besitzt, wird sich dann durchsetzen können." (Haßlacher 2008, 14f.).

Abb. 134: *Ginzling mit Gasthof Alt-Ginzling und Kirche 1901 (Foto: Ortschronik Ginzling)*

Letzteres gilt im Speziellen auch für Ginzling. So liegt der inhaltliche Fokus der vorliegenden Exkursionsbeschreibung auf der Entwicklung dieses „Bergsteigerdorfs", seinen Beziehungen zum Hochgebirgs-Naturpark Zillertal und anderen Netzwerken und letztlich auf der Inwertsetzung des Raums.

Die ersten Siedler/innen von Ginzling waren vermutlich Südtiroler Senner/innen, die sich mit ihrem Vieh im heutigen Ortsgebiet niederließen. Im 13. und 14. Jahrhundert wurden auf den Almen auf Befehl der Grundherren Schwaighöfe angelegt, die vorwiegend auf Vieh- und Milchwirtschaft ausgerichtet waren. Neben der Viehwirtschaft, die noch heute stark ausgeprägt ist, profitierten die Einwohner/innen einige Zeit auch vom Bergbau. Vor allem wurden Kupfer und verschiedene Erze, wie etwa Silber und Blei, abgebaut (Steger 2010). Ab dem 18. Jahrhundert wurde das Gebiet des heutigen Ortes dauerhaft besiedelt und genutzt. Die abgelegene Ortschaft auf 999 m Seehöhe, umgeben von einer eindrucksvollen Hochgebirgslandschaft, lag damals drei Wegstunden von Mayrhofen entfernt. Mitte des 19. Jahrhunderts erweckte der Ort das Interesse zahlreicher Bergsteiger/innen. Innovativ eingestellte Einheimische sowie international bekannte Bergpioniere versuchten, die steilen Berge zu erklimmen und die Bergwelt zu erforschen. Die bekanntesten Berichte über diese Pionierleistungen stammen von Ferdinand Löwl, der 1870 das Zillertal erkundete und später als Professor der Erdkunde an der k. & k. Universität Czernowitz arbeitete. Voller Enthusiasmus verfasste er sein Buch „Aus dem Zillerthaler Hochgebirge" (Löwl 1870), das das zuvor verborgene Tal einer breiten Öffentlichkeit zugänglich machte (Steger 2010). Bald begannen auch verschiedene Sektionen des Deutschen und Österreichischen Alpenvereins mit der Anlage von Hütten und Wegen in den Seitentälern des Zemmgrundes. Der Bau der bis heute in ihrer städtischen

Abb. 135: *Welche Lebensbedingungen bietet der Ort Ginzling heute? Was macht das Leben hier lebenswert?* *(Foto: Lars Keller 2013)*

Pracht einmaligen Berliner Hütte (vgl. Fotos in Kap. V) etwa begann 1878, der „Berliner Höhenweg“ vom Furtschaglhaus über das Schönbichler Horn zur Berliner Hütte wurde 1889 eingeweiht. Um die Zeit der Wende zum 20. Jahrhundert etablierte sich Ginzling zu einem beliebten Bergsteigerdorf (vgl. Abb. 134, 139 und 140).

Ab Mitte des 20. Jahrhunderts durchlebte das Zillertal rasche und umfassende Veränderungen. Speziell für den Wintertourismus wurden Straßen, Seilbahnen und zahllose Skipisten errichtet. Mit diesen Veränderungen und besonders der als Bedrohung empfundenen Planung der Alemagna-Autobahn, einer Verbindung zwischen München und Venedig, die bis heute nicht völlig vom Tisch ist und die mitten durch das Zillertal führen würde, wuchs das Bedürfnis, den Zillertaler Hauptkamm zu schützen. So wurde 1991 ein 379 km² umfassender Raum als Schutzgebiet ausgewiesen, dem 2001 von der Tiroler Landesregierung das Prädikat „Naturpark“ verliehen wurde. Dieses Gütesiegel ist im Tiroler Naturschutzgesetz (§ 12) verankert. Neben dem Schutz der Natur- und Kulturlandschaft bestehen die Aufgaben eines Naturparks aus Naturschutz, Erholung und Naturtourismus, Umweltbildung, Forschung und Regionalentwicklung. Das inmitten des Parks gelegene Ginzling blieb von den meisten Entwicklungen des übrigen Zillertals bis heute (sofern man dies wertend sagen darf) weitgehend „verschont“ (vgl. Höbenreich 2002) und wurde auch deshalb vom Alpenverein als „Bergsteigerdorf“ anerkannt. Die Bezeichnung „Bergsteigerdorf“ geht auf eine Initiative des österreichischen Alpenvereins zurück, der im Sinne der Gedanken der Alpenkonvention auch konkrete Projekte realisieren will. Bergsteigerdörfer sind gekennzeichnet durch Ruhe und Kleinheit, durch eine alpine Geschichte und alpine Lage, durch nachhaltige Nutzung des Raumes und durch den Verzicht auf

Abb. 136: *Eine Schüler/innengruppe der Tourismusschule Zell am Ziller auf „Raumpioniere"-Exkursion und zu Besuch im Naturparkhaus in Ginzling (Foto: Katharina Weiskopf 2014)*

technische Hilfsmittel wie Skilifte (OEAV et al. 2012). Neben der Bedeutung als Bergsteigerdorf ist Ginzling heute auch eine zentrale Drehscheibe für die Aktivitäten des Hochgebirgs-Naturparks. Im Jahr 2008 wurde in Ginzling das Naturparkhaus errichtet (Abb. 136). Neben diversen geführten Wanderungen bieten die Mitarbeiter/innen des Naturparks eine Vielzahl von Bildungsmöglichkeiten an, wie etwa die Ausstellung „Gletscher.Welten" (Abb. 137) oder den Themenweg „Gletscherweg Berliner Hütte".

Raumpionierinnen und Raumpioniere sind in Ginzling also bis heute allenthalben anzutreffen und auch der Ort selbst kann weiter als Raumpionier gelten. Werden auch zukünftig die „richtigen" Entscheidungen getroffen werden, die das Leben in und um Ginzling morgen und übermorgen lebenswert machen (vgl. Abb. 135)? Dies zu entdecken und selbst an den kontinuierlichen Raumpionierleistungen zu partizipieren, ist Sinn und Zweck der Exkursion.

9.3 Methodische Analyse

Die vorliegend beschriebene Exkursion dreht sich allumfassend um die „Raumpionier-Idee", so dass sich Inhalts- und Methodenanalyse zum Teil überschneiden. Im Rahmen der Exkursion schlüpfen die Teilnehmenden (quasi als innovative Methode) selbst in die Rolle von Raumpionier/innen und werden zu Macher/innen von Raum, die die Entwicklung des Bergsteigerorts nachvollziehen und möglicherweise sogar neue Wege für Ginzlings Zukunft aufzeigen.

Abb. 137: *Ausstellung „Gletscher.Welten" im Naturparkhaus (Foto: Lars Keller 2011)*

Es gilt deshalb an dieser Stelle, dem Begriff „Raumpionier/in" näher auf den Grund zu gehen. „Raumpionier/in" ist ein Sammelbegriff für Akteurinnen und Akteure und kleine Mikro-Netze, die versuchen, leerfallende oder aus älteren Nutzungsfunktionen herauskatapultierte Räume auf dem Land oder in der Stadt neu in Wert zu setzen" (TU-Dresden 2008). Obwohl der Raumpionierbegriff vorwiegend im Kontext der sogenannten „Urban Pioneers" (vgl. z. B. Budke 2006) verwendet wird, können Prozesse und Mechanismen der „in Wert Setzung" auch auf ländliche Räume übertragen werden. Auch hier fungieren Akteurinnen und Akteure und Netzwerke als aufwertende Instanzen des Raumes. Aktuelle Beiträge zum Raumpionierbegriff in Zusammenhang mit ländlicher Inwertsetzung liefern Faber & Oswald (2012) und Faber (2013). In ihren Arbeiten werden der Status Quo dünn besiedelter Räume aufgezeigt und raumpolitische Maßnahmen dargestellt, die den Raum wieder neu in Wert zu setzen vermögen.

Zum Begriff Raumpionier erläutert Koalick (2008): *„Auch wenn der Begriff Raumpionier in keinem Wörterbuch auftaucht, ist er schon lange mit verschiedenen Bedeutungen besetzt. Zum einen geht es um Astronauten, die den Weltraum erkunden* (vgl. Arbeitsmaterialien zu Station 1). *Zum anderen denkt man an die alten US-amerikanischen ‚pioneers', die gen Westen zogen, um eine neue Heimat zu finden. Beiden ist gemein, dass sie mit viel Mut und Enthusiasmus vermeintlich leere Räume eroberten*" (Koalick 2008, 6). Die Idee geht, nach Jacob (1997), heute aber weit über diesen ursprünglichen Pioniergeist hinaus. Neue „Frontiers", gerade im Bereich der Endlichkeit der Ressourcen sowie der nachhaltigen Entwicklung, tun sich auf. Die Postmoderne erzeuge ein Verlangen nach neuer geistiger Orientierung, ein tiefes Bedürfnis nach Frieden, den Ersatz hektischer Lebensstile, die erneute Wahr-

Abb. 138: *Die Teilnehmenden dieser Exkursion werden selbst zu Raumpionierinnen und Raumpionieren und überprüfen ihre Hypothesen an Originalschauplätzen in Ginzling (Foto: Lars Keller 2013)*

nehmung der Natur als Schöpfung etc. Ernsthaftes Engagement für Themen der Nachhaltigkeit erforderten daher nicht nur wissenschaftliche Erkenntnisse und technische Errungenschaften, sondern vor allem auch neuen Pioniergeist, um Wahrnehmungen und Wertvorstellungen bei jedem/r Einzelnen zu verändern sowie eine neues Miteinander der Menschen zu gestalten (Jacob 1997).

Innerhalb der einzelnen Stationen der vorliegenden Exkursion sollen nun die „Eroberung des Raums" zunehmend deutlich und der „neue Pioniergeist" in Ginzling greifbar gemacht werden (vgl. Abb. 138). Ginzling ist dabei im Sinne der Raumpioniertheorie „ein Ort auf dem Land", also auch ein, stets aufs Neue, von der Auswanderung und folglich vom Aussterben bedrohter Raum. Der Ort Ginzling hat seit Beginn seiner Besiedlung vielfältige Entwicklungen durchlebt (s. o.): Anfänglich von Landwirtschaft und Bergbau geprägt, wird Ginzling Mitte des 19. Jahrhunderts immer mehr zu einer Bastion des Bergsteigens, die touristische Erschließung in der Region setzt ein. So mancher Bergbauer wurde schließlich zum Bergführer und brachte sich damit als wahrer Raumpionier ins Spiel (vgl. Abb. 139 und Abb. 147). Im 21. Jahrhundert ist Ginzling in der Lage, sich einerseits gegen massentouristische Entwicklungen zu stemmen, von denen viele Orte im Zillertal heute dominiert werden, und sich andererseits durch intensive Zusammenarbeit mit Akteurinnen und Akteuren und Netzwerken rund um den Hochgebirgs-Naturpark Zillertaler Alpen zu etablieren. Der Begriff „Raumpionier" umschreibt in diesem Zusammenhang auch die einzelnen Akteurinnen und Akteure und Netzwerke, die in der Lage sind, Orte wie Ginzling immer wieder neu in Wert zu setzen und mit alternativen Nutzungsfunktionen zu versehen.

Abb. 139: *Bergführer und sein Gast um 1900 (Foto: Ortschronik Mayrhofen)*

Abb. 140: *Postkarte einer Touristenfamilie in Mayrhofen (Quelle: Ortschronik Mayrhofen)*

Die Frage ist nun, ob es den Teilnehmenden dieser Exkursion gelingen wird, selbst an der Inwertsetzung des Raums zu partizipieren, sprich „Raum selbst zu machen“. Als echte Raumpionierinnen und Raumpioniere stellen sie zunächst Hypothesen zum Raumpionierbegriff auf und überprüfen diese selbstständig an Originalschauplätzen in und um Ginzling. Ziel ist es dabei, mittels Bildbeschreibung, Rollenspiel, Textanalyse, selbstständiger Recherche und dem Entwerfen von Mental Maps die Pionierleistungen dieses kleinen Ortes zu durchleben und Synergien zwischen Ginzling und dem Hochgebirgs-Naturpark Zillertaler Alpen sowie weiteren Akteur/innen zu erkennen. Dadurch sollen ursprüngliche Formen der Inwertsetzung des Raumes sowie deren sukzessive Weiterentwicklung aufgezeigt und möglicherweise neue Ideen und Strategien für die zukünftige Inwertsetzung entwickelt werden.

9.4 Hinweise zur Durchführung

9.4.1 Allgemeines

Eine etwaige Nutzung der Räumlichkeiten des Naturparkhauses (vgl. Abb. 141) muss im Voraus angemeldet werden.

9.4.2 Vorbereitung der Teilnehmenden

Nicht notwendig.

Abb. 141: *Arbeitsrunde im Naturparkhaus (Foto: Lars Keller 2012)*

9.4.3 Vorbereitung der Begleitperson/en

Eine inhaltliche Vorbereitung ist generell empfehlenswert. Es wäre hilfreich, aber nicht zwingend notwendig, dass die Begleitpersonen den Ort Ginzling zuvor selbst erkunden.

9.4.4 Material

- Aufgabenblätter der verschiedenen Stationen
- Flipchart-Papier (ca. 10–15)
- Schreibblock (1/Paar)
- Stifte (min. 1/Person)
- Marker (ausreichend für alle)
- Klebstift (min. 1)
- Authentische Kleidung für das Rollenspiel (Hütte, Seile, Weste, u. v. m.) (falls vorhanden)
- Broschüren über den Naturpark und Ginzling, im Naturparkhaus erhältlich (ausreichend für alle)
- Preis/e für Gewinner/innen
- Arbeitsmaterialien der verschiedenen Stationen

9.4.5 Zeitplan

Stationen	Zeit
Station 1: Idee Raumpionier	Ca. 30 Min.
Station 2: Rollenspiel Bergsteigerpioniere	Ca. 60 Min.
Station 3: Ginzling als Raumpionier	Ca. 90 Min.
Station 4: Bericht für die Naturparkzeitung	Ca. 60 Min.
Gesamt	**Ca. 4 h**

Station 1: Idee Raumpionier	
Ort	Naturparkhaus
Dauer	Ca. 30 Min.
Wegstrecke	–
Höhenmeter	–
Sozialform	Einzelarbeit, Gespräch im Plenum
Material	Arbeitsblatt Station 1: Raumpionier, unter Kap. Arbeitsmaterialien (1 vergrößert kopierter und ausgeschnittener Raumpionier/Person) Arbeitsblatt Station 1: Raumpionier im Hochgebirgs-Naturpark Zillertaler Alpen, unter Kap. Arbeitsmaterialien (mehrere)

	Flipchart-Papier (2) Stifte (mehrere/Person) Marker (mehrere) Klebstift (min. 1)
Gefahren	Keine

Exakte Angaben für die Teilnehmenden

Jede/r Teilnehmende erhält nun das Bild eines Raumpioniers. Notiert Eure Gedanken und Vermutungen direkt auf Eure Bilder.

Leitfragen für die Einzelarbeit:

1. Beschreibe das Bild.
2. Was fällt Dir bei diesem Bild besonders auf?
3. Was kannst Du Dir unter dem Begriff „Raumpionier" vorstellen?

Aufgabe für das Gespräch im Plenum: Stellt Hypothesen auf, inwiefern auch Ginzling, seine Bewohner/innen und auch der Hochgebirgs-Naturpark Zillertaler Alpen Raumpioniere sind.

Hinweise für die Begleitperson/en

Die Begleitpersonen geben im ersten Arbeitsteil in regelmäßigen Abständen Leitfragen vor. Nach etwa 10 Minuten werden die Ergebnisse gemeinsam besprochen. Um die Resultate anschaulich festzuhalten, kleben die Teilnehmenden ihre beschrifteten Raumpionier-Bilder auf ein erstes Plakat.

Anschließend sollen sich die Teilnehmenden gemeinsam im Plenum Gedanken darüber machen, inwiefern Ginzling, seine Bewohner/innen und auch der Naturpark Raumpioniere darstellen könnten (Arbeitsmaterial Station 1: Raumpionier im Hochgebirgs-Naturpark Zillertaler Alpen/vgl. Arbeitsmaterialien). Sie können die neuen Ergebnisse auf einem zweiten Plakat festhalten und nochmals gemeinsam bestimmen, welche Punkte für sie am wichtigsten erscheinen und welche Hypothesen sie in den nachfolgenden Exkursionsteilen untersuchen wollen.

Erwartungshorizont

Mögliche Antworten zum Begriff Raumpionier: Bergsteiger/innen, erste Siedler/innen, Entdecker/innen, Forscher/innen, Tourist/innen, Schmuggler/innen, Wegbereiter/innen, Raumfahrer/innen etc.

Mögliche Hypothesen zu Ginzling und Naturpark als Raumpioniere:

- Mithilfe der Gründung des Naturparks erwartet sich Ginzling das Nachholen der touristischen Entwicklung, die in anderen Teilen des Zillertals schon vollzogen ist.
- Der Naturpark und das Dorf Ginzling wollen eine Art Käseglocke über einen Teil des Tales stellen und die weitere Entwicklung verhindern.
- Mit der Idee des Naturparks will Ginzling eine besondere Art von Tourist/innen anlocken und setzt daher bewusst nicht auf Massentourismus. Die Einwohner/innen wollen damit

Abb. 142: *Mögliche „Lösung" der Station 1 (Foto: Lars Keller 2013)*

eine nachhaltige Entwicklung unterstützen, ohne dabei zu viele Nachteile vom Tourismus zu erleiden.

- Etc. (vgl. Abb. 142)

Wichtig ist, dass die Teilnehmenden ihre eigenen Hypothesen selbst begründen können, damit jedes Partnerteam mit diesen anschließend auch arbeiten kann.

Station 2: Rollenspiel

Ort	Gasthaus Alt-Ginzling
Dauer	Ca. 60 Min.
Wegstrecke	Ca. 0,2 km
Höhenmeter	–
Sozialform	Gemeinsame Vorbereitung in Kleingruppenarbeit, Theaterspiel durch Freiwillige im Plenum
Material	Arbeitsblatt Station 2, unter Kap. Arbeitsmaterialien (mehrere/Kleingruppe) Schreibblock (mehrere) Stifte (mehrere) Authentische Kleidung für das Rollenspiel (Hüte, Seile, Weste, u. v. m.) (falls vorhanden)
Gefahren	Überqueren der Zillertalstraße B169

Abb. 143: *Schüler/innen im Rollenspiel der Station 2 (Foto: Katharina Weiskopf 2014)*

Exakte Angaben für die Teilnehmenden: vgl. Arbeitsblatt Station 2

Denkt Euch in der Kleingruppe eine kreative Geschichte aus, die die Rollen des Bergbauerns Georg Samer, der Bergsteigerin Katharina Wildspitz und des Bergsteiger Klaus Jäger mit einschließt. Gleich werden einige von Euch in Kostümen das eigene Theaterstück auch aufführen.

Hinweise für die Begleitperson/en

Vom Naturhauspark geht es mit der ganzen Gruppe weiter zum Gasthaus Alt-Ginzling. Der Bauernhof neben dem Gasthaus bietet genügend Platz und eignet sich gut als „Bühne" (vgl. Abb. 143/bitte vorher kurz beim Gasthof Bescheid geben). Nachdem die Teilnehmenden in der Station 1 mit dem Begriff des Raumpioniers konfrontiert wurden, wird ihnen in Station 2 ein regionales Beispiel für Raumpioniere vor Augen geführt. Das Rollenspiel thematisiert die ersten Bergsteigerpioniere in Ginzling. Dafür melden sich nach der gemeinsamen Vorbereitungszeit Freiwillige, die der gesamten Gruppe dann ein Rollenspiel vorführen – evtl. auch mehrere Rollenspiele.

Erwartungshorizont

Keine Musterlösung ist möglich bzw. sinnvoll. Durch das kreative Rollenspiel sollen sich die Teilnehmenden in die ersten Bergsteigerpioniere in Ginzling hineinversetzen und die

Wichtigkeit dieser Pionierrollen begreifen. Die Teilnehmenden können dadurch regionale Verknüpfungen zum Begriff Raumpionier herstellen. Das Gasthaus Alt-Ginzling bzw. der Bauernhof daneben sind ein guter Ausgangspunkt dafür, den alten Bergsteigergeist von damals neu zu beleben. Der Standortwechsel ermöglicht den Teilnehmenden einen Perspektivenwechsel und kann deren Wahrnehmung von Raumpionierinnen und Raumpionieren in Ginzling verändern.

Station 3: Ginzling als Raumpionier

Ort	Gasthaus Alt-Ginzling, Ginzling, Naturparkhaus
Dauer	Ca. 90 Min.
Wegstrecke	Ca. 1 km
Höhenmeter	–
Sozialform	Partnerarbeit
Material	Arbeitsblatt Station 3, unter Kap. Arbeitsmaterialien (1/Paar) Schreibblock (mehrere) Stifte (mehrere/Paar) Broschüren über den Naturpark und Ginzling, im Naturparkhaus erhältlich (ausreichend für alle) Flipchart-Papier (1/Paar) Marker (ausreichend für alle)
Gefahren	Überqueren der Zillertalstraße B169

Exakte Angaben für die Teilnehmenden: vgl. Arbeitsblatt Station 3

… und trotzdem ist Ginzling ein Raumpionier! Warum?

Beantwortet diese Frage auf einem etwa 90 Minuten dauernden Rundgang durch das Bergsteigerdorf Ginzling. Bleibt dabei immer mit genau einem weiteren Teilnehmenden zusammen! Macht Notizen, Skizzen und Fotos, mit denen Ihr nach Rückkehr ins Naturparkhaus um ________ Uhr die Frage in Form von Mental Maps/Einträgen in eine Karte etc. optisch ansprechend beantworten könnt. Im Naturparkhaus werdet Ihr weitere Infomaterialien finden, die Euch bei der Lösung dieser schwierigen Frage unterstützen können … Seid kreativ!

Hinweise für die Begleitperson/en

Die Teilnehmenden erinnern sich an ihre Ausgangshypothese/n aus Station 1 und entdecken dann in Partnerarbeit den Ort Ginzling. Sie suchen Punkte, die Ginzling und/oder den Naturpark zu Raumpionieren machen könnten und verifizieren oder falsifizieren damit ihre ursprüngliche Hypothese.

In der Bibliothek des Naturparkhauses werden Prospekte und Broschüren über den Naturpark sowie über das Bergsteigerdorf Ginzling ausgelegt, die den Teilnehmenden ebenso als Hinweise dienen sollen. Die Ergebnisse der Teilnehmenden werden im Anschluss in einer selbst gestalteten Mental Map optisch ansprechend festgehalten.

Es sollte auch darauf geachtet werden, dass die Teilnehmenden nicht nur den Ort Ginzling erkunden, sondern auch das Naturparkhaus.

Mit seiner einzigartigen Lage im Naturpark und dem Prädikat „Bergsteigerdorf" erzielt Ginzling trotz (oder gerade infolge) seines gemütlich-traditionellen Charakters im Übrigen ca. 44 000 Nächtigungen im Sommer – davon etwa 26 000 Nächtigungen auf den alpinen Schutzhütten (Stand 2013) – und ca. 20 000 Nächtigungen im Winter (Stand 2013).

Zur Methode Mental Map: *„Für die Orientierung im Raum gehört es zur menschlichen Praxis, subjektive Vorstellungsbilder des Raums zu entwickeln und im Kopf zu verankern. Es entstehen mentale räumliche Repräsentationen, die als mehr oder weniger strukturierte Abbildungen und Vorstellungen eines Menschen über einen Teil der räumlichen Umwelt beschrieben werden können (Down & Stea 1982). Diese Weltbilder in unseren Köpfen werden als „kognitive" Karten bezeichnet (Tolman 1948; Down & Stea 1982). Über subjektives Kartographieren im Unterricht können Lernende dazu animiert werden, die Welt, wie sie ihnen erscheint, als solche subjektive Karte auf Papier zu bringen und sich somit ihrer Existenz bewusst zu werden (vgl. Daum 2011; Schmeinck 2011)."* (Oberrauch & Keller 2015).

Erwartungshorizont

In Station 3 wird erwartet, dass die Teilnehmenden Anhaltspunkte wie Schilder, Häuser, Ausstellungen etc. finden, die Aussagen über Ginzling und/oder den Naturpark als Raumpioniere erlauben (könnten). Mögliche Anlaufpunkte: Ausstellung Naturparkwelten, Wanderschilder (z. B. Via Alpina), Wanderwege, Schilder zu Klettergärten, Informationsschilder über Ginzling etc.

Station 4: Bericht für die Naturparkzeitung

Ort	Naturparkhaus
Dauer	Ca. 60 Min.
Wegstrecke	–
Höhenmeter	–
Sozialform	Einzelarbeit oder Partnerarbeit
Material	Arbeitsblatt Station 4, unter Kap. Arbeitsmaterialien (1/Person oder 1/Paar) Stifte (1/Person oder 1/Paar) Preis/e für Gewinner/innen
Gefahren	Keine

Exakte Angaben für die Teilnehmenden: vgl. Arbeitsblatt Station 4

Verfasst nun – in Einzel- oder Partnerarbeit – einen Bericht für die Naturparkzeitung (vgl. Vorlage im Arbeitsmaterial zu Station 4). In dem Bericht stellt Ihr, auch mithilfe Eurer selbst gestalteten Karten/Maps, die gegenwärtigen Merkmale des Raumpioniers Ginzling vor. Entwickelt auch selbst Strategien und Szenarien für die zukünftige nachhaltige und innovative Entwicklung des Ortes. Anschließend werdet Ihr Eure Artikel vorlesen. Der beste bzw. kreativste Zukunftsbericht erhält einen kleinen Preis und wird in der Naturparkzeitung veröffentlicht.

Hinweis für Begleitperson/en

Die Wahrnehmungen, die die Teilnehmenden während der Erkundung machen, werden in einem Zeitungsartikel verarbeitet. Aufgrund der über den Halbtag gesammelten Erkenntnisse sind die Teilnehmenden in der Lage, ihre anfänglichen Hypothesen zu überprüfen und schließlich zukünftige Szenarien für eine nachhaltige und innovative Entwicklung Ginzlings zu entwickeln.
Bitte einen Preis organisieren, z. B. einen Anhänger vom Naturpark.

Erwartungshorizont

Kreative Lösungen (vgl. Abb.. 144).

9.5 Arbeitsmaterialien

Abb. 144: *So manch kreative Lösung der Station 3 überrascht! (Foto: Katharina Weiskopf 2014)*

Arbeitsblatt Station 1: Raumpionier (Zum Kopieren und Ausschneiden)

Abb. 145: *Grafik: Stefanie Mark 2014, nach einer Idee von Koalick 2008*

Arbeitsmaterial Station 1: Raumpionier im Hochgebirgs-Naturpark Zillertaler Alpen

Abb. 146: *Foto und Grafik: Stefanie Mark 2014, nach einer Idee von Koalick 2008*

Arbeitsblatt Station 2: Rollenspiel Bergsteigerpioniere

Einleitung Rollenspiel

Mitte des 19. Jahrhunderts gelangten zwei Bergsteiger/innen aus München ins Zillertal. Ihr Weg führte durch die gefährliche Zemmschlucht und durch unebenes Gelände. Der Weg durch die Schlucht war durch den Regen ganz aufgeweicht und die beiden mussten sich durch kniehohen Morast kämpfen und aufpassen, dass sie nicht abrutschten. In ihrer Heimat erzählte man sich, dass diese Gegend, trotz ihrer Schönheit, noch unerforscht und wenig bekannt sei. Deswegen hatten sich die zwei aufgemacht, um das Gelände zu erkunden. Endlich erreichten sie, nach stundenlangen Strapazen eine kleine Ortschaft mit einzelnen Bauernhöfen, einer kleinen Kirche, einer Schule und einem Wirtshaus. Der Ort hieß Ginzling. Sie wollten an einem Bauernhof eine Rast einlegen, um sich zu erholen und um Informationen und Hinweise zu bitten, damit sie ihre weitere Route planen konnten. Die zwei trafen auf einen älteren Mann …

Denkt Euch in der Kleingruppe eine kreative Geschichte aus, die folgende Rollen mit einschließt. Gleich werden einige von Euch in Kostümen das eigene Theaterstück auch aufführen.

Arbeitsblatt Station 2: Rollenspiel Bergsteigerpioniere

Rolle 1: Bergbauer Georg Samer

Abb. 147: *Der „Joseler", als er schon ein Senior geworden war (Quelle: Ortschronik Mayrhofen)*

Beschreibung: 45 Jahre alt, besitzt ein paar Kühe und Kälber, ist eher ein Griesgram, nicht besonders freundlich, will zunächst seine Ruhe.

Der Bergbauer will den Bergsteiger/innen erst nicht helfen, lenkt aber schlussendlich, nach deren Drängen, doch noch ein und gibt ihnen Hinweise, wie sie weitergelangen. Der Bergbauer rät ihnen aber ab, weiter zu gehen, und er erzählt ihnen Geschichten und Legenden von den noch unerforschten Bergen und warnt sie vor deren Gefahren.

PS: Bergbauer und Mineraliensammler Georg Samer – damals bekannt als „Steinklauber Joseler" – hat wirklich gelebt (1828–1912). Er führte schließlich viele Gäste in die Berge und kannte sich sehr gut aus.

Rolle 2: Bergsteigerin Katharina Wildspitz

Beschreibung: 26 Jahre alte Akademikerin aus München, hat starken Entdeckerdrang, will sich beweisen und unbedingt bergsteigen.

Die junge Frau lässt sich durch nichts unterkriegen. Sie ist fasziniert von der Bergwelt und ihren Gletschern und will Neues entdecken. Sie redet auf den Bergbauern ein, ist sehr hartnäckig und erreicht dann, dass ihr der Bergbauer Hinweise gibt.

Rolle 3: Bergsteiger Klaus Jäger

Beschreibung: 30 Jahre alt und ebenfalls aus München, hat schon ein wenig Erfahrung im Bergsteigen. Er ist vorsichtiger als seine Freundin. Er lässt sich von den Geschichten des Bergbauern beeinflussen und rät seiner Freundin umzukehren. Schlussendlich gibt er nach und die beiden gehen weiter, ohne zu wissen, wohin die weitere Reise geht und wie sie enden wird.

Arbeitsmaterial Station 3: Zillertal und Bergsteigerdorf Ginzling

Das Zillertal ist ein Tiroler Seitental des Inntals, das von der Landwirtschaft und mittlerweile vor allem vom Tourismus geprägt ist. 2012 verzeichnet die Tourismusbranche erstmals über 7 Millionen Nächtigungen pro Jahr, davon ca. 2,6 Mio. Nächtigungen im Sommer und ca. 4,5 Mio. im Winter. Der „Zillertaler Superskipass" umfasst 178 Lifte und 487 km Pisten (!) sowie große zusammenhängende Skiregionen, wie die „Zillertal Arena" oder den „Hintertuxer Gletscher". Neben den Skiangeboten wirbt der Zillertaler Tourismus mit einer Vielzahl von Freizeitangeboten im Sommer, etwa mit Wandern, Bergsteigen, Mountainbiken, Klettern und Bouldern etc. Demensprechend umfassend ist auch die Infrastruktur entwickelt, wie man unschwer am gut ausgebauten Straßennetz, den zahllosen Bergbahnen, den riesigen Hotels etc. erkennen kann.

Das Dorf Ginzling im Zemmtal dagegen hat nur etwa 400 Einwohner/innen und ebenso viele touristische Betten.

Und trotzdem ist Ginzling ein Raumpionier!

Warum?

Beantwortet diese Frage auf einem etwa 90 Minuten dauernden Rundgang durch das Bergsteigerdorf Ginzling. Bleibt dabei immer mit genau einem/r Partner/in zusammen! Macht Notizen, Skizzen und Fotos, mit denen Ihr nach Rückkehr ins Naturparkhaus um ____ Uhr die Frage in Form von Mental Maps/Einträgen in eine Karte etc. optisch ansprechend beantworten könnt. Im Naturparkhaus werdet Ihr weitere Infomaterialien finden, die Euch bei der Lösung dieser schwierigen Frage unterstützen können… Seid kreativ!

Arbeitsmaterial Station 4: Vorlage Zeitungsartikel

Hochgebirgs-
Naturpark

Name der Autorin/des Autors:

Titel des Artikels:

Text:

9.6 Literaturverzeichnis

Bähr, J. 2007. Entwicklung von Urbanisierung. http://www.berlin-institut.org/fileadmin/user_upload/handbuch_texte/pdf_Baehr_Entwicklung_Urbanisierung.pdf (Abgerufen am 21/04/2014).

Bätzing, W. 1998. Zwischen Verstädterung und Entsiedlung. In: CIPRA (Hrsg.), 1. Alpenreport – Daten, Fakten, Probleme, Lösungsansätze: 94–101. Bern.

Bätzing, W. 2005. Die Alpen – Geschichte und Zukunft einer europäischen Kulturlandschaft. München.

Bätzing, W. 2009. Orte guten Lebens. Die Alpen jenseits von Übernutzung und Idyll. Zürich.

Bodini, G. 1991. Menschen in den Alpen. Arbeit und Brot. In: Arunda 31.

Budke, A. 2006. Raumpioniere als Pioniere der Stadtentwicklung. In: Dickel, M. & D. Kanwischer (Hrsg.), TatOrte: Neue Raumkonzepte didaktisch insziniert: 221–228. Münster.

Dahlvik, J., C. Reinprecht & W. Sievers 2013. Vorwort. In: Dahlvik, J., C. Reinprecht & W. Sievers (Hrsg.), Migration und Integration – wissenschaftliche Perspektiven aus Österreich. Jahrbuch 2/2013. Migrations- und Integrationsforschung Multidisziplinäre Perspektiven 5: 9–17. Wien.

Faber, K. 2013. Raumpioniere. Vom Bürgerbus bis zur Schulgründung – neue Wege der Daseinsvorsorge in ländlichen Regionen. In: Schneider, M., A. Fink-Keßler & F. Stodieck (Hrsg.), Der kritische Agrarbericht. Daten, Berichte, Hintergründe, Positionen zur Agrardebatte. Agrar Bündnis: 161–164. München.

Faber, K. & P. Oswalt 2013. Raumpioniere in ländlichen Regionen: Neue Wege der Daseinsvorsorge. Dresden.

Haßlacher, P. 2008. Warum sich der Alpenverein für einen „neuen Alpen-Tourismus" einsetzt? In: Oesterreichischer Alpenverein (Hrsg.), Bergsteigerdörfer. Ideen – Taten – Fakten, Nr. 1. Startkonferenz Bergsteigerdörfer im Bergsteigerdorf Ginzling, vom 10–11. Juli 2008. Innsbruck.

Heintel, M., K. Husa & G. Spreitzhofer 2005. Migration als globales Phänomen. In: Wagner, H. (Hrsg.), Segmente. Wirtschafts- und sozialgeographische Themenhefte 4: Migration – Integration: 2–10.

Höbenreich, C. 2002. Sanfter Alpintourismus im Hochgebirgs-Naturpark Zillertaler Alpen. Untersuchungen zu den Möglichkeiten einer nachhaltigen Regionalentwicklung durch ein alpines Großschutzgebiet. Dissertation an der Universität Innsbruck.

Jacob, J. 1997. New Pioneers: The Back-to-the-Land Movement and the Search for a Sustainable Future. Pennsylvania.

Keller, L. 2009. Lebensqualität im Alpenraum. In: Innsbrucker Studienkreis für Geographie (Hrsg.), Innsbrucker Geographische Studien. Bd. 36. Innsbruck.

Keller, L. & K. Förster 2007. 1x1 der Alpen – 101 Regionen von Monaco bis Wien. Innsbruck.

Koalick, G. 2008. Raumpioniere. Vorlesungsunterlagen im Wahlpflichtfach Bildsprache „Landflucht". Fakultät Architektur - Wintersemester 2007-2008. http://web.tu-dresden.de/Darstellungslehre/_pdf/hauptstudium/bildsprache/ws0708_KerzigTanja-Raumpioniere.pdf (Abgerufen am 21/04/2014).

Löwl, F. 1878. Aus dem Zillerthaler Hochgebirge. Gera.

Oberrauch, A. & L. Keller 2015/ in press. „Mapping urban emotions" – emotionale Raumwahrnehmung kartieren und reflektieren. In: Gryl, I. (Hrsg.), Reflexive Kartenarbeit. Diercke Methoden. Braunschweig.

Steger, G. 2009. Vom klassischen Erschließertum bis heute: Was machte und was macht Ginzling zum Bergsteigerdorf. In: Österreichischer Alpenverein (Hrsg.), Bergsteigerdörfer: Ein Modell für die Umsetzung der Alpenkonvention. 23–26. Innsbruck. http://www.bergsteigerdoerfer.at/files/tagungsband_mallnitz_s.pdf (Aufgerufen am 21/04/2014).

Steger, G. 2010. Alpingeschichte Kurz und Bündig: Ginzling im Zillertal. Innsbruck: Österreichischer Alpenverein.

Steinicke, E. 2012. Wohlstandsmigration? Arbeiten, Ruhe finden? Das Panorma genießen? In: Kulturaustausch. Zeitschrift für Internationale Perspektiven 2/ 2012: 30–31.

Steinicke, E., P. Cede, R. Löffler & I. Jelen 2014. Newcomers nelle regioni periferiche delle alpi. Il caso dell'area di confine tra Italia e Slovenia nelle Alpe Giulie. In: Rivista Geografica Italiana 121: 1–20.

10 „Mensch und Natur – Fragezeichen?“ Künstlerisch kreativ im Hochgebirge

Alexander Erhard, Thomas Brandt & Lars Keller

Steckbrief

Orte	Bereich um die Alpenrosenhütte (1 878 m) oder Berliner Hütte (2 044 m) (siehe Übersichtskarte in Abb. 148). (Prinzipiell eignet sich aber jedes relativ sicher zugängliche Hochgebirgsgelände für diese Exkursion.)
Alter	12+
Dauer gesamt	Ca. 4–5 h (jedoch sehr flexibel veränderbar und auch abhängig vom gewählten Gelände)
Wegstrecke gesamt	Individuell festlegbar
Höhenmeter gesamt	Individuell festlegbar
Gefahren	Je nach individueller Routenplanung von den Begleitpersonen selbstständig zu beurteilen. Vgl. Kapitel V „Sicher unterwegs im Hochgebirge – alpine Gefahren und Ausrüstung" Verwenden von Messer, Hammer etc.

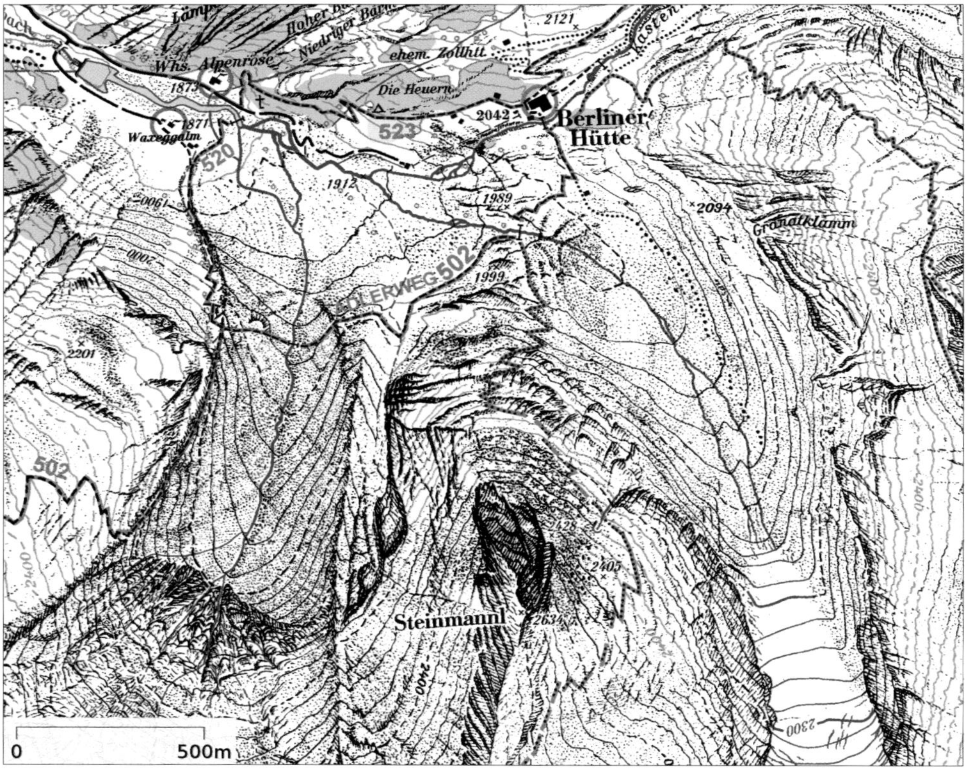

Abb. 148: *Übersichtskarte (Ausschnitt aus der Alpenvereinskarte 35/2 Zillertaler Alpen, Mitte/mit freundlicher Genehmigung des OeAV und DAV). Wichtig: Diese Karte zeigt den möglichen Exkursionsraum in einem größeren Kartenausschnitt. Die eingetragenen Wege entsprechen nicht denen der Exkursion. Das Exkursionskonzept erlaubt hohe Flexibilität, die Exkursion verläuft in Absprache mit den Teilnehmenden entlang vereinbarter Wanderwege oder im (sicheren) freien Gelände, z. B. im näheren Umfeld der Alpenrosenhütte oder der Berliner Hütte.*

10.1 Zusammenfassung

Diese Exkursion beschäftigt sich mit dem Spannungsverhältnis Mensch und Natur. Was bedeutet Natur für uns Menschen? Was bedeutet der Mensch für die Natur? Gibt es überhaupt (noch) Natur? Den Teilnehmenden soll im ersten Teil der Exkursion zunächst bewusst werden, dass eine enge Wechselbeziehung zwischen Mensch und Natur besteht, wenngleich dies nicht immer auf den ersten Blick ersichtlich ist. Im zweiten Teil liegt der Fokus auf Improvisation, Kreativität und Dynamik. Ziel ist es, die Teilnehmenden zu konstruktiv schöpferischem Handeln im Sinne Frederick Mayers zu motivieren. Die Teilnehmenden forschen und (de)konstruieren selbst, setzen Klischees, Stereotype und Vorurteile auf künstlerischem Weg in Realität um und verändern dadurch individuell ihre eigenen Präkonzepte (*Conceptual Change*) im Spannungsfeld Mensch und Natur. Das Hochgebirge als Durchführungsort eignet sich hierfür besonders gut, da hier – nach allgemeiner Wahrnehmung – anthropogene Spuren nicht oder kaum vorhanden seien. Dies gilt es auf der Exkursion kritisch zu hinterfragen.

10.2 Inhaltsanalyse

Im Mittelpunkt des Konzepts der vorliegend beschriebenen Exkursion stehen die geographischen Theorien der Betrachtung des Raumes als Kategorie der Sinneswahrnehmung sowie als Konstruktion (vgl. Deutsche Gesellschaft für Geographie 2002; Wardenga 2006; Weichhart 2008; Jenaer Geographiedidaktik 2012). Raum wird in diesem konstruktivistischen Zugang in seiner realen Existenz hinterfragt. In der Tat kann ja ein und derselbe „real existierende" und damit scheinbar auch objektiv beschreibbare Raum von Individuen, Gruppen oder Institutionen völlig unterschiedlich wahrgenommen und bewertet werden. Raum und Wirklichkeit müssen in diesem Sinne hinterfragt und pluralisiert werden und sind eben keine wahrnehmungsunabhängigen Konstanten (Jenaer Geographiedidaktik 2012).

Unter dieser konstruktivistischen Perspektive „sind Räume also nicht", sondern „Räume werden gemacht" und bilden damit Artefakte individueller und gesellschaftlicher Wahrnehmungen und Konstruktionsprozesse. Die individuelle Wahrnehmung und Konstruktion steht dabei allerdings kaum einmal für sich alleine, sondern hängt in der Regel direkt von gesellschaftlichen Wahrnehmungen und Konstruktionen ab. Über alltägliche Kommunikation und Handlung werden der Raum und dessen einzelne Teile fortwährend weiter produziert bzw. reproduziert (Jenaer Geographiedidaktik 2012). Der Gedanke, dass „Räume gemacht werden" ist in der Geographie oder etwa auch in der Fachrichtung Geschichte weit verbreitet. Beispielsweise erfährt der Raum Europa hier aus Sicht beider Disziplinen immer wieder eine Neudefinition bzw. wird an ihm deutlich, welch unterschiedliche (individuell, sozial, politisch etc. konstruierte) Auffassungen sich in seinen zahllosen Definitionen widerspiegeln (vgl. z. B. Schultz 1997). Ist etwa die Türkei Teil Europas? Oder (ganz) Russland?

In der vorliegend beschriebenen Exkursion wenden sich Wahrnehmung und Konstruktion der Teilnehmenden auf den Raum Hochgebirge. Nach breiter allgemeiner Auffassung seien dort anthropogene Spuren nicht oder nur mehr verschwindend gering vorhanden, es herrsche die „freie Natur" vor. In westlich geprägten Gesellschaften wird der Begriff „Natur" im en-

„Bist du gerne auf dem Land, Mark?" – „Klar. Ja. Sehr gern. Doch, durchaus. Ich meine, ich fahre gern durch die Landschaft." [...] – „Dennoch, Mark, wenn du so durch die Landschaft gehst, in deiner bescheidenen, unaufmerksamen Art wahrscheinlich, dann schaust du sie doch gerne an?" – „Ja" sagte Mark, „ich schaue sie gerne an." – „Und du schaust sie gerne an, möchte ich annehmen, weil sie für dich ein Musterbeispiel der Natur ist?" – „So könnte man es ausdrücken." [...] – „Und die Natur hat die Landschaft erschaffen, so wie der Mensch die Städte erschaffen hat?" – „Mehr oder weniger ja." – „Mehr oder weniger, nein, Mark. Ich stand vor kurzem auf einem Hügel und blickte über ein sanft abfallendes Feld an einem Gehölz vorbei zu einem schmalen Flüsschen hin, und dabei regte sich zu meinen Füßen ein Fasan. Du, als Spaziergänger, hättest zweifellos angenommen, dass Mutter Natur da ihr Geschäft treibt. Ich wusste es besser, Mark. [...] Das sanft abfallende Feld [war] ein Relikt angelsächsischen Ackerbaus, das Gehölz war nur deshalb Gehölz, weil tausend andere Bäume gefällt worden waren, das Flüsschen war ein Kanal, und den Fasan hatte ein Wildhüter mit eigener Hand aufgezogen. Wir verändern alles, Mark, die Bäume, die Feldfrüchte, die Tiere." Aus: Julian Barnes: „England, England" (Roman, Großbritannien, 1999)

geren Sinne für Gebiete verwendet, in die der Mensch überhaupt nicht (oder zumindest nur sehr wenig) eingegriffen hat bzw. eingreift. Natur ist demnach das Gegenteil der von Menschen geschaffenen Welt der Kultur. So betrachtet, überrascht die auf dieser Exkursion geführte Diskussion „Mensch und Natur – Fragezeichen?", hat die moderne Lebensweise doch zu einem stark veränderten Naturempfinden geführt, und es wird oft schon ein wenig Grün in einem Garten oder auf einem Feld als „Natur" wahrgenommen. Sehen also auch die Teilnehmenden unserer Exkursion das Untersuchungsgebiet inmitten des Hochgebirgs-Naturparks Zillertaler Alpen als „reine Natur"? Stehen hier doch Gasthäuser, Almgebäude, Garagen und Wasserkraftwerke; Forststraßen und Wege erschließen den Raum. Viele ursprüngliche Waldflächen sind gerodet und in Almflächen verwandelt – um die Waxeggalm und Alpenrosenhütte „*lässt sich eine Weidenutzung (...) seit dem späten Hochmittelalter nachweisen*" (Heuberger 2004, 22) – oder die Berghänge werden forstwirtschaftlich genutzt. Der ungestörte (sofern man die Wasserkraftwerke weiter oben ignoriert) Flussverlauf geht unweit der Alpenrosenhütte in einen gestauten See über, der Gletscherfluss verschwindet im Stollen und läuft Richtung Schlegeisspeicher ab (vgl. Kap. 7). Wird all dies von den Teilnehmenden ausgeblendet oder Natur doch nur an den unzugänglichsten Bergflanken sowie auf den höchsten Berggipfeln vermutet?

Auf internationaler Ebene ist im Übrigen anstelle von „Natur" häufig die Bezeichnung „Wildnis" (engl.: „Wilderness") in Gebrauch. Auch „*für den Begriff Wildnis gibt es – je nach Standpunkt – recht unterschiedliche Definitionen. Bei der Festlegung dessen, was Wildnis ist oder sein soll, spielen subjektive, emotionale und individuelle Momente eine fast ebenso große Rolle wie wissenschaftlich-objektivierbare Zugänge.*" (Österreichische Bundesforste AG 2012, 8). Laut Weltnaturschutzunion IUCN gilt „*Wildnis*" als „*ein ausgedehntes, ursprüngliches oder leicht verändertes Gebiet, das seinen ursprünglichen Charakter bewahrt hat, eine weitgehend ungestörte Lebensraumdynamik und biologische Vielfalt aufweist, in dem keine ständigen Siedlungen sowie sonstige Infrastrukturen mit gravierendem Einfluss existieren [...].*" (www.iucn.org 2014, übersetzt). Derzeit schätzt die IUCN die Verbreitung von Wildnisgebieten weltweit auf nur noch etwa 10 %, in Europa auf etwa 1 % und in Österreich auf ca. 0,03 % der Landoberfläche (Österreichische Bundesforste AG 2012). Der anthropogene Einfluss hat sich in den letzten hundert Jahren auf beinahe jeden Ort der Erde ausgeweitet und „Natur"

Abb. 149: *Kaum ist der Bagger aus dem Bett des Zemmbachs verschwunden, empfinden Wanderinnen und Wanderer wieder die „reine Natur"* (*Foto: Lars Keller 2013*)

oder „Wildnis" sind eine rare Ressource geworden. So manche Autorinnen und Autoren stellen mittlerweile die Frage, ob es diese überhaupt noch gibt (vgl. McKibben 1992; Bohnke 1997 etc.)? „*Der Ökologe Eugene F. Stoermer prägt den Begriff des ‚Anthropozän' in den frühen 1980er Jahren, mit Paul J. Crutzen gelangt er über das vergangene Jahrzehnt hinweg vermehrt in die wissenschaftliche wie öffentliche Diskussion (vgl. etwa Crutzen 2006, 2010). Der Mensch nehme mit seinen Aktivitäten mittlerweile mehr Einfluss auf die Ökosysteme als mancher natürlich ablaufende Prozess, was ihn zu einem ‚geologischen Faktor' mache und den Begriff, Geochronologische Epoche des Menschen' rechtfertige. Die anthropogen ausgelösten ökologischen Veränderungen sind vielfältig, häufig irreversibel (Zalasiewicz et al. 2008) und laufen zudem mit steigender Geschwindigkeit ab. Beispielhaft seien genannt: Übersäuerung der Ozeane, Entwaldung, Vernichtung von Biota, Desertifikation, Produktion von Treibhausgasen. Die Auswirkungen dieser Phänomene sind bleibend, und jede zukünftige Entwicklung wird auf den überlebenden, anthropogen verschobenen Beständen aufbauen.*" (Keller & Oberrauch 2013, 104).

„Mensch" und „Natur" fungieren als zentrale Schlagwörter des Exkursionskonzepts: Bereits in der griechischen Antike ging man in der Naturphilosophie den Fragen nach, welche Stellung der Mensch in der Natur einnehme, ob es in der menschlichen Natur liege, über der Natur stehen zu wollen und welche Folgen damit verbunden seien (Mutschler 2002, 44f.). Diese Fragen sind im Zeitalter des Anthropozäns aktueller denn je: Nicht ohne Grund greift man zu Beginn des 21. Jahrhunderts wieder vermehrt auf antike, naturphilosophische Aspekte zurück (z. B. Breil 2000; Rosenau 2006). Die Bildung eines Bewusstseins für Natur und Umwelt sollte nicht als eine Spezial- oder Sonderbildung im Rahmen eines Unterrichtsfachs verstanden werden, sondern als Teil einer allgemeinen Bildung, die sich den gegenwärtigen Anforderungen und Problemen der Menschheit stellt (Held 2000). In diesem Sinne entwickelt sich im Laufe der Exkursion die Frage, inwiefern Mensch und Natur in den Alpen Spannungsfelder bilden (müssen)?

Abb. 150: *„Abgegraste Natur", „Leben im Gebirge?", „Urbanisierte Alpen" – Blick auf Innsbruck (Foto: Lars Keller 2009)*

„Gebirge gehören weltweit zu den regionalen ‚hot spots' der Biodiversität. […] [Hier] spielt auch der Mensch eine ganz entscheidende Rolle. Er nutzte über Jahrhunderte hinweg die Gebirgsräume und schuf dadurch neue Lebensräume, die wir heute als Kulturlandschaft bezeichnen und schätzen. Damit schuf er nicht nur eine hohe landschaftliche Vielfalt, die mit zur touristischen Attraktivität in den Alpen beiträgt, sondern bot auch vielen Arten einen zusätzlichen Lebensraum. […] Doch diese Landschaft ist in Gefahr: Während in vielen Alpentälern die traditionelle Kulturlandschaft einer modernen und maschinell bearbeitbaren Landschaft gewichen ist, haben sich in den Haupttälern die Verstädterung und Industrialisierung breit gemacht [vgl. Abb. 150]. *Auf der Südabdachung des Alpenbogens erobert sich durch den massiven Rückzug der Landwirtschaft die Natur ganze Landschaften zurück. Die Aufgabe der Zukunft wird es sein, die noch verbliebenen Landschaftsperlen nachhaltig weiterzuentwickeln und damit auch zu erhalten.*" (Tappeiner & Tasser 2009, 48).

Gerade die Alpen bieten also ein hervorragendes Beispiel für nachhaltige und weniger bzw. nicht nachhaltige Nutzung und zeigen, dass Mensch und Natur im Gegensatz zueinander stehen können, aber nicht müssen. Das Beispiel der traditionellen Landwirtschaft in den Alpen, die Kulturlandschaften mit hoher Artenvielfalt geschaffen hat, zeigt die positive Seite. Dabei darf nicht vergessen werden, dass die Menschheit auf einem sehr begrenzten Planeten lebt, auf dem alle Chancen genutzt werden sollten, nachhaltig mit der Natur umzugehen. Diese Exkursion ruft diesen Gedanken in Erinnerung …

10.3 Methodische Analyse

Frederick Mayer, geboren im Jahr 1921 in Frankfurt am Main, war Erziehungswissenschaftler, Schriftsteller und das, was man heute wohl als „Kreativitätsexperte" bezeichnen würde. Der Kern seines Schaffens lag im globalen Humanismus und, damit verbunden, in der schöpferischen Entwicklung eines jeden Menschen. Mayer selbst fand seine Berufung zunächst als Dozent an diversen Universitäten, und veröffentlichte im Zeitraum von 1950 bis 2006 rund 70 Bücher, wovon *A History of Educational Thought* (Meyer 1960, 1966, 1973) den größten Bekanntheitsgrad erfahren hat. Die hier beschriebene Exkursion „Mensch und Natur – Fragezeichen?" ist von einigen Schriften Mayers, speziell zur Kreativität, inspiriert worden.

In Mayers pädagogischem Konzept spielen dynamische Erziehung, schöpferische Erweiterung, kreative Expansion und poetischer Lebensstil eine zentrale Rolle (Meyer 2008). Empathie und Ermutigung, aber auch positive Provokation sind von hoher Bedeutung, ebenso wie das künstlerische Arbeiten, da es die psychische Entwicklung des Menschen fördere. Kreativität definiert Mayer als sehr umfassend, auch das Fühlen und ganz besonders das Leben selbst sind seiner Auffassung nach kreativen Ursprungs oder verlangen eine kreative Behandlung. Die Eigenorganisation des Lebens sowie eine konstruktive schöpferische Gestaltung und Planung der eigenen Existenz ist die allerhöchste Kunst, die es zu erlernen gilt (Meyer 2008). Kreativität soll eine Ausdrucksform für die Bedeutung sozialer Verantwortung, von Freundschaft, Gemeinschaft und Güte sein. Nur durch das Erlernen von Kreativität ergeben Fähigkeiten, Wissen oder auch Tugenden Sinn, da darin das Gute erkannt wird. „*Tolstoi verlangt, dass der Gelehrte soziale Verantwortung übernehme. Er soll nicht nur ein Vorbild für Informationen, sondern auch für Einsicht sein. […] Wie viel könne doch der Gelehrte von der Einfachheit und Tugend des gewöhnlichen Mannes lernen*" (Mayer 2008, 160). Als Hemmnisse für eine positive Entwicklung stehen Angst, Entmutigung und Vorurteile (vgl. auch Abb. 151). Speziell Vorurteile werden als Kreativitätsfeinde ausgemacht, da Vorurteile gleichzusetzen seien mit Vorverurteilungen, die wiederum den kreativen Horizont begrenzen. Das hat zur Konsequenz, dass aus Vorurteilen Ungerechtigkeiten erwachsen, die im gleichen Zug zu Fehlentwicklungen führen. Die allzu menschliche Akzeptanz von Vorurteilen, seien diese rassistischer, nationalistischer oder auch religiöser Natur, führt demnach in eine Spirale von Gewalt, deren Intensität vom Geschlecht, Alter, Beruf, Gesundheit, Wohlstand und Lebensstil bestimmt wird.

Frederick Mayer kritisiert die kreativitätshemmende Wirkung einer konventionellen Erziehung, da diese der Vergangenheit zu viel Gewicht zuschreibt und nicht die Möglichkeiten der Gegenwart und Zukunft erforscht. Dabei beruht Bildung laut Mayer nicht auf absoluten Wahrheiten, sondern wird gemessen an der Art, wie sie mit speziellen Herausforderungen fertig wird, die in größerem Zusammenhang mit der gesellschaftlichen Umwelt stehen (Mayer 2009). Dieses System ist sehr auf die individuelle Entwicklung des Kindes ausgelegt, jedes bekommt seine eigene Wahrheit. Mit fortlaufender Entwicklung werden diese Wahrheiten durch Dekonstruktion überprüft, verändert oder abgestoßen. Das kreative Arbeiten soll dabei als Katalysator für Ideen aus der Vergangenheit dienen, das plastische Verständnis der Gegenwart unterstützen und das Finden möglicher Zukunftsszenarien ermöglichen.

In dieser Exkursion nimmt das kreative sowie kreativ-abstrakte Denken der Teilnehmenden eine Schlüsselrolle ein. Allerdings muss die Philosophie Frederick Mayers in dieser Hinsicht

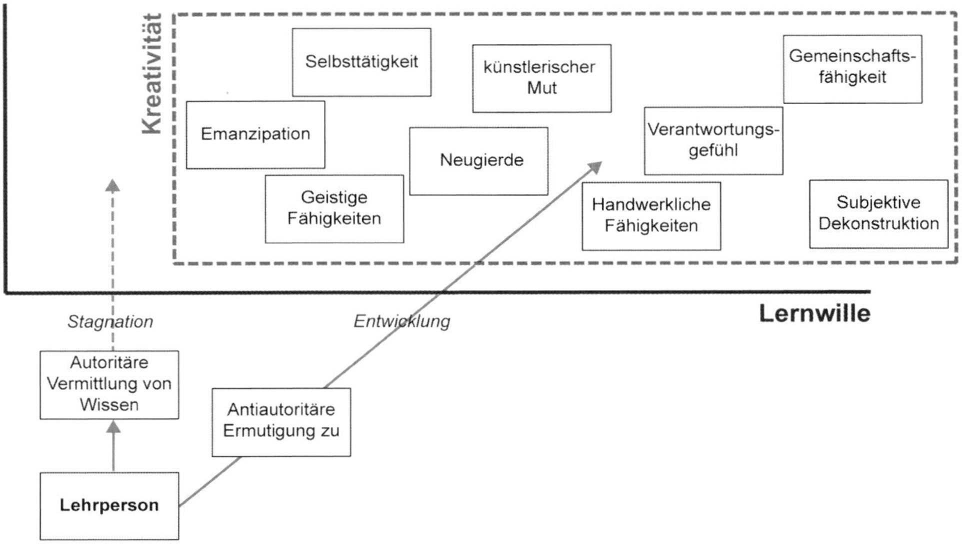

Abb. 151: *Die Idee der Kreativität in Bezug auf die Station „Mensch und Natur – Fragezeichen?" nach Frederick Mayer (Grafik: Alexander Erhard)*

präzisiert werden. Mögliche Antworten auf die Fragen, ob Natur überhaupt noch existiert beziehungsweise in welchem Wechselverhältnis Mensch und Natur stehen, finden ihren Rückhalt möglicherweise weniger in Vorurteilen, sondern eher in Klischees und Stereotypen. Die Trennlinie zwischen diesen Begriffen ist allerdings äußerst dünn, was ein Blick in den Duden zeigt: Als Definition für „Stereotyp" wird dort gegeben: „*(Sozialpsychologie, Psychologie) vereinfachendes, verallgemeinerndes, stereotypes Urteil, [ungerechtfertigtes] Vorurteil über sich oder andere oder eine Sache; festes, klischeehaftes Bild*" (Duden 2014).

Kreativität entspringt der Wechselwirkung zwischen dem Menschen und seiner Umgebung. Wenn aber dabei keine echte Herausforderung gestellt wird, wenn die rezeptiven Fähigkeiten nicht entwickelt und wenig Anregung geboten wird, so stagniert der Mensch in seiner erkenntnis-orientierten Entwicklung. Unser Exkursionsgebiet hingegen bietet hier eine förderliche Umgebung für kreatives Handeln. Dabei muss es den Begleitpersonen gelingen, Raum für die freie kreative Arbeit der Gruppen zu schaffen. Das Grundproblem lautet dabei aber nicht Autorität contra Freiheit, sondern Stagnation contra Kreativität (Mayer 2008). So ist das gesamte Setting der Exkursion sehr frei und kreativ konzipiert. Es wird viel im Team gearbeitet, auch mit der Intention, Möglichkeiten zur kreativen und dynamischen Improvisation zu schaffen (Mayer 1993). Ziel ist es dabei, die Teilnehmenden durch verschiedenste Arbeitsaufgaben in eine Art Kreativitätsfluss zu versetzen, sie selbst forschen und (de)konstruieren zu lassen. Über die eigenständige Projektion von Stereotypen, Klischees und Vorurteilen in ein reales (Kunst)Produkt verändern die Teilnehmenden individuell ihre Vorstellungen im Spannungsfeld „Mensch und Natur – Fragezeichen?".

Die Methode der Spurensuche, die ebenfalls im Fokus dieser Exkursion steht, wird in der Methodenanalyse in Kap. 4 ausführlich beschrieben.

10.4 Hinweise zur Durchführung

10.4.1 Allgemeines

Diese Exkursion setzt es sich zum besonderen Ziel, den Teilnehmenden autonomes und kreatives Arbeiten zu ermöglichen und sich dabei auch künstlerisch auszudrücken. Es benötigt keinerlei fachlichen Input der Begleitpersonen. Es empfiehlt sich allerdings, entsprechende Literatur, die sich mit dem Spannungsfeld Mensch und Natur beschäftigt, in einer Nachbereitungsphase zu behandeln. Hier könnte z. B. Kapitel 23 aus „Der kleine Prinz" von Antoine de Saint-Exupéry einen philosophischen Diskussionsansatz bieten.

10.4.2 Vorbereitung

Eine inhaltliche Vorbereitung der Exkursion durch die Teilnehmenden ist nicht notwendig.

10.4.3 Vorbereitung der Begleitperson/en

Das Einlesen in Literatur zum „Spannungsfeld Mensch und Natur" wird empfohlen (vgl. Angaben im Literaturverzeichnis).

10.4.4 Material

- Laminiertes Luftbild, laminierter Google-Earth-Ausdruck oder laminierte AV-Karte der näheren Umgebung der Alpenrosenhütte in DIN-A3 (1/Kleingruppe)
- Leere Papierbögen, mind. DIN-A3 (3, wenn 3 Kleingruppen)
- Schwarze, blaue und rote Marker (jeweils mehrere/Kleingruppe)
- Kleine selbstklebende Stickersets in verschiedenen Farben (1/Kleingruppe)
- Müllsäcke (min. 1/Kleingruppe)
- Hygienehandschuhe (min. 1/Kleingruppe)
- Fotoapparat (min. 1/Kleingruppe)
- Umsetzung Kunstwerk: z. B. Naturkreiden in verschiedenen Farben, Hammer, Nägel, Schnur, Karton, Schere, Meterstab, Maßband, Schaufel, Klebeband, Zange, Kleine Säge (ausreichend für alle/vgl. Abb. 154)
- Durchführung Vernissage:
    - Gläser (1/Person)
    - Himbeersaft (ausreichend für alle)
- Netbook bzw. Tablet-PC zur Präsentation der Fotos (min. 1)
- Evtl. Mensch-Umwelt-Lektüre für die Abendgestaltung, z. B. „Der kleine Prinz"

10.4.5 Zeitplan

Station	Zeit
Station 1: Erstes Brainstorming	Ca. 20 Min.
Station 2: Suche nach anthropogenen Spuren	Ca. 90 Min.
Station 3: Analyse und Diskussion der Spurensuche	Vorbereitung: ca. 30 Min. & Präsentationen 5–10 Min./Kleingruppe
Station 4: Ergänzung Brainstorming	Ca. 15 Min.
Station 5: Kunst getreu dem Motto „Mensch und Natur – Fragezeichen?", Vorbereitung und Durchführung einer Vernissage	Vorbereitung: ca. 60–90 Min. & Vernissage: ca. 60–90 Min.
Station 6: Ergänzung Brainstorming	Ca. 15 Min.
Gesamt	**Ca. 4–5 h**

Station 1: Erstes Brainstorming	
Ort	Z. B. Alpenrosenhütte/Berliner Hütte
Dauer	Ca. 20 Min.
Wegstrecke	–
Höhenmeter	–
Sozialform	Kleingruppenarbeit
Material	Leere Papierbögen, mind. DIN-A3 (3, wenn 3 Kleingruppen) (Nur!) schwarze Marker (mehrere/Kleingruppe)
Gefahren	Keine

Exakte Angaben für die Teilnehmenden

Sammelt in einem Brainstorming sämtliche Assoziationen, die Ihr mit

- Kleingruppe 1) **„Freie Natur?"**
- Kleingruppe 2) **„Konstruierte Natur?"**
- Kleingruppe 3) **„Mensch und Natur?"** verbindet.

Ihr könnt Gedanken notieren oder kleine Zeichnungen und Skizzen anfertigen. Erst wenn Euer Gedankenfluss zum Stillstand gekommen ist, reflektiert und gliedert Ihr die gesammelten Assoziationen in der Gruppe.

Hinweise für die Begleitperson/en

Je nach Gruppengröße ist die Gruppe in ungefähr gleich große Kleingruppen aufzuteilen. Jeder Gruppe steht ein Begriff für das Brainstorming zur Verfügung.
Dieses Mal bitte nur schwarze Marker zur Verfügung stellen!

Erwartungshorizont

Diese Aufgabe bietet infolge ihrer kreativ offenen Natur eine Vielzahl von verschiedenen Lösungsmöglichkeiten. Es folgt eine Liste mit Schlagwörtern, die bei einem ersten Versuch mit Probandinnen und Probanden gefallen sind:

Freie Natur?: Einsiedler, Wildnis, Wald, Into the Wild, Outback, Gefahren, Wildbäche, Mensch in freier Natur?, Meer, keine Menschenmassen

Konstruierte Natur?: Seilbahnen, Wegenetz, Rohrleitungen, Bachregulierung, Energiegewinnung, Almen, Aufforstung

Mensch und Natur?: Pflege der Natur, Verantwortung für Tiere, Sport, Gipfelkreuz, Lagerfeuer, Grillen, *„Der Mensch, er ist ein Schweinehund, treibt's in der Natur gar viel zu bunt. Gräbt Löcher, Gruben, füllt diese mit Müll – er macht also all das, was er will."*

Station 2: Suche nach anthropogenen Spuren

Ort	Umgebung rund um die Berghütte (z. B. Alpenrosenhütte/Berliner Hütte)
Dauer	Ca. 90 Min.
Wegstrecke	Individuell festlegbar
Höhenmeter	Individuell festlegbar
Sozialform	Kleingruppenarbeit
Material	Laminiertes Luftbild, laminierter Google-Earth-Ausdruck oder laminierte AV-Karte der näheren Umgebung der Alpenrosenhütte in DIN-A3 (1/Kleingruppe) Kleine selbstklebende Stickersets in verschiedenen Farben (1/Kleingruppe) Müllsäcke (min. 1/Kleingruppe) Hygienehandschuhe (min. 1/Kleingruppe) Fotoapparat (min. 1/Kleingruppe)
Gefahren	Je nach individueller Routenplanung von den Begleitpersonen selbstständig zu beurteilen Vgl. Kapitel V „Sicher unterwegs im Hochgebirge – alpine Gefahren und Ausrüstung"

Exakte Angaben für die Teilnehmenden

Ihr erhaltet nun Orthofotos der näheren Umgebung der Alpenrosenhütte samt farbigen Stickern. Untersucht den abgebildeten Bereich in Kleingruppen auf verschiedene anthropogene Spuren (= Spuren, die der Mensch hinterlassen hat).

Eure Aufgaben:

1. Vermerkt Eure Ergebnisse mithilfe der bunten Sticker auf der Karte. Jede Stickerfarbe sollte einer bestimmten Kategorie entsprechen. Wichtig ist, dass sich am Ende aus der bearbeiteten Karte verständliche Aussagen treffen lassen. Sollten Ihr im Laufe Eurer Geländeerkundung auf Müll stoßen, so sammelt diesen mit den Hygienehandschuhen ein, steckt ihn in die mitgegebenen Müllsäcke und markiert jede Fundstelle auf der Karte.
2. Macht im Gelände jeweils ein kreatives Foto zu folgenden Aussagen:
   - Hier hat der Mensch überhaupt keine Spuren hinterlassen.
   - Diese vom Menschen hinterlassenen Spuren empfinden wir als negativ.
   - Hier wirken Mensch und Natur positiv zusammen.

Hinweise für die Begleitperson/en

Die Teilnehmenden arbeiten in dieser Aufgabe in Gruppen zu drei bis vier Personen.

Erwartungshorizont

Es ist hier keine Musterlösung möglich, Abbildungen 152 und 153 zeigen mögliche Lösungen zu Aufgabe 1 und Aufgabe 2.

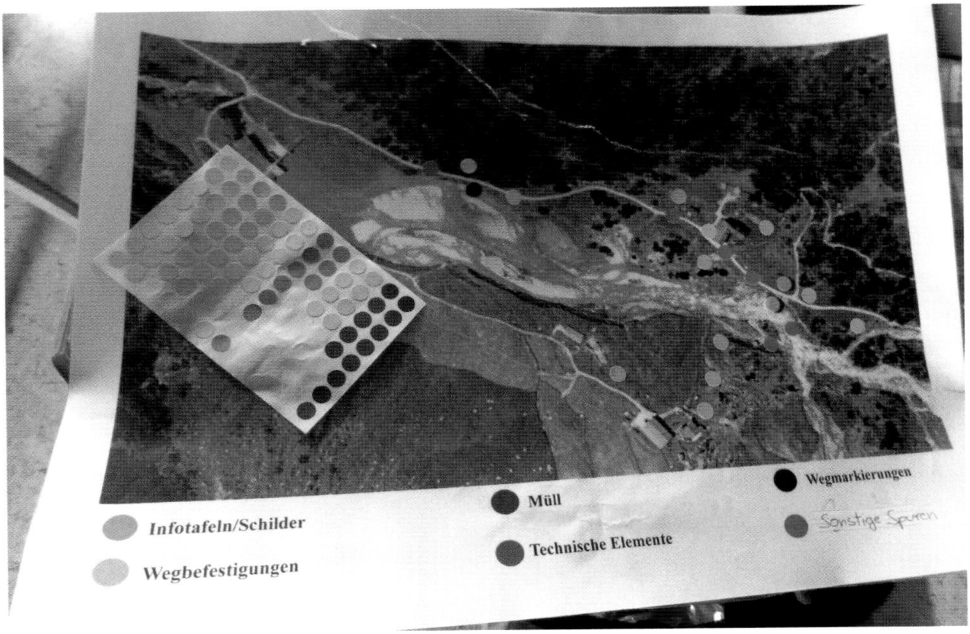

Abb. 152: *Beispiel einer Lösung der Spurensuche im Gelände (Foto: Lars Keller 2013)*

Zu Aufgabe 2:

Abb. 153: *Beispiele von anthropogenen Spuren in der „freien Natur": Wegbefestigungen (a: entlang der Schlucht zwischen Grawandalm und Alpenrosenhütte), Brücken (b: zur Querung des Zemmbachs nahe der Alpenrosenhütte) und Berghütten (c: die Grawandhütte) sind schnell entdeckt, doch wer genauer hinsieht, sieht mehr, z. B. (d) die menschlich ausgebrachten Samen (Fotos: Lars Keller 2013)*

Station 3: Analyse und Diskussion der Spurensuche

Ort	Berghütte (z. B. Alpenrosenhütte/Berliner Hütte)
Dauer	Vorbereitung: ca. 30 Min. & Präsentationen 5–10 Min./Kleingruppe
Wegstrecke	–
Höhenmeter	–
Sozialform	Kleingruppenarbeit
Material	Von den Kleingruppen bearbeitete Luftbilder oder Google-Earth-Ausdrucke aus Station 2 Netbook bzw. Tablet-PC zur Präsentation der Fotos (min. 1)
Gefahren	Keine

Exakte Angaben für die Teilnehmenden

Besprecht und vergleicht die Ergebnisse Eurer Spurensuche. Überlegt Euch innerhalb Eurer Gruppe ein gemeinsames Statement, in dem Ihr erklärt, ob Ihr ein derartiges Ergebnis erwartet hättet oder nicht. Ladet außerdem jeweils gelungene Fotos pro Aussage auf das Netbook, die Ihr den anderen Gruppen dann gemeinsam mit Euren anderen Ergebnissen präsentiert (Dauer pro Präsentation ca. 5–10 Min.).

Hinweise für die Begleitperson/en

Nach den jeweiligen kurzen Präsentationen soll diskutiert werden, ob die Fotos jeweils gut gewählt sind. Hierbei werden anthropogene Einflüsse noch einmal kritisch reflektiert und die Diskussion um eine wertende Ebene erweitert.

Erwartungshorizont

Ein mögliches Statement einer Gruppe könnte lauten: „*Auf den ersten Blick erschien uns die vorgefundene Umgebung relativ unberührt und frei von menschlichen Einflüssen. Unsere Vorannahme stimmte jedoch nicht wirklich mit der tatsächlichen Umgebung überein. Wir haben uns dann doch sehr gewundert, wo man überall anthropogene Spuren finden kann und vor allem wie viele und welche. Viele dieser Spuren wären vermeidbar, viele fallen einem auch erst bei genauem Hinsehen auf.*“

Station 4: Ergänzung Brainstorming

Ort	Berghütte (z. B. Alpenrosenhütte/Berliner Hütte)
Dauer	Ca. 15 Min.
Wegstrecke	–
Höhenmeter	–
Sozialform	Kleingruppenarbeit
Material	Bearbeitete Papierbögen aus Station 1 (Nur!) blaue Marker (mehrere)
Gefahren	Keine

Exakte Angaben für die Teilnehmenden

Ergänzt Eure Papierbögen aus der ersten Aufgabe mit neuen Begriffen und/oder Gedankengängen.

Hinweise für die Begleitperson/en

Dieses Mal bitte nur blaue Marker zur Verfügung stellen, damit die neuen Begriffe unterschieden werden können.

Erwartungshorizont

Völlig individuelle Lösungen.

Station 5: Kunst getreu dem Motto „Mensch und Natur – Fragezeichen?“, Vorbereitung und Durchführung einer Vernissage

Ort	Kann in Abstimmung mit den Teilnehmenden frei festgelegt werden
Dauer	Vorbereitung: ca. 60–90 Min. & Vernissage: ca. 60–90 Min.
Wegstrecke	Individuell festlegbar
Höhenmeter	Individuell festlegbar
Sozialform	Kleingruppenarbeit
Material	Umsetzung Kunstwerk: z. B. Naturkreiden in verschiedenen Farben, Hammer, Nägel, Schnur, Karton, Schere, Meterstab, Maßband, Schaufel, Klebeband, Zange, Kleine Säge (ausreichend für alle/vgl. Abb. 154) Durchführung Vernissage: • Gläser (1/Person) • Himbeersaft (ausreichend für alle)
Gefahren	Je nach individueller Routenplanung von den Begleitpersonen selbstständig zu beurteilen Vgl. Kapitel V „Sicher unterwegs im Hochgebirge – alpine Gefahren und Ausrüstung“
	Verwenden von Messer, Hammer etc.

Exakte Angaben für die Teilnehmenden

Setzt Euch in Eurer Gruppe noch einmal mit den zuvor bei den anderen Arbeitsaufträgen erlangten Beobachtungen und Erkenntnissen auseinander. Setzt diese dann künstlerisch kreativ in der Umgebung der Berghütte (in der Natur?) um. Eure Begleitperson hält dazu einiges an Material (vgl. Abb. 154) bereit, „die Natur“ bietet aber ebenfalls genügend künstlerisch wertvolles Material, das Ihr gerne verwenden könnt. Anschließend erhaltet Ihr Zeit, Euer Kunstwerk im Rahmen einer Vernissage zu präsentieren.

Hinweise für die Begleitperson/en

Der finale Punkt des Moduls „Mensch und Natur – Fragezeichen?“ ist insbesondere in Anlehnung an die Kreativitätsdidaktik Mayers konzipiert. Die Teilnehmenden haben hier völlige Gestaltungsfreiheit. Die einzige Aufgabe der Begleitperson/en ist es deshalb, unterstützende Materialien für die künstlerische Arbeit der Teilnehmenden zur Verfügung zu stellen, deren Auswahl und Verwendung obliegt allerdings den Teilnehmenden selbst. Anschließend stellt jede einzelne Gruppe im Rahmen einer „Vernissage in der freien Natur“ ihr Kunstwerk vor und erläutert den Bezug zu ihrem Ausgangsthema. Ein Glas Himbeersaft verstärkt das Gefühl einer Vernissage (vgl. Abb. 155).

Erwartungshorizont

Die Kunstwerke (vgl. Abb. 156 und 157) sind im Rahmen einer bereits durchgeführten Exkursion entstanden. Die Fotos zeigen nur eine kleine Auswahl, der Kreativität werden und sind keine Grenzen gesetzt.

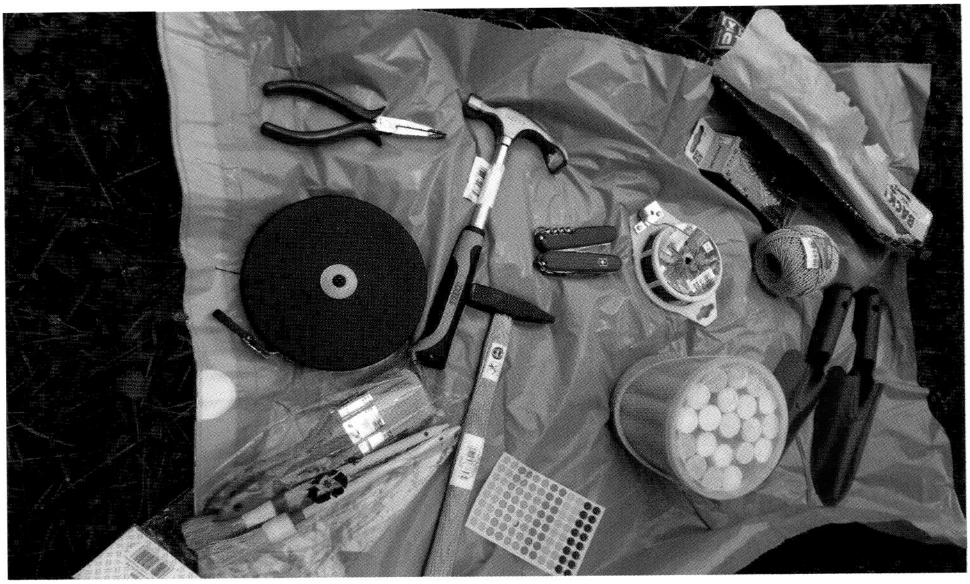

Abb. 154: *Zur kreativen Umsetzung der Kunstwerke sollten diverse Materialien zur Verfügung stehen, z. B. Naturkreiden, Hammer, Nägel, Schnur, Karton, Schere, Meterstab, Maßband, Schaufel, Klebeband, Zange, Säge etc.* (Foto: Lars Keller 2013)

Abb. 155: *„Skiwasser" zum Auftakt der Vernissage* (Foto: Lars Keller 2013)

Abb. 156: *Kunstwerk „Skifahren – Naturerlebnis in konstruierter Landschaft"* (Foto: Thomas Brandt 2013)

Abb. 157: *Spontantheater „Mensch in der Natur"* (Foto: Lars Keller 2013)

Station 6: Ergänzung Brainstorming

Ort	Berghütte (z. B. Alpenrosenhütte/Berliner Hütte)
Dauer	Ca. 15 Min.
Wegstrecke	–
Höhenmeter	–
Sozialform	Einzelarbeit
Material	Bearbeitete Papierbögen aus Station 4 (Nur!) rote Marker (mehrere)
Gefahren	Keine

Exakte Angaben für die Teilnehmenden

Ergänzt Eure Papierbögen aus der ersten Aufgabe mit neuen Begriffen und/oder Gedankengängen. Wichtig: Die neuen Begriffe müssen erneut in einer anderen Farbe notiert werden, um sie von den vorangegangenen Notizen unterscheiden zu können.

Hinweise für die Begleitperson/en

Dieses Mal bitte nur rote Marker zur Verfügung stellen, damit die neuen Begriffe erneut unterschieden werden können. Sollte der Platz auf den Postern ausgehen, bitte neues Papier dazu kleben.

Interessant ist nun, dass sich die Konzepterweiterungen/-veränderungen der Teilnehmenden dieser Exkursion zum Thema „Mensch und Natur – Fragezeichen?“ über drei Phasen hinweg nachvollziehen lassen.

Eine abschließende Diskussion ist möglich, aber nicht notwendig. Eventuell könnte abends Literatur zum Thema angeboten werden.

Erwartungshorizont

Völlig individuelle Lösungen.

10.5 Literaturverzeichnis

Bohnke, B.A. 1997. Abschied von der Natur: Die Zukunft des Lebens ist Technik. Leben im 21. Jahrhundert – die Zukunftsbibliothek. Düsseldorf.
Breil, R. 2000. Naturphilosophie (Alber-Texte Philosophie). München.
Crutzen, P. J. 2006. The „Anthropocene". In: Ehlers, E. & T. Krafft (Hrsg.), Earth System Science in the Anthropocene. 13–18. Berlin.
Crutzen, P. J. 2010. Anthropocene man. In: Nature 467: 10.
Deutsche Gesellschaft für Geographie (Hrsg.) 2002. Grundsätze und Empfehlungen für die Lehrplanarbeit im Schulfach Geographie. Arbeitsgruppe Curriculum 2000+. Bonn.
Held, A. 1999. Die Beziehung von Mensch und Natur als Thema der Lehrerfortbildung. Grundlagen und Modelle für die Praxis. Marburg.
Heuberger, H. 2004. Gletscherweg Berliner Hütte, Zillertaler Alpen, In: Österreichischer Alpenverein (Hrsg.), Naturkundlicher Führer Bundesländer, Band 13. Innsbruck.
Jenaer Geographiedidaktik (2012): Raumkonzepte im Geographieunterricht. http://www.geographie.uni-jena.de/geogrmedia/Lehrstuehle/Didaktik/Aktuelles/Raumkonzepte_15_08_.pdf (Abgerufen am 16/08/2014).
Kaatsch, H.-J, H. Rosenau & W. Theobald 2006. Umweltethik (Band 12): 61–73. Berlin.
Keller, L. & A. Oberrauch 2013. Lebensqualitätsforschung mit Jugendlichen vor dem Hintergrund eines neuen österreichischen Kompetenzmodells. In: Innsbrucker Geographische Gesellschaft (Hrsg.), Innsbrucker Bericht 2011–13: 109–126. Innsbruck.
Mayer, F. 1993. Vergeudung oder Verwirklichung. Können wir kreativer sein? Köln.
Mayer, F. 2008. Versagen ohne Ende? Kreativität, Bildung und Gesellschaft in globaler Sicht Köln.
Mayer, F. 2009. Eine neue Bildung für eine neue Gesellschaft. Köln.
McKibben, B. 1992. Das Ende der Natur. München.
Meyer, F. 1966. A history of educational thought. Columbus.
Österreichische Bundesforste AG 2012. Wildnis in Österreich? Herausforderungen für Gesellschaft, Naturschutz und Naturraummanagement in Zeiten des Klimawandels. http://www.wwf.at/de/view/files/download/showDownload/?tool=12&feld=download&sprach_connect=2203 (Abgerufen am 10/04/2014).
Rhode-Jüchtern, T. 2009. Eckpunkte einer modernen Geographiedidaktik: Hintergrundbegriffe und Denkfiguren. Stuttgart.
Rosenau, H. o. J.. Nachhaltigkeit leben – sapientiale Interpretation einer umweltethischen Leitkathegorie. In: Polke, C., F.M. Brunn, A. Dietz, S. Rolf & A. Siebert (Hrsg.), Niemand ist eine Insel. Menschen im Schnittpunkt von Anthropologie, Theologie und Ethik. Göttingen: de Gruyter, 417–429.
Schultz, H.-D. 1997. Räume sind nicht, Räume werden gemacht. Zur Genese „Mitteleuropas" in der deutschen Geographie. In: Europa Regional 5 (1): 2–14.
Tappeiner, U. & E. Tasser 2009. Vielfalt durch traditionelle Landwirtschaft. In: Hofer, R. (Hrsg.), Die Alpen. Einblicke in die Natur. alpine space – man and environment 9: 47–52.
Wardenga, U. 2006. Raum- und Kulturbegriffe in der Geographie. In: Dickel, M. & D. Kanwischer (Hrsg.), TatOrte. Neue Raumkonzepte didaktisch inszeniert. Berlin.
Weichhart, P. 2008. Entwicklungslinien der Sozialgeographie. Von Hans Bobek bis Benno Werlen. In: Gamerith, W. (Hrsg.), Sozialgeographie kompakt. Band 1. Stuttgart.
Zalasiewicz et al. 2008. Are we now living in the Anthropocene? In: GSA Today 18 (2): 4–8.